Dziewczyny wojenne

Łukasz Modelski

Dziewczyny wojenne

Prawdziwe historie

Wydawnictwo Znak
KRAKÓW 2011

Projekt okładki
Paweł Panczakiewicz / PANCZAKIEWICZ ART.DESIGN – www.panczakiewicz.pl

Fotografia na stronie 1 okładki
© Maeers / Hulton Archive / Getty Images

Wszystkie fotografie zawarte w niniejszym tomie
pochodzą z rodzinnych archiwów bohaterek.

Wybór i układ fotografii
Katarzyna Ziębowicz-Tobolewska

Opieka redakcyjna
Maciej Gablankowski

Adiustacja
Jadwiga Grell

Korekta
Aurelia Hołubowska
Urszula Horecka

Opracowanie typograficzne
Irena Jagocha

Łamanie
Michał Madejski | Pro Art Studio

ISBN 978-83-240-1814-7

znak

Książki z dobrej strony: www.znak.com.pl
Społeczny Instytut Wydawniczy Znak, 30-105 Kraków, ul. Kościuszki 37
Dział sprzedaży: tel. (12) 61 99 569, e-mail: czytelnicy@znak.com.pl

Michałowi

Spis treści

Malowane

Dzidzia wychowuje się w dostatnim domu poznańskiego przemysłowca, wśród ścian pełnych doskonałego malarstwa. Wuj jest słynnym profesorem historii sztuki. Jako dziecko Dzidzia nie zna polskiego, z guwernantką rozmawia po niemiecku. Ojciec zabiera ją na wycieczki do Wiednia, ale najbardziej na świecie Dzidzia chce być łyżwiarką. Figurową. W 1936 roku zajmuje trzecie miejsce na mistrzostwach Polski. Przez myśl przechodzi jej olimpiada. Trzy lata później ma zacząć studia na wydziale chemii – ona i jej brat dziedziczą pasję chemiczną po ojcu. Tak jak z czasem mają odziedziczyć jego fabrykę. Dzidzia nie może uwierzyć, że Niemcy, których tak dobrze zna, zaczęli strzelać. I to bez ostrzeżenia. Zimą 1939 roku pomoże koledze sprzed wojny. Po kilku dniach zostanie dzięki niemu zaprzysiężona w konspiracji. Dwa lata później wezmą ślub. Z wesela trafi na tortury.

Przed warszawskim Instytutem Głuchoniemych, w miejscu, w którym osiem lat wcześniej Dzidzia zdobywa brązowy medal w łyżwiarstwie, Magdę zastanie powstanie. Ona też pozna chłopaka, który sprawi, że jej wojenne losy potoczą się w sposób niezwykły. Na Pawiaku „miną się" z Dzidzią równo o rok. Ale na razie – jest chorowita i wychuchana. Francuska guwernantka, imieninowe życzenia składane dziadkowi po grecku, prywatne gimnazjum, wielka rodzina, w której pełno malarzy, literatów, profesorów. Magda doskonale pływa i jeździ na nartach. Nie wie jeszcze, kim chce zostać, ma dużo czasu na decyzje. Pod koniec ostatniego przedwojennego lata, razem z innymi dziećmi, sypie kwiaty na ślubie młodego podporucznika. Ma 14 lat. Pół roku później przyda się jej sportowe zacięcie – zacznie przeprowadzać ludzi przez góry. Trzy lata później będzie już w oddziale wykonującym wyroki śmierci. Nie pamięta, kiedy właściwie nauczyła się strzelać.

Hala w powstaniu mija się z Magdą. Miejsca postoju ich oddziałów leżą po sąsiedzku. Idąc do powstania, przekona wartownika batalionu Magdy, żeby ją przepuścił. Na piękne oczy. Matura w 1938 roku. Zdaje ją, mając 16 lat. Bardzo jej się śpieszy. Koniecznie chce zostać historykiem. Ostatnie przedwojenne lato to czas spełnienia marzeń – dostaje się na uniwersytet. Kupuje czapkę studencką. Trochę na wyrost. Dosłownie. Kiedy ją wkłada, nikt nie wierzy, że jest studentką. Kilka miesięcy później znów będzie chciała, żeby ją przyjęli. Już nie na uniwersytet. – To przypadek, że trafiłam do ZWZ – mówi. – Chciałam być gdziekolwiek. Latem 1944 roku zdawałaby egzamin magisterski. Właśnie wtedy, wychodząc z domu, najlepszą sukienkę zapakuje do chlebaka. Na defiladę po powstaniu.

Kiedy latem 1939 roku Hala zostaje studentką Uniwersytetu Warszawskiego, Zenia na tej samej uczelni przygotowuje się do rozpoczęcia trzeciego roku matematyki. Uniwersyteckiej, więc spekulatywnej, ocierającej się o filozofię. Stoi pod dziekanatem. Jesień zapowiada się ciekawie: we wrześniu ma wyjść za mąż, powoli zaczyna myśleć o pracy magisterskiej. Na tablicy ogłoszeń pod dziekanatem czyta o naborze do sekcji żywych torped Marynarki Wojennej. Zgłasza się. Razem z grupą kolegów, którzy przyszli sprawdzić plan zajęć na nowy rok akademicki. Zostaje na miejscu zaprzysiężona...

Basia zna Halę sprzed wojny, ale w ciągu ostatnich lat nie widywały się zbyt często. Spotkają się w niespodziewanym miejscu – w niemieckim obozie po upadku powstania. Basia wiosną 1939 zdaje małą maturę w prywatnym gimnazjum. Marzy o medycynie. W domu ostatnio się nie przelewa, więc zastanawia się, czy jednak nie pójść do szkoły pielęgniarskiej. Nauka trwa krócej, zawód zdobywa się szybciej. Ma 16 lat. W ciągu pół roku będzie się uczyć pielęgniarstwa w praktyce, ale jej głównym zajęciem stanie się przygotowywanie ładunków wybuchowych. Okaże się w tym równie dobra. Przysięgę odbierze od niej legendarna „Doktor", Zofia Franio, która będzie miała decydujący wpływ na to, że dyplomowana pielęgniarka zajmie się pirotechniką.

Przed wojną Zofia Franio współprowadzi obóz Przysposobienia Wojskowego Kobiet, jedyny, na który trafi szesnastoletnia Jagoda. Niewłaściwie wydana komenda i śmiech koleżanek sprawią, że na zawsze nabawi się lęku przed wystąpieniami publicznymi. Nie przeszkodzi jej to jednak mierzyć wysoko – dosłownie. Portrety ojca Jagody wiszą w każdej instytucji państwowej, dzieciństwo upływa jej wśród postaci „historycznych", było wiadomo, że w pisanej w przyszłości najnowszej historii Polski nie zabraknie dla nich miejsca. Jako dwunastolatka składa pierwszy model samolotu, interesuje się matematyką, potem konstrukcjami lotniczymi. W wieku 17 lat rozpoczyna przygodę z szybownictwem, po dwóch latach zdobywa już wszystkie dostępne kategorie. W 1939 roku ma zacząć studia na politechnice, chce budować samoloty. Trzy lata później dwudziestojednoletnia Jagoda pozna konstrukcje dziesiątków rodzajów maszyn – samolotów szkoleniowych, myśliwców, bombowców. Będzie je pilotować. Często zdezelowane, bez radia, tylko na przyrządach, jak w czasach szybowcowych.

Przedwojenna koleżanka Jagody, rok od niej starsza Zosia Dąb-Biernacka, generałówna, córka jednego z prominentów lat trzydziestych, spędzi wojnę w Wilnie. Wojna przerwała jej studia medyczne. Z czasem Zosia zacznie dowodzić łącznością Okręgu Wileńskiego AK. Zanim to nastąpi, przyjmie przysięgę od kilka lat młodszej koleżanki gimnazjalnej i zostanie przełożoną Irki.

Irka – córka oficera, harcerka słynnej wileńskiej Czarnej Trzynastki – latem 1939 roku dochodzi do wniosku, że jest za stara na harcerstwo. Po małej maturze czas na poważniejsze życiowe zmiany. Tak myśli. Nie będzie długo czekać. Przed nią brawurowe akcje związane z przekazywaniem meldunków, broni, ludzi, ucieczki z posterunków, wartowni, samochodów. Wreszcie przesłuchania i więzienia. Irka kilkakrotnie otrze się o legendę wileńskiej konspiracji, Stanisława Kiałkę. Kiedyś, pod koniec wojny, on sam załaduje jej na wóz transport broni.

Wanda pozna Stanisława już po wojnie. Ale wtedy go nie zobaczy. Razem będą siedzieć w więzieniu na wileńskich Łukiszkach. Chyba jako jedyna nie będzie wiedziała, że to ten słynny Stach. Rodzice Wandy repatriowali się do Wilna po traktacie ryskim, zamieszkali na Zarzeczu. Tam się urodziła. Szkoła powszechna, potem zawodowa. W1939 roku Wanda ma 17 lat. Tak jak Irka, dyżuruje w magistracie, ale ma mniej szczęścia w kontaktach z podziemiem. Niemal przez całą wojnę będzie szukać przynależności. W końcu znajdzie, chociaż zupełnie inaczej, niż to sobie wyobrażała. Zamiast iść na odsiecz Warszawie, trafi do Kaługi, a „jej" wojna na dobre zacznie się w 1945 roku. I potrwa dłużej – 11 lat, kiedy wróci z Workuty. Ze Stachem.

Wileńszczyzna to polski dom Lali, Rosjanki, która czuje się Polką. Ojciec, choć książę, pracuje jako agronom w Nowogródku. Rosyjski inteligencki dom, w którym czyta się wszystko, co możliwe, rozmawia po rosyjsku, ale wytrwale uczy się polskiego. Lala chce zostać historykiem sztuki. W 1939 roku to się nie uda. A później – dosłownie – porwie ją historia. Stanie przed wyborami, z których, bez cienia wątpliwości, wyjdzie jako Polka. Będzie robiła rzeczy, do których nigdy jej nie ciągnęło ani których nie potrafiła – opatrywała rannych, podawała amunicję, nosiła meldunki. A przede wszystkim, niemal osiem lat przeżyje w lasach z kolejnymi oddziałami dowódcy, którego kocha, wciąż uciekając przed obławami. W połowie lat pięćdziesiątych w kobiecym więzieniu w Fordonie będzie haftowała milicyjne patki mundurowe.

W tym samym czasie w hafciarni pracuje Ala, dziewczyna z Przemyśla. Matura dwa lata przed wojną, zamiłowanie do książek, ale – jedyna córka starzejących się rodziców. Nie idzie na studia. Przeżyła wojnę, opiekując się rodzicami. Nie wie, że dla niej wojna dopiero się zaczyna. Do podziemia wstępuje jesienią 1944 roku. Przemyśl to już „Polska lubelska". Jest łączniczką, ale wkrótce otrzyma zadanie, które zmieni jej życie. Ma przeniknąć do któregoś z ośrodków nowej władzy. Ala zatrudnia się w UB. Jej związek z sowieckim przełożonym to dopiero początek historii.

Kiedy w lipcu 1945 roku przez Białostocczyznę przechodzi potężna pacyfikacja wymierzona przeciw oddziałom polskiego podziemia, Lala razem ze swoim dowódcą przechodzą w pobliżu gospodarstwa Zosi Wikarskiej. W chwili wybuchu wojny Zosia ma 19 lat i skończoną szkołę powszechną. Pomaga ojcu w gospodarstwie. Już zimą 1939 roku trafia do podziemia. Jest łączniczką. Przed nią kolejne okupacje, areszty sowieckie i niemieckie, gdzieś dostaje ampułkę trucizny, z którą się nie rozstaje. Ale najpoważniejsza próba jeszcze ją czeka. Pod podłogą jej izby zainstaluje się bunkier dowództwa. Na włazie Zosia ustawi kanapę...

*

Dziewczyny, które w chwili wybuchu wojny właśnie żegnały się z dzieciństwem, plany mniej więcej standardowe – szkoła, matura, studia. Zawód albo gospodarstwo. Mąż. Pasja. Chciały spełniać marzenia. Albo zadowolić rodziców. Różnie. Tak jak nastolatki w innych miejscach na świecie, powinny flirtować, marzyć i przebierać w strojach. Mijały się. Czasem na siebie wpadały, poznawały się, częściej nie. Ale ma się wrażenie, że ich losy poplątały się ze sobą. Dosłownie – te same adresy, ci sami ludzie, których znały. Czasem mogły się spotkać na ulicy, minąć w przejściu.

Kiedy wybuchła wojna, najstarsza miała 21 lat, najmłodsza 14. Jak długo zajęło im gwałtowne dojrzewanie? Rok? Dwa? Trudno to uchwycić. Czasem z wojną przyszła miłość i to ona poprowadziła je w dorosłość. Czasem współczucie, czasem irytacja. Czasem czystość intencji posunięta do granic głupoty. Często przypadek. Najczęściej poczucie obowiązku.

„Malowani" są zawsze „chłopcy", „ułani", „dzieci". To określenie znacznie lepiej pasuje do dziewczyn. Pod każdym względem. Baśka i jej koleżanki ubrane w spódniczki idą podkładać ładunki, Hala pamięta o sukience na defiladę, Jagoda szyje mundur na miarę, Magda posyła niemieckim patrolom zalotne uśmiechy. I chociaż zachowały się zdjęcia dziewczyn w mundurach poprawiających makijaż czy fryzurę na tle zburzonego miasta, w przerwie między akcjami, nie można dać się zwieść – to kamuflaż, część większej całości kamuflażu.

Dlatego „Malowane" są ciekawsze od „Kolumbów" – wojna nie była czymś, w co się bawiły w dzieciństwie. Nie stroiły się w oficerki, nie chciały być żołnierzami. Nie interesowały ich stopnie, salutowanie, chłopięce sprawy. Wojna była jak zjazd po poręczy, który zaczęły dziewczyny, a skończyły kobiety wysadzające budynki, biorące udział w wykonywaniu wyroków śmierci, prowadzące samoloty, noszące meldunki, ukrywające Żydów, uwodzące oficerów wroga, katorżniczki czy skazane czekające na śmierć. Dla nich historia nie ma w sobie patosu. Tak jak ich opowieści.

ROZDZIAŁ 1

DZIDZIA RAJEWSKA: SZEŚCIOGODZINNA MĘŻATKA

W 1936 roku finały Mistrzostw Polski w łyżwiarstwie figurowym rozgrywają się przed Instytutem Głuchoniemych na warszawskim placu Trzech Krzyży. Halina Rajewska ma 15 lat. Zajmuje trzecie miejsce. – Miałam spódniczkę jak tulipan, z samych płatków, zielone i seledynowe na wierzchu, z podszyciem różowym. I różowe rajstopki. Spódniczka do kolan była, z guziczkami różowymi. Jak robiłam piruety, to układała się w wachlarz. I do tego buty białe. Ojciec mi sprowadzał z zagranicy... Pierwszy raz byłam wtedy w Warszawie, od razu duży sukces, ale też i koniec mojej kariery sportowej. Szkoła się dowiedziała, wezwali mamę i powiedzieli, że mam wybrać: albo będę się bawić w sport, albo będę chodzić do szkoły. I mama mi zabroniła. Tylko Poznań mi został. Klub chciał mnie wtedy wysyłać na pokazy, ale mama już nigdzie mnie nie puszczała, szkoła zabraniała. A ja właśnie myślałam o olimpiadzie...

Właściwie to mama chciała, żebym jeździła na lodzie. Uwielbiałam to, byłam bardzo wygimnastykowana, w szkole najbardziej lubiłam chemię, fizykę i właśnie gimnastykę. Byłam bardzo zdrowa. Kiedy badał mnie lekarz szkolny, śmiał się, że nie ma czego badać. A jak koleżanki robiły mi karykatury, to miałam takie dwie czerwone kule, to były rumiane policzki, i nos czerwony. Na łyżwach jeździłam od zawsze. Pierwsze – na dwóch szynach – dostałam na Gwiazdkę. Jak byłam malutka, jeździłam z chłopakami. A wyczynowo pierwszy raz stawałam do zawodów, kiedy miałam dziewięć lat. I wtedy tata zaczął to bardzo popierać. Przyszły pierwsze rezultaty; mama się wtedy chyba trochę przestraszyła, bo zaczęła mówić, że ważniejsza jest szkoła niż „podnoszenie nogi". Pewnego razu na lodowisku zobaczyłam, że jakaś dziewczynka skoczyła, ja też

Z trenerem, 1936 rok, jedyna fotografia Haliny na lodzie.

tak chciałam. Skoczyłam, chyba dobrze, bo natychmiast do mamy podszedł trener, żeby mu pozwoliła mnie szkolić. Mama się okropnie denerwowała, że z takim starym dziadem jeżdżę. Spotykaliśmy się na lodzie, on kazał mi robić koła, figury. Kiedy byłam mała, prowadziła mnie Kazia, niania, potem siostra...

Tata, jak był w Szwecji, przywiózł mi książkę *Nauka jazdy na łyżwach* i kazał ją przetłumaczyć. Więc ja sobie czytałam, siostra ze mną, i zaczęłam robić jakieś kółka, koła, trójkąty, trójki, do tyłu, do przodu, na lewej nodze, na prawej... Trener był bardzo zadowolony.

Ojciec Haliny pochodzi ze Śląska, ma tam aptekę. Matka z dziewięciorgiem rodzeństwa mieszka w Nakle pod Bydgoszczą, jej ojciec ma tam duży warsztat kaletniczy. – Mama była mniej więcej w środku. Najstarszy brat został księdzem. W Wiedniu kończył historię sztuki i potem jako profesor wykładał historię sztuki w Poznaniu. Mama była z nim jako przyzwoitka w Wiedniu i tam skończyła trzyletnią szkołę modelowania dla kobiet – od kapeluszy do butów. Poza tym w domu mamy działała tajna polska szkoła i zarówno ona, jak i jej dwie siostry przed ślubem uczyły w tej szkole. Dziadek brał udział w powstaniu styczniowym i nazywali go królem Polski... To była bardzo kochająca się rodzina. Mieliśmy daleką kuzynkę, która się okazała bliską znajomą mojego ojca. Kiedyś ojciec przyjechał do Poznania, akurat były jej imieniny. Tam się poznali z mamą. Miłość ogromna i ślub.

Od dziecka uczyłam się francuskiego i niemieckiego. Właściwie to miałam nianię – rodowitą Niemkę. Rozmawiałyśmy tylko po niemiecku, po polsku jako małe dziecko nie chciałam mówić. Niania odeszła, kiedy miałam pięć lat, potem była Kazia, która w ogóle nie umiała po niemiecku, więc siłą rzeczy musiałam się nauczyć polskiego. Ojciec miał fabrykę chemiczną: pasty do zębów, kremów leczniczych. To była zamożna rodzina. Mieliśmy pod Poznaniem w Puszczykowie nad pięknym jeziorem działkę i drewniany dom. Zawsze z rodzeństwem (brat starszy o siedem lat i siostra o pięć) spędzałam tam pierwszą część wakacji. Razem z resztą rodziny. Przez pierwszy miesiąc rozrywali nas wujostwo i ciocie. Wszyscy mieli synów, z moim bratem było w rodzinie 16 chłopaków. I do tego tylko ja i moja siostra. Nic dziwnego, że siostra nie lubiła Puszczykowa... W drugim miesiącu wakacji jeździliśmy do różnych ciotek – jednej w Zaleszczykach, jednej w Toruniu, innej w Trzemesznie i w Bydgoszczy. Musieliśmy jeździć do tych cioć i wujków, bo inaczej mama była bardzo obrażona.

Tatuś czasem brał mnie z sobą, kiedy wybierał się za granicę ze swoimi towarami. Pierwszy raz zabrał mnie do Wiednia. Pamiętam, że jak wróciłam, mama pytała: „Jak ci się Wiedeń podobał?". Bardzo mi się podobał, jakie karuzele! To najbardziej pamiętam. Wtedy jeszcze nie chodziłam do szkoły. A poszłam do szkoły w wieku sześciu lat. Kiedy miałam 14, umarł tata, fabryka zaczęła podupadać, rodzeństwo było na studiach, wszystkim nagle musiała zająć się mama. Była bardzo wymagająca – „tego nie wypada, tego ci nie wolno, nie wolno wrócić po dziesiątej do domu" i tak dalej. Pamiętam, jak w białych rękawiczkach sprawdzała, czy gosposia dobrze starła kurz. Mama posłała mnie do gimnazjum imienia Dąbrówki. Oczywiście, żeńskiego. W mundurku przez cały rok, tylko jedna sukienka do kościoła... Ale poziom był świetny. Miałam tam przyjaciółkę, Oleńkę, taką od serca, co to „klucz rzucony w morze, nikt nas nie rozłączy, tylko ty, o Boże". Jej ojciec był Niemcem, matka Polką. Jak wybuchła wojna, to ojciec zabrał je do Niemiec. Nigdy więcej już jej nie widziałam.

W maju 1939 roku zdałam maturę. Pod koniec gimnazjum mama wysłała mnie jeszcze do dwuletniej szkoły gospodarczej dla dziewcząt, żebym umiała prowadzić dom – gotować, prać, podłogi szorować, wiórkować. Tego wszystkiego uczyłam się w szkole, a po maturze trzeba było zrobić praktykę. Odbyłam ją podczas wakacji w restauracji znajomych rodziców w Krynicy. Od dawna było wiadomo, że pójdę na studia chemiczne. Mój brat był chemikiem, tata farmaceutą. Przed laty rodzice zbudowali bratu laboratorium w domu. Zamykał się w nim i robił jakieś swoje doświadczenia, a zapach tej chemii roznosił się na cały dom. Bardzo mi się to podobało. Więc w czerwcu 1939 roku zdałam egzaminy i dostałam się na chemię w Poznaniu. W październiku miałam zacząć studia.

W sierpniu do Krynicy, gdzie Halina odbywa praktyki, przyjeżdża siostra. Na prośbę matki przerywa wakacje w Zaleszczykach i przywozi Halinę do Poznania. Ma być wojna.

Nie wiem, czy były kolejki, czy czegoś brakowało. Od tego była gosposia i mama. Ja robiłam maseczki przeciwgazowe. W radiu podawali instrukcje. Wcześniej w szkołach było obowiązkowe PW – przysposobienie wojskowe. Mój brat zgłosił się do wojska na ochotnika pierwszego czy drugiego września. Pożegnał się i poszedł. Nie miał munduru, dostał jakiś dziwny, jakąś broń. Jego jedynym wcześniejszym kontaktem z wojskiem był miesięczny kurs w szkole. Wciągnęli go w końcu i poszedł do Kutna.

Nikt nie wierzył, że to jest wojna. Mówiło się wciąż, że dopiero będzie. I nagle Niemcy zaczęli bombardować Poznań. „No co, zwariowali?" Nie podali żadnej wiadomości, że będą jakieś naloty, to było w nocy, o czwartej nad ranem. W ogóle byliśmy wszyscy zdziwieni. Każdy myślał, że to jakiś próbny nalot, nikt się nie spodziewał, że to są już Niemcy. Ludzie powylatywali z domów, patrzyli w niebo, nie wiedzieli, co się dzieje. Pełne zaskoczenie. Pod wieczór zaczęli wchodzić żołnierze.

Przyleciała Kazia: „O rany, Niemcy są już u nas". Potem zaczęli ogłaszać w radiu, żeby ci ludzie, którzy byli trochę przygotowani, po PW, zgłaszali się na ochotnika, do noszy, bo jest pełno rannych pod Poznaniem, przywożą ich samochodami. Na początku to nie było jeszcze wszystko zorganizowane, ale po tygodniu wątpliwości zniknęły – zrywali tabliczki z nazwami ulic, powstawały nowe urzędy. Wtedy ludzie dopiero uwierzyli, że to jest prawdziwa wojna i prawdziwi Niemcy.

Kilkaset kilometrów na wschód była jeszcze wojna, u nas już okupacja. Chaotyczna jeszcze, nieokrzepła. W radiu trzeba było łapać informacje, bo przecież nadawało jeszcze Polskie Radio... Zgłosiłam się do szpitala jako pielęgniarka. Spotkałam tam koleżanki, zaczęłyśmy jakoś się organizować. Moja siostra miała brać na Gwiazdkę ślub, wszytko było już przygotowane. Jej ukochany był w 17. Pułku Ułanów w Grudziądzu. We wrześniu siostra dostała wiadomość, że Jurek jest ranny i leży w szpitalu w Warszawie, w Ujazdowie. Od razu pojechała. Szosy były tak zatłoczone, że nie można było się ruszyć. Siostra z kimś tam pojechała kawałek samochodem, potem pociągiem, potem pieszo i dostała się do Warszawy. Tam spotkała brata, który dotarł spod Kutna. I jakoś się nawet urządzili u wujka generała, którego nie znałam. Wujek z ciocią mieli na Służewcu willę i siostra z bratem tam się zatrzymali. Wujostwa nie było, uciekli za granicę.

Ja, oczywiście, zostałam w Poznaniu, pracowałam z dziewczynami w szpitalu. Jakiś tydzień po rozpoczęciu okupacji jedna ze starszych koleżanek, Lusia Landorf, przyszła do mnie do domu, i mówi: „Słuchaj, trzeba działać, ochronić ludzi, ty znasz niemiecki, musisz się jakoś spiknąć z Niemcami". Miałam kolegę Niemca, brata mojej przyjaciółki Oli Behrendt. Ona pojechała do Niemiec, on został w wojsku. W szkole, przed wojną, bardzo się we mnie kochał. Nie zwracałam na to uwagi, bo dla mnie liczyły się tylko łyżwy i szkoła. A on wyznawał mi wielką miłość.

I teraz pracował w policji. Miał dostęp do różnych tajemnic, wiedział, na przykład, którą ulicę będą wysiedlać, kogo będą aresztować... Sam się do mnie zgłosił i powiedział, że będzie pomagał, że mam mu ufać, że mnie kocha. Zgodziłam się, ale też wiedziałam, że ryzykuję, ufając mu. Dlatego nie podałam mu kontaktu do żadnej z koleżanek. Bałam się, czy to nie szpicel. Przychodził przed wieczorem, mógł przecież swobodnie chodzić, i przynosił wiadomości. Zaczęły się wywózki. My, dziewczyny, bardzo byłyśmy z siebie dumne, że tak konspirujemy, mówiłyśmy o sobie „wywiad" i bardzo byłyśmy poważne. I udało nam się kilka razy coś zrobić. Profesor Taylor, na przykład, uratował się tylko dzięki temu, że wiedziałyśmy, że po niego przyjdą – kiedyś dostałyśmy wiadomość, że mają aresztować wszystkich profesorów. Pobiegłam do Taylora. Trafiłam, bo wiedziałam, gdzie mieszka. Zdołał się ukryć, bardzo mi potem dziękował. Pobiegłam też do mojego wuja, księdza profesora Detloffa. Zadzwoniłam do drzwi, otworzyła gosposia, nie powiedziałam jej, o co chodzi, tylko żeby wuj po powrocie zatelefonował do mojej mamy. Też zdążył się ukryć i zawiadomić innych profesorów.

Od połowy września nie pracowałam już w szpitalu, bo chcieli nas, jako sanitariuszki, wziąć na front. Głównie chodziłam wtedy po różnych domach i mówiłam, gdzie będą dziś wysiedlać, kogo będą aresztować. Kiedy zaczęła się wojna, stałam się bardzo samodzielna. A mama wciąż traktowała mnie jak dziewczynkę. „Dzidzia, Dzidzia" mówili do mnie przecież. A ja już sama chodziłam zbierać informacje czy robiłam starania o aresztowanych, by ich wydostać. Natychmiast dorosłam. Spotykałam się z Behrendtem, przekazywał mi informacje, ale w pewnej chwili kontakt się urwał – albo wzięli go na front, albo to ja zaczęłam się ukrywać. Najpierw, w listopadzie, musiałam uciekać, bo nasz dom miał być wysiedlany. Mama pojechała wtedy do Kazi, która właśnie wyszła za mąż i miała swoje mieszkanie, a ja miałam przejść przez zieloną granicę do Generalnej Guberni. Ukrywałam się kilka dni, bo któraś z koleżanek ostrzegła mnie, że mają mnie na oku. Nie wiem, skąd o tym wiedziała, ale my się nigdy nie pytaliśmy. Jak kogoś ostrzegałam, też nikt się nie pytał co i jak. Zwijał manatki i robił, co mógł, żeby uciec. Ja postąpiłam podobnie. W listopadzie wysiedlili cały nasz dom, dokumentnie okradli nam mieszkanie, wielkie, siedmiopokojowe, pełne obrazów, pięknych przedmiotów – wystawili je przed dom i po godzinie policyjnej, żeby nikt nie przeszkodził, zabrali. W grudniu, przed świętami, jak wielu młodych, uciekłam do Generalnej Guberni. Pożegnałam się z mamą, powiedziałam, że jadę do Warszawy do siostry i brata. Zabrałam placek ze śliwkami, który Kazia upiekła, i wsiadłam do pociągu. Jechałam bydlęcymi wagonami – jak wszyscy wtedy – za niewielką opłatą albo za kawałek słoniny. Dotarliśmy do Kutna, tam już była granica. I panowie, którzy w nocy za jakąś kwotę przeprowadzali przez las. Przeszłam granicę, a za Kutnem wsiadłam do pociągu. Na długo przed świętami byłam już w Warszawie.

Halina trafia na Służewiec, do willi wujostwa, w której mieszka już jej rodzeństwo. Lokatorów domu generała stale przybywa. Natychmiast po przyjeździe do Warszawy Halina zgłasza się do pracy w szpitalu.

Jak już dojechałam, to spałam cały dzień. Potem poszłam do Ujazdowa, zgłosiłam się na ochotnika. Tam jeszcze była masa rannych z września. W szpitalu byłam właściwie tylko parę dni, bo od razu się dowiedziałam pocztą pantoflową, że mają lżej rannych wywozić do obozów. Trzeba było uciekać i wyciągnąć stamtąd, kogo się da. Zabrałyśmy z siostrą jej narzeczonego, jego przyjaciela i jeszcze dwóch chłopaków. Podałyśmy im adres i nocą przyszli na Służewiec. Bardzo było wesoło – panowie mieszkali na piętrze, panie na parterze. I stale przybywało ludzi.

Mój brat Jan od razu wstąpił do Służby Zwycięstwu Polski. I mnie też wciągnął. Pierwsze zadanie, jakie dostałam w Warszawie, zaraz po przyjeździe, skończyło się przypadkiem zdobyciem jedzenia. Wtedy ciągle udawałam dziewczynkę – byłam w mundurku, w granatowym płaszczyku z tarczą, wprawdzie z Poznania, ale Niemcy się przecież na tym nie znali. Brat wysłał mnie na ulicę Hrubieszowską. Podobno był tam kocioł. Miałam sprawdzić, czy jeszcze jest. Niemcy wprawdzie siedzieli w mieszkaniu i czekali, aż ktoś przyjdzie, ale wszędzie z cieciami człowiek się dogadywał. Atmosfera w mieście była wspaniała, wszyscy wszystkich ostrzegali, nawet niepytani. Kiedy już dochodziłam pod wskazany adres, to przed domem stała taka babuleńka. Stała i płakała. A przed nią leżała pryzma drewna. Podchodzę i pytam, co się stało. „Bo kupiłam drzewo – mówi – a ten łajdak woźnica wyrzucił mi je przed domem. Mieszkam na trzecim piętrze bez windy, sama ledwo chodzę i nie ma mi kto wnieść". „To ja pani zaniosę" – mówię. Wzięłam swój płaszcz, nałożyłam drewna – raz, drugi, trzeci, zaniosłam na górę. A jak weszłam na górę po raz trzeci, to była gorąca zupa na stole. Nie pamiętam, kiedy jadłam gorący posiłek. I ta kobieta mówi, że nie ma pieniędzy, to chociaż ten obiad. Poprosiłam o jeszcze jeden talerz dla chorej siostry. A ona: „Oj dziecko, mogę ci dużo zupki dać". I dała mi taki cały sagan tej zupy. Ja ten gar ledwo niosłam, poczekałam, aż trochę wystygnie. Na szczęście chodziły już wtedy tramwaje. Dotaszczyłam gar do domu i wszyscy jedli gorącą, pyszną jarzynową. To był mój pierwszy zarobek w Warszawie. Była wtedy bardzo ostra zima. Nic nie można było kupić. Kradliśmy węgiel, bo w willi były piece. Panowie w teczkach przynosili węgiel i się paliło. Handlowaliśmy, czym kto mógł. Ja na spalonej Marszałkowskiej sprzedawałam z walizeczki pastę do zębów. Dostawałam ją na lewo z fabryczki, z którą przed wojną tata prowadził interesy.

Połowa grudnia 1939 roku. Wieczór. Halina siedzi w ławce w kościele na placu Zbawiciela. Czeka na tramwaj. – Na rondzie tramwaj zwalniał, jak skręcał do centrum, to zgrzytał. Siedziało się w kościele, bo cieplej, i na dźwięk tramwaju się wychodziło. Więc siedzę sobie w ławce bliżej wyjścia, żeby słyszeć ten tramwaj, a ktoś mnie trąca. Patrzę, jakiś dziwny człowiek w letnim płaszczyku, takim prochowcu, z ogoloną głową. Nie wiem, kto to. – Ja jestem Lech – mówi. Dopiero go poznałam – był chudy, w jakichś więziennych pasiakach wystających spod letniego płaszcza. Rzucał się w oczy.

Lecha Wittiga znałam z Poznania, często u nas bywał. Jego przyjaciel był narzeczonym mojej siostry. Siostra z narzeczonym i on ze swoją narzeczoną byli czwórką brydżową, stale u nas grali. „Musisz mnie gdzieś przechować" – mówi. Ja, że nie mogę go przechować, bo u nas jest pełno takich, którzy się przechowują. I jak mam go przeprowadzić w pasiakach? On mówi, że uciekł z transportu. Jeden pociąg stał, a drugi jechał w stronę Warszawy, przeskoczył. Zmarznięty był, siny. Przyszedł do kościoła, do księdza, żeby mu pomógł, ale nie widział księdza, to może ja mu pomogę. Zabrałam go. Przeszliśmy do następnego przystanku, bo na pierwszym zawsze było dużo ludzi, i tam wsiedliśmy do tylnego wagonu. Dojechaliśmy do Dworca Zachodniego i stamtąd pieszo przyszliśmy na Służewiec. W domu radość: „Lechu przyjechał!".

Nie wiedziałam, że Lech jest kimś w konspiracji. Okazało się, że był ważny. Chyba 18 grudnia doprowadził do zaprzysiężenia mnie w SZP. To było na Ogrodowej 5, na pierwszym piętrze. Przysięgałyśmy wierność ojczyźnie. Trzy dziewczyny, wszystkie razem. Wybrałam pseudonim „Mała", ale i tak mówili na mnie „Dzidzia", dlatego że byłam z tą fryzurką i w tym granatowym płaszczyku...

Leszek tylko powiedział mi, że mam być na Ogrodowej o tej i o tej godzinie, przy zaprzysiężeniu nie był, ale to on wciągnął mnie na dobre do konspiracji i został moim bezpośrednim przełożonym. Dostawałam od niego zlecenia. Przede wszystkim roznosiłam pod różne adresy karteczki. Nie wiem, co w nich było, mnie nie wolno było przecież do tego zaglądać. Do świąt bez przerwy coś nosiłam i handlowałam pastą do zębów. A potem Leszek wyjechał do Zamościa, do wuja. Dostał tam pracę w Bauleitungu, organizacja na to przystała. Zostałam w Warszawie. Były bardzo miłe święta. Na Gwiazdkę jeden z panów przyniósł zająca, nie wiem, skąd go wziął. Ja wszystko umiałam zrobić, więc przyrządziłam tego zająca. Z ogródka była jakaś przemarznięta kapusta, liście od kapusty ugotowałam, coś tam jeszcze znalazłam do jedzenia. Chociaż na co dzień było nędznie, święta mieliśmy królewskie.

W styczniu 1940 roku Halina dostaje od Lecha list. Pisze, żeby z siostrą przyjechały do Szczebrzeszyna. Żyje się tam lżej niż w Warszawie, a poza tym mają mieć dom i sklep. Rodzeństwo rozdziela się. Brat jest konspiracyjnym chemikiem, pracuje przy produkcji broni, Halina z siostrą jadą do Szczebrzeszyna.

Dzidzia, Szczebrzeszyn, 1941.

Żydów w Szczebrzeszynie zabrali do getta. Leszek dostał piękne mieszkanie po Żydach – oczywiście legalnie, w porozumieniu z konspiracją. To było wielkie mieszkanie i sklep z galanterią w rynku. Sklep, typowy żydowski, bez okna wystawowego, tylko wejście otwarte, drzwi podwójne, tak jak w małym żydowskim miasteczku. Właścicielem był bardzo bogaty Żyd, nazywał się Zelman. Na dole naszego domu miał też piekarnię połączoną ukrytym przejściem z mieszkaniami na pierwszym piętrze i tajnym wyjściem. Nasz dom przylegał do muru getta, właściwie jego tylna ściana była już murem getta. Pod murem było i przejście podziemne, i jeszcze dodatkowo przebita ściana. To było jedyne przejście z getta ogrodzonego ze wszystkich stron aż do rzeki Wieprz. Żydzi przechodzili swobodnie przez nasz dom. Po drugiej stronie muru wybudowali szopę. Na daszek tej szopy schodziło się z klatki schodowej naszego domu. A w sklepie z galanterią był punkt kontaktowy konspiracji.

Żona wuja Leszka, Niemka, która mieszkała w Gdańsku, nie chciała podpisać *volkslisty*. Deportowano ją z mężem do Zamościa i zatrudniono w urzędzie, który zbierał nazwiska Żydów mających iść do getta. Umówiła się z Zelmanem, żeby – jeśli chce zachować kontakt ze światem za murem – zatrzymał mieszkanie dla Leszka. Jakoś udało się to załatwić, może Zelmana wysiedlano na końcu? Nie wiem, jak to się stało, ale jak się sprowadziliśmy, nikt nie pytał, dlaczego tam mieszkamy. Od razu przyszedł Zelman, pokazał nam wszystkie przejścia. Wszystkie swoje rzeczy zabrał do getta, ale u nas miał kasę pancerną. Na początku też bardzo nam pomagał materialnie, bo przez pierwsze miesiące było biednie. Miałam sklepik, codziennie szłam do pracy, ludzie zaczęli przychodzić po nici i guziki. Potem okazało się, że to konspiratorzy. I gadu-gadu, zaczęli mówić, co trzeba zrobić, gdzie pojechać. Powoli, powoli Leszek znów wciągnął mnie w tę pracę. W sklepie spotkania były zawsze we wtorki, bo wtedy był targ. Wtedy wszyscy schodzili się do sklepu – ten przyszedł po igłę, ta po nici, ta po coś do haftu. Lech znowu był moim dowódcą, znowu wykonywałam jego polecenia. To on kierował do mnie na punkt kontaktowy. Mówił: „Idźcie do sklepu, do Małej Czarnej". Tak mnie nazywał.

Przychodzili ludzie, mówili od kogo, wpuszczałam, czekali na pozostałych. Miałam też znajomego folksdojcza, kochał się we mnie i wciąż przychodził do sklepu. Dostawałam szału, bo wiadomo, folksdojcz, a poza tym stale siedział i patrzył we mnie jak w obrazek... Moja siostra nie miała z tym nic wspólnego, nawet w sklepie nie bywała, bo prowadziła dom. A pod koniec stycznia ściągnęliśmy do Szczebrzeszyna mamę.

W latach 1940 i 1941 Halina pracuje pod komendą Leszka. Prowadzi punkt kontaktowy, czasem przenosi meldunki, pomaga Żydom przedostawać się z getta i do getta, bardzo dobrze poznaje ludzi z miejscowej konspiracji. Spotykają się w sklepie, często przychodzą do domu. W czerwcu 1941 roku w Szczebrzeszynie tańczy na weselu siostry.

Siostra wyszła za mąż 16 czerwca, brat ożenił się w Warszawie dwa dni wcześniej. Ze szczebrzeszynianką. Na ślubie mojej siostry Leszek mówi: „Wiesz, oni już się pobrali. Taka jesteś dzielna, może byśmy też wzięli ślub?". Taki dowcipas był z niego. A ja... że chętnie.

Leszek miał fantazję nadzwyczajną. To był chłop tak wesoły, że nawet moja mama, zawsze taka poważna, śmiała się i mówiła: „Leszek, przestań mnie rozśmieszać". Kadet przed wojną, bardzo chciał służyć w kawalerii, przez niecały rok był zresztą w 15. Pułku Ułanów, ale potem został zwolniony, dostał kategorię D, na serce...

Tydzień po ślubie siostry Niemcy ruszyli na Sowietów, sytuacja w Szczebrzeszynie nagle bardzo się zmieniła. Niemcy ciągnęli na Rosję. Bez przerwy szli przed naszymi oknami. Okropnie dużo ich szło, i pieszo, i konno, i kuchnie polowe, dzień i noc. Przez rynek przechodzili. Zamknęłam sklep, konspiracja przycichła, zrobiło się niebezpiecznie. Razem z mamą i siostrą wyjechałyśmy na tydzień do Gruszki Zaporskiej, zaraz za Zwierzyńcem. Tam rodzice znajomego chłopaka z konspiracji mieli śliczny domek. Ponieważ było niespokojnie – a to nasi gdzieś zabili jakichś Niemców, a to utrudniali przemarsz – ten kolega doradził nam, żebyśmy przenieśli się do nich, bo nie było wiadomo, co się może zdarzyć. Przez tydzień jakoś nic się nie działo, więc wróciłyśmy. Pół roku później, 8 grudnia, wzięliśmy z Leszkiem ślub.

Brat Haliny, konspiracyjny chemik, mieszka w Warszawie na Senatorskiej. Bierze udział w akcji na niemiecką restaurację. Jest poszukiwany. Podczas rewizji gestapo znajduje u niego zaproszenie na ślub siostry. Gestapowcy jadą do Szczebrzeszyna.

Halina Rajewska
i
Jerzy Kozłowski

mają zaszczyt zawiadomić W. P. o swoim ślubie, który odbędzie się dnia 8 grudnia 1941 r. w kościele parafialnym w Szczebrzeszynie.

Szczebrzeszyn, Rynek 3, lubelskie. W listopadzie 1941 r.

1941 rok, Szczebrzeszyn, fotografia wykonana tuż przed ślubem Haliny i Lecha.

Ślub był o ósmej rano. Mieliśmy kłopot, bo ksiądz nie chciał zarejestrować w księgach Lecha na nazwisko Kozłowski. Wszyscy w okolicy znali go jako Jerzego Kozłowskiego, ale ksiądz się uparł i zapisał nas pod prawdziwymi nazwiskami. I to nas zgubiło. Bo gestapowcy, kiedy przyjechali, poszli wprost na policję. Trafili tam na Łepniaka, tego folksdojcza, który się we mnie kochał. Zachował się przyzwoicie. Powiedział, że nie wie, gdzie mieszkam, ani nie wie, że brałam ślub. Więc Niemcy zaraz do kościoła, do księdza, i wszystkiego się dowiedzieli – że Lech Wittig, że Halina Rajewska. Wypytywali najpierw Łepniaka, potem księdza i przez to przyszli po nas późno. A w domu wesele! Poprzyjeżdżali goście, większość po południu była już na dobrym gazie. Dużo ludzi z Warszawy, dużo ze Szczebrzeszyna, masa chłopaków i dziewczyn z organizacji. Sporo, ponad 30 osób. Tuż przed piątą przybiegł jakiś chłopak i krzyczał do mamy: „Pani Rajewska, niech wszyscy uciekają, bo przyjechało gestapo z Warszawy i będą aresztować pana Rajewskiego i młodych". Ostrzegł nas tylko i wybiegł, do dziś nie wiem, kto to był. Dzięki niemu wszyscy zdążyli uciec. Kiedy chłopak wybiegł, goście rzucili się do tajnych przejść do getta. W kuchni w podłodze była klapa zabita deskami w ten sposób, że nie było jej widać, a pod klapą schody w dół. Goście uciekali albo przez tę klapę, albo na daszek szopy, która stała za murem getta. Wszyscy uciekli, mama też. Widziałam, jak mąż stał na daszku szopy, już po żydowskiej stronie, i krzyczał: „Chodź, chodź!". Powiedziałam: „Cicho, uciekaj", i zatrzasnęłam okienko. Już słyszałam wrzaski gestapowców na dole. Poleciałam szybko przez kuchnię, opuściłam podniesioną klapę od drugiego przejścia i przydepnęłam, wyrównując ją z poziomem podłogi, aby nie było widać, że to jakieś przejście. Niemcy nawet tam nie zajrzeli. Weszło ich czterech, wszyscy w mundurach. Krzyczeli. A tu stoły zastawione, opary wódki, kieliszki jeszcze napełnione, ciepła herbata w kubkach, talerze z mięsem, jak to na weselu, tort, coś nadgryzione, dym z papierosów, pełno marynarek wisiało, buty stały – w domu było ciepło. Niektórzy wybiegli w skarpetach. To była chwila, minuty. Niemcom w ogóle na myśl nie przyszło żadne tajne przejście. Mówią: a co z marynarkami, a ja, że ciepło było, że goście pijani i sobie poszli. A oni koniecznie chcieli się dowiedzieć, dlaczego ludzie w zimie pozostawiali ubrania. Wiedzieli, że kłamię, to przecież było oczywiste. I dlatego tak strasznie mnie bili. Zęby wybili mi jeszcze w domu, bo chcieli się dowiedzieć, kto mnie ostrzegł, skąd wiedziałam, że oni przyjdą. Zabrali mnie do ratusza w Szczebrzeszynie. Jak stałam. Miałam taką ładną sukieneczkę z żorżety. Zabrali mnie w tej sukience. Jak potem mnie bili, rozbierali, to ta sukienka była cała pocięta. Bili mnie trzcinami. W ratuszu położyli mnie na dwa wysokie stołki i lali mnie po prostu. Mam jeszcze ślady po tym, jak gestapowiec gasił mi papierosa na nodze. Folksdojcz Łepniak próbował mnie bronić, jakoś wytłumaczyć, coś wymyślał. Nie dał rady. Całą noc trzymali mnie w ratuszu i bili. Byłam przytomna, ale w pewnym momencie polali mnie wodą. Musiałam zemdleć. Byłam cała mokra. Ciągle odpowiadałam: „Ja nic nie wiem, dajcie mi spokój, przestańcie mnie bić". Byłam pewna, że mnie zabiją, chciałam, żeby jak najprędzej. Jeden walił mnie w głowę pasem z taką dużą klamrą, to było najgorsze, bo w pewnej chwili łupnął mnie w krzyż tą klamrą. Pamiętam ten cios... Dwóch ich było i ten folksdojcz. Siedział z nimi. I wciąż mówił: „Przestańcie, ona ma dosyć". A mnie już było zupełnie wszystko jedno. Tylko myślałam: „Boże, pomóż, żebym nic nie mówiła".

Rano zawieźli mnie do domu. Ale nie mogłam chodzić, nogi miałam opuchnięte i obite, jedna krew. Siostra w styczniu miała rodzić, zemdlała, jak mnie zobaczyła. A oni chcieli złapać męża, dlatego mnie przywieźli do domu. Nie mogłam się ruszyć, więc mnie wlekli pod ręce, ciągnęli mnie. Trwało to może ze 20 minut. Byłam tak obita i półprzytomna, że nie było ze mną rozmowy. Nawet gdybym chciała, już nic im nie mogłam powiedzieć. Zaraz mnie wzięli z powrotem do ciężarówki, rzucili na podłogę, bo nie mogłam ani stać, ani siedzieć, i zawieźli do Lublina, na zamek. Był wieczór, Niemcy na zamku urządzili sobie kolację, bawili się. A ja byłam w takim stanie, że nawet się nie bali, że mogę uciekać. Zostawili mnie w jakiejś wiacie, rano wprowadzili jeszcze trzech więźniów i zawieźli nas do Warszawy.

Najpierw trafiłam na Szucha. W piwnicy był taki mały pokoiczek, śmierdzący, stęchły, i tam przesłuchiwali. Nawet nie miałam siły wstać. I do tego pokoiku przesłuchań przyszedł Niemiec, spojrzał na mnie i mówi do strażników: „Po coście mi tu taki szajs przywieźli, zabierzcie, jak dojdzie do siebie, to potem przesłucham". Zawieźli mnie na Daniłowiczowską. Tam były jeszcze strażniczki polskie: Wala Szumska i kilka takich przemiłych babeczek. Umyły mnie, wszystko musiały oderwać, bo krew zakrzepła. Ubrały mnie, jakoś się mną zajęły. Od tego polewania wodą zachorowałam na zapalenie płuc z bardzo wysoką gorączką. Robiły, co mogły. Po trzech dniach przeszło. Miałam 18 lat i końskie zdrowie. Na Pawiak nie wpuszczali, bo akurat wybuchła tam epidemia tyfusu. Więc siedziałam w celi razem z prostytutkami – to było też więzienie przejściowe dla prostytutek. Tam dużo się dowiedziałam o rzeczach, o których nie miałam pojęcia. Bardzo sympatyczne dziewczyny.

31 grudnia 1941 roku, sylwester. Wieczorem do celi, w której Halina siedzi z dwiema prostytutkami, wchodzi strażniczka Wala Szumska i wyprowadza ją na korytarz. Halina nie wie po co, ale wcześniej ta sama strażniczka odnalazła jej matkę. Halina jej ufa.

Nie wiedziałam, gdzie jest Leszek, ale wiedziałam, gdzie jest mama. Bo mama wcześniej wynajmowała w Warszawie pokój u swojej koleżanki. Pomyślałam, że najpewniej uciekła ze Szczebrzeszyna i tam do niej wróciła. Wala skontaktowała się z mamą, a mama z moim mężem i bratem. I tamtego wieczoru Wala zabrała mnie na korytarz. Był długi, jak to w więzieniu. Po jednej stronie cele, a po drugiej obok siebie stały trzy szafy. Jedna zamykała narożnik korytarza. Wala ją odsunęła, wprowadziła mnie za szafę, a z drugiej strony wszedł Leszek. To był sylwester, wszyscy Niemcy balowali, nikogo nie było. Wtedy, za szafą, spotkaliśmy się pierwszy raz po ślubie. Całowaliśmy się. Nic nie mówiliśmy. Płakaliśmy obydwoje. Zobaczył, jak byłam zbita, cała w strupach. Nic nie mówił, nie mógł, całował mnie tylko i szeptał: „Moja kochana, moja kochana, trzymaj się, trzymaj". Trwało to z 10 minut, strażniczka nie mogła ryzykować...

Drugiego albo trzeciego stycznia, zaraz po spotkaniu z mężem, przewieźli mnie na Pawiak. Zabrali mnie do mykwy, wsadzili do parówki i do celi. Minęły dwa dni i nikt się do mnie nie odezwał – wszyscy myśleli, że jestem szpiclem. I dopiero przyszła oddziałowa, której strażniczki przekazały, kim jestem, i ona się mną zajęła. Skontaktowała się z Lechem. Mój mąż załatwił, że ze zwykłej celi wyszłam na tak zwaną czarną pralnię. To był kontakt, oddział konspiracyjny. Tam trafiało wszystko, co przychodziło z więzień – i grypsy w bieliźnie, i ustne wiadomości, wszystko. Kiedy psuły się kotły, mężczyźni z Pawiaka przychodzili reperować, przynosili wiadomości, był kontakt na zewnątrz. Pracowałam w czarnej pralni i miałam kontakt ze wszystkimi. Bielizna uprana, posegregowana: cela taka a taka i się roznosiło. W ten sposób znalazłam moją bratową, która nie wiedziała, co się dzieje z jej mężem. Uspokoiłam ją, mój brat wtedy pracował razem z Lechem.

Z Pawiaka wozili mnie na Szucha, na przesłuchania. Siedziałam w tak zwanym tramwaju, na takiej ławce, i czekałam, aż mnie wezwą. Już nie bili. Przesłuchali, zapisali, odwieźli. Nasza cela była duża, biała, i było w niej tylko sześć prycz. Tam sypiały chore, stare, a reszta pokotem na podłodze. Przynosiłyśmy z pralni czystą bieliznę i kładłyśmy się na niej, żeby nie leżeć na betonie, bo tam łaziły szczury, karaluchy, robactwo. W tej celi, jednej jedynej, było duże okno. Kiedy kogoś rozstrzeliwali na podwórku, musiałam przez nie patrzeć i opowiadać. Byłam najmniejsza i najlżejsza, ktoś mnie podnosił i mówiłam, co się dzieje na podwórku. Żeby wiedzieć. Nie znałam tych rozstrzeliwanych, ale mówiłam, co widziałam: „Teraz mężczyzna stary, młody" i tak dalej...

Kiedyś wieczorem, przed snem odmawiałam pacierz. Nagle drzwi się otworzyły i wpadł Bürkel, naczelnik Pawiaka. Straszny. Jak zobaczył mnie klęczącą, przebiegł przez leżące więźniarki, nie patrząc, czy staje na nie czy obok, stłukł mnie pejczem, patrzy na mnie i wrzeszczy: „Co ty myślisz, że cię Pan Bóg przeprowadzi przez to okno? Przez te kraty? Po co się modlisz? Tylko ja cię stąd mogę wyprowadzić. Żaden twój Pan". I jeszcze raz mnie trzepnął. Zrobił rewizję, szukał czegoś w szafach. Zabrał resztki jedzenia, które chowałyśmy, jakiś chleb. My, pracujące, miałyśmy dostęp raz w tygodniu do sklepiku, można było kupić cebulę, miód, 10 papierosów, którymi handlowałam, bo wtedy jeszcze nie paliłam. Zbił mnie i poszedł. Na drugi dzień rano prowadzili nas do pracy. Na każdym zakręcie były kraty i przy kratach nas liczyli. Wszędzie było liczenie. Patrzę – stoi Bürkel. Chowałam się, byłam mała, ale mnie zobaczył. Wywołał mnie, musiałam wystąpić. Była tam więźniarka, Polka, jego tłumaczka. Bürkel wziął mnie do swojej kancelarii i kazał mi powiedzieć, za co siedzę. „Nie umiem po niemiecku, niech opowie Dąbrowska" – mówię. Wszyscy na Pawiaku mnie znali, mówili na mnie „sześciogodzinna mężatka", zawsze byłam wesoła, gadałam po celach, żeby nie było smutno. Dąbrowska też znała moją historię i powiedziała, że mnie aresztowali za gości. I że mężowi sprzed nosa zabrali mnie przed nocą poślubną, że nie zdążył skonsumować. Takie dowcipy opowiadała. Jemu to się bardzo podobało. Kazał mi napisać do gestapo, że nie wiedziałam, że mój mąż pracował w konspiracji. I że ani ja, ani moja bratowa nie byłyśmy w żadnej organizacji, że miałam swój sklepik i mamę chorą, i siostrę, która lada moment miała rodzić, i tak dalej. Napisałam.

Minęło trochę czasu, już była wiosna, mógł być koniec kwietnia. Nagle rano przychodzą – na Pawiaku już strażniczkami były Niemki, wstrętne, z takimi warkoczami na głowach – wrzeszczą *raus*, *raus*, że wywożą nas do obozu, że mamy iść do mykwy się umyć, i przyniosły nam nasze śliczne „cywilne" ubranka. Wszystko sztywne, okropne, ale nic innego nie miałam. Schodzimy, wyprowadzają nas, a na dziedzińcu stoją trzy budy. Czytają listę, najpierw do pierwszej budy, później do drugiej. I wtedy wyszedł Bürkel, spojrzał na mnie, poszedł do kogoś przy tej budzie, coś pogadał i wziął mnie za rękę. Ale była jeszcze moja bratowa, chwyciłam ją za rękę, on nic nie powiedział, zobaczył tylko, że ją trzymam. Wziął nas do kancelarii, kazał nam wydać wszystko, co zabrali, mój medalik, pierścionek. Cały czas mnie za rękę trzymał. Kancelaria była zaraz przy wejściu i obok podwórko. I tak z tej kancelarii wyszłam z nim, trzymając za rękę bratową. Tam stał strażnik. Bürkel kazał otworzyć drzwi, puścił moją rękę, ustawił tyłem do siebie i jak mnie kopnął! Drugi raz miałam rany, poleciałam na kocie łby, za bramę. Wyszłyśmy.

Oddali nam przepustki i stanęłyśmy pod Pawiakiem. Naokoło puściusieńko, nie widać nikogo, tylko wartownik. I co dalej? Byłyśmy bez grosza, takie obszarpane. Jakaś pani podeszła i mówi: „Pani z więzienia chyba?". Mówię: „Tak". Tam była mała kawiarenka, ta pani nas tam zabrała i nakarmiła ciastkami. Rzygać mi się chciało, bo to i nerwy, i to jedzenie – wcześniej kapuśniak w najlepszym razie, a tu nagle ciastka z kremem i kawa... Pozwolili nam telefonować. Zadzwoniłam do kogoś, jakiegoś mojego kontaktu, i powiedziałam, gdzie jestem. Po pewnym czasie przyszedł mój mąż. Nie poznałam go. Był przebrany, wyglądał jak pajac i przeszedł koło mego stoliczka, nie zatrzymując się. Nie wiedzieliśmy, czy ktoś za nami nie pójdzie. Leszek podał adres, pod którym mamy go szukać, i poszedł. My z bratową na wszelki wypadek najpierw ruszyłyśmy do kościoła, a dopiero stamtąd, rozglądając się na wszystkie strony, wyszłyśmy tam, gdzie powiedział Leszek. Stał na klatce schodowej w jakimś budynku. Zaczęliśmy się wspólnie zastanawiać, co dalej. Postanowiłyśmy pójść do mieszkania brata, ale okazało się, że nie mam kluczy, że są na gestapo. Mój mąż mówi: „Najlepiej leźć psu w paszczę. Idźcie na gestapo, macie zwolnienie, powiedzcie, że idziecie do domu, nie znacie nikogo w Warszawie i prosicie o klucz". I tak zrobiłyśmy. Na gestapo dali nam po 10 złotych i jednej, i drugiej. I wyszłyśmy z kluczem.

Poszłyśmy na Senatorską do mieszkania brata. Potem przyszedł Leszek. I tam, na Senatorskiej, była nasza noc poślubna. Nasza pierwsza wspólna noc.

Po spotkaniu na Senatorskiej mąż wysyła Halinę do Szczebrzeszyna. Chodzi o to, by nie było wątpliwości, że się nie spotkali. Halina ma w Szczebrzeszynie „pokazać się" miejscowym władzom, po czym wrócić do Warszawy.

Pożegnanie nie było łatwe po tej jednej nocy. Ale Lech powiedział, żebyśmy się na razie nie spotykali. Dobre było i to zresztą – bratowa zazdrościła mi spotkania z mężem – mój brat, tchórz, typowy naukowiec, nie zdobył się, żeby do niej na tę Senatorską wpaść. Dojechał dopiero potem do Szczebrzeszyna i chyba na jakimś cmentarzu się spotykali... W każdym razie pojechałyśmy. Zgłosiłyśmy się do Niemców, mówimy, że nie mamy gdzie mieszkać, że nie mam męża, nie mogę się z nim spotkać. I pytam z głupia frant, czy nie wiedzą, gdzie mój mąż. Zgłosiłyśmy się do Łepniaka. Mówię, że chcę iść do domu, że nie mam się w co ubrać (jak szłam na policję, to włożyłam ubrania więzienne). A oni na to, że mieszkania zajęte i że moje rzeczy są tutaj. I dali mi dwie walizki. Ja na to, że nie mam dokąd pójść, skoro w Szczebrzeszynie zabrali mi dom. Pyta mnie Łepniak, co ja teraz będę robić. Mówię, że pojadę do Warszawy, mam dwie ręce, pójdę gdzieś pracować. A mieszkanie mam u brata, to będę z bratową mieszkała. I tak pozacierałam ślady i wróciłam do Warszawy. Jakiś czas pomieszkałam na Senatorskiej z bratową, a potem – już z mężem – zamieszkaliśmy w Otwocku na Moniuszki 2B. Wynajmowaliśmy domek, a raczej mieszkanie w domku pewnego Żyda. Przestaliśmy się ukrywać, mąż nazywał się wtedy Kozłowski, a ja – pani Kozłowska, mieliśmy odpowiednie kenkarty, wszystko było gotowe, organizacja o wszystko zadbała. Najgorsze w tej nowej tożsamości było to, że nie mogłam się nauczyć mojego nowego panieńskiego nazwiska...

Leszek jest szefem lokali konspiracyjnych IV Oddziału AK Wola. W Otwocku, w domu Leszka i Haliny, jest punkt kontaktowy i przerzutowy broni. Leszek prowadzi tu także zajęcia z posługiwania się bronią.

Mąż dojeżdżał do Otwocka, najczęściej mieszkał w Warszawie. Mieliśmy w Warszawie chyba z pięć mieszkań, każde na inne nazwisko. Trzeba było wszystko pamiętać. Leszek z wszystkich melin najbardziej lubił tę, w której mieszkałam, więc bywał u mnie bardzo często. Nasz dom był w Otwocku pierwszy od strony lasu. Mieliśmy numer 2B, a pod czwórką mieściło się niewielkie sanatorium dla Niemców. Czasem było tak, że mąż uczył kursantów obsługi broni i strzelania, a ja z Niemcami ozdrowieńcami w tym czasie rozmawiałam. Przyjaźniliśmy się, podrzucali mi czasem jedzonko, bardzo dobre, grochóweczkę wojskową... Byłam wesoła, uprzejma, przez płot rozmawialiśmy sobie jako sąsiedzi. Bywało, że dowiadywałam się, że danego dnia Niemcy mają gdzieś strzelanie. Urządzali je sobie, żeby nie wyjść z wprawy. Więc strzelanie naszych chłopaków przenosiliśmy gdzie indziej. I było tak, że za domem strzelali Niemcy, a dalej, w lesie, z drugiej strony – mój mąż z chłopakami.

W Otwocku mieliśmy bardzo dużo broni. Oficjalnie brat z mężem robili wody kolońskie dla wojska. Transporty tych wód – z lokalu na Boduena 2 – wysyłali zapakowane w sianko. Kupowało się całe bele siana, w część wkładało się wodę, a w część – broń. Na placu Grzybowskim była fabryka Błyskawica. Ogromna fabryka. Wacek Zawrotny, konstruktor pistoletu maszynowego Błyskawica, szwagier mojego męża, robił tam codziennie ogromne ilości broni. Trzeba to było jakoś przewozić, rozsyłać do oddziałów. W Otwocku dostarczaliśmy pakunki do lasu, a inni je odbierali. Wiedzieliśmy na przykład, że przyjdzie taki a taki pan i mamy dać dwie błyskawice... Nad firmą na placu Grzybowskim była wytwórnia drutu kolczastego. Braliśmy od nich ten drut i zawijaliśmy w niego automaty. Po dwie sztuki – używaliśmy specjalnych rękawic...

Mieliśmy w Otwocku oszkloną werandę – daszek spadzisty i prosta ściana. Za tą ścianą były schowki, tam wkładaliśmy broń, która czasem szła dalej, czasem zostawała dla kursantów. Był też rykszarz, kawał byka, rzeczywiście „legalny", zapisany rykszarz, który przewoził broń pod wskazane adresy. Z różnymi ludźmi. Czasem jechaliśmy z mężem, czasem osobno. Bardzo dużo było z tym roboty. Poza tym przechowywaliśmy

1942 rok, Otwock. W oknie – Leszek.

jeszcze różnych takich ludzi, którym się paliło. Dom był dwupiętrowy, my zajmowaliśmy drugie piętro. Drzwi na schody zamykało się na noc. A u nas ciągle ktoś mieszkał. Nauczyliśmy wszystkich zamykania drzwi i bramy po godzinie policyjnej. Bałam się. Niemcy często się szwendali. Ci obok – bywało – pochlali się i szukali meliny. Każde piętro miało wyznaczone dni zamykania drzwi i bramy. Chodziło też o to, żebym nie tylko ja zamykała, to mogło wzbudzać podejrzenia. Sąsiedzi pewnie się domyślali, że mam u siebie jakichś ludzi, ale nikt nie mógł tego powiedzieć na pewno.

Halinie wypada dyżur zamykania bramy. Jest lato 1942 roku. Wieczór, szarówka. Halina jest sama w domu. Będzie musiała podjąć decyzję, która może narazić konspiracyjny lokal.

Poszłam zamykać. Patrzę, jakieś dwa tobołki leżą, myślałam, że coś nam przerzucili. Ze strachu zamknęłam furtkę i przyglądam się bliżej – z tobołów patrzą na mnie oczka. Widzę dwoje żydowskich dzieci, jedno małe, drugie trochę większe. Typowy wygląd. Pytam: „Co wy tu robicie?". „Mama nas zostawiła i powiedziała, że dobrzy ludzie się nami zaopiekują" – słyszę.

Na parterze mieszkała przyjaciółka lekarka. Pobiegłam do niej i mówię: „Musisz mi pomóc, nie wiem, co zrobić, trzeba wziąć te małe Żydziątka, bo przecież ich tutaj nie zostawię". Pomogła mi zaprowadzić czy zanieść te dzieci na górę, zawszone, brudne, uciekły z getta. Ojca zastrzelili Niemcy, a matka z nimi pieszo z Warszawy przyszła do Otwocka. Zagłodzone, wyglądały na znacznie młodsze, niż były w rzeczywistości. Umyłam je, ogoliłam do gołej skóry, ubrałam, położyłam spać. Pomyślałam, że muszę czekać, aż ktoś przyjdzie od męża, zameldować o nich, dowiedzieć się, co dalej. Rano puka ktoś do drzwi, ale tak delikatnie, no, to nie Niemcy. Myślałam, że to może przyjaciółka z parteru, pytam: „Kto?". „Mam boczek do sprzedania". Kobieta w chuścinie z typowo żydowskim nosem. Mówię: „Pani pewnie dzieci szuka?", a ona klap – zemdlała na korytarzu. Kiedy się ocknęła, powiedziała, że zemdlała z głodu, od trzech dni nic nie jadła. Umówiłyśmy się, że w ciągu dnia będzie chodzić, handlować i jakoś się ukrywać, a przed godziną policyjną przyjdzie do mnie i przenocuje z dziećmi. I tak trwało przez prawie dwa lata. Dzieci były nauczone, że jak tylko ktoś pukał, to się chowały w swoich kryjówkach. U mnie miały taką deskę, za którą były schowki na broń i na gazetki. Pokazałam im tylko, a one zaraz znikały, nawet nie musiałam tego pilnować... Można było między ścianami aż do balkonu przejść. Po drodze były porobione jeszcze różne przeszkody. Obcemu zdawałoby się, że dalej już nie ma przejścia. Specjaliści zakładali nam te schowki, musiały być dobre. Niemcy robili u mnie rewizje i nigdy nic nie znaleźli. Chyba ktoś donosił, przychodzili trzy razy, szukali w ścianie, stukali, w szafy zaglądali. Nic. Oczywiście umiałam strzelać. Nauczył mnie Leszek, chociaż jeszcze w Poznaniu, zaraz po wybuchu wojny, koledzy coś tam mi pokazali. I broń zawsze w domu była. Dowolnego kalibru. Ale strzelanie w takiej sytuacji jest przecież bez sensu – miałam u siebie małych Żydów, a często ludzi, którym coś groziło. Musiałam po prostu wierzyć w te konspiracyjne schowki...

Dzieci były z nami dwa lata. Nazywały się Spielrein, ale mąż od razu zrobił im kenkarty na nazwisko Malinowscy. Zostały Basią i Rysiem. A matka – Marią. Dzieci siedziały jak myszki. W ciągu dnia – na werandzie, nie mogły tylko podchodzić do okna, które było otwarte, czytałam im książki, uczyłam polskiego. Bajki czytałam Basi, Rysio potem sam się uczył. A pacierz mówiły lepiej niż ja. Wieczorem przychodziła ich matka.

Pewnej nocy Rysio w krzyk. Przychodzi matka i mówi: „Proszę pani, Rysio jest rozpalony, ma straszną gorączkę i bardzo boli go brzuszek". Mówię, że musimy doczekać do rana. Mieliśmy w Otwocku konspiracyjnego lekarza. Akurat był Leszek. Rano poleciał do tego lekarza, przyprowadził go, a on mówi: „Boże święty, wyrostek robaczkowy, trzeba operować, w Otwocku nie ma jak". Chwilę pomyślał i mówi: „Pracuję w Ujazdowie, o 11 bądźcie na dole pod szpitalem w tym i tym miejscu. Jak go przywieziecie, to wasza sprawa, ja przeprowadzę operację". I tak obandażował Rysiowi twarz, że zakrył nawet nos, który by go zdradził od razu, zostawił tylko oczy. I wypisał na blankiecie, że coś jest z głową czy uchem, jakąś łacińską mądrość. Pojechaliśmy do Warszawy kolejką elektryczną. Potem Leszek zadzwonił po Maćka, rykszarza, a gdy ten przyjechał, podwieźliśmy Rysia do szpitala. Wszystko było dograne *stricte* co do minuty. Zszedł lekarz, Leszek zaniósł małego na górę, tam przeprowadzili operację, po operacji Leszek zniósł Rysia natychmiast. I znów, nieprzytomnego, z głową zabandażowaną, do rykszy. Tymczasem przybyli inni chłopcy i wyglądało tak, że w pierwszej rykszy wiozłam Rysia, w drugiej siedział Leszek, a w trzeciej jechały dwie błyskawice. Na wszelki wypadek. Dowieźliśmy Rysia do Otwocka. Dzisiaj chyba bym się tak nie odważyła...

Halina i Lech przechowują Spielreinów do lata 1944 roku. Przez cały ten czas prowadzą normalną działalność konspiracyjną. Zwiększa się ilość broni przerzucanej do lasów w związku z akcją „Burza". Wojska sowieckie podchodzą do Pragi, w Otwocku nie ma już Niemców. Zbliża się powstanie.

Od dawna mówiło się o powstaniu. Dostałam nawet przydział, miałam być noszową. W lipcu rzadko bywaliśmy w Otwocku, produkcja i transporty broni bardzo się nasiliły. Pracowałam w jakimś punkcie przerzutowym na Pradze. Pod koniec lipca pojechaliśmy do Otwocka, żeby wypuścić Żydów, zabrać broń i pieniądze. I już nas Rosjanie nie przepuścili przez Świder.

W tym czasie pani Spielreinowa dostała wiadomość, że jej kuzynka w Łodzi się uratowała i że może przyjechać do niej z dziećmi. Zostawiła mi kartkę z adresem, że jedzie, dziękuje, niech Bóg prowadzi, piękny list. Że jakbym miała jakieś potrzeby, to zawsze mogę na nią liczyć i mam przyjeżdżać do niej do Łodzi. I pojechała z dziećmi. A Leszek poszedł na wojenkę.

Bardzo byłam na niego rozżalona. Był w konspiracji porucznikiem, ujawnił się i zgłosił do Berlinga. Swojemu dowódcy powiedział, że idzie na odsiecz Warszawie. Dostał pozwolenie. Bardzo wielu wtedy poszło, z Leszkiem jeszcze trzech – wszyscy oficerowie, wszyscy z AK. Poszli do RKU, dostali mundury. Leszka posłali do Lublina. Tam stało Wojsko Polskie i przyjmowali żołnierzy „na odsiecz Warszawie". Przez dwa miesiące był nawet dowódcą kompanii...

Nie chciałam, żeby szedł. Powiedziałam mu: „Nie wracaj już, ja cię nie chcę, rozwód biorę". Mówiłam poważnie, że jeśli pójdzie do wojska, nie ma po co wracać. Poszedł. Przez jakiś czas przysyłał mi paczki, kiełbasę. I w listach pisał: „Jeszcze twój". Aż listy przestały przychodzić. Leszek przestał się ze mną kontaktować. Któregoś dnia ktoś dotarł do mnie z informacją, że Leszka aresztowali. Dał znać, że siedzi pod Lublinem w obozie. Tylko tyle. Zdenerwowałam się. Pojechałam go szukać, sprawdzić, czy uda się go jakoś wyciągnąć. W Lublinie okazało się, że wojsko poszło już na front, że o żadnym obozie nie słyszeli. O Leszku nic nie wiadomo.

Nie wiedziałam, co robić, gdzie szukać. Poszłam do kościoła się pomodlić. Wychodzę i wpadam na jakąś lubliniankę: „Jak leziesz, wpadasz na ludzi!" – ona do mnie z pyskiem. Ja na to: „Jakby pani męża aresztowali i pani nie wiedziała, gdzie jest, też by pani wpadała na ludzi". Zaraz zmieniła ton: „A pani wie, tu siedzą niedaleko, w Lubartowie, zaraz za Lublinem. Niech pani jedzie, tu jest taki autobus. Niech pani sobie zrobi małą paczkę, powie pani, że chce oddać mężowi, jak przyjmą, to znaczy, że on tam jest". I rzeczywiście zrobiłam taką paczkę, pojechałam, oddałam. Za chwilę słyszę z okna zakratowanego, zza drutów kolczastych: „Haluś, Haluś, skąd wiesz, że ja tu jestem? Przyślij mi buty, bieliznę, bo nie mam na zmianę". Tak gadaliśmy przez płot. Widziałam go przez kraty. Pojechałam do domu, uszykowałam dużą paczkę i z powrotem do Lubartowa. Przyjeżdżam, widzę, że stoi warta. I zaraz: „Co pani tu robi?". „Do męża przyszłam z paczką". Zabrali mnie do takiego małego pokoiku, potem przyszedł jakiś starszyna ruski. Mówię, że mąż tutaj jest i nie wiem, dlaczego mnie zamknęli, ja nic nie robiłam, stałam grzecznie i czekałam. Ruski powiedział mi, że męża nie ma, wywieźli go wczoraj, a dokąd, to on nie wie. Puścili mnie. Od ludzi się dowiedziałam, że w takich wagonach bydlęcych wywozili. Do Rosji. Jakaś pani mówiła, że bardzo dużo kartek wyrzucali przez okno. Inna pani powiedziała, że ma w domu cały plik tych kartek i chce je rozszyfrować i poodsyłać. Poszłam z nią. I znalazłam kartkę od Lecha. „Jesteśmy aresztowani, jedziemy do Rosji, nie wiadomo, czy nie spełnią się twoje marzenia o rozwodzie. Na razie cię całuję". Jeszcze do niedawna miałam tę kartkę, ale gdzieś się zapodziała.

Halina traci kontakt z mężem. Nie wie, dokąd go wywieziono. Lech najpierw trafia na daleką Północ, do wyrębu lasów, co kilka miesięcy jest przerzucany z jednego obozu do drugiego. Potem, dzięki znajomościom i szczęściu, trafia do Odessy. Kończy się wojna.

Raz tylko przyszedł list do mojej teściowej: „Kochana mamo, całuję ciebie, bardzo mi jest dobrze. Leszek". Doszedł jeden jedyny list. Wolno im było pisać dwa razy w miesiącu – żadna inna wiadomość nie dotarła.

Zaczęłam pracować w Biurze Odbudowy Stolicy. Na Pradze. Bywał tam Jaruzelski. Któregoś dnia poszłam do kierownika i powiedziałam, że chcę się zobaczyć z Jaruzelskim. Ciągle się mówiło, że gdzieś tam iluś rozstrzelali, a gdzieś rozstrzelali cały transport. Chciałam ściągnąć Leszka, nie wiedziałam, gdzie jest. Poszłam do Jaruzelskiego, a on – że nic nie może zrobić, że jego adiutanta też aresztowali, żeby w ogóle się nie starać, bo nic się nie da zrobić...

Zaraz jak w 1945 roku otworzyli Warszawę, wróciłam do miasta. Z bratem zaczęliśmy znów robić wody kolońskie i pasty do zębów dla wojska. Mieszkałam na Ogrodowej, brat miał mieszkanie na Woli, za sądami. Wszystko było zburzone doszczętnie, jeden gruz. Brat mieszkał na trzecim piętrze. Gruzy sięgały trzeciego piętra, do jedynego okna z całą szybą. Z czterech pokoi ocalał jeden – z drzwiami, z oknem. Po gruzach weszłam do środka, a tam łóżko rozścielone, meble brata, gabinet, szklanka po kawie na stole. A na gruzach pod oknem był mój krzyżyk z Panem Jezusem. Weszłam na te gruzy, wzięłam ten krzyżyk i do dzisiaj go noszę.

Po pięciu latach wrócił Leszek. Odnalazł mnie. Ważył 39 kilo. Cały w czyrakach. Od razu do lekarza. Trzymałam go w domu tak długo, aż wyleczyłam. Potem postarałam się dla niego o pracę biletera w kinie Polonia. Ponieważ znał cztery języki, dostał się na handel zagraniczny. Potem pracował w Animeksie. Kupiliśmy mieszkanie na Mokotowskiej, urodziłam córkę, mam dwie wnuczki...

Mój zięć pracował w Locie. Na początku lat osiemdziesiątych został wysłany do Sydney, miał przygotowywać połączenie lotnicze Sydney–Warszawa. Na Gwiazdkę 1981 roku dzieci zaprosiły nas do Australii.

Polecieliśmy jeszcze przed stanem wojennym. Moja wnuczka była wtedy mała, opiekowała się nią trochę „ciocia" Wandzia, sąsiadka, Żydówka, która wyemigrowała z Polski. Kiedy przylecieliśmy, przyszła „zobaczyć kogoś z kraju". Zaczęliśmy opowiadać, padło moje nazwisko. A ona: „Wittig? A może Lech?". Tak. „Halina?" Tak. „No to przecież uratowała pani moją znajomą z dziećmi. Oni są w Melbourne, my w Sydney". Pojechała z moim mężem do Melbourne. I tam Leszek spotkał się z tymi dorosłymi już dziećmi. Nazajutrz Basia zostawiła rodzinę, wsiadła w samolot i przyleciała do mnie do Sydney. Ich matka, która zmarła dwa miesiące wcześniej, podobno ciągle im powtarzała: „Pamiętajcie, że uratowali was Lech i Halina Wittigowie".

Halina Wittig mieszka w Warszawie. Lech zmarł w w 1990 roku. W 1987 roku obydwoje otrzymali tytuł Sprawiedliwy wśród Narodów Świata. W 2009 roku Halina została odznaczona Orderem Odrodzenia Polski.

Brat Haliny Jan Rajewski zamieszkał w Szczecinie, gdzie był profesorem chemii.

Rysio, uratowany przez Wittigów jako chłopiec, zmarł w Australii rok po ich spotkaniu. Basia mieszka w Australii do dziś.

ROZDZIAŁ 2

MAGDA RUSINEK: PO PORĘCZY

Rankiem 1 września 1939 roku pod dwór w Rabie Wyżnej przygalopowuje młody podporucznik. Krzyczy „Niemcy na Wysokiem". Z konia leci piana. Magda Rusinek ma 14 lat.

Dobrze zapamięta pierwszy dzień wojny. Dwa dni wcześniej z innymi dziewczynkami sypała kwiaty na ślubie podporucznika.

Byłam wyjątkowo chorowitym dzieckiem. Co chwila wywijałam się śmierci. Jako dziesięciolatka miałam trepanację czaszki, potem sepsę. Spędziłam pół roku w łóżku u elżbietanek, na kolejne pół roku rodzice wysłali mnie do Rabki, do sanatorium. Miałam paraliż połowy twarzy, ale w ogóle nie interesowało mnie to, że będę miała krzywą gębę, zawsze bawiłam się z chłopakami. Bo tak jak bardzo byłam chorowita, tak bardzo szalałam za sportami. Mam to z domu – pływać nauczyłam się równocześnie z chodzeniem, pierwsze narty dostałam, gdy miałam trzy lata. Z moją siostrą Marysią od zawsze pływałyśmy, grałyśmy w tenisa, od zawsze jeździłyśmy na nartach i konno.

W dzieciństwie nie miałam cienia wątpliwości, że jestem nadzwyczajna – tyle umiałam. I świetnie się biłam z chłopakami. Koledzy mnie uczyli zasady: „nie pytaj, tylko lej, od razu lej". Powtórzyli to zresztą koledzy w czasie wojny – jakby mnie złapał szkop w pojedynkę – od razu kolanem w jaja. Zupełnie nie miałam oporów, stresów, byłam przekonana, że jestem świetna.

W Warszawie chodziłam do żeńskiej szkoły Cecylii Plater-Zyberkówny. Była to szkoła na bardzo wysokim poziomie, od liceum wprowadzająca trzy języki. Bardzo endecka. I bardzo katolicka. Myśmy nawet wtedy same mogły służyć do szkolnych mszy. Dziewczynki! Podobno papież musiał na to specjalnie zezwolić. Nie wiem, jak to

Kilkuletnia Magda (z lewej) z siostrą Marysią.

było, moja rodzina nigdy nie była szczególnie religijna ani tym bardziej nie było jej po drodze z Obozem Wielkiej Polski. Natomiast poziom, jaki mogła zaoferować szkoła, liczył się ponad wszystko. W każdym razie *Introibo ad altare Dei*, czyli początek ministrantury, do dziś pamiętam. U Platerki działało harcerstwo, co miało dość duże znaczenie dla reszty mojego życia. Nie zdawałam sobie wówczas sprawy, jak bardzo to, że przy poparciu rodziców zostałam harcerką, wpłynie na moje losy.

Pewnego razu, tuż po moich urodzinach, przyszłam do szkoły w nowych, robionych na zamówienie butach narciarskich. Chciałam się pokazać. Było już po lekcjach, więc postanowiłam zjechać sobie z trzeciego piętra po poręczy. Jedna noga pod pupę, druga wyciągnięta w przód. Ruszyłam. Kiedy dojeżdżałam do parteru, a jechałam naprawdę szybko, zobaczyłam – odwrócone tyłem do schodów – pannę Reutt, dyrektorkę, i panią kurator. Nie zdążyłabym się zatrzymać. Krzyknęłam tylko „Kucaj!" i jak wyrzucona z procy przeleciałam im nad głowami. Zaraz potem zresztą omal nie wyleciałam ze szkoły.

Magda w wieku szkolnym.

Dawny działacz niepodległościowy, ludowiec, poseł, sekretarz Wincentego Witosa, i córka profesora Uniwersytetu Jagiellońskiego, obydwoje doskonale wykształceni, przywiązują wielką wagę do edukacji córek. Obecność francuskich guwernantek sprawia, że we wczesnym dzieciństwie francuski jest dla Magdy pierwszym językiem. Siostry znają niemiecki, a imieninowe życzenia składają dziadkowi w wyuczonej przez rodziców grece. Nikt z domowników jednak nie włada angielszczyzną. Rodzice Magdy uznają więc, że najlepszym sposobem, by nauczyć dziewczynki tego języka, będzie zaproszenie do ogromnego warszawskiego mieszkania szkockiej skautki, która zostanie w Polsce przez półtora roku. Magda zaprzyjaźnia się z Ailsą Kay i spędza z nią wakacje w Anglii i Szkocji. Nastoletnia harcerka opowiada o Polsce w szkockim miasteczku, odśpiewuje publicznie *Mazurka Dąbrowskiego* i chodząc po ulicach Straenraer, głośno mówi do siebie po polsku. „Żeby się nie wynarodowić" – napisze do matki.

Kiedy po powrocie do Polski i po ciężkiej chorobie trafi do sanatorium w Rabce, natychmiast założy tam drużynę zuchową.

Byłam opętana harcerstwem. Przyjechałam do sanatorium i uznałam, że jest tu wszystko oprócz zuchów. Więc pytam, kto się tu zajmuje harcerstwem. Słyszę, że jakiś Aleksander Kamiński. Napisałam list – że będę tu sześć miesięcy, więc może coś zorganizuję, żeby było weselej, jak wyjadę. Natychmiast dostałam odpowiedź i założyłam gromadę zuchową. Tak poznałam Aleksandra Kamińskiego, tego od *Kamieni na szaniec*. Potem, już w czasie wojny, znalazłam go w „Małym Wawrze" – oddziale małej dywersji. Do dziś chyba umiem namalować żółwia – znak oporu, symbol powolnej pracy dla Niemców – stojąc plecami do ściany...

Harcerstwem zajmowałam się jeszcze długo po powrocie do Warszawy. Do 1942 roku prowadziłam tajną 6. Drużynę Harcerek. Bałam się o moje dziewczyny, jednak już wtedy wiedziałam, że to po prostu dziecinna zabawa. Relaks, można powiedzieć. Bo zaprzysiężono mnie już na początku wojny. I musiałam zajmować się dużo mniej przyjemnymi sprawami.

W sierpniu 1939 roku Magda jest operowana, dochodzi do zatrucia chloroformem. Rodzice postanawiają, że do wiosny następnego roku będzie mieszkać w Rabie Wyżnej na Podhalu, w zaprzyjaźnionym dworze państwa Głowińskich, u których wielokrotnie spędzała wakacje. – To najpiękniejszy czas w moim życiu. Dwór był z gumy, ludzi tłum, wszyscy ogromnie mi imponowali, traktowaliśmy się nawzajem jak rodzina. Bardzo intensywnie poznawałam góry – wuj Tadeusz, jeden z domowników, na pierwszą wyprawę ze mną poszedł w lakierkach, żeby mi pokazać, że do gór trzeba mieć szacunek. Bronka Polakówna, mistrzyni Europy, doskonaliła moją jazdę na nartach. Jeździłam naprawdę bardzo dobrze, a Bronka uczyła mnie biegówek. Kiedyś zgłosiła mnie na zawody, jakieś poważne, organizowane przez FIS. Chciała sprawdzić, która dojdę. Miałam 12 lat, nie wiedziałam, co to FIS i na czym polegają zawody. Nie wiedziałam nawet, że można mijać ludzi – dopiero pani, którą dogoniłam, rzuciła mi przez ramię, żebym mijała ją lewą stroną. To minęłam. Na mecie zemdlałam.

Wojna zastała mnie w Rabie. Kiedy pierwszego września mężczyźni ukryli się w lesie, babunia, właścicielka dworu, włożyła jakąś piękną suknię, narzuciła mantylkę, stanęła na schodach i kiedy Niemcy się pojawiali, strzelając w powietrze, spytała wycyzelowanym hochdeutschem – „Panowie do mnie?". Bardzo się zdetonowali i przeprosili. Tak wyglądał pierwszy dzień wojny. Mama zaraz po mnie przyjechała.

W pierwszych dniach września Magda z matką i siostrą docierają do Krakowa, w którym są dziadkowie. Niemal natychmiast wyruszają do Warszawy, do ojca, od którego nie ma wiadomości. Ich pociąg zostaje skierowany do Lwowa. Podróż trwa kilka dni. Po drodze Magda widzi bombardowania, pożary, rannych. W miasteczku Radymno, przed Sanem, Niemcy zatrzymują pociąg. Zabijają maszynistę, każą wszystkim wysiadać. Po kilku godzinach rozkazują uciekinierom zajmować porzucone w Radymnie domy. Zostawili je ci, którzy uciekali w inną stronę.

Tam pierwszy raz widziałam Żydów, jak Niemcy ich bili, jak młodzi żołnierze dosiadali, ujeżdżali brodatych starców. Nie mogłam tego pojąć, na coś takiego w moim świecie nie było miejsca, szacunek dla starszych był sprawą naturalną. Matka trzymała mnie wpół i zatkała mi ręką usta.

Magdzie, jej matce i siostrze udaje się dostać do Krakowa. Mieszkają u dziadków. Tu dołącza do nich ojciec. Po pewnym czasie rodzice ze starszą córką wracają do Warszawy, gdzie Marysia ma się przygotowywać do tajnej matury. Magda zostaje w Krakowie i rozpoczyna naukę w gimnazjum. Jej koleżanka jest córką jednego z profesorów Uniwersytetu Jagiellońskiego. Magda przypadkiem jest świadkiem brutalnego aresztowania krakowskich uczonych. Nie może uwierzyć w to, co widzi. Zimą, żeby zarobić, pruje stare swetry, robi z nich na drutach rękawiczki dla dzieci i sprzedaje je na Rynku Głównym. Pewnego dnia spotyka ją tam Wanda Głowińska, współwłaścicielka dworu w Rabie Wyżnej. – Ciotka Dula zobaczyła, że nie mam ciepłych majtek, powiedziała, że mnie zabiera do Raby, bo tam jest jedzenie i szkoła. Pojechałam.

1 stycznia 1940 roku, we dworze w Rabie Wyżnej, na tydzień przed piętnastymi urodzinami, Magda zostaje zaprzysiężona jako żołnierz Brygady Podhalańskiej.

Wiedzieli, że jestem harcerką, że nie plotkuję, znam języki i że dobrze jeżdżę na nartach. Uroczystość była bardzo oficjalna, świece, krucyfiks, przysięga. Brygada podlegała już Służbie Zwycięstwu Polski i była pierwszą organizacją podziemną na Podhalu. Na początku nosiłam ulotki i prowadziłam coś, co szumnie nazywało się nasłuchem radiowym. Jedyne nieskonfiskowane radio miał u siebie niemiecki zarządca majątku. Kiedy go nie było, wkradałam się do jego domu i słuchałam BBC. Wkrótce jednak dostałam poważniejsze zadanie – z Zakopanego czy z Nowego Targu trzeba było przewieźć do Raby powielacz. Miałam jechać pociągiem, zgodnie z instrukcją położyć walizkę na górnej półce i spokojnie siedzieć. Na stacji w Rabie miała przejąć mnie obstawa. Wsiadłam, położyłam walizkę, a chwilę później wpadli do przedziału trzej młodzi niemieccy podchorążowie. Chcą nawiązać rozmowę, ja, że mówię tylko po francusku, więc oni płynnie przechodzą na francuski. Częstowali czymś, ja, że nie jestem głodna, taka pociągowa konwersacja. Wysiadam, oni za mną, nie pozwolą przecież, żeby panienka sama dźwigała walizkę. Na dworcu chłopcy, którzy mieli mnie przejąć, na ten widok niemal odbezpieczają już broń, a Niemcy powielacz do sań, które na mnie czekały, stukają obcasami, całują w rączkę i żegnają się uprzejmie. Sytuacja komediowa niemal, myśmy wszyscy przecież dopiero uczyli się konspiracji.

Bardzo szybko się okazało, że ze względu na niepozorny wygląd, młody wiek i umiejętność jazdy na nartach nadaję się do przeprowadzania ludzi, przede wszystkim lotników, na słowacką stronę. Dobrze znałam okolicę, góry, miałam bardzo dobre buty i narty zrobione przez Polakównę. Na początek dostałam jakichś pilotów. Może i umieli latać, ale o nartach nie mieli pojęcia. W życiu się tak nie narobiłam. Strasznie, pamiętam,

Magdalena na nartach, Raba Wyżna, 1940 rok.

sapali. Miałam na głowie opaskę. Do niej była przymocowana lina, a na końcu tej liny dwóch facetów. Drugą linę miałam przymocowaną na pasie i trzeci gość za mną. Przeszliśmy. Odtąd bywało, że chodziłam na słowacką stronę i dwa razy dziennie. Grenzschutze zawsze po obiedzie grali w brydża. To był regularny, stały punkt dnia. Zawsze czekałam na moment, kiedy siądą do kart, i wtedy przechodziliśmy na nartach bardzo blisko domku. Mniej więcej trzy osoby naraz udawało się przeprowadzić.

Pewnego dnia przyszła wiadomość, że gestapo jest na tropie tego kanału. A u sióstr, u których przerzucani zawsze czekali na przewodnika, było akurat 24 ludzi. Gestapo podobno już tam jechało. Trzeba było działać bardzo szybko. Przyjechał do mnie konno chłopak stajenny z wiadomością, że jest 24 do przerzucenia. Ja na konia i do nich – uzgodniłam, że muszą sami dojść do Raby, a ja do nich dołączę. Miałam taki system, wymyślony przez przełożonych, że kiedy szłam na punkt kontaktowy, żeby przeprowadzać, towarzyszył mi Staś Kądziołka, młody wikary z Raby. Udawaliśmy, że do kogoś ciężko chorego idziemy z Panem Bogiem. Dochodziła szósta rano, kiedy dotarłam na plebanię. Staś przygotowywał się do mszy. Ja, smarkula, byłam już wtedy z nim na „ty" i mówię: „Słuchaj, masz sześć minut, idziemy". Staś nie wierzył. Ale mszę w sześć minut odprawił...

Grenzschutze to nie były jakieś ciury. Jak oni świetnie jeździli na nartach! Jak anioły. Umieli strzelać, nie stając, w biegu. I trafiali. Błyskotliwie, pięknie. Nie mieli tylko tej fantazji, nam właściwej. Na tym opierał się mój plan – zaproponowałam dowódcy, że narobię hałasu i ściągnę na siebie uwagę, ogień. A ta ogromna grupa przejdzie. Potem miałam przejechać po pniach drzew powalonych przez halny i zgubić Niemców. Zakładałam, że żaden narciarz z prawdziwego zdarzenia nie będzie ryzykował złamania nogi w tak oczywistej sytuacji. Nikt jakoś nie miał lepszego pomysłu, dowódca się zgodził.

Narobiłam hałasu, wybiegli z wartowni. Jechałam ukosem, grenzschutze za mną. I strzelali. Bardzo dobrze. Ale przed tymi zwalonymi drzewami stanęli. A ja na ostatnim pieńku złamałam nogę. Słychać było. Jak łamie się kość, to ją słychać. Ale uciekłam, a oni zostali. Dowlokłam się jakoś do szałasu, do pierwszego owczarza, owczarz mi to złożył i zabandażował, nie wiem czym – sądzę, że może dołożył tam białka z jajek, w każdym razie to coś na mojej nodze było potem twarde jak kamień. Dotarłam do domu, dowódca powiedział mi, że wszyscy przeszli. Tylko potem zaczęły się straszne aresztowania, podobno w organizacji był kapuś.

Kiedy wróciłam do Raby, ciotka w krzyk, że mam natychmiast jechać do Krakowa. Pojechałam. Stamtąd udało mi się dostać do Warszawy. I zaraz przekazałam, że jestem już bezpieczna i mogą spokojnie na mnie nadawać. Skoro przesłuchują, to niech wszystko zwalają na mnie. Miałam nadzieję, że niemieckiej biurokracji zajmie trochę czasu ustalenie, kim jestem, i odnalezienie mnie w Warszawie. Nie czułam lęku.

Ojciec, który wkrótce miał się przez Węgry przedostawać na Zachód, do rządu londyńskiego, wziął mnie na rozmowę. Nakazał opiekować się mamą i starszą siostrą. Wiedział coś, czego ja jeszcze nie wiedziałam – że mama jest morfinistką, a Marysia – chora psychicznie. Wszystkie bardzo chciałyśmy, żeby jechał do Londynu. Nie miałyśmy wątpliwości, że tutaj wcześniej czy później wpadnie w ręce Niemców – przedwojenni posłowie i urzędnicy wyższego szczebla byli u nich na szczycie listy poszukiwanych. I tak wpadł. Już za granicą. Długo nie wiedziałyśmy, co się z nim stało. Trafił do obozu koncentracyjnego we Flossenbürgu. Cudem ocalał.

Jest rok 1941. Magda ma szesnaście lat. W domu brakuje jedzenia. Uczy się robić torty, które potem sprzedaje jej siostra. Dzięki pannie Reutt, dawnej dyrektorce szkoły Plater-Zyberkówny, i harcerskiej sprawności „pokojówki" zatrudnia się przy myciu podłóg. Siostra coraz częściej miewa nawroty choroby, matka wpada w ostre stany depresji.

Mama się paskudnie połamała kiedyś na nartach. Lekarka, która ją leczyła, podawała jej morfinę. Mama uzależniła się. Jeszcze na długo przed wojną próbowała się leczyć. Rodzice mówili wtedy, że wyjeżdżała do sanatorium. Nie udało się. W rodzinie mamy istniał zresztą jakiś problem uzależnień, oczywiście przed nami, dziećmi, było to skrywane... Marysia z kolei świetnie się uczyła, była nieprawdopodobnie utalentowana. Jak zaczarowana – na każdym instrumencie potrafiła zagrać. A ja się jej bałam. Miewała napady furii.

Po rozmowie z ojcem wiedziałam już, że Marysia jest chora, a mama uzależniona. Pewnej nocy obudził mnie jej krzyk. Wpadłam do pokoju rodziców, mama w nocnej koszuli klęczała przy łóżku, wołając ojca. Objęłam ją mocno. Odtąd to ja prowadziłam dom.

Na początku listopada mama poprosiła, żebym wygotowała jej strzykawkę, a potem zadzwoniła po jej lekarza. Po kilku minutach źle się poczuła. Zadzwoniłam po lekarza. Nie mógł przyjść, na jego ulicy była łapanka. Opowiedziałam o objawach. Kazał mi szukać śladu czegoś, co mama sobie wstrzyknęła. Znalazłam dużą fiolkę po insulinie. Doktor kazał natychmiast podać glukozę. Pobiegłam do apteki, wstrzyknęłam dożylnie. Mama nie odzyskała przytomności. Następnego dnia w mieszkaniu zebrało się konsylium: mama jest w śpiączce, przeszła rozległy wylew. Ma 41 lat, silny organizm, jest wysportowana. W tym stanie może żyć bardzo długo, jeśli akcja serca będzie podtrzymywana.

Myślałam o tym, że jestem w konspiracji, że gestapo prędzej czy później mnie znajdzie, że wtedy nikt nie będzie mógł się mamą zająć. Poprosiłam lekarzy, żeby nie ratowali mamy. Wtedy właściwie skazałam ją na śmierć. Jako szesnastolatka przestałam być dzieckiem.

Czwartego dnia mamie bardzo się pogorszyło, pobiegłam po księdza. Zdążyliśmy. Zmarła szóstego listopada. Sprzedałam futro ojca i kupiłam trumnę. Mamę ubrałam w najmniej potrzebne, najmniej wartościowe rzeczy. Na pewno zrobiłaby to samo.

Po śmierci mamy przyjechali do nas z Wisły wujostwo z dziećmi, żeby się opiekować Marysią i mną. Mieszkali z nami. Potem dołączyła też babunia Rusinkowa. Mniej więcej wtedy poznałam też kogoś, kto później stał mi się bardzo bliski – Haneczkę Olechnowicz. Dowiedziała się, że mama nie żyje, i jakoś tak się serdecznie zachowała. Miała 24 lata, ja 16 lat z okładem. Różnica wieku, jak na tamte czasy, ogromna. Bardzo się zaprzyjaźniłyśmy. To właśnie u niej, w domu na Górnośląskiej, gdzie zbierała się młodzież, poznałam Romka Grodzkiego, mojego przyszłego dowódcę. Była wiosna 1942 roku, zdałam podziemną maturę i dostałam się na medycynę. Miałam 17 lat.

Gestapo szukało mnie już w Warszawie. Ukrywałam się więc, byłam trefna, czekałam na początek roku akademickiego i prowadziłam tę swoją drużynę harcerek. Balowałam ze znajomymi Haneczki, poznawałam dużo nowych ludzi – od konspirującej inteligencji po biedujących andrusów z Burakowa, z którymi bardzo się zżyłam. Nie marzyłam o żadnej poważniejszej pracy w konspiracji, bo która organizacja przyjmie kogoś, kogo szuka gestapo?

Wtedy u Hanki Olechnowicz na Górnośląskiej Romek Grodzki zaproponował mi spacer. Właściwie byłam już zakochana, kiedy mnie na ten spacer zabierał. Poszliśmy do Ogrodu Ujazdowskiego. I tam na ławeczce, na rogu, przy Alejach Ujazdowskich, zapytał, czy chciałabym wstąpić do organizacji. Od razu, wprost, powiedział mi, że chodzi o grupę likwidacyjną. Ja na to: „Czyś ty zwariował, przecież ja nic nie umiem". On mówi – to bardzo dobrze. Dziwiłam się, że chce mnie taką trefną, byłam zakochana, chciałam coś robić i niczego się nie bałam. Zgodziłam się. Trafiłam do Referatu 993/W w Wydziale Bezpieczeństwa i Kontrwywiadu Komendy Głównej AK.

Już nie byłam zaprzysięgana. Romek powiedział mi tylko, żebym dokładnie sprzątnęła dom, że chłopcy z organizacji zrobią na mnie nalot, bo jedynie oni powiedzą mi, co można w domu mieć, a czego nie. I po kilku dniach przyszło dwóch chłopaków. Wszystko sprawdzili i zrobili w szafce w kuchni skrytkę. Na to, czego potrzeba – na pieniądze i broń. Babcia im zupę dała. Zdawało mi się, że babunia by umarła ze strachu, gdyby się dowiedziała, że w coś się wpakowałam.

Mniej więcej w tym czasie likwidowano tak zwane małe getto i przesiedlano tam mieszkańców lepszych dzielnic. Haneczka Olechnowicz, jej mama i dawna niania też się musiały przeprowadzić na Tłomackie. W maju 1942 roku zaczęłam u nich mieszkać, zresztą razem z całym tłumem innych ludzi, poszukiwanych, Żydów albo po prostu nieumiejących sobie radzić. Tłok był ogromny, spało się na siennikach na podłodze, ale mama Haneczki nigdy nikomu nie odmawiała.

Zaczęłam pracę w 993/W. Moje wyczyny na nartach w Rabie to przy tym jednak dziecinada. Stanowiliśmy maleńki zespół, który musiał być gotowy przez 24 godziny. Sami mężczyźni i ja. Szkolono nas pod Warszawą. Mieliśmy cholernego instruktora, który nas ganiał po lasach. I uczył wszystkiego – od strzelania (tu akurat byłam niezła – wuj w Rabie Wyżnej już dawno nauczył mnie strzelać), poprzez orientację w terenie, reguły zachowań w sytuacjach zagrożenia, silnego stresu, trening wytrzymałościowy, sposoby zapamiętywania, walkę w mieście, fotografię, aż po konwencję genewską i wojskowy regulamin służby wewnętrznej. Musiałam się umieć zameldować do krzaczka i do kwiatka. I był nieznośny – krzyczał, że baby powinny w domu siedzieć i gacie chłopom prać. Więc musiałam robić dużo więcej niż inni, biegałam na dłuższe dystanse, miałam mniej odpoczynku, musiałam być lepsza. „Sama chciałaś" – wrzeszczał.

Nie wiem, dlaczego to robił, chyba żeby dać mi w dupę. Ale prawdopodobnie wielokrotnie uratował mi życie. Tak jak istniała ogromna różnica między gestapo a Abwehrą, tak my różniliśmy się od Kedywu. W Abwehrze byli inteligenci. Myśmy też byli ci mądrzy.

Moja sekcja zajmowała się wykonywaniem wyroków. Ja sama aż do powstania nikogo nie zastrzeliłam, rozpracowywałam i wskazywałam tylko osobę. Oficjalnie Romek był od rozpracowywania, ja byłam „agentką do zleceń specjalnych" – musieli chyba jakoś nazwać tę moją niepełnoletniość – niepełnoletni nie mogli przecież być w grupach likwidacyjnych.

Miałam w tym sporo szczęścia, to nawet nie było tak, że szukałam tych drani, oni wszyscy na mnie wpadali. Byłam bardzo opanowana, nie mdlałam, nie trzęsły mi się ręce. Raczej nie jestem taka do mdlenia. Kiedy zapadł wyrok, trzeba było drania znaleźć i zlikwidować. Pomyłek nie było, myśmy się tylko wściekali, że sądy tak długo trwają. Bo bez wyroku zastrzelić nie można, mimo że facet jest już rozpracowany, że już wszystko o nim wiadomo. Oczywiście o żadnym odczytywaniu czegokolwiek skazanemu mowy nie było. Trach i w nogi.

Raz przez pół miasta goniliśmy żebraka, który dotąd udawał beznogiego – tam, gdzie się pojawiał, zaraz potem była łapanka. Facet uciekał z ogromną prędkością, przeskakiwał z tramwaju do tramwaju, ja za nim środkiem, po bokach Romek i jego brat. Dopadliśmy go w noclegowni na Annopolu. Wskoczył do łóżka, nakrył się kocem. Wskazałam łóżko. Wyrok wykonano.

Miałam 17 lat. Bardzo pomagało mi to, że byłam dziewczyną, w dodatku bardzo młodą, nikt nie widział we mnie agentki. Dzięki temu udawało mi się uzyskać informacje dla innych niedostępne. Nikt mnie nie podejrzewał.

Od dawna poszukiwaliśmy szmalcownika i informatora gestapo. Wyrok został już wydany, ale nie można było skazanego znaleźć. Mieszkał na Koszykowej. Poszliśmy z chłopcami pod dom. Udawałam, że sprzedaję mydło. Środek dnia. Poszłam z głupia frant, zadzwoniłam do drzwi, chłopcy czekali na dole. Facet mi otworzył. Podaję nazwisko jego sąsiadki z góry i mówię, że pani taka a taka zamawiała mydło. On, że to piętro wyżej. Ubrany do wyjścia i niemal noga w drzwiach. Pobiegłam piętro wyżej, wpuściła mnie jakaś pani. Odepchnęłam ją, przebiegłam przez mieszkanie i wybiegłam na drugie schody – te od służbówek. Żeby zdążyć przed kapusiem, zjechałam po poręczy. Jak wtedy w szkole. Byłam szybsza. Zdążyłam powiedzieć chłopcom, a oni zdążyli go kropnąć, jak tylko zszedł na parter. Zabrałam mu portfel, notes i uciekliśmy.

Takich sytuacji było jeszcze kilka. To, że byłam nastolatką, bardzo mi pomagało. Jedyna osoba, której się bałam, to kolega Romka z klasy w Liceum Batorego. Był na niego wyrok. Nie wykonano go, nie udało się. Przeżył wojnę. Wiedział, że ja wiem.

Wtedy, w 1942, 1943 roku bardzo często zmieniałam już miejsca pobytu, miałam kilka kompletów różnych dokumentów i zaczęłam się bardzo pilnować – aresztowano właśnie moją ciotkę i siostrę. Firma wykupiła je za straszne pieniądze. Szczęśliwie ani Marysia, ani ciotka niczego o mnie nie wiedziały. Marysi załatwiłam dobrą pracę – stenografię, dobre dokumenty i *Arbeitskarte*. Widziałam się z nią przelotnie i zerwałam kontakt, do powstania nie wiedziałam, co się z nią dzieje. Sama ukrywałam się w dziesiątkach przedziwnych miejsc w Warszawie i za miastem. Nie mogłam jej narażać.

16 stycznia 1943 roku Magda zostaje schwytana w ogromnej łapance. Trafia na Pawiak. Po dwóch dniach wraz z innymi więźniarkami zostaje przewieziona na Dworzec Wschodni. Transport, którym jadą, ma dotrzeć do Majdanka. – Kiedy nas zabierali z Pawiaka, miałam w kieszeni kawałek papieru i ołówek, napisałam sześć kartek z adresem, telefonem i informacją o sobie. Wyrzuciłam je. Wszystkie albo ktoś odniósł, albo zatelefonował…

W wagonie Magda poznaje młodą kobietę w ciąży. Jest załamana. Magda się nią opiekuje. Na dworzec wpada ojciec dziewczyny, biegnie wzdłuż peronu, woła córkę po imieniu i nazwisku. Magda krzyczy, w którym są wagonie. Transport rusza. Na ostatniej stacji przed Lublinem ojciec podopiecznej Magdy dogania transport, opłaca chwilę nieuwagi strażników. Udaje mu się rozerwać plombę na drzwiach. Uciekają cztery kobiety. Magda jest bez dokumentów. Żeby nikogo nie narażać, postanawia iść sama. Lasami, pieszo przedziera się do stolicy. Dociera po kilku dniach. Jest w centrum Warszawy, kiedy zaczyna się godzina policyjna. – Dobiegłam na Książęcą 7, do rodziców mojego Romka. Tam przenocowałam. Tak się o nas dowiedzieli.

Była wiosna 1943 roku, getto już płonęło. Haneczka Olechnowicz poznała mnie z Jadwigą Piotrowską, obie pracowały dla Żegoty. Żadna nie wiedziała, że jestem w Firmie. Zapytały, czy pomogłabym im zająć się żydowskimi dziećmi. Chętnie się zgodziłam, ale wcześniej zameldowałam o tym przełożonym. Pułkownik „Iranek" Osmecki wyraził zgodę, przytomnie zauważając, że jeśli znajdą mnie z żydowskim dzieckiem, natychmiast mnie rozwalą, więc raczej nie mam szans wyjawić na torturach tajemnic służbowych.

Moim zadaniem było przede wszystkim „opalanie" żydowskich dzieci i „nauka chodzenia" dorosłych. Żydzi nie potrafili chodzić po ulicach. Na widok wachy zaraz ogarniał ich strach, paraliż, spuszczali wzrok, panie nasuwały kapelusik na twarz. Uczyłam ich, żeby nie spuszczać wzroku, zachowywać się pewnie. Kobiety – żeby iść prosto na szefa patrolu, zarzucić bioderkiem, uśmiechnąć się flirtująco. Mężczyźni byli bardzo uważni, namaszczeni. Zabawnie to wyglądało, kiedy uczyłam ich zachowania w kościele. Żegnali się z takim nabożeństwem, powoli. Pokazywałam im, że katolik robi to szybciutko, trach-trach. Jeden starszy pan z jasnymi śladami po pejsach bardzo był delikatny. Żegnał się tak, jakby całował zwój Tory. Pokazałam mu dość brutalnie, jak powinien to zrobić, a on zdetonowany pyta: „Jak to? Tak bez szacunku?". Bez szacunku – mówię mu. Od tego zależy życie.

Opalanie z kolei brało się stąd, że dzieci, które non stop siedziały w komórkach, w piwnicach, w jamach, nie miały szans normalnie wyglądać na ulicy. Były szare, natychmiast zwracały uwagę, do tego „zły wygląd" i strach w oczach – wiadomo, że Żyd. Chodziłam z nimi nad Wisłę, żeby złapały trochę słońca, wynajdywałam kryjówki, przeprowadzałam z miejsca na miejsce. Był pewien chłopiec, który miał tak ewidentnie zły wygląd, że przed jazdą tramwajem zabandażowałam mu całą głowę, był Rysio, którego przechowywałyśmy w szopie na Burakowie, wreszcie Włodzio Bergl, pięciolatek, którego należało natychmiast gdzieś ukryć, bo groziło mu wydanie przez szmalcowników. Okazało się, że pewna bogata pani wyjeżdża z Warszawy na kilka dni, gdyż jej mieszkanie „zostało właśnie odmalowane i czuć w nim zapach farby". To było na Miodowej, tuż przy placu Krasińskich. Koledzy dorobili klucze, zamelinowałam Włodzia. Chodziliśmy się opalać nad Wisłę, na dzikie plaże. Chłopiec po getcie był bladosiny. Raz ledwo uciekliśmy przed łapanką na Miodowej. Zdążyliśmy w ostatniej chwili. Przez tych kilka dni podrzucałam Włodziowi zabawki, kredki. Kiedy godzinami siedział sam, po cichu, wymalował całe mieszkanie...

Nigdy nie dostałam pod opiekę dziewczynki, tylko samych obrzezanych chłopców. Z każdym spędzałam kilka dni. Ale jeden z nich, Adaś, stał się dla mnie kimś szczególnym. Kończyło się lato 1943 roku, przedwojenna znajoma mamy Haneczki Olechnowicz, u której kiedyś się ukrywałam, przybiegła z informacją, że jest u niej młoda Żydówka, która prosi o ratunek dla synka. Mówi, że po ucieczce z getta wykopała gdzieś na Boernerowie jamę w ziemi, tam zostawiła półprzytomne dziecko, a sama poszła szukać czegoś do jedzenia. Kiedy wróciła, jej syn leżał w tej jamie cały poparzony, tlił się jeszcze podobno. Ktoś go podpalił. Pojechałam, po drodze zorganizowałam miejsce, gdzie można to dziecko przewieźć. Jego matka, sama jak szkielet, podała mi zawiniątko w kocu. Powiedziała: „Daję pani moje dziecko, proszę je ratować". Chłopiec był umierający, wychudzony, prawie zmumifikowany, ropna wszawica, wszędzie ruszające się wszy. I ciężkie poparzenia. Brak skóry na nogach – to wszystko tylko na pierwszy rzut oka. Miał sześć lat. Adaś. Był przytomny. Nawet nie płakał. Tylko takim cichym, skrzekliwym głosem mówił „jeść". Wzięłam dziecko, zawinęłam całe w koc, obwiązałam sznurkiem jak paczkę i wsiadłam do tramwaju. Paczkę postawiłam koło siebie. Bałam się tylko, że wszy wyjdą z koca i mnie wydadzą. Potem przesiadka, złapałam rikszę. Rikszarz nie wziął ani grosza. Tak samo w aptece, do której wpadłam z prośbą o wszystkie dostępne środki na oparzenia trzeciego stopnia. Dowiozłam Adasia do mieszkania, w którym czekał już Julek Liebfeld, mój przyjaciel, też z organizacji, Żyd, który wielokrotnie uciekał z różnych opresji i przez pewien czas ukrywał się razem ze mną. Był chirurgiem. Zajmował się szmuglem dzieci z getta, gdy ono jeszcze istniało. Umiał uśpić dziecko na pewien czas i przemycić gdzieś na wozie pod stosem trupów. Teraz obejrzał Adasia i raczej nie dawał szans. Powiedziałam do niego: „Julek, jeśli jest choć procent szansy, że przeżyje, ratujmy, jeśli nie, uśpij go na dobre". Chłopiec strasznie cierpiał, ale domagał się tylko jedzenia. Julek go szczegółowo obejrzał. Nie miał chyba wielkiej nadziei, ale powiedział, że może jest półtora procent. Staraliśmy się dać Adasiowi coś do jedzenia, kaszkę mannę na wodzie, po pół łyżeczki, założyliśmy opatrunki, dawaliśmy kostkę cukru do ssania, przemywaliśmy rany, zakładaliśmy opatrunki, zmienialiśmy je przez całą noc. Adasia oblano benzyną i podpalono, jego penis był prawie zwęglony. Nazajutrz rano udało się załatwić miejsce w szpitalu maltańskim. Haneczka umieściła tam małego. Lekarz nie mógł uwierzyć w to, co widział. Następnego dnia trzeba było Adasia stamtąd zabrać, była informacja, że w szpitalu ma się pojawić gestapo. Trafił do szpitala do sióstr i tam umarł kilka dni później. Umarł, ale w ciepłym łóżeczku, najedzony. Trzeba było szybko zabrać zwłoki ze szpitala. Zapakowałam ciało Adasia w dwa worki po cemencie i przewiozłam do domu. Mieliśmy pochować go na Boernerowie, grób już był gotowy.

Kiedy Romek się dowiedział, że chcę ze zwłokami dziecka jechać przez całe miasto, wpadł z wrzaskiem, że nie wolno się narażać dla trupa. Że dla żywych to co innego. Ja do niego, że to teraz moje dziecko i żeby się odpierdolił, bo jego matka mi je dała i ma mieć grób. Jeśli przeżyjemy wojnę, ja jej ten grób pokażę. Romek skapitulował. Kochał mnie, pojechał ze mną. Włożyliśmy Adasia do worka, umówiliśmy się, że w razie kontroli zostawiamy go i pryskamy. Wsiedliśmy do tramwaju. Na Kole łapanka. Wszystkich wyganiają z tramwaju, sprawdzają dokumenty. Ja, zgodnie z procedurą, biegnę do najstarszego stopniem z mordą, że się spieszę, że coś robię ważnego dla Niemców. Puszczają. Okazuje się, że polują na młodych mężczyzn. Ustawiają ich pod płotem. Widzę wśród nich Romka. Byłam przekonana, że znaleźli Adasia i dlatego to wszystko. Już szłam, żeby się przyznać. Ale nie, wyciągnęli worek na moich oczach, przecięli sznurek. Adaś wypadł głową w dół. Niemcy się przerazili. Natychmiast krzyk, rozkazy, wsiedli na ciężarówkę i odjechali. Na miejscu nagle zrobiło się pusto. Ja też wskoczyłam do tramwaju, po kilku minutach zobaczyłam Romka. Przytuliliśmy się. Mocno.

Podobno ludzie, których Adaś uratował, pochowali go tam, pod tym płotem, pod którym mieli być rozstrzelani. Ci, którzy podpalili dziecko, zostali błyskawicznie namierzeni. Wtedy jeden jedyny raz Firma wykonała wyrok tylko na podstawie tego, co zaświadczyłam ja sama, Romek i ci, którzy próbowali Adasia ratować. „Iranek" zatwierdził wyrok, sąd odbył się później.

Magda kończy 19 lat. Służy w 993/W. Szkoli się, doskonali strzelanie, bierze udział w akcjach likwidacyjnych.

Byłam stale na służbie. Bez strachu, ale w wielkim napięciu. Co chwila trzeba było zmieniać dokumenty, uczyć się nowej tożsamości. W 1944 roku właściwie nie miałam życia prywatnego. Bardzo się pilnowałam, ale czasem musiałam jakoś odreagować. Wiosną, pamiętam, miałam skądś trochę pieniędzy. Spotkałam akurat koleżankę z Platerki. Postanowiłam zabrać ją do dobrej restauracji i zaszaleć. Siadłyśmy i podszedł bardzo nobliwy starszy kelner. Zamówiłam dwa największe kotlety, jakie tylko mają. Kelner jakiś taki speszony, dziwnie się popatrzył i widzę, że mu nieśpieszno. Pytam, o co chodzi, a on pochyla się dyskretnie i szeptem mówi: „Ale dzisiaj jest Wielki Piątek". Szlag mnie trafił. Wybuchłam. „Dzisiaj jest Wielki Piątek, a jutro ja mogę nie żyć. Natychmiast poproszę te kotlety!". On się ukłonił i mówi: „Oczywiście, proszę pani, już podaję". Taki facet!

Latem 1944 roku do zadań Magdy dochodzi również weryfikacja informacji dotyczących ruchów wojsk niemieckich i sowieckich na przedpolach Warszawy. W sztabie AK trwa dyskusja o ewentualnym początku powstania w Warszawie. Szef kontrwywiadu, pułkownik „Iranek" Osmecki jest powstaniu przeciwny. Jego zdaniem Niemcy nie opuszczają miasta, lecz się jedynie przegrupowują, a Sowieci nie szykują natarcia na lewą stronę Wisły. Magda jest przekonana, że powstanie nie wybuchnie.

– Mieliśmy wszystkie możliwe informacje. Wynikało z nich, że do powstania nie powinno dojść. Najlepsza broń ze zrzutów, środki opatrunkowe i jedzenie zostały wysłane do lasu, żeby wzmocnić akcję „Burza". Poza tym liczyć na pomoc Rosji po Jałcie wydawało się dziwnym pomysłem. Jeśli już powstanie by się zdarzyło, miało się zacząć w nocy, żeby oszczędzić cywilów. Tymczasem od początku wszystko było jakimś nieprawdopodobnym bałaganem i nonsensem: zmiana miejsca dowodzenia z Mokotowa na Wolę, dwie koncentracje – bo pierwsza, o której wszyscy wiedzieli, została odwołana, a o drugiej nie zdążono zawiadomić znacznej części oddziałów. Autentyczna głupota i brak organizacji. Plus kompletna arogancja wobec ludności cywilnej, która jest prawdziwym bohaterem tego powstania. Twierdzenie, że „powstanie wybuchłoby i tak", jest kłamstwem. W dodatku obraźliwym. Myśmy byli bardzo zdyscyplinowani. W każdym razie pomimo sprzeciwu „Iranka" powstanie wybuchło i jakoś w tym wszystkim zapomniano zawiadomić o tym fakcie kontrwywiad. Kompletnie nas to zaskoczyło.

Pierwszego sierpnia Romek, mój narzeczony, był umówiony ze swoim dowódcą Stefanem Rysiem. Ja sama czekałam na wiadomości u jego rodziców na Książęcej. Dwa dni wcześniej dostaliśmy informację, że 1 sierpnia z całą pewnością nie będzie powstania. Romek wpadł do rodziców jeszcze przed spotkaniem. Kiedy wszedł, zaczęła się strzelanina. Ulicą Rozbrat jechał czołg i strzelał, a Książęcą szedł oddział własowców z psami. Wszyscy zeszli do piwnic, a my z Romkiem uciekaliśmy rowem na tyłach Instytutu Głuchoniemych. Psy złapały trop, własowcy ruszyli za nami. Pomyliliśmy drzwi i zamiast do oranżerii wpadliśmy do kibla. Nie było jak dalej uciekać. Zmusiłam Romka, żeby przysiągł, że żywej mnie nie odda. Mieliśmy krótką broń, każdy swoją. Postanowiliśmy trochę postrzelać, a potem się zastrzelić nawzajem. Własowcy straszne rzeczy robili z kobietami. Wyjątkowa swołocz. Tuż pod tymi kiblami psy najwyraźniej straciły trop. Chcę wierzyć, że zapach polskiego sracza uratował nam życie. Potem, znów dzięki zbiegowi okoliczności, trafiliśmy na kolegę Romka z podchorążówki, później, dzięki niemu, do oddziału dowodzonego przez szkolnego kolegę Romka. To ważne, bo my przecież do tego powstania byliśmy kompletnie nieprzygotowani – nie wiedzieliśmy ani, gdzie się mamy zameldować, ani nawet jakie jest hasło. Teoretycznie mógł nas rozwalić byle kto. W końcu udało mi się dotrzeć do „Iranka", u którego przez tydzień byłam łączniczką. Ale ubłagałam go z płaczem, że przecież nie po to mnie szkolili, wydawali na mnie pieniądze, żebym teraz jakieś papierki nosiła, że to bez sensu. Chyba chcieli mnie jakoś chronić, ale w końcu „Iranek" mnie zwolnił. Dołączyłam do batalionu „Kiliński", do którego nie wiedząc, co z nami począć, przyłączono całą naszą grupę. Ale odchodząc od mojego dowódcy, przezornie zachowałam przepustkę nr 2 ze sztabu. W powstaniu bardzo dobry papier.

Myśmy byli wszyscy uzbrojeni, nas nie kochano za to, że mieliśmy broń, że byliśmy dobrze wyszkoleni, że strzelaliśmy lepiej od innych. Że nie malowaliśmy tych idiotycznych biało-czerwonych pasków na hełmach i że nie nosiliśmy opasek. Z naszego punktu widzenia to był czysty kretynizm. Mieliśmy zabijać, a nie być celem. Myśmy byli ubrani po niemiecku. Po jakimś czasie sytuacja trochę odtajała, z panem porucznikiem „Szarym" poszliśmy do naszej organizacyjnej skrytki i przynieśliśmy do oddziału sporo broni, amunicji, granatów. Wkupiliśmy się. Na początku powstania w każdym razie nie byliśmy lubiani. Potem to się oczywiście zmieniło, powstała więź, której nie da się z niczym porównać. Mieliśmy broń i amunicję, więc walczyliśmy niemal bez przerwy. Schodziliśmy ze stanowisk i spać. Nawet hełmu nie zdejmowałam. Byłam strzelcem, przez pewien czas dowodziłam grupą, kiedy dowódca został ranny. Piosenek powstańczych nauczyłam się dopiero w obozie. Wcześniej nie przypominam sobie, żebym jakąkolwiek słyszała. Strzelałam jak wszyscy, specjalizowałam się też w odrzucaniu granatów. W ogóle się nie zastanawiałam. Niemcy rzucali je, nie czekając, po odbezpieczeniu. A to przecież do wybuchu całe cztery sekundy. Nie pamiętam tego, czego nie wolno pamiętać, inne rzeczy – bardzo dobrze. Razem z innymi strzelałam do Niemców, ale dwóch zdjęłam świadomie, uważnie, z premedytacją. Jeden miał stanowisko na Mokotowskiej przed BGK, tam była ostatnia barykada. Jakiś chłopiec przeszedł złą stroną, gołębiarz ranił go w brzuch. Przeskoczyłam przez barykadę, przeniosłam dziecko, pułkownik „Lot" operował, chłopak podobno przeżył. Wściekłam się na tego szkopa, poszłam i go zdjęłam. I tyle.

Drugiego zastrzeliłam za mojego Romka. Na początku września Romek dostał przepustkę, żeby odwiedzić rodziców. Nie wrócił. Henryk, jego brat, i ja poprosiliśmy o przepustki, chcieliśmy go szukać. Na Wilczej stał na warcie facet, który miał na szyi na rzemieniu visa należącego do Romka. Poznałam ten rzemień, bo sama go wiązałam – Romek dostał w niego rykoszetem, trzeba było związać. Pytam wartownika, skąd ma tę broń, on, że z trupa zdjął. Kolego, a gdzie ten trup? Że z innymi, niedaleko, w jakimś mieszkaniu. Najpierw poszliśmy do jego dowódcy, żeby odzyskać visa – był rozkaz, że broń poległych ma wracać do ich macierzystych oddziałów, potem żeby przedłużyć przepustkę, a w końcu do tego mieszkania. Przyjrzeliśmy się dokładnie wszystkim zabitym, Romka nie było. Najbliższy szpital polowy był na Mokotowskiej. Nie chcieli nas wpuścić, więc wyjęliśmy broń. Myśmy się naprawdę nie patyczkowali. Romek leżał na strychu, cały we krwi, stracił jej bardzo dużo – dostał w niegroźne miejsce – w prawe przedramię, ale za to kulą dum-dum, więc wyglądało to okropnie. Udało się jakoś rękę poskładać, siostra Romka była dentystką, miała skądś gips dentystyczny, na jakiś czas się tę rękę włożyło w gips, właściwie zagipsowaliśmy rannego do pasa. Romka uratowało dziecko – dwunastoletnia głuchoniema harcerka, która po postrzale założyła mu opatrunek uciskowy i wezwała pomoc. Romka postrzelono przed Instytutem Głuchoniemych, tam gdzie zastało nas powstanie. Poszłam tam i po jakimś czasie zdjęłam tego snajpera.

Bardzo się wtedy przydawała przepustka od „Iranka" – puszczano mnie wszędzie. Codziennie starałam się przybiec do Romka, żeby zobaczyć, jak się czuje, umyć mu nogi. Umieściliśmy go potem u jakichś dwóch pań, które się nim zaopiekowały.

Nasza grupa liczyła wówczas dziewięć osób. Kazano nam utrzymać niewielki odcinek Wareckiej. I najwyraźniej o nas zapomniano. Złapaliśmy jeńca, który powiedział, że w naszym kierunku idzie właśnie karna kompania SS Oskara Dirlewangera. Ani on w to specjalnie nie wierzył, ani my, ale na wszelki wypadek porozstawiałam chłopców po piętrach z zaleceniem, żeby strzelali pojedynczo, żeby stworzyć wrażenie, że jest nas więcej. Rzeczywiście jednak dirlewangerowcy przyszli, ale zanim zaatakowali, rzucili zasłonę dymną. Chłopcy trochę zbaranieli. Starałam się im tłumaczyć, że jak Niemiec wychodzi zza zasłony, to my go widzimy, a on nas nie. Musiałam jednego kropnąć dla przykładu. Gdyby esesmani z nieznanych mi przyczyn się nie wycofali, tam byśmy – siedmioro dorosłych i dwoje dzieci, które musieliśmy ze sobą zabrać – się bronili. Nikt nam nie przysłał rozkazu odwołania, nikt nie kazał nam wracać. O tym, że możemy już sobie pójść, dowiedzieliśmy się, jak zwykle, przypadkiem. Potem, kiedy już powstanie się kończyło, wszyscy z mojego oddziału byli ciężko ranni, a ja – niedraśnięta. Miałam przestrzelony hełm, spodnie i bluzę pod pachą. Ale wszystkich po kolei przeniosłam przez Aleje Jerozolimskie. Przepustka od „Iranka" znowu się przydała. Wszystkich nas puszczono, a rannymi się zaopiekowano.

Raz, pod koniec powstania, przeprowadzałam kanałami dowództwo. Nie robiło to na mnie wielkiego wrażenia – wiadomo, w kanale powinno być brudno, a nie czysto, szczury też powinny być, a topografia była bardzo czytelna, nie mogłam zrozumieć, dlaczego ludzie się tam gubią. Nie wolno oczywiście palić światła ani rozmawiać. A to sama wierchuszka była, w każdym razie Bór-Komorowski był na pewno. Szliśmy, trzymając rękę na ramieniu poprzednika, powoli i po cichu, a oni nagle zaczęli głośno gadać. To ich ochrzaniłam. Bardzo porządnie. Cisza się zrobiła natychmiast. Miałam sporo frajdy, owszem.

Pod koniec powstania spotkałam dyrektorkę mojej szkoły, pannę Reutt, która powiedziała mi, że moja siostra Marysia umiera na czerwonkę, więc przenieśliśmy ją do nas, do oddziału. „Abba", jeden z moich łobuzów, znalazł gdzieś czerwone wino. W dużych ilościach. Wlewaliśmy w nią to wino. I wyzdrowiała. Powstanie zaraz miało kapitulować, Marysia nie chciała z nami iść do niewoli. Mój Romek narysował jej mapę, jak dotrzeć do Krakowa, gdzie już była babunia, którą przed powstaniem udało się wyekspediować z Warszawy. Później kapitulacja. Właściwie nie mieliśmy pewności, czy po wyjściu z miasta Niemcy nas nie rozwalą, ale czuliśmy się tak zmęczeni, że było nam raczej wszystko jedno. Wychodziliśmy Lwowską, koło Politechniki, i tam w pobliżu była barykada. Na tej barykadzie stała jakaś pani, miała na sobie czarny koc, a w rękach bardzo duży krucyfiks, którym nas błogosławiła...

Wychodzimy z Warszawy strasznie zadymionej, z pyłu, z dymu i nagle trafiamy do innego świata. Świeci słońce, kwiaty kwitną, rosną pomidory, ludzie przynoszą nam mleko. To było jak wejście do nieba. Ten dzień, ta raptowność zmiany, to, że wokół jest zupełnie inny świat, zrobiły na mnie największe wrażenie w czasie wojny. Na nas wszystkich.

Sama zdjęłam Romkowi gips. Wdały mu się wszy, a poza tym bałam się, że będzie jakaś selekcja, że będą wyłapywać rannych. Romek był bardzo osłabiony, ręka wyglądała fatalnie, ale na wszelki wypadek zdjęłam mu nawet temblak. Opierał się o nas i tak doszliśmy do Ożarowa. Tam nas rozdzielili.

Magda trafia najpierw do obozu w Lamsdorfie (Łambinowicach). Dostaje nominację na podporucznika czasu wojny i tego samego dnia staje do raportu karnego. – Pani komendantka polskiego obozu kobiecego kazała mi zrobić musztrę na placu apelowym. Miałam musztrować te dziewczynki po powstaniu. Załamane wszystkie, umęczone. Więc zrobiłam musztrę: baczność, spocznij, rozejść się. Wykonałam rozkaz. Komendantka się wściekła.

Z Lamsdorfu Magda trafia do Mühlbergu, jest listopad 1944 roku. Spotyka Józefa Głowińskiego, znajomego z Raby Wyżnej. – Bardzo był obrotny i odważny. Załatwił mi ciepłe gacie. I jeszcze jedną rzecz z Niemcami załatwił. Zgłosił, że jeńcy w poszczególnych obozach mają bardzo dużo krewnych. Było to zupełną nieprawdą, ale pozwalało na spotkania uwięzionych z obozów kobiecych i męskich. Chociaż tego nieznajomego chłopa pogłaskać – miło, i żeby chłop cię pogłaskał – też było miło. Z Mühlbergu przenoszą Magdę do Altenburga. – Kobiety oficerowie miały mieszkać w teatrze. Teatr wyglądał tak, jakby śnieg sypał, a to z sufitu spadały wszy. Odmówiłyśmy – przydała się konwencja genewska. Potem obóz w Molsdorfie koło Erfurtu. – Obóz stał na bagnie, podobno wcześniej trzymano tu Żydów. Obsługa była ta sama. Znowu przydała się znajomość konwencji. W obozie oddajesz honory wojskowe tylko dowódcy obozu – nikomu innemu. Przez plac apelowy chodziło się po desce położonej na błocie. Idę, a naprzeciwko mnie sierżant niemiecki. Ja boso, buty mi się rozpadły, on w wyglansowanych oficerkach. Idę prosto na niego. I on zszedł! Byłam wyższa rangą. Koleżanki omal nie oszalały.

Blankenheim, do którego przechodzi wiosną, jest ostatnim obozem Magdy. 13 kwietnia 1945 roku docierają do niego Amerykanie.

Znałam angielski, zostałam tłumaczką oficerów generała Pattona do kontaktów z Polakami. Pojechaliśmy do Molsdorfu. Patton myślał, że nam zrobi wielką przyjemność, jak ustawi obsługę obozu przed nami w błocie. Żadnej przyjemności nam nie zrobił, ale umożliwił wyciągnięcie dwóch Niemców – lekarza, który był świetny, kradł morfinę dla naszych oraz zajmował się jedną z koleżanek jak własnym dzieckiem, i „dziadzia", starszego strażnika, który nam w obozie po płaszczem chleb przynosił. Okazał się księgarzem z Lipska. Należało im się iść do domu.

Patton przeniósł nas z Blankenheim do Burgu – tam też był obóz, ale już amerykański, i szpital, który trzeba było od początku zorganizować. Mój pierwszy od dawna prawdziwy dokument stwierdzał: „Magdalena Rusinek wolna od insektów, zdolna do transportu, waga 25 kilo". W Burgu odnalazła mnie Haneczka Olechnowicz. Przywiozła góry jedzenia i propozycję studiów na uniwersytecie w Liège. Ale wtedy przyszedł też pierwszy list od Romka. Siedział w Murnau pod jakimś lewym nazwiskiem i ze względu na swoje kalectwo właśnie zrywał zaręczyny ze mną. Podziękowałam Haneczce, nie wstąpiłam na uniwersytet w Liège, chciałam ratować mojego narzeczonego, zadbać o jego rękę. W dosłownym sensie. A poza tym nie zamierzałam przecież z takiego powodu zrywać zaręczyn. Akurat do Burgu przyjechali chłopcy z Arnhem. Jechali do Murnau. Poszłam do komendantki z prośbą, żeby mnie z nimi puściła. A ona, że nie może pozwolić, żeby młoda kobieta jechała z mężczyznami. Szlag mnie trafił na tę idiotkę. Powiedziałam: „Jak miałam 14 lat, to było wszystko w porządku, a teraz, jak się wojna skończyła, to dbacie o to, czy jestem dziewicą?! Melduję, że wychodzę!". Wyszłam i jechałam z Turyngii do Bawarii stopem. W Bawarii podobno w lasach jeszcze byli Niemcy, więc w Monachium zameldowałam się u Amerykanów, którzy nawet słyszeli coś o AK, i jeepem w zbrojnej asyście zostałam odwieziona do Murnau. Dotarłam tam w noc świętojańską 1945 roku. W przeciwieństwie do Amerykanów polski oficer służbowy, pan major z września, nie wiedział, że istniały kobiety z rangą oficerską. Zamknął mnie do aresztu, skąd mogłam patrzeć na ogniska i słuchać wesołych śpiewów. Amerykanie spytali, czy jest OK, powiedziałam, że OK, do jutra się jakoś przemęczę w tej celi. Poprosiłam tylko, żeby wezwali Romka. Przybiegł rano, bardzo się wzruszył. I zrobił straszną awanturę. Pan generał Anczyc, który był komendantem Murnau, przepraszał mnie przed frontem oficerów.

Spotkałam tam wielu chłopaków, których znałam z konspiracji. W końcu kradzionym oplem przyjechali po nas dwaj koledzy z 993/W i zaproponowali powrót do Polski. Odmówiłam – chciałam się dostać do Włoch, do II Korpusu. Tam mieli podobno najlepszych chirurgów. I nie wiedziałam, co się dzieje z ojcem.

Wtedy w Murnau pojawiła się pani pułkownik Wysłouchowa, szefowa ochotniczek w II Korpusie. Przypadkiem okazało się, że przez męża zna mojego ojca. Zaproponowała, że weźmie mnie do Włoch. Zgodziłam się. Chociaż znowu rozstawałam się z Romkiem, sądziłam, że będąc już u Andersa, lepiej zdołam mu pomóc, że łatwiej będzie mi go tam ściągnąć. W II Korpusie nie uznawali naszych stopni z AK, więc została ochotniczką. We Włoszech był głód. Pani Wysłouchowa mianowała mnie szefową kantyny komandosów majora Smrokowskiego. Wynajmowałam Włoszki z miasteczka i przy takich okrągłych stołach robiłyśmy placki kartoflane. Dawałam tym dziewczynom naszą przydziałową żywność, żeby miały czym dzieci nakarmić. Bardzo było wesoło, popijałyśmy sobie przy tych plackach, śpiewałyśmy. Trzemy te kartofle i chlup. Nie można powiedzieć, że zbawiałyśmy ojczyznę. Włoszki za to bardzo pięknie poprzerabiały nam mundury – te z sortów zupełnie na nas nie pasowały. Podobno na Andersie zrobiła duże wrażenie nasza prezencja...

W pewnym momencie wydano rozkaz, że w II Korpusie frontuje się przed generałem Andersem. Dość dobrze znałam regulamin służby wewnętrznej i kiedy w Ankonie generał jechał w limuzynie, zasalutowałam w marszu jedynie chorągiewce na samochodzie. Kawalkada się zatrzymała, wyskoczył adiutant i mnie ochrzanił. A ja na to, że według regulaminu, który obowiązuje także w II Korpusie: „Frontuje się przed Najświętszym Sakramentem, Panem Prezydentem, sztandarami wojskowymi, pogrzebami wojskowymi" – nie ma nic o generale Andersie. Rozkaz później wycofano. Też miałam satysfakcję. I kolejny raz – wdzięczność dla tego strasznego instruktora z 933/W.

Pani Wysłouchowa chciała mnie Andersowi przedstawić. Uznawała mnie za jakąś wielką bohaterkę najwyraźniej. Przedstawia, Anders do mnie, zupełnie słusznie, się odzywa: „Na kolanach jesteśmy przed powstańcami, ale po co to było robić?". „Na rozkaz, panie generale" – odpowiedziałam.

Anglicy nie chcieli już wpuszczać do Korpusu żadnych rannych. A ja musiałam przecież ściągnąć Romka. Poszłam do Andersa, a on skierował mnie do pułkownika Dzwonkowskiego, starszego pana, który decydował o kadrach. Poszłam do niego tuż przed końcem pracy. Zameldowałam się, opowiedziałam, w czym rzecz, a on, że bardzo mu przykro, że już się nie da. To mówię mu, że Romek nie dostał w tę rękę, tańcząc, tylko broniąc ojczyzny. I wpadłam w histerię. Pułkownik wyjął czystą białą chustkę i obtarł mi gębę. Pyta: „Dziecko, o co chodzi?". „Ale ja go kocham" – beczę. „No, to tak trzeba od razu mówić. Dobrze już, załatwiamy".

Bardzo szybko Romek znalazł się w Bari, gdzie przeprowadzono operację. Wtedy też odnalazłam ojca. Był maj 1946 roku. Czekał na mnie w kawiarence w Ankonie. Szybko przedstawiłam ich sobie z Romkiem. Wkrótce potem wszyscy, z całym II Korpusem i z ojcem, przepłynęliśmy do Anglii. Po latach Romek spotkał gdzieś pułkownika Dzwonkowskiego, który opowiadał mu przy jakiejś towarzyskiej okazji o takiej dziewczynce, która wybroniła ukochanego... Z kolei tata na przedstawieniu Hemara w Londynie chciał mnie przedstawić Andersowi. Generał patrzy na mnie i mówi, że już zna. Ojciec do mnie: „Coś ty zmalowała?". A generał opowiedział wszystko – i o tym frontowaniu, i o naszej pierwszej rozmowie.

Po wylądowaniu w Wielkiej Brytanii Magda razem z innymi ochotniczkami z II Korpusu organizuje kursy zawodowe i naukowe dla demobilizowanych żołnierzy. Ślub z Romkiem bierze 15 stycznia 1947 roku. Jako małżeństwo jadą do obozu Polish Resettlement Corps w Helmsley koło Yorku. Magda jest w ciąży.

Najpierw ginekolog stwierdził, że nie mogę mieć dzieci, potem mówię mu, że jestem w ciąży, a on, że dziecko nie żyje. Ale ciąża rosła. Razem z innymi ciężarnymi zamieszkałam w szpitalu polowym w Diddington. Kilkanaście nas mieszkało we wspólnej sali zwanej beczką śmiechu – beton do połowy wysokości ścian, potem blacha falista na ścianach i na dachu. Jędruś rodził się trzy doby, był wielki, a ja marzyłam o dziewczynce. Dziecko było okręcone pępowiną. Pielęgniarka, pani Cieńska, wyrzuciła wszystkich na obiad, a mnie rozcięła takimi tępymi nożyczkami, „karak, karak" – słyszałam ten dźwięk. Odkręciła pępowinę. Nie miałam pojęcia o noworodkach, o mało nie utopiłam Jędrka. Potem jedna fajna Szkotka nauczyła mnie wszystkiego.

Magda jest już w cywilu. Pracuje w kinie, roznosi lody i napoje. Dowiaduje się o aresztowaniu siostry. Marysię skazano w Polsce na karę śmierci zamienioną na 25 lat więzienia, a przy następnej amnestii – na pięć lat. Magda posyła jej paczki. W Helmsley spotyka dawnego

1948 rok, Magdalena w szóstym miesiącu ciąży.

lekarza matki. Udaje się przeprowadzić kolejną operację ręki Romka. Tym razem wszystko się kończy pomyślnie. Po krótkim pobycie w Londynie rodzina z polskimi przyjaciółmi przenosi się do Leeds. Ojciec Magdy pracuje w Ministerstwie Wyznań i Oświaty rządu londyńskiego. W styczniu 1951 roku Magda rodzi drugiego syna – Janka.

Romek musiał być najlepszy. Moim zdaniem pojechaliśmy do Leeds dlatego, że się bał, że nie będzie pierwszy, że nawali na studiach. Uznałam, że Romek, taki zdolny, niech studiuje, a ja dorobię jakąś pracą. I poszedł, idiota, do college'u, zamiast na uniwersytet. I został kreślarzem.

A ja pracowałam. Okazało się, że w rezydencji siostry króla Jerzego szukają nocnej pomywaczki. Świetnie płacili. Zaprzyjaźniłam się z szefem kuchni, Polakiem, okropnym furiatem. W Anglii jeszcze było skromnie, kartki, a on zawsze dawał mi jedzenie dla dzieci. Jadły chyba najlepiej w kraju. Zorganizowałam w Leeds polskie harcerstwo, wszystko bardzo dobrze działało. Jednak chłopcy bardzo poważnie chorowali. Lekarze zalecali Kanadę. Nie mieliśmy wiele do stracenia. Popłynęliśmy. Zostawiliśmy wszystko, żeby zacząć od nowa w Kanadzie. Na początku było bardzo trudno. Zostałam dozorczynią, Romek znalazł posadę kreślarza. Tam też zorganizowałam polskie harcerstwo. Bardzo liczne. A w 1955 roku rozstaliśmy się. Tam, w Kanadzie. Romek nas zostawił, raczej brzydko.

Chorowały dzieci, chorowałam ja. Miałam afazję i niedowład rąk. Z Anglii przyjechał ojciec i żebym nie straciła pracy, przejął moją posadę. Został dozorcą. Ja natomiast nie miałam pieniędzy na rehabilitację. Zapisałam się więc na kurs fryzjerstwa. Godzinami starałam się nawinąć na wałki włosy manekinowi. Udało się w końcu. Jestem dyplomowaną fryzjerką, a poza tym wróciła mi sprawność rąk. Sprzątałam jako dozorczyni, a w domu kręciłam loczki klientkom. Ale i tak z trudem wiązaliśmy koniec z końcem. Pojawiła się możliwość bardzo taniego mieszkania w miasteczku Combermere nad rzeką Madawaska, na odludziu. Prowadziłam w okolicy obozy i kolonie zuchowe. Combermere leżało niedaleko od tego miejsca. Na jednym z obozów poznałam Krzysztofa Gużkowskiego, też harcerza. W czasie wojny walczył w partyzantce. Teraz pracował

1957 rok, Toronto. Magdalena z ojcem Zygmuntem i synami – Andrzejem i Jankiem.

na Północy. Mogłam na niego liczyć, był bardzo pomocny, opiekuńczy i lojalny. Po pewnym czasie zamieszkaliśmy razem. Nocami pracowałam jako pielęgniarka, w dzień zajmowaliśmy się z Krzysztofem niewielką farmą. W 1968 roku założyliśmy restaurację.

Pewnego razu była w naszym miasteczku loteria. Nigdy w życiu niczego nie wygrałam, ale losowanie stanowiło tutaj raczej gest towarzyski. I wtedy wygrałam cudowną rzecz dla moich synów – *skidoo*. Sanie motorowe. Podarowałam im je. Przyszła Wigilia 1970 roku. Widzę, że pod choinką nie ma dla mnie żadnego prezentu. A ja bardzo lubię prezenty. Po chwili okazało się, że chłopcy sprzedali *skidoo* i kupili mi bilet do Polski. Pierwszy raz pojechałam do ojczyzny w styczniu 1971 roku. W tym samym roku obaj moi synowie się ożenili, założyli własne domy.

Kiedy miałam kilkanaście lat, pani Chowańczakowa, u której przez pewien czas mieszkała nasza rodzina, podarowała mi pierścionek. W powstaniu dostałam w niego rykoszetem – nic mi się nie stało. W Kanadzie, kiedy synowie dostali się na uniwersytet, zrobiłam im z niego takie spinki do krawatów.

W 1975 roku oboje z Krzysztofem przyjechaliśmy do Polski. Na dobre.

Porucznik Magdalena Grodzka-Gużkowska po powrocie do Polski rozpoczęła pionierską terapię dzieci autystycznych i ich rodzin. Napisała na ten temat dwie głośne książki, była czynnym terapeutą. Razem z mężem Krzysztofem prowadziła obozy rehabilitacyjne. Osobą, która zainspirowała ją do podjęcia tej pracy, była docent Hanna Olechnowicz. Na początku lat dziewięćdziesiątych to w mieszkaniu Magdaleny powstawała Polska Akcja Humanitarna.

W 2008 roku Magdalena Grodzka-Gużkowska została odznaczona Krzyżem Komandorskim Orderu Odrodzenia Polski, a rok później odebrała tytuł Sprawiedliwej wśród Narodów Świata. Wniosek o jej uhonorowanie złożył William Donat, Włodzio, z którym uciekała przed łapanką i któremu przyniosła kredki. Odnalazł ją w Warszawie.

Krzysztof Gużkowski uczestniczył w działaniach podejmowanych przez Magdalenę w terapii autyzmu. Rodzice dzieci autystycznych zapamiętali go jako dobrego ducha obozów terapeutycznych. Zmarł w roku 1999.

Ojciec Magdaleny Zygmunt Rusinek przyjechał do Polski w 1977 roku. Mieszkał z nią i z Krzysztofem do śmierci w wieku 91 lat.

Siostra Magdy Marysia wyszła z więzienia po odsiedzeniu dwóch lat na Rakowieckiej i trzech w Fordonie. Pracowała w Instytucie Pax.

Roman Grodzki do emerytury pracował w firmie kreślarskiej, w której rozpoczął pracę tuż po przyjeździe do Kanady. Mieszka w Kanadzie, utrzymuje kontakt z synami.

ROZDZIAŁ 3

HALA CHLISTUNOW: W TEJ LETNIEJ SUKIENCE

„Meldujemy się do dyspozycji Pana Marszałka". Halina i Barbara mają przygotowany tekst. Za kilka godzin stawią się w Belwederze, żeby rozpocząć ochotniczą służbę pod rozkazami Józefa Piłsudskiego. Planu nie udaje im się zrealizować. Halinę Chlistunow i Barbarę Rewkiewicz na dworcu w Konstancinie zatrzymuje niania. Jest rok 1932, dziewczynki mają po 10 lat.

Często się przenosiliśmy. Z Mińska Litewskiego do Wilna, z Wilna pod Warszawę. Mieszkaliśmy z rodzicami w kilku podwarszawskich miejscowościach. W każdym razie na dobre osiedliśmy w Klarysewie. Maturę w prywatnej szkole pani Jankowskiej na Nowogrodzkiej zdawałam w 1938 roku jako szesnastolatka. Bardzo chciałam pójść na historię. Tuż przed wojną dostałam się na studia humanistyczne, kupiłam sobie nawet czapkę studencką, ale wyglądałam w niej strasznie smarkato, więc nikt mi nie wierzył. Tak czy siak, nie zdążyłam jej ponosić. Jakoś tak w 1936 roku, jeszcze w gimnazjum, uczestniczyłam w zakładaniu drużyny harcerskiej, 9. Warszawskiej Drużyny Harcerek. Zdążyłyśmy nawet przed wojną kilka razy wyjechać na obozy. Potem, kiedy zdałam na tajną historię, próbowałam jeszcze coś z harcerkami robić, organizowałam jakieś biegi w Klarysewie, pracę drużyny.

Już na początku wojny zdecydowałam, że chcę być w organizacji wojskowej, że chcę robić coś poważniejszego. Szukałam, gdzie się dało, starałam się jakoś dyskretnie podpytać. To był zupełny przypadek, że trafiłam do ZWZ, poszłabym przecież tam, gdzie chcieliby mnie przyjąć, mogłam przecież być gdzie indziej.

Rok przed maturą – Halina po lewej.

Jesienią 1940 roku, w jednym z klarysewskich ogrodów na nadwiślańskiej skarpie, Barbara Rewkiewicz, najbliższa przyjaciółka Haliny, proponuje jej wstąpienie do Związku Walki Zbrojnej. Halina ma prawie 19 lat i wielką potrzebę przynależności do organizacji.

Podejrzewałam, że Basia jest w coś zaangażowana, znikała często na kilka dni, czasem wracała ze zmienionym kolorem włosów, ale nie pytałam jej. Jak konspiracja, to konspiracja. Dużo później się dowiedziałam, że była ważną kurierką, która jeździła za Bug. Kiedy Basia ze mną rozmawiała, miałyśmy po 19 lat. Na tajnych studiach zdałam już ze dwa egzaminy, tkwiłam po uszy w historii starożytnej, słuchałam profesora Manteuffla. I ciągle marzyłam o podziemiu. Ale wtedy, podczas tej rozmowy, wcale się nie zdecydowałam od razu. Okazało się to trudniejsze, niż sądziłam. „Czy jesteś gotowa na wszystko, co cię może spotkać? Na aresztowanie, na tortury?" – zapytała Basia. A ja poczułam, że niby właściwie jestem gotowa, jednak muszę się zastanowić. Basia dała mi czas do rana, nie spałam przez pół nocy, ale zdecydowałam się oczywiście. Zostałam łączniczką w BIP-ie – Biurze Informacji i Propagandy AK.

Basia kazała mi przyjść oznaczonego dnia do kościoła Zbawiciela. Przy ołtarzu świętej Teresy miał być pewien pan z opaską na oku. Rzeczywiście, podałam hasło, a on zaprowadził mnie na Jaworzyńską, niedaleko kościoła. Tam zostałam zaprzysiężona. Przysięgę odbierał pułkownik „Radwan", który był moim dowódcą i w czasie okupacji, i później w powstaniu. Przyjęłam pseudonim „Alika". Trafiłam do tajnej drukarni i siedziby BIP-u. Do moich zadań należało przenoszenie ulotek i gazetek. Brzmi, jakby to było coś niewielkiego, ale ja te papiery dostawałam

1940 rok, Halina na klarysewskim dębie.

w ogromnych rulonach, w paczkach, dużych i ciężkich, które pakowałam do koszyków, przykrywałam warzywami albo kwiatami i rozwoziłam do różnych punktów w mieście. Miałam ich kilka, między innymi pracownię krawiecką naprzeciwko katedry św. Jana, sklep filatelistyczny na placu Napoleona, internat dla dzieci oficerów na Pańskiej czy Próżnej. Resztę wiozłam do Klarysewa rodzinie, znajomym. Rodzice wiedzieli. Wkrótce zresztą okazało się, że mój brat też jest w konspiracji, z czasem się dowiedziałam, że w Kedywie.

Wkrótce po zaprzysiężeniu Halina zaczyna szukać pracy. – Mama, germanistka, w czasie wojny udzielała korepetycji i tłumaczyła. Tata, prawnik, miał jakieś biuro tłumaczeń, pomagał pisać korespondencję do administracji niemieckiej, przeważnie w sprawie kontyngentów, żeby głowa rodziny wróciła z Niemiec. Ja te ich pisma przepisywałam ręcznie. Miałam bardzo ładny charakter pisma. Ale to wszystko było za mało, żeby przeżyć. A przede wszystkim – żeby mieć w miarę dobrą *Arbeitskarte*, która w jakiś sposób chroniła przed wywózką. Moi klarysewscy przyjaciele dali mi w końcu pod opiekę dzieci.

Halina zostaje przedszkolanką, przez pięć godzin dziennie prowadzi przedszkole na ulicy Puławskiej w Warszawie. Resztę czasu poświęca pracy w konspiracji.

W Klarysewie wszyscy wiedzieliśmy, że każdy gdzieś jest. I tylko nie było wiadomo gdzie. Ale w sobotę, w niedzielę wszyscy się zjeżdżali. Były zabawy, zupełnie dzikie. Czasem też graliśmy w to, kto kim będzie w wolnej Polsce. I co trzeba będzie zrobić, naprawić. Każdy musiał przedstawić jakiś plan. Przez dwa dni byłam nawet ministrem oświaty...

Ostatnie wakacje przed wojną spędzał w Klarysewie, u rodziców Basi, przemiły chłopak z Wileńszczyzny, Kazik. Mama Basi była jego chrzestną matką. Wybuchła wojna, Kazik nie mógł już wrócić, zaczepił się jakoś u nas, bardzo się zaprzyjaźnił z moim bratem. My też byliśmy ze sobą coraz bliżej. W pewnej chwili nie wytrzymał i zwierzył mi się, że był w egzekutywie, wykonywał wyroki. Nie mógł spać, chodziliśmy nocami po klarysewskich ogrodach, on miał ogromne wyrzuty sumienia, zwierzał mi się, cierpiał. Dużo rozmawialiśmy, starałam się jakoś mu pomóc. To bardzo nas zbliżyło. Którejś nocy zrobiliśmy wspólnie kryjówkę w jednym z ogrodów. Bardzo sprytną, w ziemi. Chowaliśmy tam broń jego i chłopaków, kiedy Kazik wracał z akcji. Starannie oliwiliśmy ją co jakiś czas… W końcu się zaręczyliśmy. Rodzice bardzo się ucieszyli, brat też, chociaż Kazik zdążył go już wciągnąć do Kedywu i brat wiedział, że Kazikowi grozi niebezpieczeństwo.

U „Radwana" byłam łączniczką, ale przez Kazika dwukrotnie brałam udział w akcjach egzekutywy. To było coś zupełnie innego. I też bardzo nas do siebie zbliżyło. Rozpracowywałam dwóch ludzi.

Na początek dostałam zadanie obserwacji Joachima Pilnika – folksdojcza, który przyczynił się do śmierci wielu polskich oficerów i Żydów. Mieszkał na Foksal. Śledziłam go z klatki schodowej, potem mnie zmieniono, trzeba było zaangażować kilka osób. Chodziło o to, żeby osobę z wyrokiem dobrze opisać, żeby nie było wątpliwości. Opisałam Pilnika, najlepiej jak umiałam. Z klatki schodowej słabo widziałam, zeszłam do bramy, widziałam, jak wsiada do samochodu. Wiem, że dużo później załatwili go w jego mieszkaniu.

Drugi nazywał się Maszewski, mieszkał niedaleko Łazienek, w budynku, w którym później był ubowski hotel, zmieniony potem na hotel uniwersytecki. W czasie okupacji mieszkali tam wyżsi urzędnicy niemieccy, stał bunkier, bardzo trudno było wejść.

Obok hotelu na Belwederskiej stał drugi budynek, a w nim kawiarenka. Właściciel swoje wiedział – słuchałam, jak rozmawia przez telefon: jakaś ciocia, przesyłka, przydział węgla – albo był w organizacji, albo wciągnięto go do tej akcji. Obserwowałam Maszewskiego z tej kawiarenki właśnie – chłopcy długo nie mogli się zdecydować, czy zrobić to na zewnątrz, na ulicy, czy kropnąć go w domu. Udawałam dziewczynkę w chusteczce pod brodą i z bańką na mleko. Zresztą mleko rzeczywiście przewoziłam z Klarysewa, tylko wracając, wkładałam do bańki biuletyn albo notatki uniwersyteckie. Wtedy, przy Maszewskim, dostałam do pomocy starszego pana z Kedywu. I on mi w tej kawiarni, na koszt Firmy, fundował ciasteczko, herbatkę. Trwało to może tydzień, dwa. Z obserwacji wynikało, że Maszewski codziennie o tej samej godzinie wychodzi z budynku. Ruszyłam kiedyś za nim, doszedł do placu Unii i w coś wsiadł. Trzeba go było załatwić na tym odcinku Belwederskiej. I tak się stało. Kilka dni później zastrzelili go. We trzech, właśnie tam.

Bałam się. Ale właściwie bałam się ciągle. Wpadka mogła się zdarzyć w każdej chwili, czy akurat pomagałam chłopcom z egzekutywy, czy na wykładzie, czy po prostu w łapance. Kiedyś wracałam z wykładu z ulicy Joteyki, z mieszkania profesora. Szłam z bańką na mleko, w bańce miałam notatki i biuletyn. Wychodziliśmy oddzielnie. Na placu Narutowicza nie było żadnego tramwaju, w ogóle dziwnie pusto. Ostatnią kolejkę do Klarysewa miałam tuż przed godziną policyjną spod Belwederu. Pomyślałam, że nie będę stała i czekała na tramwaj, postanowiłam iść. W wojskowych gmachach na Filtrowej też byli Niemcy, bunkier. Przede mną szedł młody człowiek. Szedł szybko, trochę chyba nerwowo. Zapytałam go o godzinę, a on tak gwałtownie spojrzał na zegarek. Było w tym coś nienaturalnego. Z okien zaczęli krzyczeć, wyskoczyli żandarmi i zatrzymali nas oboje. Pewnie gdzieś w pobliżu odbyła się jakaś akcja, ludzi nie było na ulicach, tramwaje nie jeździły. Przy tym chłopaku zaraz znaleźli broń. Na szczęście zachował się właściwie, powiedział dokładnie to co ja – „Nie znam, widzę pierwszy raz w życiu, zapytała mnie o godzinę". Byłam pewna, że nie wrócę do domu. Ale puścili, nawet do bańki na mleko nie zajrzeli. Co się stało z chłopakiem, nie wiem, dobrze go zapamiętałam. Zwłaszcza że wkrótce wpadł też mój Kazik.

W sierpniu 1943 roku była na Senatorskiej „akcja stu milionów", czyli operacja „Góral", w której AK uprowadziło niemiecki samochód bankowy ze 106 milionami złotych. Dwa dni później, 14 sierpnia, chłopcy Kazika, jego patrol, mieli w tamtych okolicach jakieś zadanie. Poważne, zdaje się. Spotkali się na Senatorskiej pod figurą św. Jana Nepomucena. Była tam kawiarenka, w której często siedzieli Niemcy. Ale plac Bankowy po akcji był już pod obserwacją. Niemcy musieli zobaczyć, że przyszedł młody człowiek, a potem drugi, trzeci. Chłopcy coś chyba zaczęli przeczuwać, któryś nie wytrzymał nerwowo, wyciągnął broń i zastrzelił Niemca. Nie mieli wielkich szans, natychmiast strzelanina, Kazik został ranny, upadł. Trafił na Pawiak. Próbowaliśmy go wyciągnąć, wykupić. Nie dało się nic zrobić. Zawieźli go do Oświęcimia, potem do Mauthausen i Gusen. Bardzo długo nie wiedziałam, gdzie jest, czy żyje. Jego rodzina dostała w końcu od niego list z Mauthausen. Jeden jedyny, wysłany kilka miesięcy wcześniej. Miałam sygnał, że Kazik żyje. Byłam szczęśliwa.

Po aresztowaniu Kazika Halina nigdy nie bierze już udziału w akcjach egzekutywy. Nadal pracuje w BIP-ie. Wozi bibułę, czasami meldunki, raz broń. Jest łączniczką. W 1944 roku ma 22 lata.

Nigdy specjalnie mnie nie przeszkolono. Nie wiem właściwie dlaczego. Niektóre moje koleżanki przeszły przeszkolenie telegrafistek i potem były przy telefonach, inne wysłano na kursy medyczne. Mnie nie. O broni, oczywiście, ani o szkoleniu strzeleckim nie miałam nawet co marzyć. Może taki już mój charakter? Może dowódcy się w tym zorientowali? Właściwie wszystko, co robiłam, robiłam na pół gwizdka. Lubiłam i siatkówkę, i tenis, ale zawsze raczej kibicowałam. Nie byłam typem sportowca. Całe życie przed wojną marzyłam o rowerze, ale nigdy nie miałam własnego roweru, nauczyłam się jeździć na cudzym. Kiedy w Klarysewie odbywały się zawody sportowe, nigdy nie brałam w nich udziału jako zawodniczka, zawsze jako kibic. Ale chciałam być potrzebna. Dlatego tak bardzo się cieszyłam, kiedy miało wybuchnąć powstanie.

Mobilizacja była dzień wcześniej. Potem została odwołana, rozpuszczono nas. I jeszcze raz. Czułam wielką radość. I ulgę. Było powiedziane, co trzeba zabrać na punkt zborny: bandaże, zapałki, latarkę, coś ciepłego. Spakowałam jeszcze ryngraf z wizerunkiem Matki Boskiej Częstochowskiej, żeby mnie chroniła. Dostałam go od Kazika. Byłam przekonana, że idę na tydzień, że pokonamy Niemców i zaraz wrócę do domu. Mamie przykazałam, żeby przez tych kilka dni podlewała moje pomidory. Mama zachowała się bardzo dzielnie i odprowadziła mnie na stację. Jechałam do powstania.

Kurtki nie miałam, tylko granatową spódniczkę, białą bluzeczkę haftowaną w takie ludowe krzyżyki i granatowy sweterek. Jakiś z ersatzu, zafarbował od razu, bo pierwszej nocy lało. I wzięłam jeszcze bardzo ładną sukienkę, niby zwyczajną, ale jednak wizytową. To była moja ukochana sukienka i bardzo elegancka. Myślałam sobie nawet, że sweterek niepotrzebny, bo to sierpień, ale sukienka się przyda, kiedy będziemy świętować zwycięstwo. Poza tym uważałam, że samo powstanie to wielkie święto, że po pięciu latach strachu wreszcie będzie Polska. Chciałam to uczcić.

Koncentracja była w mieszkaniu na Kopernika. Wtedy od mojej patrolowej dostałam opaskę. Wszystkie założyłyśmy opaski z numerkiem i poczułyśmy, że jesteśmy powstańcami. Nie miałyśmy mundurów, broni, jeszcze nawet legitymacji, ale opaska oznaczała, że już gdzieś jesteśmy. Nie miałyśmy żadnego doświadczenia wojskowego, nie wiedziałyśmy nawet, że jest jakieś hasło... Nigdy tej opaski nie prałam. Jest taka szaro-czerwona.

Na Kopernika zbiera się 18 dziewcząt. Niecierpliwią się, czekając na godzinę „W". Ich miejsce postoju mieści się na Jasnej, przy Kredytowej, koło placu Dąbrowskiego. Kilkuosobowe patrole mają tam przechodzić co kwadrans, tak żeby o 17.00 cała grupa znalazła się na miejscu. Patrol „Aliki" ma wychodzić ostatni. Za piętnaście piąta w Śródmieściu zaczyna się strzelanina, ostatni patrol z Kopernika nie zdążył dotrzeć na miejsce. Dziewczęta przechodzą do mieszkania jednej z nich na Czackiego. Stąd jest bliżej na Jasną. Liczą na to, że łatwiej się dostaną na miejsce.

Okropnie się martwiłyśmy. Zaczęłam się bać, że w ogóle nie zdążę wziąć udziału w powstaniu. Zresztą wszystkie byłyśmy przerażone, że powstanie odbędzie się bez nas. Trzeba było zawiadomić pluton, że z powodu ostrzału nie możemy przejść na plac Dąbrowskiego. W mieszkaniu było nas siedem. Patrolowa zapytała, kto pójdzie na ochotnika. Zgłosiłam się natychmiast, a ze mną koleżanka. Obie pomyślałyśmy, że przecież lepiej cokolwiek zrobić, niż siedzieć tak bezczynnie, kiedy tam walczą, a my nic. Pobiegłyśmy.

Przebiegłyśmy przez ulicę, a tam w bramie młody chłopak, miał może ze 16 lat, stał na warcie. Ogromny hełm śmiesznie zakrywał mu pół twarzy. Chłopak kazał sobie podać hasło. A my przecież ani hasła, ani nic. Więc do niego: „Ależ kolego, proszę nas wpuścić, my musimy, mamy opaski, przecież musimy się porozumieć, nie dotarłyśmy do naszego punktu". Wzięłyśmy go na dowcip, na miły uśmiech. W końcu nas puścił i wskazał drogę do jakiegoś dowódcy, który właśnie wrócił z akcji. To musiało być miejsce postoju całego batalionu „Kiliński". Umówiłyśmy się, że w nocy przyjdzie po nas łącznik i przeprowadzi do oddziału. Wróciłyśmy do dziewczyn i ogromnie podekscytowane czekałyśmy na łącznika. Czekając, chciałyśmy popatrzeć na bramę, do której miałyśmy dojść. Weszłyśmy na piętro, a tam jacyś mili państwo pozwolili nam powyglądać przez okno. Wyciągnęli nawet szampana, piliśmy za powodzenie powstania. Ciągle się bałam, że jak powstanie się skończy tego dnia, a ja nie wezmę w nim udziału, to będzie straszne.

W nocy przyszedł łącznik, przeprowadził nas pod ścianami, przez ogródki, a tam już podwórko, ogniska, chłopcy w hełmach, ktoś gra na organkach, są wszyscy, pozostałe patrole. Radość wielka. Zajęliśmy mieszkanie na pierwszym piętrze w kamienicy przy Mazowieckiej 9. Państwo, którzy tam mieszkali, przekwaterowali się do piwnic. Było nas ze 30 osób. Cały pluton łączności przy pułkowniku „Radwanie".

Miałam 22 lata, więc nasz bezpośredni przełożony, porucznik „Relich", był już dla mnie starszym panem. Miał w powstaniu dwie córki, pewnie ciągle o nich myślał. Powiedział: „Wiem, że czasem ktoś może się źle czuć, mieć gorszy dzień, bać się albo mieć złe przeczucia, dlatego tutaj do wszystkiego będziemy się zgłaszać na ochotnika". Wystawialiśmy warty, po dwie osoby. Dowódca zdecydował, że na warcie zawsze staną chłopiec i dziewczyna. Żeby się nie nudziło.

Pierwszego wieczoru był do zaniesienia meldunek. Na Kruczą. Zaraz się zgłosiłam. I poszłam w tej białej bluzeczce i granatowym sweterku. Przed powstaniem uczyłam się wszystkich przejść, topografii. Ale co innego się uczyć, a co innego spróbować w praktyce. Noc, żadnych świateł. Zupełnie straciłam orientację. Na Kruczą dotarłam dopiero po dłuższym czasie i mając solidnego pietra. Wpadam i mówię, że łączniczka od „Radwana" z meldunkiem. Wtedy już padało, sweterek mi rozmiękł i zafarbował, musiałam wyglądać żałośnie, bo panie z Pomocy Żołnierzowi posadziły mnie w jakimś foteliku, podsuwały herbatkę, biszkopciki. Bardzo mnie tam wszyscy fetowali. I cieszyłam się, że mogłam zjeść te biszkopciki zamiast meldunku, który miałam zjeść, gdyby mnie złapano. A przecież to nie tak łatwo zjeść kawałek papieru. Zwłaszcza jak trzeba szybko.

Wróciłam na Mazowiecką i tam też wszyscy szczęśliwi, że dobiegłam, proponują jakąś kolację. To był komfort pierwszych dni powstania. Było co jeść, co pić, wszyscy dokonywaliśmy niezwykle bohaterskich czynów... Ja sama chciałam tylko zdjąć mokre ubranie i iść spać. I poszłam najnormalniej do łóżka. Zbudzono mnie dopiero o dziewiątej rano. Podobno przez całą noc trwała walka. Nic nie słyszałam. Wstałam i ktoś prowadzi mnie do okna. A tam wszędzie polskie flagi. Wolna Polska. Nigdy tego nie zapomnę.

Powstanie wygląda tak, jak wyobrażała je sobie Halina. Jest triumfalnie, entuzjastycznie, wszyscy wokół żyją w ciągłej ekscytacji. Są ceremonialne wojskowe śluby, uroczyste pogrzeby, bywają salwy honorowe, choć przecież nie ma zbyt wiele amunicji. Jest łączność, działa poczta, niektóre z dziewczyn dbają o makijaż.

Wtedy, w powstaniu, wszyscyśmy pożegnali życie, które dotychczas znaliśmy. Te pierwsze dni właśnie takie były – normalne, z łóżkiem, jedzeniem, bieganiem na ochotnika i przekonaniem, że wszystko się zaraz skończy. Potem, po kilku tygodniach, całkiem o tym zapomniałam. I wydawało mi się, że to, co zostało w Klarysewie – dom, rodzice, Kazik, nawet konspiracja – to jakieś dawne, minione życie. Myślałam o tym, jak o czymś bardzo odległym i nierzeczywistym. Na początku mieliśmy fantazję, potem stopniowo było coraz straszniej.

Początkowo gotowały panie z Pomocy Żołnierzowi i biegało się do nich z kotłem. Potem gotowało się samemu. W końcu kuchnia wyleciała nam w powietrze, akurat na moim dyżurze, nie zdążyłam nawet zamieszać kaszy-pluj. Ale kasza-pluj, niełuskana, to też był względny komfort.

Jedliśmy ją na słono albo na słodko, doprawialiśmy jakimiś słodkimi sokami od Haberbuscha. Chleb jeszcze był, była woda.

Nawet kiedy Niemcy zaczęli już zaciskać pierścień wokół Śródmieścia, nie było jeszcze tak źle. Dowództwo przeniosło się na Świętokrzyską, blisko placu Napoleona, potem na ulicę Widok. Ja sama przeprowadzałam pułkownika „Radwana". Mówiłam hasło i „łączność, dwie osoby". Na Widok był sklep papierniczy. Każda z nas zafundowała sobie tam jakiś pamiętniczek, ołóweczki. Wszyscy się wszystkim wpisywali. Takie „fiku-miku jestem w twoim pamiętniku". Jeszcze było dobrze, jeszcze była chęć na pensjonarskie zabawy...

Po wojnie zakopałam ten pamiętnik. Mam go do dziś, są tam wszyscy moi dowódcy, koledzy, koleżanki. Jeden kolega wpisał: „Alice, dobrej jak nasze powstańcze noce chwil przełomowych". Bo te noce, rzeczywiście, były bardzo dobre. Tylko nocą można było trochę odsapnąć, coś ugotować, tylko wtedy było trochę spokoju, wiedziało się, że do rana pożyjemy. Były dowcipy, układaliśmy wiersze, śpiewaliśmy. Uwielbialiśmy *Serce w plecaku*. Oprócz tego śpiewaliśmy jakieś piosenki przedwojenne, legionowe. Była tam Zosia, studentka tajnego aktorstwa, więc nam odstawiała komiczne monologi. Każdy chciał się trochę pobawić.

W Święto Żołnierza, 15 sierpnia, w kinie Palladium wyświetlano filmy. Był między innymi film ze zdobycia komendy policji na początku powstania i jakiś drugi. Jeden bilet na pluton. I to ja wtedy wylosowałam ten bilet. Nigdy niczego nie wygrałam. Poszłam do kina. Wszyscy w mundurach, elegancko... Rok wcześniej aresztowali Kazika. W powstaniu wydawało mi się, że minęły całe lata.

Wrzesień. „Alika" znacznie częściej przenosi meldunki. Jest coraz więcej poległych i rannych, przerwy pomiędzy dyżurami łączniczek są coraz krótsze. – Lubiłam chodzić w nocy. Byłam krótkowidzem, chociaż nie nosiłam okularów, więc było mi wszystko jedno. Kiedy wracałam, opowiadałam dziewczynom o swoich nocnych przygodach. Dostałam wtedy drugą część pseudonimu, nazwały mnie „Alika lunatyczka". Dziewczyny lubiły te historie, nawet kiedy je budziłam w nocy. Może wtedy trochę mniej się bałyśmy?

Wiadomo, że się człowiek boi. Jednak nawet jeśli w pierwszej chwili byli ludzie, którzy bardzo się bali, po pewnym czasie też się ogromnie zmieniali. To było zaraźliwe. Tak samo jak tchórzostwo. Mieliśmy w plutonie taką dziewczynkę, z dobrego domu. Mówiliśmy na nią „Jadzia Królowa", bo miała piękne czarne włosy owinięte wokół głowy jak korona. Jadzia była rozpieszczoną jedynaczką z bogatej rodziny, do niczego nieprzyzwyczajoną. Piękna dziewczyna, przyszła na ochotnika, ale straszliwie się bała. „Relich" powiedział: „Ostrożnie – proszę nie dawać Jadzi żadnych zadań, niech ona na razie nic nie robi". Więc siedziała przeważnie w piwnicy. A siedzenie w piwnicy jest straszne. Siedzą tam razem różni ludzie, niektórzy z nich bardzo się boją. Jak się widzi ludzi, którzy drżą ze strachu, to się udziela.

Jadzia nie mogła wyjść z tej piwnicy. Aż zakochała się w chłopcu z kompanii porucznika „Podkowy". Miał pseudonim „Cygan", był bardzo przystojny i umawiali się na randki. Niemcy są już coraz bliżej, likwidują dzielnicę po dzielnicy, a Jadzia prosto z piwnicy chodzi sobie na spacerki z „Cyganem". Przestała się bać i zaczęła biegać z meldunkami. Wszędzie docierała. Dziś mieszka w Caracas. Nie przyjechała ani razu do Polski.

W połowie września było już bardzo źle. Praktycznie skończyła się żywność. Jedliśmy cukier. Nigdy nie lubiłam słodyczy, ale cukier w kostkach uwielbiam do dziś. Nie brakowało go do końca powstania. Jedliśmy czasem jakieś suchary, jakiś podejrzany tłuszczyk, taki w pudełeczku. Mój brat, którego odnalazłam, też nie wiedział, co to jest. Ze dwa razy byłam wtedy zaproszona na jakiś jubel. Zdaje się, że jedliśmy wtedy pieska. Okazało się potem, że jednej pani zginął pudelek. Zresztą pieski w powstaniu dość często ginęły. Z ubraniem było bardzo źle, czasem chłopcom udało się zdobyć dla nas jakąś damską bieliznę, to nam przynosili, ale warunki sanitarne stały się już fatalne. Wszyscy mieliśmy świerzb, pod koniec właściwie nie było już wody.

Trwał bardzo ciężki ostrzał, bomba – szafa – trafiła w nasze dowództwo. Te pociski wystrzeliwane z dział miały jakiś gaz, który się ulatniał w chwili wybuchu. Rozwiewał się po jakichś 10–15 minutach, ale ci, którzy byli w jego zasięgu i nie zostali wyciągnięci, umierali. Na piętrach coś się paliło. Więc w piwnicy, do której już się przenieśliśmy, panowała tropikalna temperatura. Ostrzeliwano nas z dział kolejowych, dużego kalibru, słychać było ryk lecącego pocisku. Działa się nagrzewały, więc musiały robić przerwy. Liczyliśmy, ile razy które działo wystrzeliło. To miało znaczenie, takie na przykład, że gdy chodziliśmy do toalety, trzeba było dobrze wycyrklować czas między ostrzałem a wybuchami, no bo zostać, broń Boże, zabitym w takiej pozycji to przecież wstyd.

Już się nie przenosiliśmy, ale istniała obawa, że zostaniemy odcięci. Śródmieście było wtedy podzielone na część północną i południową, a z tunelu kolei średnicowej dochodziły jakieś hałasy. Sądziliśmy, że Niemcy chcą go wysadzić, żeby oddzielić obie części Śródmieścia. Podobno w innych dzielnicach Niemcy traktowali złapanych powstańców jak bandytów i wszystkich mordowali. Z bratem postanowiliśmy rezolutnie, że w razie kapitulacji popełnimy samobójstwo. Bardzo często wtedy spotykałam się z bratem. Byliśmy blisko siebie. Jego kolega Tadzio – wielki spryciarz, w czasie okupacji przewoził w tramwaju na pierwszej platformie tylko dla Niemców lewe zapalniki – wymyślił, że się zastrzelimy. Mój brat miał zabić mnie, Tadzio mojego brata, a sam, oczywiście, był tym końcowym. I ja mówię: „nie w tych ruinach" – na ulicy Widok wszystko było zbombardowane. Wybrałam na naszą śmierć bardzo ładne miejsce – wśród gruzów ostała się taka mała stróżówka, cała w dzikim winie. Był już koniec września, wszystko czerwone. Jeśli umrzeć, myślałam, to jakoś ładnie.

Na szczęście w końcu powstania uznano nas za kombatantów i traktowano jak wojsko. Podobno jak wychodziliśmy, to Niemcy nawet salutowali...

„Alika" nie wychodzi z Warszawy z własnym oddziałem. Pod koniec powstania jej brat zostaje ciężko ranny. – Ukraińcy przestrzelili mu nogę. Koniecznie chciałam być z nim, przepisałam się do kompanii sanitarnej, żeby z bratem pójść do niewoli. Pożegnałam się ze swoim plutonem i poszłam na dyżur przy bracie.

Na rogu Szpitalnej i Chmielnej, u braci Sobiszewskich, którzy przed wojną prowadzili szkołę tańca towarzyskiego, urządzono schronisko dla rannych, chorych i osób starych, które postanowiły zostać. Tam też został batalion „Kiliński", który Niemcy wyznaczyli na batalion porządkowy przy opuszczaniu Warszawy przez ludność cywilną. Pozostał także lekarz z kompanii sanitarnej. Wpadli do nich dirlewangerowcy. Trzymali lekarza pod bronią i gwałcili sanitariuszki. Niektóre znałam. Jedną stamtąd zabrałam, druga, moja ukochana Maja Pigłowska, została tego dnia postrzelona. Już po kapitulacji. Zobaczyłam ją z przestrzeloną głową, lekarz mówił, że nie przeżyje, a ja, głupia, zabrałam jej wszystkie dokumenty. I kiedy po wojnie robiłyśmy ekshumację, nie można było jej znaleźć. W tym podwórku było bardzo dużo grobów.

Wyszliśmy z Warszawy i jechaliśmy do obozu, ale w wagonach, którymi Niemcy przewożą swoich rannych – więc to już był transport rannych wojskowych. Znalazłam się nagle w innym świecie. Dostawaliśmy taki prowiant jak ranni Niemcy. W wagonie były koza, koce i prześcieradła. Gdy tylko zobaczyłam prawdziwe prześcieradło i normalny koc, runęłam na to posłanie. Odziedziczyłam zaraz wszy z całego wagonu, ale nic nie czułam.

Przystanek w Łodzi. Pełno Niemców, obstawili nas żandarmi z psami, jakby się bali, że wywołamy w Łodzi powstanie. Przywieźli nas do Łodzi Kaliskiej, postawili na bocznicy. Jak się ludzie dowiedzieli, zaczęli podchodzić, rzucać nam owoce, pomidory, podawać kanapki. To bardzo wiele dla nas znaczyło. I nie chodziło nawet o samo jedzenie, byliśmy głodni, ale to była jakaś dawka nadziei, myśmy wychodzili z powstania kompletnie rozbici.

Rozdzielili nasz transport, zabrali nas do Radogoszczy – ranni na platformach, personel. Szliśmy przez Łódź kolumną. Po bokach psy, żandarmi. Niemki pluły na nas, wygrażały nam. Na pętli tramwajowej wsadzili nas do tramwaju. Tramwajarze mówią: „patrzcie pod ławki", a tam paczuszki dla nas – żywność, papier toaletowy. W Radogoszczy nic nie dali do jedzenia, w nocy przynieśli nam brukiew. Nad ranem przyszedł Wehrmacht, wykłócili się z żandarmerią i wróciliśmy do transportu, który na nas czekał. Właściwie można było uciec, ale dokąd – Warszawa burzona, nie wiadomo, co z rodziną... W końcu po kilku dniach jazdy trafiliśmy do obozu i szpitala jenieckiego w Zeithaim, filii stalagu w Mühlbergu. Między Lipskiem a Dreznem.

Pierwsza rzecz po przyjeździe – woda i pranie bielizny. I suszenie na drutach. Komendant łapał się za głowę. Ale to wszystko było takie na pół gwizdka, niby obóz, ale terror znacznie mniejszy niż w czasie okupacji w Warszawie. Pracowałam jako salowa, brat leżał w baraku chirurgicznym. Po kilku tygodniach zachorowałam na szkarlatynę. Leżałam w baraku i jakaś litościwa ręka podawała mi na łyżeczce skondensowane mleko. Kiedy odzyskałam przytomność, okazało się, że odnalazła mnie Basia Matys, dziewczyna, którą znałam jeszcze z czasów Klarysewa. Znałyśmy się zupełnie prywatnie, nie byłyśmy razem w konspiracji. Dowiedziałam się, że Basia w powstaniu była jedną z minerek, które zdobywały PAST-ę.

Wyzdrowiałam. Życie w naszym obozie stopniowo stawało się coraz lżejsze, wiadomo było, że wojna się kończy. Początkowo jadłyśmy brukiew albo zupę z suszonego szpinaku. Czasem margarynę, trochę chleba. Było tego tak mało, że należało decydować, czy się je rano czy wieczorem. Od stycznia 1945 roku dostawaliśmy już paczki genewskie. Nie trwało to długo, wkrótce przestały dochodzić z powodu ofensywy. Zaczęli dawać nam zupę z kartoflami. Brałam w zęby czosnek z paczki i wyobrażałam sobie, że jem kiełbasę z kartoflami.

Mieliśmy teatr, chór rewelersów, uczyliśmy się języków, na Boże Narodzenie wystawiłyśmy nawet konspiracyjnie szopkę powstańczą. A na Wielkanoc 1945 roku był wielki śmigus-dyngus. W całym obozie. Zaczęli oficerowie, potem męskie baraki, potem my. A w końcu Niemcy. W kąpielówkach, w ortalionowych płaszczach na gołe ciało. Wszyscy tak już mieli dość tej wojny. Robiłyśmy zakłady, kto przyjdzie pierwszy – Sowieci czy Amerykanie. O blok wedlowski. W Warszawie.

W kwietniu 1945 roku Niemcy opuszczają obóz. Zostaje kilku szeregowców i podoficerów. Więźniowie dostają klucze do magazynów, powołują komendę obozu, zaciągają warty, czekają na którąś ze zwycięskich armii.

Przyjechali na małych konikach. Mongołowie? Kałmucy? Tacy przytuleni do koni. To tylko zwiad. Po paru godzinach nadjechała reszta. Był 23 kwietnia.

Bezhołowie trwało kilka dni. Druty przerwane, chłopcy pobiegli w pole, przy domkach naszych wartowników rosły kwiaty. Przynieśli nam tulipany. To do dziś moje ulubione kwiaty. Potem Francuzi zrobili to samo, Włosi to samo. Z magazynów wzięłyśmy puszki wieprzowiny z galaretką. Niebo w gębie. Nie można było tego za dużo jeść, ale dodawałyśmy tego mięsa do zupy z brukwi. Świetne!

Ruszyliśmy z powrotem najwcześniej, jak się dało – 15 maja. Wracaliśmy zaprzęgami – konie, wozy, platformy. Wzięliśmy broń. Bo partyzantka niemiecka, bo sowieckie obozy otwarte, wiadomo.

Trwało to jakieś dwa tygodnie. Piękna wycieczka. Niebezpieczna, ale piękna. Po przekroczeniu granicy Sowieci wszystko nam zabrali – podwody, rowery. My już występowaliśmy po cywilnemu, bez żadnych opasek, naszywek. Nie wiedzieliśmy przecież, jak teraz jest w Polsce. Wszędzie Ruscy.

Dotarliśmy do Warszawy, a tu same ruiny. Na Marszałkowskiej i w Alejach Jerozolimskich szło się po gruzach sięgających do wysokości pierwszego piętra. I wszędzie antyakowskie plakaty.

Szłam z bratem. Żadnych wieści o rodzicach. Wędrowaliśmy do Klarysewa na piechotę, wygonem, z Lasu Kabackiego. Nie bardzo wiedzieliśmy, jak mamy wracać, czy jest bezpiecznie. Jurek został w zbożu. Najpierw sama poszłam. Obydwoje rodzice byli w domu. Ogromna radość. Nie widzieliśmy się od lipca.

Bardzo szybko, jeszcze w 1945 roku, w Klarysewie aresztowano Basię Ryfkiewicz, teraz Sadowską. Nie ujawniła się, nadal była w konspiracji, jeździła do Andersa, prowadziła komórkę wywiadowczą. Tego dnia ubowcy obstawili cały ogród. Zabrali Basię. Wtedy nie wiedziałam o tym, że trwa konspiracja, wszyscy chcieliśmy studiować, zakładać rodziny. Nawet lekceważyliśmy przeróżne informacje. Potem zaczęły się masowe aresztowania...

Poszłam na uniwersytet. Na psychologię i na pedagogikę. Wciąż uwielbiałam historię, ale chciałam się zająć młodzieżą, myślałam, że będę

Okupacja, Barbara Rewkiewicz, przyjaciółka Hali, pierwsza z lewej.

mogła coś zdziałać. Wszystko się wtedy jakoś podnosiło po wojnie. Bardzo szybko i bardzo entuzjastycznie. Na zajęcia jeździłam kolejką, w której były wybite wszystkie okna, pomagałam przy odgruzowywaniu Pałacu Staszica. Segregowaliśmy książki przy karbidówkach. Zaczęłam szaleć naukowo.

Wiosną, a może latem 1946 roku, ciepło, pamiętam, byłam w takiej letniej sukience, przyszedł ktoś z Czerwonego Krzyża i przyniósł list. Od Kazika. Opisywał w nim swoje losy. Kiedy do obozu przyjechali Amerykanie, siedział przed barakiem, wzięli go za staruszka. Podleczyli, zdążył jeszcze być w armii Andersa. List był z Londynu. Kazik pisał, że nigdy by nie przeżył obozu, gdyby nie myśl, że do mnie wróci. Zaczęliśmy do siebie pisać.

Halina studiuje. Zawiera nowe znajomości, ale przyjaźni się przede wszystkim ze znajomymi sprzed wojny i z powstania. Jest rok 1947. Represje wobec byłych akowców są coraz poważniejsze. Kazik boi się powrotu do Polski.

Poszłam kiedyś do koleżanki. Kalinka Rogowska, jedna z naszych najmłodszych z powstania. Córka profesora z Batorego. Jej siostra ciągle była w konspiracji. Po wojnie wróciła ze swoim dowódcą. Mama Rogowska dała im jakiś pokój. Nie wiedziałyśmy, że nadal konspiruje.

U państwa Rogowskich bywałam właściwie tylko po to, żeby wymienić książki w bibliotece po ich ojcu. Mieszkali na Wilczej. Pewnego razu Kalina mi mówi, że jak nie będzie ręcznika na balkonie, to niebezpiecznie, nie wchodź. Tego dnia nie było ręcznika. Ale przecież nawet do głowy mi nie przyszło, żeby popatrzeć. Nie traktowałam tego zbyt serio. Zadzwoniłam. Drzwi otworzył młody człowiek – buty oficerskie, myślałam, że to kolejny chłopak z konspiracji, który znalazł azyl. Profesorowa Rogowska leży, niewyraźnie wygląda, Kalinka daje jej krople, jakoś tak dziwnie na mnie patrzy, ja nie wiem, o co chodzi. Siadam na kanapce, a ten chłopak bierze moją torebkę. Myślę sobie: „Co za cham", on pokazuje legitymację...

Siedzieliśmy w tym kotle 12 dni. Przychodzili kolejni znajomi, koleżanki, rodzice. Umilaliśmy sobie wspólnie czas. Do ubowców wszyscy odnosili się bardzo elegancko, bo to było jednak dość eleganckie towarzystwo. Odchodziły tam różne zabawy, witaliśmy nowo przybyłych oklaskami. Ubowcy na początku siedzieli w oddzielnym pokoiku. W końcu po pewnym czasie ten młodszy, sympatyczniejszy, przychodzi i pyta, czy mogliby też posiedzieć z nami, bo im się okropnie nudzi, a u nas tak wesoło. Jasne. Przysiedli na krzesełkach. Trwał akurat konkurs recytatorski – młoda aktorka recytowała przepięknie *Redutę Ordona*. I ten ubowiec nie wytrzymał. Wiejski chłopak, prosty. Patrzymy wszyscy, a on płacze.

Co parę dni przyjeżdżał sam Różański, żeby nas przesłuchać. Bardzo przystojny, bardzo nieprzyjemny. Sadzał nas przy lampce, lampka w twarz, zdejmował klosz. I patrzył w oczy. Przetrząsał torebkę: „A to zdjęcie? Kim jest ta osoba?". Byłam dość odważna, nigdzie nie należałam, ale i tak ciągle mi się wydawało, że oni coś wiedzą.

Na dole w kamienicy na Wilczej miałam taką prywatną skrzynkę kontaktową. U optyka, który trudnił się wtedy szklarstwem. Znaliśmy się, często wpadałam do niego. Po kilku dniach mój brat i tata zaczęli mnie szukać. Szklarz powiedział, że nie wie, gdzie jestem, ale że zawsze wypożyczam tu książki. Tata jakoś dowiedział się o kotle i powiedział mamie. Nie wiedzieli dokładnie, które to piętro, więc mama poszła na czwarte, a on na trzecie. Mama też dostała oklaski, kiedy weszła, a ojciec już wszystko wiedział. Jakimś sposobem udało mu się dostać do Brystygierowej. Podobno krzyczał, że tam na tej Wilczej to jakaś mordownia, że nie wie, co się dzieje z jego rodziną, i że trzeba zawiadomić milicję kryminalną. Zaszarżował. Na wariata. Ale na drugi dzień było po wszystkim.

Po kilku tygodniach szłam Mokotowską, koło Koszykowej, gdzie były katownie UB, i nagle podszedł do mnie ubowiec z Wilczej. Wesoły, uśmiechnięty. Mówi: „Przepraszam, ale tak mi miło panią spotkać". I że to był najmilszy kocioł w jego życiu. Modliłam się tylko, żeby jacyś znajomi mnie nie zobaczyli.

Halina zbliża się do końca studiów. Jest w stałym kontakcie z Kazikiem. O jej związku z chłopakiem z czasów okupacji powszechnie wiadomo. – Miałam tu kolegów, bardzo miłych, ale wiedzieli, że piszę listy do ukochanego. W 1949 roku kończyłam studia, trzeba było coś postanowić.

Byliśmy w kontakcie cały czas. Kazik bał się wrócić. Słusznie zresztą. Wiedział przecież o aresztowaniach osób, które się ujawniły, a on przez ostatnich kilka miesięcy był w egzekutywie, wykonywał wyroki. Na pewno by go posadzili, może zabili. Korespondowaliśmy, oczywiście, bardzo oględnie, ale sytuacja w Polsce zaczynała się stabilizować i trzeba się było na coś decydować. Uznaliśmy, że pojadę do Kazika. Granice już właściwie uszczelniono, więc nie było tak łatwo jak zaraz po wojnie. No i brak pieniędzy. Kazik regularnie przysyłał mi rajstopy, a ja je sprzedawałam i gromadziłam fundusz na wyjazd. W pewnej chwili Kazik przez kogoś znajomego z Pragi złapał kontakt na Niemca, kontrolera portowego w Szczecinie. Plan był taki, żebym wsiadła na wskazany statek jako członek złogi, w męskim przebraniu, i żebym przepłynęła do Szwecji. Niemiec miał mnie skontaktować z oficerem któregoś z węglowców płynących do Skandynawii. Sprawa była bardzo trudna, bo cały port obsadzili Sowieci. Czekałam na sygnał. Przyszedł dokładnie w chwili, w której miałam już absolutorium, byłam przed obroną i musiałam jeszcze tylko zaliczyć krótkie praktyki. Nie byle co, mój rok znajdował się pod opieką ministra oświaty i razem z ministrem mieliśmy jechać do Katowic, żeby tam w jakiejś szkole poprowadzić lekcje. Niemiec ze Szczecina daje znać, że to może być ostatnia okazja dostania się do Szwecji, więc muszę wybierać. Nie pojechałam na praktyki, zawaliłam studia, zamiast tego wyruszyłam do Szczecina, żeby czekać na spotkanie z oficerem statku.

Byłam przekonana, że będzie trzecia wojna światowa i że na pewno z Kazikiem szybko wrócimy do Polski. Pożegnałam się z rodzicami, z bratem i zamieszkałam w Szczecinie u koleżanki z obozu. Nie bardzo wiedziała, po co przyjechałam, a ja musiałam spędzić u niej kilka dni. Niemiec wywiązał się z umowy, poznał mnie z oficerem. Ustaliliśmy, że o drugiej w nocy wejdę do portu jako robotnik. Niemiec, który kontrolował ludzi wchodzących do portu, miał mi to umożliwić. Byłam spakowana i gotowa. Tego samego dnia Niemiec został aresztowany. Straciłam kontakt ze statkiem. Nie udało się. Co miałam robić? Dałam znać do Katowic, że byłam chora, ale już wyzdrowiałam. Pojechałam na Śląsk, poprowadziłam lekcje, zaliczyłam, wróciłam do Warszawy, obroniłam się.

Do Kazika napisałam, że nie mam już żadnych możliwości dotarcia do niego i że musimy coś z tym zrobić. Trzeba się było jakoś przestawić. To przestawianie się też czas jakiś trwało, ale z drugiej strony jak długo można korespondować i wspominać bez żadnych perspektyw? Kazik odpisał, że aby móc tam żyć, zostać, musi kompletnie zerwać z przeszłością. I nie tylko ze mną. Nasza znajomość urwała się w 1949 roku.

Rok później się zaręczyłam. Z Januszem znaliśmy się od małego. Rodzina zaprzyjaźniona z naszą. Kiedy Janusz był już nastolatkiem, ja miałam może z pięć lat. Mąż nie brał udziału w powstaniu, zachorował na zapalenie wyrostka. Nie był też chyba w konspiracji. Pobraliśmy się w 1951 czy w 1952 roku. Na miejscu jego rodzinnego domu, Złota 32, stoi teraz Pałac Kultury.

Halina Chlistunow-Cieszkowska przez wiele lat pracowała w bibliotece publicznej, potem w szkole – najpierw podstawowej, a potem w technikum. Mieszka w Warszawie, z Kazikiem nigdy już nie nawiązała kontaktu.

Barbara Ryfkiewicz, potem Sadowska, została skazana na 15 lat więzienia. Z Fordonu wyszła po ośmiu.

W okresie od 1980 do 1981 roku Halina Cieszkowska opiekowała się młodzieżą prowadzącą działalność opozycyjną i samokształceniową. Została usunięta z pracy.

Powstańczą opaskę przekazała do Muzeum Powstania Warszawskiego.

ROZDZIAŁ 4

ZENIA ŻURAWSKA: TROCHĘ Z BOKU

Na długo przed rozpoczęciem roku akademickiego Zenobia Żurawska idzie na uczelnię, żeby sprawdzić nowy rozkład zajęć. Zaczyna trzeci rok matematyki na Uniwersytecie Warszawskim. Zamiast rozkładu zajęć widzi w gablocie ogłoszenie o zaciągu do oddziału żywych torped. Szukają ochotników. Jest druga połowa sierpnia 1939 roku.

Ja na tę matematykę poszłam z przekory. W gimnazjum trochę chorowałam i podpadłam Archimedesowi – naszemu profesorowi od matematyki, więc musiałam się podciągnąć tak, żeby ten przedmiot mieć zaliczony przynajmniej na czwórkę.

Byłam ulubienicą polonistki, byłam w sodalicji mariańskiej – polonistka i ksiądz prefekt nie pozwolili mnie oblać. Więc w przedostatniej klasie miałam poprawkę. Polonistka załatwiła mi bardzo dobrego korepetytora i w czasie wakacji wszystkiego się nauczyłam. W klasie maturalnej byłam najlepsza z matematyki. I wbrew wszystkim poszłam na matematykę na uniwersytet. To właściwie taka ścisła filozofia. Byłam nią zafascynowana. Żeby się tym zajmować, trzeba się zamknąć, odizolować. Na studiach zapomniałam o zabawach, tańcach, siedziałam w książkach, szło mi świetnie.

Wcześniej zawsze chciałam być lekarzem, no bo jakie można mieć plany, jak się ma głowę pełną Żeromskiego? Mnie i moich dwóch braci wychowywano na *Ludziach bezdomnych*, na *Przedwiośniu*. A w domu od dziecka romantyzm – Słowacki, Mickiewicz. Mama – jak poprzednie pokolenie „młodzieży patriotycznej" – brała udział w demonstracjach, w rozruchach młodzieżowych na początku wieku. Ciotka studiowała w Genewie. Gdy tylko wróciła, zaraz dołączyła do mamy. Mama miała w sobie takiego ducha tragiczno-romantycznego. Jej pierwszą sympatią był lekarz,

Zenia, fotografia maturalna, 1937 rok.

który należał do tajnego związku niepodległościowego. Kiedy przyszli go aresztować, znaleźli prasę, broń, zażył truciznę.

Potem poznała mojego ojca – oboje pracowali w samorządzie. On był sekretarzem gminy w Sokołach pod Wysokiem Mazowieckiem, ona urzędniczką. Pobrali się, przyszli na świat moi starsi bracia i w końcu, w 1919 roku – ja. W 1937 roku zdałam maturę w Drohiczynie i poszłam na studia do Warszawy, a rodzice przeszli na emeryturę i przenieśli się pod Warszawę, do Wołomina. Latem 1939 roku tata kończył budowę domu.

W maju 1939 roku, gdy Niemcy wysunęły żądania w sprawie Gdańska i korytarza do Prus Wschodnich, „Ilustrowany Kurier Codzienny" zamieszcza list braci Edwarda i Leona Lutostańskich oraz ich szwagra Władysława Bożyczki. W liście tym deklarują gotowość dobrowolnego oddania życia w obronie Wybrzeża. Ochotnicy za pośrednictwem prasy namawiali rodaków do podobnej ofiarności i wstępowania w szeregi oddziałów „żywych torped". Wedle różnych szacunków na apel odpowiedziało od 1000 do 4700 osób. Do podjęcia samobójczych misji nigdy nie doszło. Polska nie produkowała torped ani innych urządzeń z własnym napędem przystosowanych do przenoszenia pod wodą ładunków wybuchowych. Według niektórych świadków istniały jednak podobne plany i filmy instruktażowe dotyczące tego rodzaju walki. Zdaniem innych ochotnicy gotowi do samobójczej śmierci mieli być wykorzystywani w ewentualnych ryzykownych akcjach dywersyjnych. Wśród osób, które odpowiedziały na apel, było około 150 kobiet. Między nimi – Zenobia Żurawska.

Ogłoszenie o żywych torpedach na uniwersytecie czytała masa ludzi. I wszyscy poszliśmy. Zapisy odbywały się w gmachu ASP na Wybrzeżu Kościuszkowskim. Żeby się zapisać, trzeba było stać w długiej kolejce. Zgłosiło się bardzo dużo dziewczyn. Zapisywał jakiś kapitan Wojska Polskiego. Dał do podpisu oświadczenie, że wyrażam zgodę, że dopełnię obowiązku, jeśli dostanę wezwanie. Kapitan zobowiązał nas do zachowania ścisłej tajemnicy. Przestrzegał zwłaszcza, żeby nie mówić rodzicom. Tam byli sami młodzi, rozpalone głowy. Kapitan nas zaprzysięgał. Każdego pojedynczo. I wyjaśniał, o co chodzi. Jakoś do mnie nie docierało, że mam być sterem torpedy i że ta torpeda mnie w końcu rozerwie. Chyba nikt o tym nie myślał. W kolejce żartowano, ktoś opowiadał kawały, nikt się nie martwił. Kapitan spisywał wszystkie dane, dokładne adresy. I mówił, że jeśli nie zostaniemy wezwani do wykonania zadania, w przypadku okupacji mamy od razu wchodzić w struktury podziemne albo sami je tworzyć.

O wojnie się już mówiło, aleśmy w nią jeszcze nie wierzyli. Byliśmy silni, zwarci, gotowi. Popłoch wybuchł dopiero pod koniec sierpnia, kiedy ludzie zaczęli panicznie wykupywać żywność. W połowie sierpnia wychodziła za mąż moja kuzynka. Narzeczonym był oficer sztabowy. Ślub mieli piękny, uroczysty, z całym wojskowym ceremoniałem. Państwo młodzi przeszli pod szpalerem szabel. I prosto z wesela pan młody został wezwany do sztabu. W tym samym czasie mój brat, absolwent podchorążówki, dostał wezwanie do wojska. Coś się działo, ale mnie interesowała głównie matematyka i ślub. Poznałam chłopaka, który właśnie skończył matematykę, Edmunda Smoleńskiego, bywaliśmy wspólnie na jakichś fajfach. Chodziliśmy ze sobą dwa lata. We wrześniu 1939 roku mieliśmy się pobrać.

Pod sam koniec sierpnia mój narzeczony pojechał do rodziców, w okolice Mławy, gdzie mieli jakiś niewielki mająteczek. Miał przywieźć pieniądze, chcieliśmy zaraz kupować mieszkanie. Nie wrócił już. Próbowałam go szukać, nie wiem, co się z nim stało. To były rubieże Polski, prawie Prusy Wschodnie. Losy tej rodziny mogły być bardzo tragiczne. Mówiłam mu: „Masz takie imię jak mój ojciec, to nie wróży powodzenia w małżeństwie". Nie wiem dziś, dokąd bym w tym małżeństwie doszła. Dość, że wojna wszystko zmieniła. Jeden z moich braci dostał wezwanie do wojska, drugiego nie chcieli wezwać, choć był lotnikiem. Szedł za swoją jednostką do Kowla, ale go nie wzięli. Zostałam z rodzicami w Wołominie.

1 września. To był piątek, bardzo ciepły i słoneczny. Około szóstej obudził mnie warkot samolotów lecących ku Warszawie. Dopóki nie zobaczyłam, jak jedna z maszyn w smudze czarnego dymu spada na ziemię, byłam przekonana, że to manewry. Podobnie jak wszyscy. O siódmej rano usłyszeliśmy w radiu komunikat, że zaczęła się wojna. Czułam się zobowiązana. Miałam obowiązek coś stworzyć, kiedy okupant wtargnął do kraju. Na początku – naloty, pożary, zawsze byłam tam, gdzie potrzebowali ludzi. W szkole należałam do harcerstwa, w ostatnich klasach było Przysposobienie Wojskowe Kobiet. Coś tam nawet potrafiłam.

W Wołominie miałam niewielką grupę znajomych, zaraz się skrzyknęliśmy, zaczęliśmy się spotykać regularnie – wtedy jeszcze było wolno – i myśleć, co możemy zrobić. Byłam trochę *homo novus* – moja najbliższa grupa kolegów została w Warszawie, ale szybko wsiąkłam w ten Wołomin. Jeden z kolegów ze studiów zaczął mnie jakoś wprowadzać. W październiku słuchaliśmy wiadomości z Londynu, potem były różne prelekcje, wiersze patriotyczne w prywatnych mieszkaniach. I zaraz zorganizowaliśmy tajne nauczanie. Już w październiku miałam komplet młodzieży do nauki. To były małe komplety – po dwie–trzy osoby. W okolicach Warszawy, po wschodniej stronie, mieszkało przed wojną bardzo dużo osiedleńców niemieckich. Więc, co za paradoks, zdarzało mi się uczyć na tajnych kompletach dzieci folksdojczów. To były bardzo dobre uczennice, ale oczywiście z jakimś wewnętrznym konfliktem. Jedna, Marylka Streich, była w czasie wojny w szkole pielęgniarskiej. Już później, w 1943 roku, przyszli po nią, żeby ją wziąć do armii niemieckiej jako sanitariuszkę. Pytała mnie, co ma robić. A ja na to: „Rób to, co ci serce dyktuje, a przede wszystkim poradź się rodziców". Marylka pojechała do Ostrowca Świętokrzyskiego i wstąpiła do Brygady Świętokrzyskiej. Gestapo o nią pytało. Matka trafiła do Oświęcimia i zginęła. Jak przyszli Sowieci, wykończyli ojca. A Marylka wyszła za oficera AK. Druga, Wanda Krauzówna, po okupacji wstąpiła na polonistykę. Wspaniałe dziewczyny, mimo że rodzice popełnili błąd.

Prowadząc tajne komplety, Zenobia zarabia bardzo niewiele. Rodzice nie pracują. W domu zaczyna panować bieda. W połowie listopada z wojny wraca jeden z braci, potem drugi. Nie mają gdzie pracować. Cała rodzina je lepichę – mąkę na wodzie ugotowaną na gęsto, wiosną z pokrzywą. Nie ma za co kupić nasion ani warzyw. Bracia sprzedają po wsiach tkaniny ze sklepiku kuzyna. Dostają za to pieniądze albo żywność. Pojawia się możliwość pracy dla niemieckiej firmy, ale nikt z niej nie korzysta. Ojciec i jeden z braci wyjeżdżają w Łomżyńskie, gdzie po dziadkach dziedziczą niewielkie gospodarstwo. W Wołominie zostaje Zenobia z mamą i bratem, który pracuje jako brukarz i handluje, czym popadnie. W wyniku niedożywienia Zenobia poważnie choruje.

Na nogach porobiły mi się rany, miałam zaburzenia krążenia i ogromny guz na tarczycy. Na lekarza ani na lekarstwa nie było pieniędzy. Poszłam do doktora Johelsona, który uciekł z Poznańskiego. Przyjął mnie za darmo. I mówi: „Słuchaj, czy ty byś się nie zapisała na kurs sanitarny? Ale to jest w podziemiu"... Oczywiście, że się zgodziłam. I czekałam na wezwanie. To już był rok 1940. Po jakimś czasie rzeczywiście mnie wezwali. Dostałam się na ten kurs, prowadził go doktor Siedlecki – młody bardzo lekarz, ale szkolił niezwykle dokładnie. Równolegle z kursem – to był Związek Jaszczurczy – zaczęła się moja praca w konspiracji. Śledziłam konfidentów, rano, kiedy nie miałam zajęć. Moja zmienniczka pracowała w magistracie, więc przejmowała ich po południu. I stało się jakoś tak, że nagle całe dnie miałam zajęte. My – kursanci – zostaliśmy zatrudnieni w ośrodku medycznym w Wołominie. Dwa zespoły po 20 dziewcząt. I zdarzało nam się, że przychodzili do nas ludzie, których śledziłam. Kiedyś przyszła jedna pani, kochanka konfidenta, którego obserwowałam. Dziwna kobieta – mówiła mi, że nie dba o dziecko (miała kilkuletnie), tylko o swój wygląd. Przychodziły prostytutki zadające się z Niemcami – przełożona kazała im dawać wielkie zastrzyki z bromu (penicyliny nie mieliśmy), bardzo bolesne. „A niech je zaboli, mówiła, żeby już się ze szkopami nie zadawały". Byłam szczęśliwa. Zawsze chciałam studiować medycynę, teraz mogłam stosować ją w praktyce. Byłam bardzo dobra.

No ale cóż, Wołomin to małe miasteczko, moja praca i życie wisiały na włosku. W każdej chwili śledzony mógł się odwrócić i stanąć ze mną twarzą w twarz. Byłam przygotowana, żeby w takim wypadku powiedzieć: „Pan mi się podoba". W końcu przełożeni też doszli do wniosku, że się opatrzyłam. Bardzo długo chodziłam wtedy za pracownikiem Arbeitsamtu, który donosił bahnschutzom na Polaków wykradających węgiel z pociągów idących na Wschód. Umówiła się z nim moja zmienniczka. Wkrótce potem ten pan zniknął. Nie wiem, jak go wykończyli, ale więcej już go nie widziałam.

Zenobia zostaje sama. Matka wyjeżdża w Łomżyńskie do męża i syna – ma im pomóc, sami nie radzą sobie z prowadzeniem gospodarstwa. Drugi brat się żeni. Zenia kończy kurs sanitarny i pracę w ośrodku zdrowia, ogłasza, że daje korepetycje z niemieckiego. Niespodziewanie dostaje tak zwaną żółtą kartę – wezwanie do podjęcia pracy w określonym terminie. Jeśli to nie nastąpi, ma się zgłosić do Arbeitsamtu i pojechać na roboty do Niemiec.

Zgłosił się do mnie na korepetycje pan, który pracował w spółdzielni rolniczej. W czasie lekcji były też rozmowy prywatne. On pytał, z czego żyję, ja – że z tych korepetycji. I że pewnie zaraz będę musiała jechać do Niemiec. Zwierzył mi się, że się ukrywa, że był posłem na Sejm, a teraz, dzięki przyjaźni z kierownikiem spółdzielni, pracuje właśnie tam. Że niedługo znika, więc zwolni się miejsce. I że mnie w tej spółdzielni zaproteguje. Rzeczywiście, szybko wyjechał, a ja w końcu sierpnia 1940 roku dostałam ze spółdzielni wezwanie, że mam się zgłosić do pracy.

Co to była za praca! Wszyscy o niej marzyli, na moje miejsce czekało 12 kandydatek. Zaczęłam w księgowości, rejestrowaliśmy obowiązkowy kontyngent dla Niemców. Praca ogromnie stresująca, bo przy najmniejszym błędzie gotowe oskarżenie o sabotaż. Ale byłam chroniona przed wywózką. Już wtedy ciężko chorowałam na żołądek. Robót bym nie przeżyła. Szłam do pracy na ósmą, wracałam przed godziną policyjną i codziennie wysyłałam raport do władz niemieckich. Bardzo się starałam, bo ta żółta karta ciągle nade mną wisiała. Przyszedł rok 1941, w spółdzielni już dostawałam przydział węgla, przydział żywności, kartki na chleb, kasze. Ta praca mi bardzo pomogła. A poseł na Sejm chyba ocalił mi życie.

W dodatku w tej spółdzielni wszyscy byliśmy w konspiracji. I wszystko o wszystkich wiedzieliśmy. Małe miasteczko, nie ma zbyt wielu możliwości. Komendant NSZ pracował w magistracie, jego zastępca dla kobiet – też w magistracie, w spółdzielni – były kapitan WP, teraz w AK, pracownicy albo w AK, albo w NSZ. W pracy ciągle były gazetki – prasa NSZ-owska i AK-owska. Wymienialiśmy się tymi gazetkami. Naprzeciw mnie przy biurku siedział chłopak. Miał na imię Alfons. Żalił się: „Co też moim rodzicom przyszło do głowy"... Mówiliśmy na niego Fonsio. Broń zawsze nosił ze sobą, był w egzekutywie AK, wykonywał wyroki. Ciągle siedział z bronią na wierzchu. Mówiłam mu: „Fonsiu, schowaj tę spluwę, bo ci wystaje. Tu przychodzą folksdojcze, przecież zaraz ktoś zobaczy"... Wiedzieliśmy o sobie sporo.

Doktor Siedlecki, ten z kursu sanitarnego, był w Związku Jaszczurczym i prowadził mnie dalej. Przeszłam przeszkolenie bojowe. Uczyliśmy się strzelać, ale strzelcem byłam żadnym. Słabo widziałam na prawe oko, więc strzelałam z lewego ramienia. Jakoś też nie miałam zacięcia do zabijania ludzi. Owszem, na akcjach kilku byłam, ale jako opieka medyczna. Zabawne, bo musiałam się zwalniać z pracy. Ale przecież każdy się zwalniał. Bo każdy gdzieś należał.

Na linii Wołomin–Tłuszcz ciągle jeździły transporty broni na Wschód. Myśmy tę broń odbijali z wagonów. Chłopcy nocą przeprowadzali akcje, a my stałyśmy z tyłu, żeby się opiekować rannymi – często dochodziło przecież do strzelaniny, te transporty były dość dobrze strzeżone. Konik, furmanka, ładowało się rannych i wiozło do szpitala. Był tam oddzielny pokój. Niemal wszyscy wiedzieli, że to pokój do specjalnych celów, pielęgniarki ze szpitala tam nie przychodziły. Jeden lub dwa dni i rannych przenoszono do prywatnych mieszkań.

Zabawne, ale ja dość długo nawet nie wiedziałam, w jakiej jestem organizacji. W grudniu 1942 roku załatwiałam coś w wołomińskim magistracie. Wezwał mnie wtedy do siebie Józef Bieniek, szef NSZ, który w magistracie pracował. Po dwóch latach śledzenia, rozprowadzania gazetek, pracy w przychodni, udziału w akcjach usłyszałam w gabinecie burmistrza czy zastępcy, że pomyślnie przeszłam wszystkie próby. I natychmiast odebrano ode mnie przysięgę. Było nas troje: Józef Bieniek, Eleonora Preksler, komendantka oddziału kobiecego, zastępczyni Bieńka, i ja. Tak trafiłam do Narodowych Sił Zbrojnych.

Eleonora była pracowniczką magistratu. Stamtąd dostawałam zlecenia – i służbowe, i zawodowe. Zarówno rozliczenia spółdzielni, jak i zlecenia inwigilacji konfidentów. Pracowaliśmy wspólnie – AK i NSZ. Na kursach sanitarnych poznałam dziewczyny z Armii Krajowej, z chłopcami poznawałam się na akcjach. Ufaliśmy sobie. I czuliśmy się dość silni. Nawet Streich, jeden *Stammdeutsch*, musiał płacić na organizację – to było wymuszane przecież. Dość powszechnie i dość skutecznie.

Wydawało nam się, że najniebezpieczniejsi byli dla nas w tym okresie komuniści – jeden nawet pod koniec wojny przychodził i odgrażał się akowcom, że ich zgnoi. Myśmy się ich bardzo bali, zdarzały się wypadki, że komuniści wydawali ludzi z AK. A potem, jak weszli Sowieci, podnieśli głowy. Mówili wprost: „Gdybym wiedział, że należycie do NSZ czy do AK, to od razu bym powiedział".

W październiku 1942 roku zlikwidowano w Wołominie getto. Przed wojną było tu bardzo dużo Żydów, właściwie mieli wszystkie sklepy, Polacy prowadzili tylko jakieś drobne warsztaciki. Nasza spółdzielnia była stale nadzorowana przez niemieckich oficerów. Wtedy, w 1942 roku, oficer, który nas pilnował, przyjechał na urlop z frontu wschodniego. Zwykły wojskowy, wehrmachtowiec, Austriak. Kiedy się okazało, że likwidują getto, nikomu nie dał się wyręczyć. Włączył się do akcji, choć to do niego nie należało. Sam zlikwidowałby wołomińskie getto. Strzelał do ludzi, nie chciał pomocy. Rozkazał Żydom ustawić się w szeregu, a ci podchodzili i rozbierali się. Wtedy do nich strzelał. A ludzie byli jak sępy, zaraz zabierali rzeczy z getta, jakieś garnki, cokolwiek. Córka Tejbluma, jednego z przedwojennych żydowskich radnych miasta, podeszła do Austriaka i powiedziała podobno: „Jeśli się nie boisz tego, co robisz, zbrodniarzu, to patrz mi w oczy". Na miejscu zastrzelono wtedy około 600 Żydów. Ordynans tego oficera opowiadał o egzekucji. Był naocznym świadkiem i bardzo to przeżywał. Wszystko. I wszystko opowiedział.

Na początku 1943 roku w wołomińskich NSZ następują aresztowania. Rozszerzają się na AK. Zenobii udaje się ich uniknąć.

Ktoś musiał wydać. Aresztowano Prekslerównę, zaraz potem nastąpiła gigantyczna wsypa w domu Majewskich. Majewski, członek NSZ, niemal mieszkał na dynamicie, w jego domu był skład broni. Wszędzie – w ogródku, w podłogach, w ścianach. Niemcy byli wściekli. Żonę Majewskiego w ciąży też zabrali. Aresztowano brata Prekslerówny, najpewniej nie wytrzymał tortur. Aresztowano Hoffmanównę z bratem, również członków organizacji, w maju przyszli do magistratu po Bieńka, ale im uciekł. W każdym razie żyliśmy w strachu. Po tej wsypie ruszyła potężna fala aresztowań. Lewandowskiego, kapitana AK, który pracował w naszej spółdzielni, zatrzymano w mojej obecności. Przyszło do niego kilku mężczyzn i zamknęli się z nim w gabinecie. Była sobota. Podejrzanie to wyglądało, ale on w konspiracji różnych ludzi u siebie przyjmował. Kiedy wyszli, Lewandowski był już w kajdankach i jeden z tajniaków dzwonił po wsparcie wojska. Lewandowskiego wyprowadzili na podwórko, do magazynów zbożowych. Dobrze się znaliśmy, wiedzieliśmy, czym on się zajmuje, on wiedział, co robi każdy z nas, często wymienialiśmy się gazetkami. Kiedy tajniak zadzwonił po wojsko do obstawienia spółdzielni Rolnik, mężczyźni kompletnie stracili głowy. Nie mogliśmy wyjść, bo Niemcy w kilku obstawili jednak budynek. W środku była masa bibuły. Nie wiadomo, co z nią zrobić. Mężczyźni: żeby chować do segregatorów, a kobiety: żeby natychmiast spalić. Paliliśmy to w rękach, bo z pieca szedłby dym. Zdążyliśmy, przyjechało gestapo, wszyscy pod ścianę i te segregatory, do których mieliśmy schować gazetki, poszły na pierwszy ogień. Nic nie znaleźli. Wyszli, zaglądamy na podwórze. Wyprowadzili Lewandowskiego, skatowany był strasznie. Plecy – krwawa masa, koszula wymieszana z ciałem. Wywieziono go od razu, najpierw na Szucha, potem do Gusen. Przeżył. Został w Anglii. Prekslerównę i Hoffmanównę zamordowało gestapo, ich braci również. Ale organizacje nie zostały rozbite. Co więcej, zbliżał się front, wszyscy już czuli, że wojna jednak się kiedyś skończy.

Chłopak, z którym się spotykałam, przysłał mi mniej więcej wtedy kartkę, że chce się ze mną zobaczyć. W Warszawie, na Nowym Świecie, w jakiejś kawiarni. Dla mnie to spora wyprawa. I zupełnie niecodzienna. Spodziewałam się jakiegoś ważnego spotkania. Przychodzę, jego nie ma. Czekam w tej kawiarni – jedna herbata, druga – nie przyszedł. „No – myślę sobie – tak do wiatru to mnie jeszcze nikt nie wystawił". A chłopak zniknął. Po roku dostałam list z Oświęcimia – przeprasza mnie i wyjaśnia, że w drodze na spotkanie wpadł w łapance i skończył w obozie. I żeby mu paczki przysyłać. Nie bardzo miałam możliwość wysyłania paczek. Kierownik sklepu dał mi papierosy, ktoś tam z magazynu coś innego, próbowałam sklecić jakiś pakunek, sama byłam biedna jak mysz. Po pewnym czasie to się jednak zmieniło. Zaczęłam mu wysyłać paczki regularnie. Po prostu wszyscy kradli z superat. Za zgodą kierownictwa spółdzielni zabieraliśmy wszelkie nadwyżki – część szła dla naszych organizacji, część dla nas, część

1943 rok, Zenobia po prawej.

do paczek. Akowcy pomagali mi te paczki robić. Były coraz lepsze, wyobrażaliśmy sobie, że są do podziału dla więźniów. Wysyłało się to, co najbardziej intensywne, kaloryczne: boczek, słoninę, puszkę smalcu, suchary. Ale zdarzało się, że były i jajka, i margaryna. Żyło się trochę jakby inaczej.

Pracował u nas pewien młody chłopak, Sokołowski. Ojciec – lekarz z Poznania, matka – berlinianka, rdzenna Niemka, sportsmenka, jeździła przed wojną w rajdach samochodowych. Mieli dwóch synów. W pewnym momencie Niemcy chcieli upomnieć się o swoich, żeby wcielić synów do armii. A pani Sokołowska na to, że wychodząc za mąż, zrzekła się obywatelstwa niemieckiego, że jest Polką. I że jej synowie są Polakami...

Niemcy, którzy przyjeżdżali odpocząć z frontu wschodniego, byli zmęczeni i jakby pokorniejsi. Inni. Zostawali u nas bardzo krótko – może miesiąc, może półtora. Często się zmieniali. Kiedyś pilnował nas Bawarczyk – starszy, właściciel piwiarni, który chciał się z nami przyjaźnić i zapraszał na piwo po wojnie... Im bliżej końca, tym więcej było u nas nowych Niemców. Na samym początku 1944 roku przyjechał tu z frontu na wypoczynek oficer gestapo w towarzystwie dwóch szeregowców. I z miejsca zaczął mnie adorować. Udaję, że nie znam niemieckiego, i mówię mu: „Słuchaj, ja się na twoją dziewczynę absolutnie nie nadaję, ty masz swoje dziewczyny, ja nie umiem po niemiecku". To były dość nieprzyjemne kontakty. Prosiłam kasjerkę, żeby mi towarzyszyła, kiedy on przychodził. No bo uderzyłabym go w twarz, on wyjąłby spluwę i po co to? To były niebezpieczne sprawy. A przecież byliśmy wszyscy młodzi... W zasadzie nie wiem, czy nie popełniłam błędu. Mogłam o tym powiadomić dowództwo, może mogłabym się na coś przydać? Ale chyba bezpieczniej dla mnie było nie donosić o tym do NSZ.

W każdym razie ten gestapowiec zapowiedział się na ślub Jasia, kolegi ze spółdzielni, z Franią, kasjerką. Był styczeń, bardzo ostra zima. Ślub, przyjęcie. Jasio i Frania mieszkają na facjatce, zbliża się 21.30, blisko do godziny policyjnej, mieliśmy się rozchodzić. Zamarliśmy, bo wszedł ten oficer ze swoim ordynansem. Już pijani. „Ja, Jasiu, obiecałem, że na twoim ślubie będę. I jestem. Bo ja ciebie podejrzewałem, że jesteś złodziej. A ty jesteś uczciwy chłop i ja ci przyniosłem wódkę na twoje wesele" – mówi Niemiec. Chłopcy może i mieli przy sobie broń, może nie, ale trzeba było Niemca zaprosić. Więc Jasio prosi. I toasty – za zdrowie pary młodej, za Rzeszę, za Führera. I nagle słyszę tego ordynansa: „Żeby tak ciebie, łobuzie jeden, powieszono w tej twojej Rzeszy kochanej, a jak przyjdzie okazja, to ci pierwszy kulę w łeb wsadzę". Po polsku. On siedzi przy mnie, ja się nie odzywam, myślę, czy to nie prowokacja. I on mówi: „Proszę pani, ja jestem Pomorzanin, mnie pod karą śmierci zmuszono. Ja tam zostawiłem żonę i dzieci. I pewnie idę na śmierć, ale jeszcze marzę, żeby ten twój wraży łeb, Szwabie, rozwalić przy najbliższej okazji. No i – powiedział – godzina policyjna, my jesteśmy waszą ochroną". Oficer ledwie trzyma się na nogach i mówi do swojego ordynansa, że ma tu dziewczynę do odprowadzenia. Ja się zastanawiam, kto kogo będzie odprowadzał – ślizgawica, zima ostra, mróz, noc. Gestapowiec mi się ślizga, wywala się. Jestem w strachu – nie daj Boże, coś mu się stanie i mogę dostać kulkę za niewinność. Odprowadził mnie w końcu jakoś do domu, elegancko w rękę pocałował. Ale pamiętam ten strach do dzisiaj.

Od 30 lipca do 6 sierpnia 1944 roku wokół Wołomina rozgrywa się największa na ziemiach polskich bitwa pancerna. Armia Czerwona wchodzi do miasta. 31 lipca, jest tak spokojny, że po ucieczce Niemców odbywa się w Wołominie wspólna defilada polskich oddziałów podziemnych i sowieckich czołgistów. Żołnierze AK, ale także NSZ, biorą udział w sowieckich zwiadach jako przewodnicy. Trwa przecież akcja „Burza". Pierwszego sierpnia wybucha w Warszawie powstanie. Drugiego sierpnia Niemcy przeprowadzają kontruderzenie i zajmują Wołomin. Żołnierze NSZ pomagają rannym sowieckim czołgistom, leczą ich i ukrywają. Jeden z braci Zenobii walczy w powstaniu, rodzice wrócili z Łomżyńskiego i znów mieszkają z córką.

Przechodziliśmy z rąk do rąk. Dlatego pewnie tak jakoś u mnie wypaliła się nienawiść. Poznałam i jednych, i drugich wrogów. Kiedy w 1944 roku trwała przepychanka frontów – Sowieci, wyparci potem ostatkiem sił przez Niemców – już wtedy chyba nie czułam nienawiści. Wszędzie wojna jest koszmarem. I chwała Bogu, że się kończyła. Oczywiście, musieliśmy się bronić, przecież nie byliśmy agresorem, tylko podbitym krajem...

W połowie sierpnia przyszedł nakaz, żeby cywile opuszczali miasto. Niemcy chcieli, żeby opustoszało. Trzeba było wychodzić pod karą śmierci. Mama była wtedy niewiele po sześćdziesiątce, ale miała bardzo schorowane nogi, ciężko jej się chodziło. Została. A ojciec i ciotka poszli ze mną. Uszliśmy z 10 kilometrów i ułożyliśmy się do snu. Miałam sen – widziałam mamę z poderżniętym gardłem. Co powiedzieć, co radzić? Zrywam się i krzyczę, że kategorycznie decyduję się wracać, że idę do mamy. Jakaś dziewczyna obok: „Ja z tobą". Dochodzimy do Wołomina, a tam żandarmeria okrąża miasto. Wymarłe całkowicie. Ale idę, przemykam się w stronę domu. Muszę jeszcze przejść przez taki placyk, już jestem blisko. W ostatniej chwili widzę, że na placu są zamaskowani żołnierze. Pierwsza myśl: uciekaj. Rozsądek mówi: i tak cię zastrzelą. Wyprostowałam się, wyprężyłam jak struna, strach mnie wyprężył. Nikt mnie nie zatrzymał. Przed domem rodziców stoi oficer i przyjmuje meldunek. Stanęłam za żołnierzem, który składał raport. Oficer mnie zobaczył i jak nie ryknie: „Czyś ty oszalała, dziewczyno? Jaki diabeł cię tu sprowadza?! Mogę cię potraktować jak szpiega, tu jest pierwsza linia frontu!". Ja – że nie jestem szpiegiem, że tu jest moja matka i że ja do niej przyszłam. I na słowo „matka" ten Niemiec się wzruszył. Byłam właściwie przygotowana, że mnie rozwali. Ale tak warga mu zadrgała... On raptem otwiera bramkę i mówi: „Wchodź". Zamyka za mną furtkę, patrzy tak na mnie i pyta: „Tyś wróciła do domu, ale powiedz, czy ja wrócę?". Ja na to: „Nie wiem, tego panu życzę". On – że jest wiedeńczykiem, że nie wie, co tu robi. Ja – że takie są losy wojny. Pyta, kogo mam tam, skąd przyszłam. Mówię, że ojca i ciotkę. „To idź po nich, widziałem, że macie tutaj niewielki schron, my w nocy mamy pędzić przed sobą cywilów, jeśli tu zostaniecie, powinniście przeżyć. Jeżeli tylko nie znajdzie was żandarmeria". Przyprowadziłam ciotkę i ojca do domu. A w nocy ziemia zmieszała się z niebem. Pociski latały tak, że nie można było wysunąć głowy z ramion. Koszmarna, ciężka walka. Potem był cały dzień ciszy. Po ustaniu strasznego ostrzału zapadła taka dzwoniąca cisza. Myśleliśmy, że to już koniec, że Niemcy już nie wrócą. Wszystkie rzeczy, kosztowności mieliśmy zakopane na podwórku. Wykopaliśmy je. W domu spałam z rodzicami, ciotka i wujek byli w schronie. I w środku nocy słychać ujadanie psów. Noc była widna, księżycowa, patrzę – u sąsiadów Niemcy. Wszyscy się obudzili, poszli do schronu. Nie zdążyłam uciec. Żandarmi już w domu. Wślizgnęłam się do łóżka, zasłoniłam kocem, słychać strzały, krzyki. I ciężkie wojskowe buty. I słyszę, jak sąsiadka mówi, że tu gdzieś powinna być dziewczyna. Żandarm podniósł koc – wcisnęłam się w róg łóżka. W jesionce, w butach. Latarką zaświecił, ale nie zauważył. Ciotka wyszła ze schronu.

Żandarmi chcieli wódki i ubrań. Zabrali kożuszek wujka, a ciocia dała im kanister bimbru, który mieliśmy zakopany.

Uciszyło się znowu. Kolejnej nocy obudził mnie wrzask Niemca. Zobaczyłam, jak niemiecki żołnierz stoi i zamierza się kolbą na ojca. Ojciec na kolanach, Niemiec podnosi karabin i wrzeszczy, skąd ojciec ma torbę z lekami – moją torbę sanitarną, którą miałam z konspiracji. Wstaję, podchodzę do niego – *Guten Tag, mein Herr* – mówię, że torba jest moja, że ją dostałam od jakiegoś rolnika, kiedy front się zbliżał. Niemiec się zawahał. Opuścił karabin, powiedział, że się boi, że to ze strachu, że wczoraj o mało nie udusił go jakiś partyzant. Usiadł. Miał jakieś 40 lat. Pokazał tacie, żeby wyszedł. Siedzi, patrzy na mnie i tak jak tamten poprzedni, pyta mnie, czy wróci do domu. Że ma żonę i dwójkę dzieci…

I znowu noc, znowu kanonada. Budzimy się – Sowieci już są, już rozkładają kuchnie polowe, szukają wódki. I zaczyna się handel. Mówią: „Daj litr wódki, to ja ci dam 10 kilo kaszy jęczmiennej". Ciotka czy mamusia dają litr wódki. Oni piją. I następnego dnia przychodzą: „Choziajka, oddaj kaszę, bo przecież mnie rozstrzelają, nie mam z czego śniadania ugotować". Zaczęła się druga niewola. Ci od razu pchali się do domu. Bardzo byli niebezpieczni. Oni do mnie: „Zina, chodź pogulać". O, pewnie, już ja będę z wami spacerowała – myślę. I mówię, że mam surową mamę, że nie puści mnie na spacery. Rodzice przeżyli rewolucję w Moskwie. Napatrzyli się na wielkie okrucieństwa. Mój ojciec serdecznie nienawidził bolszewików, więc jak przechodzili, to myśmy tatusia wysyłały gdzieś w miasto, żeby nie było ryzyka, że coś im powie.

W sierpniu 1944 roku Sowieci stają na linii Wisły. W Wołominie zaczynają się prześladowania. Na ulicy Piaskowej instaluje się NKWD. Wyłapuje akowców i żołnierzy NSZ. Trwają przesłuchania i rozstrzeliwania. Wywózki do łagrów i kopalń w głębi ZSRR osłabną dopiero w styczniu 1945 roku. W grudniu 1944 roku NKWD aresztuje między innymi Józefa Bieńka, który zaprzysięgał Zenobię. W śledztwie nie wydaje nikogo. W styczniu 1945 roku zostaje rozstrzelany. W domu rodziców Zenobii od sierpnia do stycznia kwaterują sowieccy oficerowie.

Najpierw przychodzili do nas na pogaduszki. Wszędzie zaglądali. Co było robić – frontowe miasto, przecież ich nie wyrzucimy. Wśród nich był jeden bardzo przystojny, z Turkmenii. I on się pyta pewnego dnia, a rząd lubelski już przecież funkcjonował, „Co ty sądzisz o waszym ministrze kultury?". Zdębiałam. I mówię mu, że nic mnie nie obchodzi ani ten rząd, ani minister kultury i w ogóle nie chcę nawet wiedzieć, jak on się nazywa. Wściekł się, ryknął na mnie i wyszedł. Inni zaczęli mi tłumaczyć, ostrzegać: ryzykujesz, nie możesz tak mówić. Starali się jakoś mnie ochronić.

Potem mieszkał u nas na stancji oficer z Taszkientu. Kiedyś, widzę, ma w ręku „Prawdę". Mówię mu, żeby mi pożyczył, to się dowiem, co tam w świecie. A on patrzy na mnie, uśmiecha się, drze tę gazetę i zawija w nią machorkę. „Patrz, właśnie robię z niej najwłaściwszy użytek" – mówi.

Po jakimś czasie dokwaterowano do nas Ukraińca. Ten był długo. Nazywał się Walentin Iwanowicz Ponomarenko, organizator partyjny. Syn popa. Często rozmawialiśmy, graliśmy w karty, w proste gry. Opowiadał o swojej drodze do partii. Matka go wyklęła, brat się wyrzekł. „A ja – mówił – uligan, antychryst, kommunist. Miałem 20 lat, chciałem się żenić, pracy żadnej nie miałem. To się zapisałem". Opowiadał nam, jak wyglądała Ukraina, jak komunizowano jego kraj. Głód, nędza, chwasty wyżej głowy. Jak przysyłano na wieś organizatorów partyjnych, to ich natychmiast zabijano. I on właśnie był tam organizatorem partyjnym – spał z bronią pod poduszką, przekonywał chłopów, że jeśli nie przyjmą tej partii, to umrą z głodu.

Upijał się raz w tygodniu. I piękny głos miał, pięknie śpiewał – arie operowe. Kiedy w sobotę w nocy roznosił się po ulicach śpiew operowy, wiedzieliśmy, że wraca Walentin. Kiedyś chyba moment zdecydował o naszym życiu. Kiedy Walentin wrócił, wujek już wstał. Pośrodku pokoju stała rozgrzana koza, wujek w ostatniej chwili złapał Walentina, on już na tę kozę właściwie leciał. Przecież by nas wszystkich rozstrzelali. Prosiliśmy go: „Walentin Iwanowicz, jak popijecie, to do nas nie wracajcie już wtedy, idźcie gdzie indziej". I rzeczywiście, potem już nie wracał.

Mieliśmy dwa nieduże pokoiki z kuchnią – mama, tata, ja, ciotka, wujek i ten bolszewik. Jeden pokój 18 metrów, drugi 10. Walentin miał spać w moim łóżku. W 1938 roku byłam w Częstochowie na pielgrzymce młodzieży akademickiej i przywiozłam sobie ryngraf z Matką Boską. Nad łóżkiem go powiesiłam na barwach narodowych. Kiedy miałam oddać łóżko Walentinowi, chciałam ryngraf zdjąć. I słyszę: „Nie zdejmuj tego, zostaw to. Czy ja taki przeklęty, że Matka Boska nie może być nade mną?". I że jeszcze lampeczkę powinniśmy zapalić, jak u nich kiedyś bywało. Zostawiłam.

Po Walentinie był młody chłopak – radiotelegrafista. Po filologii angielskiej. I taka sytuacja: obok siedzi Walentin, partyjny organizator, który go nam przyprowadził, a ten chłopak mówi do mnie po angielsku: „Jak ja nienawidzę bolszewików, jak ja ich z głębi duszy nienawidzę. Moich rodziców rozstrzelali, a mnie kazali patrzeć na egzekucję. Jak tylko dojdziemy do aliantów, to pryskam". Ja mu mówię: „Osądzą cię jak szpiega, stracą. Wracaj do swojego kraju. Nawet gdyby ci się udało, jak można żyć w obcym kraju z piętnem zdrajcy? Wracaj". Nie wiem, czy dobrze radziłam. Ja bym wróciła.

A potem Rosjanie poszli dalej i pojawiło się UB. Było bardzo niebezpiecznie. Nie mieliśmy elektryczności, ubowcy i milicjanci przychodzili nocami rabować domy, w których nie było światła. Walentin na odchodnym powiedział nam, żeby nigdy nikogo nocą nie wpuszczać. I zostawił glejt, że dom sprawdzony, że kontrolę przeprowadzono dokładnie i że dom jest bezpieczny i przyjazny. Pewny.

Konspiracja w Wołominie zamiera. UB powiatu radzymińskiego, do którego należy miasto, szczególnie starannie poszukuje członków NSZ. Nie wiedząc o rozstrzelaniu Józefa Bieńka, władze bezpieczeństwa będą go latami szukać i urządzać na niego zasadzki. Większość żołnierzy podziemia zabito lub wyłapano. Niektórzy się ujawnili, co nie uchroniło ich przed represjami. Zenobia się nie ujawnia.

Uchowaj Boże. Jak mnie nie ciągnęli, to nie potrzebowałam sama się ujawniać. Nigdy też nie miałam z tego powodu bezpośrednich kłopotów, ale w późniejszych latach jakoś również nikt nie proponował mi wstąpienia do partii. Musiałam chyba wyglądać na trochę śmierdzącą...

Nadal pracowałam w spółdzielni. Pomagaliśmy ukrywającym się. Musieli przecież z czegoś żyć. Wyglądało to tak, że poszukiwani przez UB przychodzili do nas czasem na kilka godzin, czasem na chwilę i znikali. Ale wcześniej dostawali wypłatę. Za dzień pracy, za dwa. UB oczywiście się o tym dowiedziało, jakiś rosyjski kapitan w polskim mundurze wtoczył się pijany i zaczął na mnie wrzeszczeć, że trzeba mnie rozstrzelać, bo pomagam ludziom poszukiwanym. Wiedział doskonale, jak to działa, wszystko mi opisał. Nie rozstrzelali, ale UB miało mnie chyba w swoim rejestrze. Już wcześniej, kiedy zabili Bieńka, wszystko się rozprzęgło, nie było organizacji. Ludzie próbowali żyć normalnie, zaczęli wracać do domów, odnajdywać się po wojnie.

Jeden z moich braci był w powstaniu. Potem trafił do obozu pod Hamburgiem. Stamtąd uwolnili go Amerykanie. W Ameryce mieliśmy wujka, brat nawiązał z nim kontakt. W 1945 roku, zanim uszczelniono granice, przedarł się do mnie z Czechosłowacji. Przyszedł wieczorem, miał długą miedzianą brodę. Mówi, że wyjeżdża do Stanów i że zabiera mnie ze sobą. Miał moje zdjęcie. Zaprzyjaźnił się z jakimś amerykańskim oficerem, który przywiózł go do Czechosłowacji i czekał gdzieś przy granicy niemieckiej. „Amerykanin – mówi brat – zobaczył twoje zdjęcie i koniecznie chce się z tobą żenić. Czeka na mnie i na ciebie". Rodzice byli już po sześćdziesiątce, ktoś musiał się nimi zająć, propozycja wydała mi się niedorzeczna. Brat posiedział z nami kilka dni i pojechał. Zostawił nam tylko pełny plecak amerykańskich drażetek czekoladowych. Nigdy go już nie widziałam. I nigdy już nie udało mu się latać – do końca pracował w hangarach lotniczych jako robotnik.

Gdyby nie rodzice, pewnie pojechałabym na studia do Gdańska, do doktora Siedleckiego. Przeżył. Bardzo mnie namawiał. Nie zdecydowałam się, chociaż bardzo chciałam. Zapisałam się na SGH. Znowu chorowałam na żołądek, ale studiowałam, pracowałam, powoli próbowałam wracać do życia wśród znajomych. Chciałam być lepiej ubrana, zadbana. Miałam 26 lat. Gdzieś na Pradze znalazłam krawcową, która upodobała sobie moją sylwetkę, ciągle coś mi szyła. Bywałam, chodziłam na różne przyjęcia. I stale sobie mówiłam – jesteś trefna. Gęba na kłódkę i praca.

Kończyłam studia, ale poważnie zachorowałam. Wyschłam na proszek, ważyłam niepełne 30 kilo. Na operację trafiłam już w końcowym stadium choroby. Operujący profesor znowu namawiał mnie na medycynę. Nie zgodziłam się, musiałam zacząć lepiej zarabiać. Chyba dzięki niemu zaczęłam pracować w Związku Rewizyjnym Spółdzielni. Mogłam studiować i korzystać z bardzo dobrej stołówki. Były premie w naturze, materiały na ubrania, dożywiano nas. Dzięki temu udało mi się skończyć studia. A może i przeżyć? SGH skończyłam w 1947 roku. Musiałam więcej pracować. Trzeba było opiekować się rodzicami, jeden z braci klepał biedę w Stanach, drugi właściwie nie zarabiał – był w Narodowej Organizacji Wojskowej i mnie też czynił wyrzuty, że pracuję „dla nich".

Zenobia wraca do zdrowia. Po studiach zostaje księgową w Polskich Zakładach Zbożowych. Wcześniej z obozu wraca jej wojenna sympatia.

Chłopak, któremu słałam paczki, wrócił z obozu. Akurat ciężko chorowałam. W tym czasie bardzo się przyjaźniłam z pewnym chłopakiem ze studiów. Chyba miał jakieś nadzieje w stosunku do mnie, ale mu stale

1951 rok, Zenobia z rodzicami.

mówiłam, że czekam na bohatera z obozu. Wrócił. I zaraz chciał się żenić. Ja pytam, z czego będziemy żyć. Mówi, że brat go zatrudni. Jako wozaka czy szofera. „Daj spokój – mówię mu – idź na studia, skończ, potem porozmawiamy o małżeństwie". On chyba chciał jakoś tak się wywiązać, czuł się zobowiązany. Sama patrzyłam na to wszystko trochę z boku. Zostawiłam mu wolną rękę, potem zachorowałam, a on zaczął się oświadczać mojej przyjaciółce...

Chłopcy wracali z obozów, myśmy widziały w nich bohaterów, a oni okazywali się jacyś mierni, lecieli na łatwe pieniądze. Któryś poznał bogatą Niemkę i nie wrócił do kraju, choć miał tu żonę i dzieci, inny prosił dziewczynę, która mu wysyłała paczki, żeby na niego czekała, wracał i nie dotrzymywał zobowiązań. Obóz deprawował ludzki charakter. Ten okres upokorzenia całkowicie deformował ludzi. Brat mojej koleżanki, który wyszedł z obozu, pisał do niej, że po odzyskaniu wolności w obozach działy się rzeczy niegodne – pijaństwo, łajdaczenie się, kradzieże...

Wtedy mniej więcej wrócił z łagru mój szkolny kolega Wacek Klepacki, ten, z którym ciągle się ścigałam, kto będzie lepszy w matematyce. Ostatni raz widziałam go chyba zaraz po maturze. Był rok 1937, czekaliśmy na świadectwa maturalne w Drohiczynie. Wacek wynajął jakąś łódź. I tak, czekając na te świadectwa, pływaliśmy sobie po Bugu. Po zdanej maturze od razu poszedł do wojska, potem – na SGGW. Na pierwszym roku zastała go wojna, wrócił w rodzinne strony i zaraz wstąpił do konspiracji. Był podporucznikiem AK.

W 1944 roku się ujawnił i poszedł na cztery lata do łagru w azjatyckiej części Sowietów. Wrócił całkowicie wyniszczony, zabiedzony. Ale wrócił. W 1948 roku dowiedziałam się, że jest w akademiku. Napisałam do niego karteczkę. Żeby przyszedł. Wynajmowałam pokoik przy placu Wilsona. Pojawił się. Chudy, ale bardzo wytworny. A ja już byłam taka dziewczyna wystopyrczona, już fantastycznie zarabiałam... Następnym razem przyszedł z wielkim bukietem kwiatów, takim, że 10 dziewczyn można było tym obdzielić. Bardzo często przynosił mi kwiaty. To się wtedy jakoś przerwało, w moim życiu zjawił się ktoś inny. Nie wyszło. I po półtora roku dopiero dzwonię do Wacka, że mam bilety do teatru, czy

1952 rok, Zenobia i Wacław – fotografia ślubna.

może by poszedł. Chciałam z kimś pogadać. Wracamy z teatru, Wacek odprowadza mnie na przystanek. Mówi: „Ale kolejki". Ja na to, że wszędzie są kolejki, nawet do Urzędu Stanu Cywilnego. A on: „O, skoro są kolejki, to może byśmy się zapisali?". Ja na to: „No, skoro się długo czeka, to może rzeczywiście".

Wacka po łagrze nigdzie nie chcieli zatrudnić, mógł się przemycić tylko do instytutów naukowych. Ja też zmieniłam pracę. Wkrótce się pobraliśmy. Po pół roku od naszego ślubu ciężko zachorowała i umarła mama. Na krótko przed śmiercią dowiedziała się, że w 1939 roku zapisałam się na tę żywą torpedę. Była przerażona, że jej dziecko mogło wpaść na taki głupi pomysł. Płakała. „Czy ja byłam taka zła dla ciebie!?" – pytała. Nie mogła uwierzyć.

Zenobia Klepacka jeszcze kilkakrotnie ciężko choruje, jest na granicy śmierci. Wacław ma nieustanne kłopoty w pracy. Łagrowa przeszłość ciągnie się za nim aż do lat siedemdziesiątych. Wkrótce po ślubie Zenobia i Wacław adoptują półtoraroczną dziewczynkę. Na początku lat siedemdziesiątych jako znający języki obce Wacław zostaje wysłany na placówkę do Libii. Zenobia z córką dołączają do niego. W Libii spędzają dwa lata i w 1974 roku wracają do Polski. Wacław umiera w roku 1981. Zenobia mieszka w Warszawie. Pomaga bratu mieszkającemu w Stanach Zjednoczonych aż do jego śmierci w roku 2009. W 2007 roku zostaje odznaczona Orderem Odrodzenia Polski.

ROZDZIAŁ 5

BASIA MATYS: SCHOWAŁAM SIĘ, BO CO JA POWIEM?

Jest rok 1939. Basia Matysówna ma 16 lat. Mieszka u dziadków w podwarszawskim Skolimowie. We wrześniu powstaje tam prowizoryczny szpital polowy. Basia zgłasza się do pomocy rannym. Kilka dni później do szpitala trafia ciężko ranny młody żołnierz. Wymaga stałej opieki. Dziewczyna poświęca mu cały swój czas. Żołnierz umiera, nie odzyskując przytomności.

To był ochotnik, bardzo młody chłopak. Pewno w moim wieku, choć chyba wyglądał nawet na młodszego. Nazywał się Janek Kauffmann.

Wtedy, we wrześniu, byłam już pewna, że chcę dalej pomagać, opiekować się chorymi. Wtedy zdecydowałam.

Urodziłam się w Warszawie, ale po rozwodzie rodziców wychowywałam się w domu dziadków w Skolimowie. W Warszawie chodziłam do prywatnego gimnazjum żeńskiego Anny Jakubowskiej przy placu Trzech Krzyży. W 1939 roku zdałam małą maturę i zaczęłam się zastanawiać, co dalej. Różne miałam plany. W moim domu nie było nadzwyczajnie dobrych warunków materialnych, więc myślałam o zawodzie. Chodziła mi po głowie medycyna, ale brałam też pod uwagę pielęgniarstwo. Wydawało się, że wrzesień na dobre mnie ukierunkował.

Kiedy zaczęła się okupacja, zaraz powstała Rada Główna Opiekuńcza. W Skolimowie zjawiły się harcerki z Bucza Harcerskiego w Beskidzie Śląskim. Ewakuowało się stamtąd bardzo dużo dziewczyn i instruktorek. Zaczęły tworzyć, gdzie się dało, zakłady dla sierot. W Skolimowie też. Zatrudniłam się w szpitaliku tego zakładu. To był dla mnie bardzo ważny czas. Spotkałam wiele instruktorek, dużo starszych ode mnie, świadomych swojej pracy, wspaniałych kobiet z masą doświadczeń. A ja wykonywałam wtedy najprostsze czynności i byłam szczęśliwa:

Barbara, 1938 rok.

pucowanie dzieci, mycie, odwszanie, najprostsza higiena. Ale były też różne typowo harcerskie zabawy, ogniska, wieczornice. Bardzo chciałam zostać harcerką, ale nie zdążyłam. W zakładzie dla sierot pracowałam za krótko, zaraz wytypowała mnie jedna z instruktorek do szkoły pielęgniarstwa PCK na Smolnej. Zostałam stypendystką szkoły i zamieszkałam w bursie w Warszawie. Mama była naprawdę szczęśliwa. Tym bardziej że pomysł spodobał się bardzo panu Kauffmanowi, ojcu zmarłego Janka, którym opiekowałam się na początku wojny. Pan Kauffman szybko mnie wtedy odnalazł. Okazał się profesorem polonistyki. Chyba po śmierci syna stałam się mu bliska, zaczął przyjeżdżać, bywać, starał się mnie ukierunkować, radził, do jakiej iść szkoły, żeby uchronić się przed wywózką. Nakazał jak najwięcej czytać, robić streszczenia... Bardzośmy się zżyli. Więc teraz i profesor, i mama byli zadowoleni z tej szkoły pielęgniarskiej. Był rok 1940, szkołę miałam kończyć za dwa i pół roku.

Zaprzyjaźniłam się ze starszą ode mnie dziewczyną, Marysią Mioduszewską. Miała już dużą maturę, więc mogła iść na tajne studia. Po dwóch

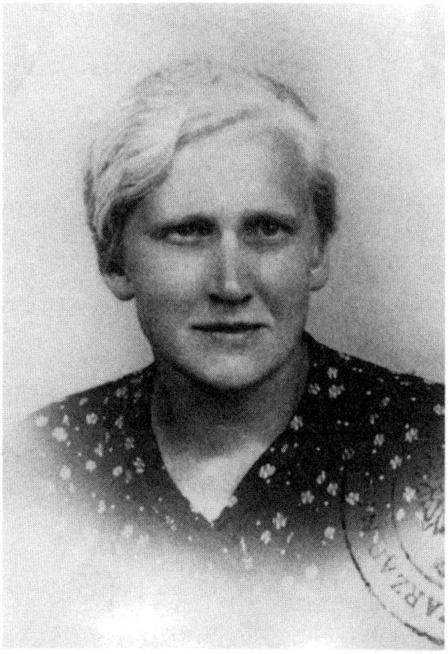

Zofia Franio.

latach wystąpiła ze szkoły i poszła na tajną medycynę do profesora Zaorskiego. To dość ważny dla mnie moment, bo zaraz po odejściu Marysi skontaktowano mnie z panią doktor Franio. To był już 1942 rok. Ewa Grodecka z Pogotowia Harcerek, pani wówczas może czterdziestoletnia, poprosiła mnie na rozmowę. Powiedziała, że w konspiracji powstają kobiece oddziały i że pewnie bym się tam nadawała.

W 1942 roku doktor Zofia Franio, działająca od początku wojny w SZP i ZWZ, w ramach AK organizuje słynne później kobiece patrole minerskie. Basia Matysówna ma 19 lat. Uczy się pielęgniarstwa. Wstępuje do AK. Wkrótce zacznie się uczyć czegoś zupełnie innego.

Pamiętam przysięgę. Na Kruczej, w starej kamienicy. To chyba była jakaś popołudniowa godzina, paliły się świece, stał krzyż. Pani doktor sama odbierała przysięgę. Szczupła, drobna, krucha kobietka, nobliwa, siwa pani, niebieskooka, o bardzo specjalnym sposobie bycia, bardzo łagodna, bardzo przyjazna.

Po przysiędze zaczęło się regularne szkolenie. Zajęcia odbywały się w różnych miejscach, bardzo często w klasztorze urszulanek. Na przykład naukę o broni miałam właśnie u nich. I tam, na szkoleniu sanitarnym spotkałam Marysię, tę ze szkoły pielęgniarskiej. Była konspiracyjną studentką, ale też gdzieś należała i została wciągnięta w jakąś robotę sanitarną. U urszulanek powiedziałam jej w wielkiej tajemnicy, że idę do dywersji. Ona zaczęła na mnie okropnie krzyczeć: „Ojczym za granicą, matka ledwie sobie radzi, brat młodziak ciężko chory, dziadek ledwo zipie, w co ty się pchasz?!". A ja – że już wybrałam i jestem szczęśliwa. Potem się jeszcze spotykałyśmy, ale nigdy nie opowiadałyśmy sobie, co która robi. Marysia zginęła w powstaniu. Od bomby. Wracała z odwiedzin u mamy. Ja przeżyłam.

1941 rok, Barbara (z prawej) z Marysią Mioduszewską.

Szkolenia i akcje okupacyjne, w których uczestniczy Basia, bardzo się różnią od wszystkiego, czego uczyła się dotychczas. Strzelanie, budowa ładunków wybuchowych, ich rozmieszczanie, unieszkodliwianie min. Basia przenosi też dokumenty, ładunki i składniki potrzebne do produkcji materiałów wybuchowych.

Nie brałam udziału w produkcji, tym zajmowały się inne patrole. Istniało biuro badań technicznych, którym dowodził „Szyna" Lewandowski, dyplomowany oficer saperów. Był męski zespół saperski, który opracowywał instrukcje posługiwania się materiałami wybuchowymi. Potem się je drukowało i rozprowadzało. Ludzie z całej Polski przyjeżdżali po te papiery. My, dziewczyny, jeździłyśmy z przesyłkami. Czasami pod Warszawę, do Jaktorowa. Tam pracujący w konspiracji policjanci oddawali nam paczki – spłonki, zapalniki – ze zrzutów. Woziłyśmy je później do panów z elektrowni na Bielanach. Tam była fabryka. Woziło im się też butelki zapalające, zwyczajnie, w paczkach, w szarym papierze. Kiedyś wsiadłam z taką paką do tramwaju, w którym spotkałam profesora Kauffmanna. Profesor zobaczył, że mam wielką paczkę i – biedny staruszek – rzucił się, żeby mi ją nieść. Zaczęliśmy się szamotać. I nagle tramwaj staje pod kościołem Bonifratrów, wszystkich wyrzucają, jego od razu pod mur, a ja z tą paczką ląduję w grupie kobiet. To była naprawdę wielka paka – dwa rzędy butelek zapalających. W chloranowych koszulkach. Zaraz jak się stłucze – wybucha. Stałam tak okrakiem nad tą paczką. Uratował mnie granatowy policjant. Musiałam się chyba jakoś zdradzić, nie wiem, czy byłam czerwona, czy blada. Wiedziałam, że to mogą być moje ostatnie chwile. Zresztą wszystkich tych ludzi też. I ten policjant spytał, co tam mam, powiedziałam, że ocet, i nogą ruszyłam, żeby benzyna zachlupotała. On się chyba domyślił, że to nie ocet i że ze mną coś nie tak. Wziął Niemca, który komenderował akcją, delikatnie za ramię, coś mu zaczął mówić i ten Niemiec się przesunął, policjant stanął zaraz za nim, oddzielił mnie od niego. Odeszłam.

Kiedy indziej doszło do wpadki magazynów broni. W ciągu jednej nocy trzeba było wszystko przenieść w inne miejsce. Biegałyśmy z pakami po mieście. Innym razem w lesie koło Józefowa w czasie próbnego rzutu nowym granatem jeden z dowódców stracił rękę. Trzeba go było przewieźć do szpitala. Wiozła go któraś z dziewczyn, udając, że to jej mąż czy narzeczony...

W moim patrolu było pięć osób. Przeszłyśmy przeszkolenie minerskie, łącznościowe i sanitarne. Pewna rodowita Niemka, ciocia jednej z koleżanek, miała mieszkanie na ulicy Oleandrów. Gestapowcy z Szucha się tam zakwaterowali, a ciocię jakimś cudem zostawili. Pani ta często gdzieś wyjeżdżała. I pewnej nocy trzeba było szybko tłuc, czyli zszywać zszywaczami instrukcje saperskie, nagła sprawa, coś się spóźniło z drukarnią, jednym słowem – wyciska się czas. Ciocia akurat wyjechała na kilka dni, więc u niej w domu natychmiast pojawiły się dwa patrole. Instrukcje były porozkładane w całym mieszkaniu. Piętro wyżej mieszkał gestapowiec, kłaniał się cioci, ale był trunkowy. Po jakiejś libacji pomylił piętra. Zdążyłyśmy tylko pozrywać ze ścian makaty i przykryć nimi te instrukcje. Gestapowiec dzwonił do drzwi pijany. Biedna koleżanka musiała otworzyć, ten niemal się przewrócił w tych drzwiach. Na szczęście ktoś przybiegł z jego mieszkania, służący czy ordynans, i go zabrał.

Basia kończy szkołę i zatrudnia się w Inspektoracie Służby Zdrowia, w internacie Rodziny Wojskowej. Pracuje jako higienistka. Coraz częściej spotyka się z Bogdanem Wysiadeckim, kolegą z dzieciństwa i sąsiadem ze Skolimowa.

Znaliśmy się od szkoły powszechnej, byliśmy w jednej klasie. Kiedy we wrześniu 1939 roku Umiastowski rozkazał mężczyznom opuszczać Warszawę, Bogdan zjawił się u mnie w starej kurtce, z bochnem chleba. Żeby się pożegnać. Potem miał wiele przygód, ale szczęśliwie wrócił. Wiedziałam oczywiście, że konspiruje, najpierw w NSZ, potem w AK, okręg „Obroża". Dopiero później się dowiedziałam, że kończył podchorążówkę, a potem został dowódcą miejscowego oddziału. To był mój bliski sąsiad. Rok ode mnie starszy. Chodził do Gimnazjum Żeromskiego, ja Jakubowskiej, potem on skończył Wawelberga. Mniej więcej wiedzieliśmy o sobie, że coś robimy. Bardzo mnie namawiał do służby sanitarnej, a ja że nie, że robię coś innego, że jestem już zaangażowana. Wiedziałam, z kim się przyjaźni, on wiedział, z kim ja się przyjaźnię. Imieniny, święta, wiadomo było, kto u kogo. Od zawsze byliśmy bardzo blisko siebie.

Kiedyś „Mea", jedna z naszych instruktorek, szefowa patrolu, wpadła i w końcu została rozstrzelana. Wiedziałyśmy, kto jest szpiclem. Zdołała przesłać grypsy, pisała, że nikogo nie zdradziła, pisała, kto ją wydał. To był pewien urzędnik, Damaraszek – długo musiał „Meę" rozpracowywać. Gdy ją rozstrzelano, pani doktor wystąpiła do szefa Kedywu, że my same wykonamy wyrok na szpiclu. Chłopcy z oddziałów mieli ubezpieczać, ale to nasze dwie instruktorki miały strzelać. Potrzebna była broń. Zobowiązałam się, że dostarczę. Bogdan wykombinował hiszpana, siódemkę. Handlował bronią dla konspiracji. Z „Aliną" – Ireną Bredel, jedną z instruktorek, które miały wykonać wyrok – odbyłyśmy próbę strzelania w polu kukurydzy. Przed próbą, o świcie, zaspałam. Spałam z pistoletem pod poduszką. Zerwałam się spóźniona, pobiegłam, nie posłałam łóżka. Babcia je posłała. Pistoletu, oczywiście, nie było, ale odcisk, bardzo wyraźny, pozostał. Babcia nic nie powiedziała mamie, ale odbyła ze mną rozmowę. „Baśka, czy ty musisz to robić?" Pełna akceptacja, uspokoiłam ją tylko, że z bronią nie chodzę, że to wyjątkowo...

Cały internat, w którym pracowałam, konspirował. Mieszkały tam głównie córki wojskowych, prowadziła go instruktorka harcerek. Konspiracja była zresztą bardzo potrzebna, także w „oficjalnej" pracy. Jeździłam z lekarzem na kontrole w miejskich zakładach opieki społecznej i w zakładach zakonnych. Niemal wszędzie przechowywano żydowskie dzieci. Straszna nędza tam była. Zakonnice dokonywały cudów, żeby te dzieci ubrać i wyżywić, nie mówiąc już o sprawach konspiracyjnych.

W organizacji miałam „drugi etat", więc czasem się zdarzało, że musiałam gdzieś w nocy wyjść. System był taki: jak się wychodziło do miasta (a teoretycznie miało się pracować w internacie), zasłaniało się swoje nazwisko na liście obecnych kawałkiem kalki. Kiedy się wyjeżdżało na dłużej – innym kolorem. Spało się w boksach po dwa łóżka. Dziewczyny bardzo mi pomagały. Często, kiedy wychodziłam nocą, do mojego łóżka wkładały kukłę z gałganów. Koleżanki, które ze mną mieszkały, były wtajemniczone, ubezpieczały mnie, wiedziały, że mam jakieś swoje sprawy.

Latem 1944 roku członkinie patroli minerskich przygotowują się do powstania. O tym, że ma ono wybuchnąć, mówi się coraz częściej. Basia czeka na tę chwilę.

Barbara, 1943 rok.

O tym, że wkrótce ma być powstanie, było już wiadomo. Niemcy na furmankach wracali ze Wschodu, coś wisiało w powietrzu. W patrolu zajmowałyśmy się na przykład rozpracowywaniem studzienek łącznościowych w dzielnicy Powązki – na wypadek powstania. Mieliśmy odciąć Niemcom łączność. W lipcu dostałam służbowe mieszkanie na Uniwersyteckiej. Żeby zdążyć na alarm, na koncentrację. Po drugiej stronie ulicy siedział inny patrol. Powstanie wybuchało w piątek, w czwartek dołączyła do mnie jeszcze jedna koleżanka.

Dostałam rozkaz zameldować się o piątej na Ordynackiej, chyba numer 13. Było tam już skoncentrowanych kilkanaście dziewcząt. Przez noc jeszcze się konspirowałyśmy – do ubikacji na korytarzu chodziłyśmy na paluszkach, żeby sąsiedzi się nie zorientowali, że tam nocuje gromada dziewczyn. Nazajutrz straszne burze, a potem już odgłosy walki. Mnie i moją przyjaciółkę ze szkoły pielęgniarskiej, Elizę Grabowską, pani doktor przesunęła do patrolu Ireny Bredel, najbardziej bojowego. Uważała, że tam najbardziej się przydamy, bo mamy umiejętności saperskie i obie jesteśmy dyplomowanymi pielęgniarkami.

Patrole doktor Franio mają różne zadania. Jedne są na Starówce, inne w Lasach Chojnowskich, w „Obroży". Doktor dowodzi nimi z mieszkania na ulicy Boduena. W patrolu „Aliny", oprócz dowódcy, jest pięć kobiet. Wśród nich Basia. Drugiego dnia powstania patrol zostaje skierowany do Wojskowych Zakładów Wydawniczych na ulicy Boduena 1.

Przyjął nas kapitan Rutkowski, szef Wojskowych Zakładów Wydawniczych. Potrzebował patrolu minerskiego albo saperów, bo czołgi nadjeżdżały już od Nowego Światu. Jego oddział miał pudło gammonów, angielskich granatów ze zrzutów, ale nie umieli ich zmontować. Gammon to plastik, silny materiał wybuchowy, w koszulce brezentowej. Świetny na czołgi, bo jak taki poleci, to zaplątuje się w gąsienice i nie obsuwa się jak metal.

Rutkowski, zdziwiony, mówi: „Zapotrzebowałem saperów, myślałem, że przyjdą wąsate chłopy w saperkach"... Szybko zmontowałyśmy te granaty, całą pakę, i one momentalnie poszły do akcji, bo czołgi były dosłownie pod oknami. Sprawiłyśmy się. Chłopcy z szacunkiem. Zostałyśmy oddziałem osłonowym WZW w dyspozycji samego „Montera". Od drugiego dnia powstania chłopcy zaczęli mówić na nas „bomby". Tak się przyjęło. Wyfasowali nam brązowe kurteczki z roboczych ubrań i koszule męskie. Nie chodziłyśmy w spodniach, wszystkie byłyśmy w spódniczkach. Ja miałam jakąś jeszcze z domu...

Po południu 2 sierpnia poszedł atak na Pocztę Główną. Poległa „Alina", już podporucznik saperów, nasza komendantka. Dowództwo przejęła Wanda Maciejowska-Wagner, pseudonim „Iza". Pani doktor Franio była w kontakcie z komendą saperów. Umówili się, że jeśli będą jakieś akcje ściśle saperskie, to nas wezmą. I 4 czy 5 sierpnia tak się stało, ruszył wtedy pierwszy atak na PAST-ę. Wanda Maciejowska i Irena Grabowska z oficerem saperów miały pod osłoną ogniową wywalić bramę. Dziewczyny same minowały tę bramę. Udało się. No, ale PAST-y nie dało się wtedy zdobyć. Dopiero potem, 20 sierpnia.

W nocy, 20 sierpnia o 3.00, rusza drugi atak na PAST-ę. Chodzi o to, by założyć miny burzące, odpalić je jednocześnie w północnej i południowej ścianie budynku i umożliwić przejście drużynom atakującym. Ruszają dwa patrole. Oddziałem mającym założyć ładunki od północy dowodzi kapitan saper Jerzy Skupieński „Jotes". W patrolu są jeszcze: Wanda Maciejowska „Iza", Irena Grabowska „Hanka" i Basia Matys „Baśka Bomba". Grupą szturmową z „Koszty" idącą za patrolem dowodzi oficer artylerii, cichociemny Stefan Mich „Kmita".

Około dziesiątej–jedenastej wieczorem doszliśmy na Zielną. Na opaskach białe pole schowane, widać tylko czerwone. W chlebakach kilogramowe ładunki plastiku, lont, spłonki, noże. Mężczyźni nieśli znacznie więcej. „Jotes" mówił, że plastiku jest w sumie jakieś 20 kilo. Saperzy przygotowali już deski i drągi – podporę pod minę.

Mina miała być założona w budynku przylegającym do PAST-y. Znaleźliśmy mieszkanie. Panowie oficerowie obeszli je i wybrali ścianę. Mieszkała w nim starsza pani, a ściana przylegająca do PAST-y była w pokoju dziecinnym. Pamiętam porozrzucane zabawki: malutka armatka z naciągiem, misie, koniki. Mich – zrzutek, cichociemny, który był dowódcą akcji – powiedział tej pani, że musi zejść do piwnicy, opuścić mieszkanie. I że raczej do niego nie wróci. Przyjęła to wspaniale, opanowana, spokojna. Zabrała dziecko i zeszła do piwnicy. Tam było już bardzo dużo cywilów. Ewakuowaliśmy całą oficynę. Sami też zeszliśmy do piwnicy. Na górę do odpalania poszli tylko dowódcy – Mich i „Jotes".

O trzeciej – wybuch. Potężny. My natychmiast do góry, jak tylko opadł pył w piwnicy. Chłopcy z „Koszty" mieli przygotowaną drabinę, pierwszy pobiegł po niej „Kmita", za nim jego drużyna, saperzy, potem my – minerki. Okazało się, że mina zakładana od południa nie wybuchła, że tylko nasza dziura stanowi wejście do budynku. Na drabinie „Iza" została ranna w śródstopie, „Hanka" zeskoczyła razem z nią, jakoś się sturlały, ja pobiegłam dalej.

Po pierwszym szoku z otworu, który zrobiliśmy, zaczęli do nas grzać Niemcy, a myśmy się zaczęli palić. Mina wznieciła pożar. Na tle tego pożaru zrobiliśmy się bardzo widoczni. Niemcy strzelali z broni maszynowej. My na ziemię, płasko. Nie wiedziałam, że człowiek może się zrobić taki maleńki. Ze mnie się wtedy zrobił placuszek. Czułam podmuch lecących pocisków. Przede mną leżał „Jotes", pamiętam jego nogę przed twarzą, gdzieś za ścianą krzyki naszych, Mich się miota ze swoimi chłopakami, byliby nas Niemcy rozkawałkowali. I wtedy Mich krzyknął: „Chłopcy, który tam z granatem?". Zgłosił się Włodek Radajewski, śliczny chłopak, zgrabny, wygimnastykowany, tylko strasznie przeklinał. Był w niemieckim mundurze, więc Niemcy musieli się zawahać. Rzucił granat i nagle cisza. Uratował nas.

Potem, w obozie, spotkałam narzeczoną Włodka, sanitariuszkę od „Gurta", spałyśmy w jednym baraku. Którejś nocy Danusia opowiadała, że Włodek zginął dzień przed kapitulacją. Nie mogli go ściągnąć, leżał pod ostrzałem. Dopiero po kapitulacji... Niemcy patrzyli i kpili sobie, śmiali się z niej. Strasznie się zachowali.

A wtedy w PAST-cie – biegniemy korytarzem – chaos, jakieś druty, meble. Niemcy biegają po całym budynku, znowu do nas walą.

I sytuacja się powtarza: przed nami Niemcy, za nami pożar, zaczynamy się dusić. Oficerowie postanowili, że aby stamtąd wyjść, trzeba wywalić ścianę. Nie wiadomo, jak gruba jest ta ściana. Na dodatek obie dziewczyny odpadły. Tylko ja mam spłonki. Krótkie, trzycentymetrowe, na trzy sekundy. „Panie kapitanie, to ja będę odpalać" – krzyczę do „Jotesa". On: „Nie". Wziął mnie za głowę, odepchnął, sam odpalił. Odrzuciło go, ramię tak dziwnie mu opadło. Mich wziął go za kołnierz i postawił. Ściana puściła, powstała dziura, a po drugiej stronie już chłopcy od „Chevroleta", czyli ci, którzy nacierali od południa. O mało nas nie powystrzelali, kiedy z tej dziury skakaliśmy na gruzy. Akurat wtedy rozplątał mi się warkocz. Ktoś to zobaczył i kazał wstrzymać ogień. Przeżyliśmy. Cała moja zasługa, że miałam zapalniki w chlebaku, bo PAST-ę zdobyto dopiero, jak zaczęliśmy tam pompować benzynę i wykurzyliśmy Niemców…

Wróciłam z taaaką głową: kołtun, pył, jakieś drzazgi, włosy trochę nadpalone. Znalazł się kolega, który mieszkał w pobliżu, jego mieszkanie było nienaruszone. Od razu mnie tam zaprowadził, bo w wannie zostało jeszcze trochę wody. Po godzinie walnęła bomba i było po mieszkaniu, ale zdążyłam się wykąpać. Jakoś się doprowadziłam do porządku, buciki, pamiętam, miałam pięknie wyczyszczone.

Wojskowe Zakłady Wydawnicze oraz ich oddział osłonowy zmieniają miejsca postoju. Najpierw Smolna, potem Chmielna, w końcu Widok 16. Na ulicy Widok Basia pozostanie do końca powstania.

Pierwsza przepustka w powstaniu. Jestem na ulicy Brackiej i widzę charakterystyczną postać przemykającą się pod murem. To pani Żmudzka, dyrektorka mojej szkoły. W czepku, w granatowej pelerynie. Schowałam się, no bo co jej powiem? Że jestem minerką? Zginęła w powstaniu jako szefowa pielęgniarek w szpitalu PCK. Podobno słyszała komunikat o zdobyciu PAST-y, bo Radio Błyskawica podawało tę wiadomość z wymienieniem nazwisk. I ona słuchała, i mówi – „Proszę, nasza absolwentka brała udział w takim wydarzeniu"…

Podczas stacjonowania na Smolnej przenosiliśmy magazyny broni i żywności. W Gimnazjum Zamojskiego był magazyn map, a Niemcy siedzieli naprzeciwko, w Muzeum Narodowym. Nie było już sił, żeby atakować. W końcu myśmy trafiły na Widok, pani doktor na Bracką. Produkowałyśmy granaty, chodziłyśmy jako wsparcie różnych akcji, na komendę policji, kiedy przebijała się Starówka – za pierwszym i za drugim razem. Minowałyśmy budynki, które miały być wysadzone na wypadek pożaru... Bywało, że całymi dniami wyciągałam chłopcom odłamki (raz wyjęłam odłamek, który utkwił jakiemuś oficerowi koło kręgosłupa; oczywiście na żywo). Patrol sanitarny składał się przecież z przyuczonych kobiet, a my, dyplomowane pielęgniarki, więc jak się coś działo, chłopcy szli do „bomb". Kiedy dowódca przydzielał nas do jakiejś grupy, to się chłopcy cieszyli, że idą „bomby", a nie „nosze". Bo „nosze" były pechowe. A „bomby" – wiadomo, że pomogą.

Chłopcy byli bardzo opiekuńczy w stosunku do dziewcząt, starali się, żebyśmy chodziły za nimi, że oni przodem. Chronili nas. Było takich dwóch braci nazwiskiem Leon, pseudonimy „Bawół" i „Byk" . Nigdy nie wiedziałam, który jest który. Kiedyś poszli na przepustkę, mamę mieli gdzieś na Chmielnej. Przyszedł młodszy z takim zawiniątkiem, tutką z szarego papieru, zatłuszczoną. Miał tam usmażone placuszki, mama jakimś cudem zdobyła mąkę. I wyciąga placuszek, i mówi: „Basiu, ugryź, ale niedużo, bo jeszcze komuś obiecałem". To było pod koniec powstania, już nawet kaszy-pluj zabrakło.

Przed kapitulacją były straszne dni. Jedni mówili, żeby kapitulować, drudzy – iść za Wisłę, trzeci – walczyć do śmierci. I wszystkie te rozmowy odbywały się w kwaterze minerek. Dziewczyny z sanitariatu jakoś nie bardzo były w towarzystwie, więc te dyskusje trwały u nas...

Składaliśmy broń na placu Narutowicza. Razem z czterema koleżankami wychodziłyśmy jako Wojskowa Służba Kobiet AK. Wyszłam jako starszy sierżant – wszystkie pielęgniarki dyplomowane dostały podporucznika. No ale ja byłam minerką. Wtedy żałowałam. Kiedy chodziłam wzdłuż tej naszej kolumny, kiedy widziałam, co się dzieje z rannymi, jak są pozostawieni bez opieki, dźwigałam ciężar złej

Sierpień 1944, Warszawa, ulica Śliska. Barbara – druga z lewej.

decyzji – powinnam być w służbie zdrowia. Okazało się, że Eliza Grabowska myślała wtedy to samo.

W Ożarowie, w obozie przejściowym, spotkałam panią doktor Beaupré, jej córka była z nami w szkole. Powiedziała, że ma być naczelnym lekarzem obozu kobiecego. Ucieszyła się, że są pielęgniarki. Załadowali nas do wagonów jak sardynki, na styk. I pojechałyśmy do Lamsdorfu. W Opolu stałyśmy kilka godzin, potem pędzili przez jakieś lasy, żeby nas umęczyć. Dotarłyśmy do obozu, a tu druty oblepione: Francuzi, wrześniacy, nasi chłopcy. Więc trzeba wejść z fasonem. Weszłyśmy, śpiewając. W baraku, w którym poprzednio trzymano Sowietów, padłam na jakąś pryczę pod sufitem. To był zawszony siennik, a mnie po tym powstaniu zdawało się, że leżę na jakichś puchach. I zaczęła się praca – odłamki, krwotoki, ciąże. W życiu tak nie pracowałam.

W Lamsdorfie Basia pracuje w obozowym szpitalu, w sąsiednim, męskim obozie często spotyka żołnierzy z września, sowieckich jeńców, Jugosłowian. Stara się pomagać. Będzie tu do maja 1945 roku.

Zagonili nas na pierwszy apel i zabrali wszystkie niemieckie ubrania, elementy munduru, co która miała, wszystkie lekarstwa i narzędzia medyczne. Trzymali nas kilka godzin, wszystko nam ukradli. Lekarstwa dali do krankenrewiru. Prowadzili go Sowieci, którzy wtedy wychodzili ze skóry, żeby nam pomóc. Szpitalem kierował doktor Anatol Łagowski, chirurg, mój adorator. Tuż przed czterdziestką, może troszkę po. Błękitnooki, z brodą. Mówił, że jest z polskiej rodziny. Obiecał, że po wojnie mnie znajdzie, ale podobno Sowieci go rozstrzelali.

Kiedyś nam zrobił ucztę. Koleżanka miała w piersi odłamek, powstała ropiejąca rana, więc do rewiru. On operował, pani doktor mu asystowała. Tak ci ruscy lekarze jakoś urządzili, że mieli z niemieckiej kuchni oficerskiej menażkę, a w niej kartofelki purée i zielony groszek. To było już naszykowane pod stołem operacyjnym. Po operacji obie z panią doktor tam weszłyśmy, przykrywało nas prześcieradło spuszczone do ziemi. I jadłyśmy. Najwspanialszy posiłek w życiu.

W szpitalu zajmowałam się kontaktami z Niemcami. *Stabsarzt* to był austriacki oficer, nazywał się Piontek. Wyznał kiedyś pani doktor, że jego stryj wykładał na Uniwersytecie Jagiellońskim...

Raz przyjechali na kontrolę niemieccy generałowie, jeden z monoklem, rasowy, szczupły... No, wymuskani, stara szkoła. I widzą taki obraz: tu jakieś pagóreczki, tam na sznureczkach desuski się suszą kolorowe, obok trwa musztra, dalej w krzakach dziewczyny się iskają... Idą Niemcy z panią doktor i naszą komendantką Maliną, rozmawiają po francusku i jeden generał mówi do drugiego: „No, osobliwy widok, osobliwi żołnierze".

Byli Francuzi, Jugosłowianie, uwielbiali nas. Nasi wrześniacy zabijali się, żeby nam cokolwiek podać, podarować. Jakieś papierosy, żebyśmy mogły wymienić na coś innego (papieros był wart dolara). Ale w swoim czasie najbliższy kontakt miałam z Sowietami. ZSRR nie należał do Międzynarodowego Czerwonego Krzyża. Ich jeńcy nie otrzymywali korespondencji, paczek. Prawie ich nie karmiono. Mówiliśmy na nich „muzułmanie". Wychudzeni. W kocach. Rzucali się do kadzi, w których przynoszono im jedzenie. Zdarzały się wypadki kanibalizmu. Notorycznie wykradałam, co się dało, dla tych Sowietów, rozmawiałam z kimś w szpitalu i jednocześnie kradłam lekarstwa. Panował tam tyfus, malaria i gruźlica. Jakiś Ormianin napisał do mnie wspaniały list, że mu pomogłam ratować przyjaciela. „Siostro Barbaro" – pisał. Że on w ruskim mundurze, ale też jest człowiek. I dał mi srebrną obrączkę, jedyną pamiątkę po żonie. Przerzucił mi ją przez druty. Więcej go nie widziałam.

Czuło się, że to koniec wojny. Nadeszła Wielkanoc, śmigus-dyngus. Był w obozie podoficer niemiecki Holtz, który szykanował naszych ciężko chorych. Chłopcy Kazia Kąkola, który się też tam znalazł, napompowali wody do wiader i jak się pojawił Holtz ze świtą, to myśmy ich oblali. Oficerowie wyjaśnili, że u nas się oblewa tylko osoby najmilsze.

W maju Niemcy oddali broń i klucze do wszystkich pomieszczeń. W większości uciekli. Jakoś się zorganizowaliśmy i czekaliśmy na Sowietów. Wiedzieliśmy, że to będą Sowieci. Do mnie przyszli wtedy ruscy sanitariusze, którym przerzucałam lekarstwa. Szukali siostry Barbary. Chcieli podziękować.

Pani doktor Beaupré wywalczyła jakoś, że personelowi sanitarnemu obozu dali osobne wagony. Transport z Lamsdorfu pojechał do Mühlbergu nad Elbę, a my – wagony sanitarne, z chorymi i z personelem – do Zeithaim, do polskiego obozu-szpitala. Kiedy Sowieci weszli, panowie wynaleźli jakieś samochody i zaraz, z zapasami benzyny i bronią nawet, ruszyliśmy do Polski. Znów organizował to Kazio Kąkol. Wracaliśmy niemal natychmiast, w maju. Była z nami między innymi żona generała „Wilka" Krzyżanowskiego, dowódcy AK na Wileńszczyźnie. Część naszych zaraz po wyzwoleniu obozu ruszyła na Zachód. Żałowałam. Też bym poszła, zwłaszcza że miałam ojca w Londynie. Ale wracałam do matki, do brata, do dziadków.

Po powrocie Basia odnajduje rodzinę, zdaje maturę – przed wojną nie zdążyła. Ma 22 lata. Zgodnie ze swoim wykształceniem chce studiować medycynę. Kontaktuje się ze środowiskiem akowskim, odszukuje znajomych z powstania, działa w podziemiu niepodległościowym.

Robiliśmy różne rzeczy, ale na dobrą sprawę nic poważnego. Wszyscy chcieli działać, walczyć o coś słusznego, przecież nie tak sobie wyobrażaliśmy Polskę po wojnie. Była kiedyś taka akcja, że malowaliśmy na płotach hasło „PPR twój wróg". I wtedy wyręczyła mnie babcia – ta, która w czasie okupacji wyśledziła, że mam broń. Wiaderko z farbą ukryte pod werandą zniknęło. Nie wiem, jak babcia je odnalazła, ale załatwiła za mnie sprawę. Nazajutrz na murach pojawiły się napisy. I znów, jak za okupacji, babcia wiedziała, mama się domyślała...

Zaraz po maturze w szkole dla dorosłych pojechałam do Wrocławia, żeby zdawać na studia. Nie zdałam. Nie umiałam chyba wystarczająco dużo. Chciałam robić coś pożytecznego. W 1946 roku wstąpiłam do PSL Mikołajczyka. Wyglądało na to, że jest nam po drodze, oni mieli Bataliony Chłopskie i własny medyczny Zielony Krzyż. Spotkałam tam dziewczyny z Ludowego Związku Kobiet. Jeździłyśmy na zapadłe wsie, gdzieś na Kielecczyznę, w Radomskie, woziłyśmy Unrę, robiłyśmy szczepienia, jakąś pracę oświatową... Zebrało się tam kilka lekarek i pielęgniarek, część z AK, część od nich. Próbowałyśmy coś wspólnie zdziałać.

Na kilka dni przed wyborami w 1947 roku przyszło po mnie UB.

Posadzili mnie na Koszykowej. Wyglądało to poważnie. Mój pierwszy kontakt z UB po wojnie nastąpił sporo wcześniej – złapali mnie na Pradze z gazetkami, zabrali. Ale w czasie przesłuchania ktoś wywołał śledczego, ten na chwilę wyszedł i udało mi się wszystko z torby wywalić za szafę ogniotrwałą, wysoką do sufitu. Wyłgałam się jakoś. Teraz czułam, że tak łatwo nie pójdzie.

A jednak. Kiedy „Radosław" zarządził ujawnienie, to ujawniłam się. To chyba mnie uratowało. I to, że się wprawdzie ujawniłam, ale nie powiedziałam, że dalej należę. Oni już wszystko mieli, Rzepeckiego, WiN. Bardzo dużo wiedzieli. A ja łgałam, strasznie łgałam. Znałam sporo ludzi, z którymi siedziałam, dziewczyny z WiN-u, z Nie – całe to popowstaniowe towarzystwo. Jedna z naszych instruktorek z patroli minerskich, prawniczka, zaczęła właśnie pracować w sądzie. Dali jej protokolanta, szpicla, ale ona i tak założyła w sądzie podziemną komórkę. Z jej pomocą, z pomocą znajomych z powstania, jakoś mi się udało zachachmęcić. Nic mi nie udowodnili. Wyszłam.

Kiedy Basia jest w więzieniu, z Anglii wraca jej ojciec. Odnajduje się też przedwojenny przyjaciel ze Skolimowa – Bogdan. Ten, który dostarczył Basi broń do wykonania wyroku na agencie gestapo.

Kiedy wróciłam do Skolimowa, on już tam był. Też zaplątany w różne sprawy. Z absolwentami szkoły Wawelberga pojechał na kurs szybowcowy, powstało wówczas podejrzenie, że przerzucają kogoś przez granicę, wmieszało się UB. Czasy były bardzo niebezpieczne. Zwłaszcza dla takich jak on. Musieli mądrze żyć, żeby nie dać głów. Nie można było nikomu nic mówić. Ja uczestniczyłam w powstaniu, a Bogdan był w lesie, najpierw NSZ, potem dywersja, wykonywanie wyroków. Nie ujawnił się oczywiście. Poszedł na politechnikę, ja pojechałam na Bucz Harcerski – to było jeszcze przed 1950 rokiem. Wróciły tam niektóre z instruktorek znane mi z czasów wojny, walczyłyśmy ze szkarlatyną, oczywiście UB ciągle się wokół nas kręciło. Trzeba było uważać. A tu jeszcze chłopcy kiedyś nieoficjalnie do nas wpadli. UB znowu nas złapało, znowu poszłam siedzieć. Ale zaraz wyszłam. Wróciłam do Skolimowa, pracowałam w niewielkim prewentorium i wpadłam na Bogdana. On studiował, ja pracowałam, wyraźnie mieliśmy się ku sobie. To nie była żadna deklaracja – obydwoje wiedzieliśmy, że to niebezpieczna znajomość. Przy tym ja miałam jeszcze kolegę z powstania, z którym się bardzo zaprzyjaźniłam. Dowódca trzeciego plutonu z oddziału osłonowego, po powstaniu w Gross-Born, wrócił, skończył architekturę. Byliśmy ze sobą bardzo blisko. Bogdan myślał nawet, że jestem niezdecydowana... Ale to chyba nie była miłość, nie planowaliśmy nic razem. Nie, to bardzo bliska przyjaźń. Do dziś... Potem jakoś zaczęło się układać. W 1950 roku pobraliśmy się z Bogdanem, on poszedł do pracy, ja zostałam w domu, urodziłam wcześniaka. Tylko trudno się żyło. Musiałam bardzo uważać, jeszcze zanim wyszłam za mąż. I potem. Każde z nas miało życiorys tylko częściowo prawdziwy. Mąż został cywilnym pracownikiem MON-u, zajmował się maszynami budowlanymi, wciąż trzeba było zachowywać czujność. O wojnie mało rozmawialiśmy.

Mąż nigdy nie chciał chodzić na Powązki, bo to, co mnie tam ciągnęło, jego odrzucało. Miał bardzo krytyczny stosunek do powstania. Tak mówił, ale wiem, co miał w sercu – tych wszystkich kolegów, którzy polegli, tych chłopaków z jego oddziału, których dowódca poprowadził po pustej drodze z pistoletami na reflektor. Nigdy mu tego nie darował. A ja nigdy nie zerwałam kontaktu. Byłam bardzo blisko ze wszystkimi kolegami z powstania. Różnie potoczyły się ich losy, niektórzy trafili do więzień, inni do partii. Są po domach starców, w szpitalach, schorowani, rozrzuceni po Polsce. Ale wiem, że gdybym zatelefonowała, każdy by tutaj przyjechał. Natychmiast.

Starszy sierżant Barbara Matys-Wysiadecka za akcję zdobywania PAST-y została odznaczona Krzyżem Walecznych. Po wojnie wróciła do chorych. Przez wiele lat pracowała w podwarszawskim centrum rehabilitacji, potem, do emerytury, w punkcie krwiodawstwa. Mieszka w Warszawie. Utrzymuje bliski kontakt z kolegami z powstania.

Bogdan Wysiadecki zmarł w 2007 roku.

Irena Grabowska przeżyła niewolę mimo początków choroby Heinego-Medina. Została profesorem farmacji. Mieszka w Gdańsku. Nie rozmawia o wojnie.

Eliza Grabowska mieszka w podwarszawskim domu opieki.

Major Stefan Mich, „Kmita", cichociemny, odznaczony Krzyżem Walecznych, kawaler Orderu Virtuti Militari, trafił do obozu w Lamsdorfie. W 1945 roku był już w 1. Dywizji Pancernej. Jako jej oficer został oddelegowany do Wielkiej Brytanii. W 1962 roku wrócił do Warszawy. Pracował jako inspektor ubezpieczeniowy. Zmarł w 1969 roku.

Major Zofia Franio, „Doktor", odznaczona Krzyżem Walecznych i Orderem Virtuti Militari, po powstaniu wyszła z Warszawy z ludnością cywilną. Po wojnie wróciła do praktyki lekarskiej. Od stycznia 1946 roku była szefową łączności w zarządzie Obszaru Centralnego WiN. Aresztowana jesienią 1946 roku została skazana na 12 lat więzienia. Zwolniona w 1956 roku do emerytury uczyła w liceum medycznym. Uhonorowana tytułem Sprawiedliwy wśród Narodów Świata. Zmarła w 1978 roku.

ROZDZIAŁ 6

JAGODA PIŁSUDSKA: JEDYNA POLKA W RODZINIE

Jagoda ma osiem lat, jej siostra Wanda – dziesięć. Razem z ojcem jadą salonką do Gdyni. Dziewczynki mają zostać matkami chrzestnymi dwóch statków wodowanych właśnie w nowym polskim porcie. Tłum. Ojciec prowadzi córki za rękę. Zaabsorbowany na moment zostawia Wandę i Jagodę, żeby się przywitać. Dziewczynki zaczynają się nudzić. – Ktoś do nas podszedł – my bardzo chciałyśmy zobaczyć morze i chętnie poleciałyśmy z tym panem na plażę. Chyba nie był świadomy, że my to my, pewnie w dobrej wierze chciał pokazać dziewczynkom plażę. Zaczęto nas szukać. W tamtych czasach rodzice dostawali sporo listów z pogróżkami, więc musiało to wyglądać groźnie. W końcu nas znaleziono. Ojciec – pamiętam – bardzo się denerwował, kiedy wracaliśmy tą salonką – mówi Jadwiga Piłsudska-Jaraczewska. Był 1 lipca 1928 roku. Statki nazywały się „Wanda" i „Jadwiga".

Było mi obojętne, czy do ojca przychodził minister, wysoki urzędnik czy ktokolwiek. Najważniejsze było, czy umiał się bawić z dziećmi. Na przykład adiutanci niektórzy byli przemili. A znów innych nie znałam, widywałam z daleka, nie wiedziałam, jak się nazywali. Mój ojciec taki wierszyk ułożył: „Adiutanci są szarmanci, każdy mi ołówek da". Myśmy – Wanda i ja – też biegały dla taty po ołówki i inne rzeczy. Ojciec pracował nocami. A jak wstawał, to zawsze miałyśmy do niego wstęp wolny, nie przeszkadzałyśmy mu – siadał do pracy wieczorem, kiedy myśmy już spały. Ojciec kładł mnóstwo pasjansów. Bardzo wcześnie się tego nauczyłam i kładłam razem z nim: „prześcieradło", „warkocz Wenery", później „ogonki". Najlepiej pamiętam „ogonki". Któregoś razu stałam ze stryjem i patrzyliśmy, jak ojciec kładł pasjansa. W pewnym momencie się zawahał. Widzę, że tata nie wie i stryj nie wie. A ja wiem. Zdobyłam się na odwagę i mówię: „Tatusiu, to

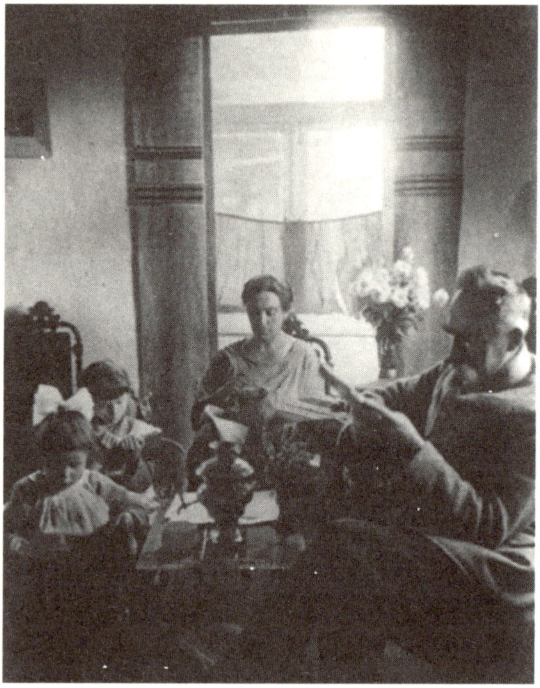

Marszałek z żoną i córkami Wandą (z tyłu) i Jadwigą w Starym Drewniaku w Sulejówku, 1923.

tutaj trzeba położyć". Ojciec przyjął to zupełnie zwyczajnie: „A tak, masz rację". A ja się zrobiłam dumna, że mogę mu pomóc stawiać pasjanse.

Mieszkałyśmy w Belwederze. Ciągle się coś działo. Tata przyjmował na herbatce powstańców styczniowych, dzieci ze szkoły Rodziny Wojskowej, delegacje Polaków z Ameryki, z województw, weteranów, żołnierzy. Właściwie codziennie przychodzili jacyś państwo. Uczestniczyłyśmy w tym z Wandą od najmłodszych lat. Nie zawsze, ale czasem nas wywoływali. My sobie wtedy grzecznie stałyśmy. Ja za siostrą, żeby to ona mówiła. Grzecznie się uśmiechałam. Raz na miesiąc rodzice „przyjmowali" – w środę, tak nieformalnie. Przychodziły panie, które pracowały z mamą społecznie, zresztą każdy mógł przyjść, nie było oficjalnych zaproszeń. Mama lubiła nieformalne przyjęcia, dobrze pomyślane, na stojąco, małe kanapeczki. Mój ojciec chrzestny Czesław Świrski mieszał koktajle. Jeśli mama zapraszała na jakiś obiad, przychodzili rodzina i bliscy. Na rodzinnych spotkaniach – to co innego, wtedy dzieci były na pierwszym planie. Od czasu do czasu przyjeżdżał Witkacy, z którym ojciec był spokrewniony. Malował nas, przyjeżdżały siostrzenice ojca, czasem stryjowie, siostrzeńcy ojca, czyli masa ciotek, wujków i dzieci. Spotykaliśmy się u nas albo w Wilnie, albo w Pikieliszkach, gdzie mieliśmy mająteczek. Ojciec bardzo lubił te spotkania, ale był zmęczony nadmiarem oficjalnych sytuacji, dużo chorował, często wyjeżdżał na leczenie. Lekarze zapisywali mu ciepłe kraje. Był na Maderze, w Egipcie albo jeździł do Rumunii, czasem do Zaleszczyk albo do Druskiennik. Nawet raz czy dwa razy zabrał nas tam ze sobą, ale potem poszłyśmy do szkoły, a ojciec na kuracje jeździł jesienią, więc raczej wspólnie nie podróżowaliśmy. Kiedyś, jak tata jechał do Egiptu, to była nawet mowa, że ja może pojadę, ale byłam w takim wieku, że nie wiadomo było, co ze mną zrobić. Jedzie adiutant, podróż morska, my nie mogłyśmy przecież tak po prostu pojechać. Raz, że szkoła, a dwa – że nikt się nami nie chciał opiekować. Przychodziło tyle listów z pogróżkami, że nikt nie chciał się nami zajmować, brać odpowiedzialności. Nawet do szkoły mama odwoziła nas z Belwederu samochodem. Z szoferem. A kiedy już zaczęłam sama chodzić po mieście, zawsze szła za mną ochrona. To było niezbyt przyjemnie, kiedy ktoś tam z daleka idzie i obserwuje.

Najpierw Wanda, a po dwóch latach Jagoda wstępują do żeńskiego gimnazjum Wandy z Posseltów Szachtmajerowej na Chmielnej. Gimnazjum przenosi się później na warszawską Ochotę. To szkoła „piłsudczykowska" w nowej dzielnicy. Sam marszałek kilka lat wcześniej wmurował pod nią kamień węgielny. Uchodzi za jedną z najlepszych w Warszawie, obok gimnazjum Plater-Zyberkówny mającego opinię endeckiego.

Gimnazjum Szachtmajerowej prowadziło pięć sióstr. Mama zdecydowała, że szkoła jest właściwie ustawiona. Był w niej dobry poziom, jeśli chodzi o naukę i przygotowanie do matury, a poza tym trudno było posłać córki na przykład do endeckiej szkoły. Mama musiała uważnie wybierać, żeby córki nie znalazły się w niezręcznej sytuacji. Chciała też, żeby wymagania wobec nas były takie same jak wobec innych dziewcząt. I Wanda poszła do Szachtmajerowej, a dwa lata po niej ja. To była bardzo dobra szkoła, ale ja szukałam czegoś, co by mnie pobudzało. Miałam dużą łatwość nauki, bardzo lubiłam matematykę – to wśród dziewczynek była rzadkość. Szukałam czegoś innego. To, co proponowała szkoła, było dla mnie za łatwe, za bardzo standardowe. Już wtedy interesowały mnie samoloty. Kiedy miałam 12 lat, złożyłam pierwszy model. Potem zainteresowałam się konstrukcjami lotniczymi.

Kiedy umarł ojciec, miałam 15 lat. Wzięłyśmy z siostrą udział w pogrzebie, bardzo go przeżyłam. Zamieszkałyśmy na Klonowej w pobliżu Belwederu, w takim małym domku. Do szkoły chodziłam przez Klonową, przez plac Unii, wsiadałam do tramwaju, na Marszałkowskiej spotykałam koleżanki, które jechały z innych stron, i dojeżdżałyśmy na plac Narutowicza. Stamtąd razem szłyśmy do szkoły. Często się spotykałyśmy w tym gronie, bardzo intensywnie. Chodziło się do teatru, do kina, gdzieś się wychodziło, jeździło na narty. To zimą. A latem, jak wiele koleżanek, jeździłam na obozy Przysposobienia Wojskowego Kobiet. To znaczy – chciałam jeździć, ale pojechałam raz. W Koszewnikach pod Grodnem komendantką była sama panna Maria Wittekówna, peowiaczka, później awansowała do stopnia generała, przyjaźniła się z moją matką. Była doktor Franio, bardzo sympatyczna. Miło – trzeba było rozstawiać namioty, miałyśmy różne ćwiczenia, chodziłyśmy nad Niemen pływać na łódkach. Ale było też dużo poważnych zajęć, były wykłady, ćwiczenia z bronią. Od tego czasu zresztą mam taki kompleks, że przed mikrofonem i przed ludźmi nie umiem mówić. Raz musiałam zaprowadzić namiot, kompanię, na obiad i trzeba było powiedzieć: „kierunek kantyna, kompania marsz". A ja powiedziałam: „kierunek kompania, kantyna marsz". I to głośno. Wszyscy się zaczęli okropnie śmiać. Od tego czasu mam kłopot z wystąpieniami publicznymi. Ale sam obóz – namioty w lesie, przygoda, to było coś bardzo pociągającego. Niestety, pojechałam tylko na jeden. Potem zaczęłam jeździć na szybowiska.

Miałam 17 lat, kiedy odbyłam pierwszy kurs szybowcowy na Sokolej Górze koło Krzemieńca na Wołyniu. I w ciągu dwóch lat zrobiłam wszystkie kategorie szybowcowe: A, B, C, i później – D. Dostałam znaczek szybownika kategorii D, jedną z rzeczy, które sobie cenię. Latałam na Sokolej Górze, w Bezmiechowej w Bieszczadach, latałam na holu, w Aeroklubie Warszawskim. To było to, czego potrzebowałam. Przed wojną nawet szkoleniowe szybowce były jednoosobowe. Nie było miejsca dla instruktora, należało „umieć od razu". Na szybowcach robiło się takie skoczki: szybowiec był zaczepiony za liny, na lotnisku je ciągnęli – po czterech z każdej strony, ogon się spuszczało i podlatywało trochę. W ciągu dwudziestu sekund musiało się szybowiec posadzić. Nie można było wyciągać go w górę. Raz tak zrobiłam i rozbiłam się – poniżej zbocza Sokolej Góry.

Moja kuzynka miała męża, który był pilotem doświadczalnym i wykładał na kursach szybowcowych. Kiedy zaczęłam się uczyć, poszłam się go poradzić. Mówił: „Uważaj, nie rób za dużo ruchu, nie za mocno, bardzo pomału". Wzięłam to poważnie i kiedy wystartowałam, drążek sterów ciągnęłam na siebie bardzo powoli. Szybowiec nie reagował, spadł, bo to akurat trzeba robić szybko. Na szczęście nie było wysoko, złamała się tylko skrzyneczka w podwoziu.

W szybowcach nie było radia, decydowało się samemu, więc odpowiedzialność za szybowiec ponosiło się od początku. Należało dobrze czytać mapę, bo przecież nie było się z kim skomunikować i spytać o położenie. Musieliśmy mieć spadochrony, ale też nigdy nie przeszkolono nas, jak ich używać. Bardzo szybko się uczyłam. Poznałam wielu wspaniałych szybowników, to było fascynujące. Weszłam w środowisko, miałam nową znajomą – Basię Wojtulanis (naprawdę miała na imię Stefania). Była starsza ode mnie i miała masę wylatanych godzin. Poznałam też Tadeusza Górę, który w maju 1938 roku przeleciał szybowcem prawie 580 kilometrów (a Medal Lilienthala przyznaje się od 500 kilometrów). Zrobił się wtedy koło tego szum, bo chodziło o stosunkowo młodego pilota. To był bardzo sympatyczny kolega, choć robiono z niego bohatera. Stosunki koleżeńskie były tam w ogóle bardzo zażyłe. Czekając na odpowiednią pogodę, bardzo dużo graliśmy na lotniskach w ping-ponga, rozmawialiśmy, żyliśmy lataniem. W ogóle nie przejmowałam się końcem szkoły, zajmowałam się zupełnie czym innym. Przed samą maturą pojechałam na szybowisko – dwa tygodnie wolnego. Na studia chciałam iść na politechnikę, na wydział mechaniczny ze specjalizacją lotniczą, żeby budować samoloty. Byłam nawet na kursie przygotowawczym na politechnikę, ale miałam rok przerwy. Jesienią 1938 roku, pół roku po maturze, byłam na kursie latania na holu w Katowicach, zimą miałam dość ciężką operację ślepej kiszki, to mnie wykluczyło z bardziej aktywnego latania i na szybowiska wróciłam dopiero wiosną 1939 roku.

W 1939 roku Jagoda Piłsudska, najmłodsza w Polsce posiadaczka licencji szybowcowej kategorii D, przelatuje na szybowcu „Delfin" z Bezmiechowej w Bieszczadach do Łukowa na Podlasiu. Pokonuje 270 kilometrów. O jej wyczynie piszą gazety. Wybiera się na politechnikę – matka akceptuje jej wybór. Latem 1939 roku powszechnie mówi się o wojnie, trwają przygotowania. Jagoda lata do ostatniej chwili.

W aeroklubach trwały przygotowania wojenne. Kiedy wróciłam z Bezmiechowej, sprowadzaliśmy szybowce z Miłosnej na lotnisko mokotowskie. Było wtedy dużo latania z Pola Mokotowskiego. Nie wiedziałam, co będzie, nikt nie wiedział, co będzie. Chciałam się zaangażować w jakąkolwiek służbę czy obronę. Kiedy wybuchła wojna, z mamą i siostrą pomagałyśmy ludziom z zachodniej części kraju, organizowałyśmy jakąś pomoc. Moje koleżanki z aeroklubu miały wylatanych więcej godzin, na samolotach RWD latały do Rumunii, pomagały w ewakuacji, później trafiły do Francji.

Kiedy zaczęła się ewakuacja Warszawy, wyjechałyśmy z mamą i siostrą na wieś do rodziny, a później do Wilna. Dostałyśmy mieszkanie przy uniwersytecie, gdzieś w centrum. I gdy byłyśmy już w Wilnie, przyszła wiadomość, że Rosjanie przekroczyli granicę. Wszyscy radzili nam, żeby wyjechać. Matka się zdecydowała, my z siostrą starałyśmy się wrócić do Warszawy, ale z drugiej strony – nie chciałyśmy zostawiać matki. Z początku myślałyśmy, żeby jakoś przeczekać na Litwie, więc pojechałyśmy do Kowna. Dużo później dowiedziałyśmy się, że stryjowie, którzy nie chcieli opuścić Wilna, zostali aresztowani i trafili na Łubiankę. Z Kowna przewieziono nas do Rygi, a z Rygi samolotem do Sztokholmu. Tam mieszkałyśmy w naszym konsulacie czy w ambasadzie. Chciałam wracać do Polski. Moja siostra też. Mama uważała, że nie możemy. Dowiedziałyśmy, że we Francji tworzy się polski rząd. Dostałyśmy samolot. Niestety – do Anglii. Dla mnie to był wielki szok i niespodzianka, bo nie byłam zupełnie nastawiona na wyjazd z Polski. Doleciałyśmy do Anglii. W Londynie zajął się nami ambasador Raczyński i jakiś czas, może parę tygodni, mieszkałyśmy w ambasadzie. To była bardzo trudna sytuacja. Jeśli ktoś jest zaangażowany uczuciowo w coś, co się dzieje w kraju, to nie chce siedzieć bezczynnie. Moja matka od razu zaczęła pisać wspomnienia, a ja jej pomagałam. Przychodziła pani z wydawnictwa je spisywać. Matka opowiadała po francusku, pani spisywała po angielsku, a do korekty dla mamy ja z angielskiego tłumaczyłam na polski. W każdym razie miałyśmy poczucie, że robimy coś potrzebnego. Często zmieniałyśmy mieszkania, doskonaliłam angielski. Mama w tym czasie uczyła się gotować, ja i Wanda sprzątałyśmy w domu. To były dla nas wszystkich nowe doświadczenia.

Latem 1940 roku, kiedy do Londynu ewakuował się rząd polski, przyjechały też pamiątki po ojcu. Prezydent Raczkiewicz przekazał je mojej matce i myśmy się tymi pamiątkami zajmowały. Wszystko to było u nas w domu, musiałyśmy co chwila pakować rzeczy ojca przy przeprowadzkach. Mundur ojca wisiał w szafie razem z naszymi ubraniami. Po jakimś czasie zapakowałam go do pudła i zaniosłam do banku, do skrytki. Potem się okazało, że bank odpowiada za pudło, ale już nie za jego zawartość, więc zaraz ten mundur stamtąd zabrałam.

Mamie zależało na tym, żebym, mimo wojny, normalnie studiowała, więc zapisałam się na architekturę w Cambridge. Chodziłam na wykłady, pożyczałam notatki, zaprzyjaźniłam się z koleżankami. Ale one były prosto ze szkoły i zupełnie odsunięte od świata i od tego, co się na świecie działo. Były tam bardzo miłe stosunki, ale bardzo powierzchowne. Dopiero atak Luftwaffe i bitwa o Anglię coś zmieniły. Byłam jeszcze w Londynie, pamiętam ogromne pożary. Właśnie wtedy bomba uderzyła w nasz dom. Bitwa o Anglię zmieniła jeszcze jedno – w końcu, po prawie dwóch latach starań, przyjęto mnie do ATA. W Cambridge skończyłam dwa lata studiów i znów zaczęłam latać.

ATA, czyli Air Transport Auxiliary – służba pomocnicza Royal Air Force powstaje na samym początku wojny. Do 1941 roku przejmuje wszystkie funkcje związane z wojskowym transportem lotniczym, odciążając tym samym pilotów bojowych. Do służby w ATA przyjmowani są piloci niemogący ze względu na wiek czy stan zdrowia służyć w RAF-ie. Do ATA trafiają również kobiety, którym przepisy nie pozwalają brać udziału w lotach bojowych. W ATA służy ich z czasem około 150, w pewnej chwili stanowią nawet blisko czwartą część składu personelu powietrznego. Pilotujące samoloty kobiety dzięki artykułom prasowym i słynnym zdjęciom stają się tak popularne, że niektórzy są przekonani o wyłącznie kobiecym charakterze tej formacji. Młode i piękne pilotki, najczęściej pochodzące z bardzo dobrych i zamożnych domów (latanie było drogim sportem), są przed wojną ozdobą towarzystwa. W ATA zyskują stopnie oficerskie i taki żołd jak mężczyźni. Służba ta ma jeszcze jedną cechę – wysoką śmiertelność. Piloci ATA muszą prowadzić sto kilkadziesiąt typów maszyn – od szkolnych samolotów z otwartą kabiną do czterosilnikowych bombowców. Bardzo często są one w tak złym stanie, że otrzymują pozwolenie tylko na jeden przelot – do warsztatu. Latają bez radia, nie wolno zajmować częstotliwości. Co czwarty pilot tej służby zginie podczas wykonywania zadania. W 1942 roku początkowy limit 200 godzin w powietrzu kwalifikujący do ATA zostaje obniżony. W lipcu 1942 roku do służby wstępuje Jadwiga Piłsudska.

Basia Wojtulanis i Anka Leska, moje starsze koleżanki, miały większe doświadczenie w lataniu i przez Rumunię dostały się najpierw do Francji, a potem do Anglii. Od razu zostały przyjęte do służby. Po przyjeździe do Anglii byłam z nimi w stałym kontakcie, ale nie miałam wystarczającego doświadczenia, a przede wszystkim wylatanych godzin. W pewnej chwili dziewczyny dały mi znać, że wymagania zmniejszono i że będą mogli mnie przyjąć. Pojechałam na szkoleniowe lotnisko ATA, miałam mieć test, ale wsadzili mnie na samolocik z instruktorem, kazali wystartować i wylądować. I po teście. Później przeszłam bardzo krótkie przeszkolenie. Stacjonowałam w White Waltham, na centralnym lotnisku ATA, i od razu dostałam

Jadwiga Piłsudska na skrzydle samolotu na lotnisku White Waltham pod Londynem, 1942–1943.

bardzo dużo lotów. Mieliśmy lekkie samoloty, które latały jako taksówki. Zbierało się pilotów, którzy dostarczali samoloty na lotnisko, bo oni przecież musieli wrócić. Na początku latałam dwoma typami samolotów – prostymi. Dawali na nie takiego pilota, który nabierał doświadczenia w pracy.

Pierwszy samolot, który dostarczyłam, to tiger moth, szkolny dwupłatowiec z otwartą kabiną. Był przydzielany do różnych eskadr. Odprowadziłam go do jednostki norweskiej. To była jednostka bojowa, więc ja z tym starym dwupłatowcem musiałam wyglądać mizernie, ale bardzo się cieszyłam, że mam pierwszy samolot. Miejscowi piloci z początku nawet nie zwrócili na niego uwagi, ale potem zobaczyli, że pilotuje młoda dziewczyna, podeszli, zaczęli się śmiać.

Byłam jedną z najmłodszych w ATA – miałam 22 lata, kiedy mnie przyjęli. Miałam oczywiście sporo koleżanek, ale podśmiewały się, czy mogą przy

Jadwiga Piłsudska z Polkami pilotami pełniącymi służbę w ATA RAF: por. Anną Leską (po lewej) i kpt. Stefanią „Barbarą" Wojtulanis (pierwsza od prawej).

mnie swobodnie rozmawiać, bo różnica wieku między nami była jednak odczuwalna. Stosunki panowały bardzo miłe, ale przyjaźnie raczej się nie nawiązywały. To jednak nie wyglądało tak jak w Polsce. W Anglii, żeby latać, należało być dobrze sytuowanym. Moje koleżanki były bardzo zamożne, panie z poważnych domów, lubiły zabawy, flirty. Żyłyśmy trochę inaczej. Może, poza Basią i Anką, miałam ze dwie koleżanki, z którymi byłam bardzo blisko.

Ważną rzeczą był wtedy wygląd. Mundury fasowało się z magazynu, ale istniała też możliwość uszycia ich u krawca, dawali na to jakiś fundusz. Właśnie jedna z zaprzyjaźnionych Angielek zaprowadziła mnie do krawca w Londynie. To była panienka, która się orientowała, co i gdzie można dobrze uszyć. Więc miałam jeden mundur i do tego parę jasnych koszul. Koszule już się kupowało, same mogłyśmy sobie wybierać.

Różnie się trafiało z koleżankami. Czasami, kiedy po locie trzeba było przenocować na docelowym lotnisku i wracać następnego dnia, spotykało się różnych ludzi. Z jednymi znałam się lepiej, z innymi gorzej.

Nie mogliśmy latać w nocy i byliśmy zależni od pogody. Latało się bez radia. Wiele samolotów dostaliśmy prosto z fabryk, nie miały zamontowanego radia, to po pierwsze, a po drugie, musiało się uniknąć kolizji z obsługą radiową jednostek bojowych. W górę nie wolno było wchodzić, nie wolno było wlatywać w chmury, prowadzić na ślepo, na przyrządach, zależało się od widoczności. Latanie szybowcowe okazało się bardzo pomocne. Latało się „na teren" i bez kontaktu z ziemią. Na własną odpowiedzialność. A ponieważ to wszystko zależy od pogody, czekaliśmy wciąż na odpowiednie warunki. Raz utknęłam gdzieś na prawie dwa tygodnie. Nie było pogody. Miałam coś dostarczyć. Chyba barracudę. Nie zdążyłam wylecieć z powodu kłopotu z silnikiem. I zostałam na ziemi. Bardzo to było nieprzyjemne. Znaleźli mi pokój w sporej odległości od lotniska, bez komunikacji, bez samochodu. Siedziałam niemal zamknięta w tym pokoju, bo stale czekałam na wezwanie. Na dole jakieś puby, hałas. Dla młodej osoby to dość trudne, tylko czasem krótki spacerek...

Na lotnisku, w centrali, wyglądało trochę lepiej. Jeśli nie było lotu, przyjeżdżał samochód i zabierał nas, a jeżeli był *wash-out*, czyli kiedy loty odwołano, wszyscy mogli się rozejść albo czekać na zmianę pogody. Jak ktoś chciał pojechać do domu, miał taką możliwość. To było pod Londynem, więc mogłam pojechać do miasta spotykać się z innymi Polakami. Ale czasem musiało się czekać na lotnisku. Na szczęście były wtedy koleżanki. Poza tym w White Waltham była Basia, byłyśmy razem. Anka stacjonowała gdzie indziej.

Z Basią widywałyśmy się w Londynie, jeździłyśmy razem na lotnisko i spotykałyśmy się bez przerwy. Była prawie 10 lat ode mnie starsza. Zaręczyła się ze Stanisławem Karpińskim, faktycznym dowódcą polskich bombowców, już wtedy *air commodore*, czyli generałem brygady. Ten z kolei był o 10 lat starszy od Basi, więc ode mnie prawie o lat 20. Czyli byłam dla nich dzieckiem. Ale mimo to spotykałyśmy się, byłyśmy cały czas w kontakcie, oni mnie czasem zabierali na jakąś imprezę... Były też urlopy. Krótkie, to fakt. Siostra studiowała medycynę, rzadko się widywałyśmy. W Anglii łatwo jest pojechać nad morze, więc często jeździłyśmy z mamą.

Na początku 1943 roku Jadwiga ma w ATA staż blisko 100 wylatanych godzin. Trafia do Szkoły Pilotażu Zaawansowanego. Uprawnienia pilota drugiej klasy pozwalające na prowadzenie samolotów bojowych, między innymi legendarnych spitfire'ów, zdobywa 14 marca. W sierpniu i we wrześniu odbywa kurs pilotażu trzeciej klasy. Odtąd może latać na samolotach dwusilnikowych. Ma stopień *third officer*, czyli podporucznika, wkrótce awansuje.

Pierwszy certyfikat był na *single engine*, czyli na samolot jednosilnikowy, drugi na *twin* – dwusilnikowy. Ale i tak najbardziej lubiłam pilotować spitfire'y. Istniało z 15 typów spitfire'ów, niektóre miały cztery łopaty, niektóre dwie. Bardzo zwrotne, posłuszne. Spitfire'y były – jeśli chodzi o polskie eskadry – najbliższe hurricane'om. Hurricane był bardziej oporny, nie czuło się w nim jedności z maszyną. Ale ci, którzy się przyzwyczaili do hurricane'ów, bardzo je sobie chwalili.

Na początku mojej służby w ATA bardzo często prowadziłam taksówkę, czyli odwoziłam pilotów na ich macierzyste lotnisko. Kiedy wiozłam doświadczonego pilota, on sam wolał prowadzić. W pewnej chwili to się zmieniło, zdobywałam kolejne licencje i prowadziłam coraz trudniejsze samoloty. Przeprowadzałam już nie tylko nowe maszyny z fabryk, ale też zupełne wraki do remontu.

Czasami odstawiałam samoloty do polskich dywizjonów, to była wielka przyjemność. W ATA były nas tylko trzy Polki, więc kiedy trafiałam do dywizjonu polskiego, wzbudzałam sensację. Zazwyczaj jednak wyglądało to tak, że przylatywałam i zaraz musiałam lecieć z powrotem albo zabierali mnie samochodem. Nie było czasu porozmawiać ani się umówić. Więcej kontaktu z Polakami miałam w ATA. Był tam Władysław Turowicz, później jeden z twórców sił powietrznych Pakistanu. Wtedy miał chyba trochę więcej wylatanych godzin niż ja. Był legendarny Klemens Długoszewski, pilot LOT-u, który wylatał ponad milion kilometrów. Najlepszy z pilotów ATA. Szalenie sympatyczny, opiekował się młodymi, którym trzeba było doradzać. Latał na halifaxach, zabrał mnie kiedyś do takiego samolotu, żeby mi pokazać, jak to się robi. Trzymaliśmy się razem. Na lotnisku

Jadwiga Piłsudska (druga z prawej) z (od lewej) por. Władysławem Turowiczem, kpt. Stefanią „Barbarą" Wojtulanis, kmdr. Nevillem Whitehurstem oraz kpt. Klemensem Długaszewskim, 1943 rok.

nie było właściwie podziału na kobiety i mężczyzn. Wspólnie czekaliśmy na loty, mieliśmy wspólne zainteresowanie, łatwo się nawiązywało kontakt.

Do Londynu było niedaleko, więc często tam dojeżdżałam, spotykałam wielu Polaków niezwiązanych z lotnictwem, prowadziłam życie towarzyskie. Moja matka zawsze opiekowała się ludźmi wokół siebie, więc siłą rzeczy miałyśmy bardzo dużo kontaktów. Na początku naszego pobytu w Anglii mieszkała z nami kuzynka, która z kolei miała kilka koleżanek pościąganych zewsząd. Zaprzyjaźniłam się z jedną z nich, Isią Mickiewicz. Studiowała medycynę, a po studiach wyszła za kapitana Borysa Karnickiego, dowódcę okrętu podwodnego „Sokół". Jej mąż, słynny bohater z Morza Śródziemnego, stacjonował w Szkocji. Isia zaprosiła kiedyś to marynarskie towarzystwo. Wśród zaproszonych był mój przyszły mąż Andrzej Jaraczewski, kapitan ścigacza artyleryjskiego. To była dość typowa wojenna znajomość, kiedy obydwoje narzeczeni są w czynnej służbie. Ja byłam w mundurze i mąż był w mundurze. Widywaliśmy się, pisaliśmy do siebie, ale szczerze mówiąc, męża przed ślubem widziałam może z 10 razy. Kiedy go spotkałam, był odkomenderowany na ląd na parę miesięcy, a później wrócił na okręt...

Kobiety służące w ATA stały się bardzo popularne, dość często się zdarzało, że na lotnisku pojawiał się ktoś z prasy. Nie lubiłam za bardzo udzielać wywiadów, zawsze jakoś udawało mi się wywinąć. Kiedyś przyjechałam na lotnisko i pojawiła się pani, która koniecznie chciała rozmawiać „z kimś z kontynentu". Ja byłam akurat jedyna z kontynentu. Zadała mi takie pytanie, że mnie zupełnie zamurowało, nie mogłam ani słowa powiedzieć. Na szczęście weszła Pauline Gower, organizatorka kobiecej ATA i świetna pilotka. Widzi, że ze mną coś nie tak, łapie tę dziennikarkę i zagaduje: „Pani chciała ze mną rozmawiać i czegoś się ode mnie dowiedzieć, ja zaraz pani powiem, tralalala, dziękuję, jestem bardzo zajęta, zaraz wychodzę, do widzenia". Ona była tego typu kobietą, nie sposób było jej nie lubić. No ale w końcu razem z koleżankami wystąpiłam na okładce polskiego magazynu „Skrzydła", pisma żołnierzy sił powietrznych. Z Polakami oczywiście łatwiej mi się było porozumieć, tylko te stosunki polityczne były bardzo trudne. W lipcu 1943 roku zginął generał Sikorski, byłam na lotnisku, kiedy się o tym dowiedziałam...

Wśród moich angielskich kolegów panowało wówczas ogólne zrozumienie dla sytuacji Polski i tej części Europy. Nawet zdawali sobie sprawę z naszych trudności z Rosją, która była przecież dla Anglików państwem sojuszniczym. No ale potem odbyła się konferencja w Teheranie, po której sytuacja Polski zaczęła wyglądać źle.

Pod koniec listopada 1943 roku w Teheranie spotyka się Wielka Trójka. Poza decyzją o utworzeniu drugiego frontu w Europie i dążeniem do bezwarunkowej kapitulacji Niemiec, Churchill, Roosevelt i Stalin podejmują także postanowienia w sprawie polskiej. Polska ma pozostać w strefie operacyjnej Armii Czerwonej, przyszła sowiecka strefa okupacyjna Niemiec będzie bezpośrednio graniczyć od zachodu z Polską, której nowa wschodnia granica ma przebiegać na linii Curzona, daleko bardziej na zachód niż granica przedwojenna, pozostawiając na terenie Związku Radzieckiego między innymi Wilno i Lwów. Konferencja kończy się 1 grudnia. Miesiąc później Armia Czerwona w ofensywie przeciwko hitlerowcom wkracza do Polski, a w Warszawie polscy komuniści powołują Krajową Radę Narodową. Jadwiga nie chce służyć w brytyjskich siłach zbrojnych.

Po Teheranie wystąpiłam o urlop. Musiałam z tym poczekać do lata, w lecie było wystarczająco dużo pilotów. Zimą brakowało. Wzięłam urlop, ale później sytuacja Polski właściwie zaczęła się pogarszać. Starania rządu pozostawały bez odpowiedzi, Anglicy w sposób oczywisty zwodzili władze polskie. Uznałam, że wobec tego nie ma powodu, by wracać do służby.

Moi brytyjscy koledzy nie rozumieli tej sytuacji. Angielki były mocno nastawione na własne sprawy, choć bardzo miłe. Ale jakby nie dostrzegały tego, że inni żyją inaczej, że źle im się wiedzie, że ich kraj jest w kłopocie. Nie miały tej wrażliwości. Właściwie znałam tylko jedną Brytyjkę, która zdawała się rozumieć mój krok. Była w lotniczej służbie pomocniczej w jednostkach bojowych. Ona przejawiała uczuciowy stosunek do tego, co jej mówiłam. Pozostałe prowadziły zupełnie inny tryb życia i kontakt z nimi miałam raczej słaby.

Na własny wniosek zostałam zwolniona z ATA 20 stycznia 1944 roku w stopniu *second officer*, czyli porucznika. Pojechałam do Liverpoolu, żeby wznowić studia. Otworzyli tam przy uniwersytecie Polską Szkołę Architektury. Pod koniec roku w Londynie pobraliśmy się z Andrzejem. Przed samym Bożym Narodzeniem pojechaliśmy do Szkocji w tygodniową podróż poślubną. Andrzej wrócił potem na okręt, ja – na uniwersytet.

W styczniu 1945 roku, po Jałcie, wszystko już było jasne. Mąż służył do 15 października 1945 roku. Jeszcze wziął udział w operacji „Pledge", przejmując poddające się niemieckie U-Booty. Pierwszą kapitulację niemieckiego U-Boota przyjął w imieniu władz polskich i zaraz potem zwolnił się ze służby. Dla Polaków, dla żołnierzy w ogóle, rozpoczął się tak zwany *resettlement* – zdobywanie nowych zawodów, mieszkań, zajęć po wojnie. Mąż zajmował się tym jeszcze dwa lata. Potem nastąpiło bardzo trudne dla wszystkich urządzanie sobie życia poza programem państwowym. Mąż, dopóki był w mundurze, w służbie czynnej, podczas wojny, był zapraszany wszędzie, miał bardzo dużo znajomości. Po wojnie to się urwało. W cywilu w ogóle traktowano nas inaczej. Mężowi było bardzo trudno się przestawić. Za późno na zaczynanie studiów, do marynarki, do obcych sił, przecież nie pójdzie, choć byli koledzy, którzy tak zrobili. Można oczywiście, wstąpić do marynarki handlowej, ale wtedy jest się wciąż poza rodziną, poza domem. W Anglii było takie nastawienie, że jeżeli się komuś pomagało, to się to robiło „z góry" – „ja pomagam biednym". Stosunek do byłych towarzyszy broni przedstawiał się dość nieprzyjemnie, trudno się nam było kontaktować z dawnymi kolegami. Wszyscy znaleźli się w takiej sytuacji. Polaków bardzo źle traktowano.

Kiedy mąż odszedł z marynarki, dostał odprawę, za którą pojechaliśmy na wakacje. Do Szwajcarii. Wydaliśmy wszystkie pieniądze. Właśnie skończyłam studia, miałam dyplom inżyniera architekta i poszłam do pracy w urzędzie miejskim przy odbudowie Londynu, a potem w wydziale urbanistyki, przy budowie mieszkań. Mąż starał się otworzyć własną firmę, bardzo go do tego namawiałam, nie chciałam, żeby musiał szukać pracy. Zaczął od warsztatu produkującego elementy z żelaza do wystroju wnętrz. Nie sprzedawało się to tak, żeby można było firmę rozwinąć. I wtedy w modę zaczęły wchodzić meble metalowe. Mąż miał spore kontakty, jeśli chodzi o materiały, sypnęły się zamówienia, wyszliśmy na prostą. W 1950 roku urodziłam córkę, cztery lata później syna. Oboje przyjęła na świat Isia Mickiewicz-Karnicka. Po urodzeniu syna zrezygnowałam z pracy i zaczęłam pomagać mężowi. Projektowałam świeczniki, meble z metalu, takie kolorowe. Zyskaliśmy jakąś materialną stabilizację, wybudowaliśmy dom w Wimbledonie, byliśmy „urządzeni". Prowadziliśmy życie rodzinne i towarzyskie, miałam koleżanki z lotnictwa, Andrzej z marynarki, przyjeżdżali do nas goście, także z Polski. Mąż nigdy już nie wrócił na morze, ja – w powietrze. Latanie było szalenie kosztowne, a myśmy ledwie mogli się utrzymać. Były oczywiście kluby szybowcowe, ale Anglia nie ma warunków szybowcowych takich jak Polska, chmury są niżej. No i nie przyjęliśmy obywatelstwa brytyjskiego i związanych z nim korzyści. Z obywatelstwem brytyjskim łączyły się zobowiązania, a poza tym chciało się zwrócić uwagę, że są ludzie, którzy pozostają dalej obywatelami polskimi, choć nie mogą wracać do domu. Mieliśmy więc paszporty, w których było napisane, że są ważne na wszystkie kraje poza Polską. Do Polski nie mogliśmy przyjechać. Dzieci urodzone w Anglii musiały mieć obywatelstwo brytyjskie, ale wychowaliśmy je tak, że chciały i musiały jeździć do Polski. Śmiałam się zresztą, że jestem jedyną Polką w rodzinie. Bo rodzice – wiadomo, poddani cara, dzieci – Brytyjczycy, bo decyduje tu

Jadwiga Piłsudska z kpt. Andrzejem Jaraczewskim, lata 1945–1946 w Edynburgu.

prawo ziemi, siostra urodziła się w 1918 roku, kiedy jeszcze Niemcy byli w Polsce, mąż – w Warszawie w 1916 roku, także kiedy byli tam Niemcy. W marynarce chcieli mu wpisać nawet niemieckie obywatelstwo – okropnie się oburzył. I tylko ja przyszłam na świat, gdy Polska była niepodległa.

Porucznik pilot Jadwiga Piłsudska-Jaraczewska została odznaczona Brązowym Krzyżem Zasługi z Mieczami. Mieszkała wraz z mężem w Londynie do 1990 roku. Wówczas wraz z nim podjęła decyzję o powrocie do kraju. W 2000 roku, razem z siostrą, odzyskała Milusin, dworek Józefa Piłsudskiego w Sulejówku, swój dom rodzinny. W 2004 roku po długim remoncie dworek został udostępniony do zwiedzania. W tym samym roku Jadwiga Piłsudska-Jaraczewska sprowadziła z Londynu pamiątki po ojcu. Cztery lata później, w 90. rocznicę odzyskania niepodległości, zostało powołane Muzeum Józefa Piłsudskiego. Jadwiga Piłsudska-Jaraczewska ma siedmioro wnuków. W 2008 roku została odznaczona Krzyżem Komandorskim Orderu Odrodzenia Polski.

Kapitan Andrzej Jaraczewski, odznaczony Krzyżem Walecznych, zmarł w Warszawie dwa lata po powrocie do Polski.

Wanda Piłsudska pracowała jako psychiatra w polskim szpitalu pod Londynem. Wróciła do Polski razem z Jadwigą w roku 1990. Zmarła w 2001 roku, przekazawszy cały majątek na rzecz przyszłego muzeum ojca w Sulejówku.

Aleksandra Piłsudska zmarła w Londynie w 1963 roku. Została pochowana na North Sheen Cemetery. Córki sprowadziły prochy matki do Polski 28 października 1992 roku. Zostały złożone w grobie na warszawskich Powązkach.

Krzysztof, syn Jadwigi i Andrzeja, architekt, był organizatorem akcji pomocy Polakom w czasie stanu wojennego. Wrócił do Polski z rodziną. Od 2009 roku jest dyrektorem powstającego Muzeum Józefa Piłsudskiego.

Joanna, córka Jadwigi i Andrzeja, również została architektem. Do Polski wróciła na stałe w 1979 roku, mając 29 lat. Dwa lata później potwierdziła obywatelstwo polskie. Po wprowadzeniu stanu wojennego zrezygnowała z brytyjskiego paszportu, by uniknąć deportacji. W 1983 roku w więzieniu na Rakowieckiej w Warszawie wyszła za mąż za uwięzionego działacza opozycyjnego Janusza Onyszkiewicza.

Kapitan pilot Stefania Wojtulanis-Karpińska, czyli Basia, została zdemobilizowana w listopadzie 1947 roku. Poślubiła pułkownika lotnictwa (w angielskim systemie stopni – generała brygady) Stanisława Karpińskiego, z którym po ciężkich latach spędzonych w Wielkiej Brytanii wyjechała w 1958 roku do Kalifornii. Zmarła w 2005 roku.

Kapitan pilot Anna Leska wyszła za mąż za kapitana pilota Mieczysława Daaba. Pracowała jako urzędniczka. Wraz z mężem wróciła do Polski w 1977 roku. Jej mąż zmarł trzy lata później. Utrzymywała bliskie kontakty z Jadwigą Piłsudską-Jaraczewską. Zmarła w 1998 roku.

ROZDZIAŁ 7

IRKA BARANOWSKA: ZNALIŚMY SIĘ OD ZAWSZE

W Przysposobieniu Wojskowym Kobiet było szkolenie ze strzelania. Dobrze mi szło. Ojciec zaczął mnie uczyć, kiedy miałam siedem–osiem lat. Rysował bolszewika z gwiazdą na czole i trzeba było trafić w tę gwiazdę. W PWK zobaczyłam tarczę i zapytałam zdziwiona: „Nie do bolszewika?". Po wojnie na jarmarkach były stragany ze strzelnicami. Poszłam kiedyś. Raz wygrałam, drugi raz wygrałam, trzeci raz już mi nie dali strzelać. Do PWK Irena Baranowska wstępuje w 1939 roku. Przez wiele lat była harcerką w wileńskiej Czarnej Trzynastce. Ma 18 lat, w Gimnazjum imienia księdza Adama Jerzego Czartoryskiego właśnie zrobiła małą maturę i harcerstwo zaczyna ją nudzić.

Tata był wojskowym. Nim wstąpił w Wilnie do armii generała Żeligowskiego, był oficerem armii carskiej. Całe życie mieszkał w Petersburgu. Jako carski oficer brał udział w pierwszej wojnie światowej, dostał Krzyż św. Jerzego. Został ranny, leżał w specjalnym szpitalu, w którym sanitariuszkami były rosyjskie arystokratki i carskie córki. Wychodząc, dostał od jednej z nich fotografię z podpisem. Po latach, gdy bolszewicy weszli do Polski, mama niestety carównę spaliła. Obydwoje rodzice dobrze wiedzieli, czego się po Sowietach spodziewać. Pobrali się w Petersburgu tuż przed rewolucją, wiosną 1917 roku. W kwietniu 1918 roku przyszła na świat moja siostra. Zaraz potem zaczął się głód, a później ojca, spuchniętego z głodu, aresztowano. Był już oczywiście cywilem, pracował jako zecer, ale posadzono go z innymi oficerami. Większość z nich rozstrzelano. Ojciec opowiadał, że pewnej nocy prowadzono go na śledztwo innymi niż zwykle korytarzami. Trafił do gabinetu, gdzie siedział Feliks Dzierżyński. Pyta: „Ty Polak?". „Polak". „Jesteś żonaty?". „Tak". „Masz dzieci?". „Mam". I podobno Dzierżyński wskazał ojcu drzwi. I ojciec wyszedł. Natychmiast

1930 rok, Irena w Rekanciszkach.

zaczął się ukrywać. W tym czasie brat mamy zorganizował wagon, pozbierał rodzinę z Petersburga, z Pskowa i przywiózł do Wilna. Ojciec przyjechał z nami. Był już rok 1919. Zgłosił się do armii Żeligowskiego i zaraz poszedł na wojnę. Mamę kilka miesięcy później, jako żonę oficera, ewakuowano do Kalisza. W czasie tej podróży Wiktorynka, moja starsza siostra, zmarła na biegunkę. Po wojnie rodzice wrócili. Tatę najpierw przydzielono do Lidy, do 70. Pułku Piechoty, a potem do Wilna. Tam w 1921 roku przyszłam na świat. Po pięciu latach rodzice kupili działkę wojskową w Rekanciszkach, pięć hektarów, i tata postawił drewniany domek. Potem wybudował murowany, ale w 1939 roku, pamiętam, nie był jeszcze wykończony.

Irena dowiaduje się o wojnie z radia 1 września 1939. Zgłasza się do swojej komendy PWK. Zostaje skierowana do obsługi wileńskiego magistratu i zatrudniona jako goniec. Ojciec, kapitan piechoty 6. Pułku, służy w kwatermistrzostwie, pozostaje w mieście, matka pracuje w komitecie pomocy uciekinierom, którzy stopniowo zaczynają napływać do Wilna z zachodu.

1939 rok, Irena na kajaku w Trokach.

Ojciec wpadł do domu, do Rekanciszek, 17 lub 18 września samochodem z wiadomością, że Wilno może się bronić, że może przebiegać tędy front. Tuż po wtargnięciu bolszewików do Polski nie było wiadomo, co robić, krążyła masa sprzecznych informacji. Ojciec kazał nam – mamie, mnie, młodszemu rodzeństwu – natychmiast, w ciągu trzech minut, zebrać się i wsiadać do auta. I tak bez ubrań, bez niczego prawie, pojechaliśmy do Wilna. Ojciec zostawił nas u rodziny swojego kolegi, na Antokolu. Nazajutrz rano z bratem wyszliśmy zobaczyć, co się dzieje w mieście. I widzieliśmy, jak ze szpitala na Antokolu biegli ranni. Żołnierze i oficerowie. Biegli w piżamach, boso, w kapciach ulicą Kościuszki, potem Zielonym Mostem, Wiłkomirską – na Litwę. Uciekali przed zbliżającymi się bolszewikami. Ojciec też poszedł. Nie miał złudzeń, nie czekał, dobrze znał bolszewików. Poszedł w mundurze, pamiętam, jak się pożegnał. Na granicy oddał broń i został aresztowany przez Litwinów.

Następnego dnia czy dwa dni później weszli do miasta bolszewicy. Kto mógł, uciekł, kto został w szpitalu – dostawał cywilne ubranie i trafiał gdzieś do ludzi. Było wiadomo, że zbliżając się do Wilna, bolszewicy mordowali właścicieli folwarków. Przestali dopiero pod miastem. Dla mnie to była straszna dzicz. Sam ich wygląd: te oczy skośne, ta broń na sznurku, te ich szynele, szare, brudne, nieobrębione – to było szokujące. Pokręciliśmy się z bratem trochę po mieście i poszliśmy do domu. Wróciliśmy wszyscy do Rekanciszek. Służąca powiedziała, że boi się u nas pracować, i odeszła. Zaczęliśmy z bratem wspólnie gospodarzyć.

Była powszechna mobilizacja – poszli mężczyźni, zabrano konie i wozy. I nikt właściwie nie wrócił jeszcze z wojny. To była jesień, jeszcze coś tam zostało w polu, ziemniaki na pewno. My, młodzi z Kolonii Wileńskiej i okolic, doskonale się znaliśmy. Od zawsze. Z kolejki, z przystanków. Tadeusz Konwicki mieszkał w Dolnej Kolonii, Barbara Skarga... Przed wojną uprawialiśmy liczne sporty, chodziliśmy na wspólne wycieczki, namiętnie graliśmy w siatkówkę, piłka nożna w Kolonii w ogóle nie była popularna. Dużo się pływało, na Wilence był Młyn Francuski – takie kąpielisko. Wilenka to płytka rzeka, ale młyn miał zastawy, było dosyć głęboko. Latem całe Wilno się tam kąpało. Cały dzień potrafiliśmy spędzić nad wodą. Zimą wszyscy jeździliśmy na nartach w pagórkowatym terenie. Każda góra w okolicy była zjeżdżona. Niektórzy sami sobie robili narty: gotowali końce sosnowej deski, potem wyginali. Też miałam sosnowe narty, ojciec mi kupił... Jeździło się na sankach. Z Górnej Kolonii do Dolnej jechało się jakieś pół kilometra, jeśli nie więcej. Czasem to było kilka osób, czasem dwadzieścia kilka, ale w Kolonii przyjaźniliśmy się ze wszystkimi.

Nic dziwnego, że teraz też wspólnie zaczęliśmy wykonywać prace gospodarskie, na zmianę, raz u jednych, raz u drugich. Trzeba było myśleć, skąd wziąć chleb. Za garnitur ojca kupiliśmy konia. Takiego, który miał skrzywione biodro, więc nie nadawał się do rekwizycji dla wojska. Tym koniem obrabialiśmy pola swoje i kolegów.

Pod koniec października Rosjanie oddali Wilno Litwinom. Poszliśmy do szkoły i tam się okazało, że nie mamy już polskich nazwisk. Nie byłam Baranowska, tylko Baranowskajte. Podnieśliśmy bunt, bo przecież w Wilnie prawie nie było Litwinów. Przestaliśmy chodzić do szkoły, uciekliśmy do lasu. Litwini bili nas, aresztowali, zmuszali do powrotu.

Ale postanowiliśmy, że będziemy strajkować, aż wypuszczą naszych kolegów z więzienia. Udało się.

W grudniu 1939 roku ojciec uciekł z obozu w Prowieniszkach i przyszedł do domu. Byliśmy szczęśliwi, że wrócił i przejął gospodarstwo. Nie wiedzieliśmy, jak je prowadzić, ale i tak dzięki tym kilku hektarom mogliśmy znacznie łatwiej się utrzymać niż rodziny oficerów żyjących z pensji w mieście.

Nadszedł rok 1940, panował nawet względny spokój, chociaż ciągle się słyszało o aresztowaniach. Kto wyjechał, ten się uratował, ale ojciec był przywiązany do Rekanciszek. Nawet nigdy nie rozmawialiśmy o tym, żeby wyjechać. Nocą 28 sierpnia 1940 roku NKWD otoczyło dom. Walili do drzwi, ojciec wiedział, o co chodzi, pożegnał się z nami. W Wilnie było wówczas bardzo dużo aresztowań, szczególnie polowano na uczestników wojny z 1920 roku. Nawet chyba nie pozwolili mu niczego zabrać, robili to bardzo brutalnie. Wzięli go do więzienia na Łukiszkach. Pierwsze i jedyne widzenie mieliśmy w marcu 1941 roku. Poszliśmy wszyscy – mama, ja, siostra i brat. Nie wpuścili nas wszystkich razem. Najpierw ojciec widział się z mamą, potem z rodzeństwem, na końcu ze mną. Wcześniej w liście prosił, żeby mu przynieść ciepłe rzeczy, buty, koszulę. Przynieśliśmy. Podczas spotkania ze mną ojciec dał mi do zrozumienia, że nas też wywiozą. „Spotkamy się na dalekiej Północy" – powiedział. Musiał coś wiedzieć, właśnie zaczęły się straszne wywózki. Przez pewien czas nie nocowaliśmy w domu, tylko w lesie albo w zbożu. A przez Nową Wilejkę szedł pociąg za pociągiem.

To ostatnie spotkanie Ireny z ojcem. Zostaje wywieziony z Wilna w połowie czerwca 1941 roku. Tydzień później do miasta wchodzą Niemcy.

Zorientowaliśmy się, że coś się dzieje. Zaprzęgliśmy konia i pojechaliśmy do Nowej Wilejki. Sowieci w popłochu uciekali z koszar dawnego 13. Pułku Ułanów i 85. Pułku Piechoty. A miejscowi zaczynali rabować to, co zostawili. Brat z kolegą polecieli do tych koszar. Już nic tam nie było, tylko sprzęt wojskowy, a ludzie szukali głównie jedzenia.

Chłopcy wyładowali cały wóz szynelami, ładownicami, bagnetami, pałatkami. To się potem bardzo przydało. I zaraz potem nadjechali pierwsi Niemcy na motocyklach. Odetchnęliśmy, że już nam właściwie wywózka nie grozi.

W 1941 roku zaczęły się tajne komplety, ruszyły podziemne szkoły, nawet podstawowe. Mniej więcej wtedy przyjechała z Warszawy moja ciotka Teresa Świkla. Udawała, że odwiedza rodzinę, w rzeczywistości okazała się emisariuszką ZWZ. Miałam już 20 lat, zorientowałam się, że musi być w jakiejś organizacji, ciągle jeździła od nas do Wilna. Zaczęłam ją prosić, że ja też chcę coś robić. Ciotka w końcu skontaktowała mnie z Zosią Dąb-Biernacką, „Jagienką", członkiem sztabu komendy Okręgu Wileńskiego ZWZ. I tak zostałam łączniczką sztabu komendy.

Pierwsze spotkanie odbyło się naturalnie na ulicy, na spacerze, niby przypadkiem. Podeszłyśmy do siebie. Doskonale wiedziałam, że to Zosia Dąb-Biernacka. Była w klasie maturalnej, kiedy ja chodziłam do pierwszej w Gimnazjum im. ks. Adama Jerzego Czartoryskiego. Zosia była w jednej klasie z Barbarą Skargą, moją późniejszą przełożoną. Więc oczywiście wiedziałam, że to ona, ale udawałam, że jej nie znam. Zapytała, jaki chcę mieć pseudonim, a ja, że „Basia". Ucieszyła się, miała chyba kuzynkę o tym imieniu. Powoli zaczęła mnie wciągać do pracy. Już działało państwo podziemne ze wszystkimi strukturami: szkolnictwo, administracja, sądownictwo. Trzeba było między nimi utrzymywać łączność, obsługiwać kurierów, sprawdzać, czy dotarli na miejsce, pilnować ich, prowadzić po mieście, ostrzegać przed niebezpieczeństwami...

Moje pierwsze zadanie polegało na tym, że miałam odebrać przesyłkę z kościoła śś. Piotra i Pawła na Antokolu od pewnej starszej łączniczki. Dostałam od niej kopertę. Musiałam ją przyjąć i oddać „Jagience". Tak się stało. Po pewnym czasie zaprzysiężono mnie. W domu, w którym to się działo, były jeszcze jakieś dwie dziewczyny, Zosia i ja. Zosia przeczytała tekst przysięgi, myśmy tylko podniosły palce i powiedziały „przysięgam". I już. Zostałam żołnierzem ZWZ. To był dość duży, ruchliwy dom – pamiętam – na Wielkiej Pohulance. Mieścił się tam gabinet dentystyczny, przychodził tłum ludzi. Chyba bezpiecznie.

Do Wilna wraca brat matki Ireny, Leopold Świkla, porucznik 5. Pułku Piechoty w Wilnie. Zmienia nazwisko, mieszka z żoną na wsi pod Wilnem. Z czasem okazuje się, że wuj jest oficerem ZWZ. Konspiracyjne spotkania odbywają się również w domu Ireny w Rekanciszkach. Wuj organizuje oddziały dywersyjne w Kolonii Wileńskiej i szkoli Irenę w topografii, uczy orientacji w terenie i zachowań w sytuacjach zagrożenia.

Nosiłam broń do szkoły podchorążych. Krótką w kieszeni, długą w futerałach skrzypiec. Od rana do wieczora trwała ta robota. Nigdy w życiu nie byłam tak zmęczona, głodna i niewyspana. Ciągle mnie szkolono. Ale co szkolenie może dać? Były jakieś wskazówki, instrukcje, jak się zachować, ale wszystko zależało od sytuacji. Zawsze chodziłam z jakąś przykrywką, że niby idę pohandlować, w torbie miałam igły, nici i tak dalej, żeby wymienić na słoninę czy jedzenie. Była też zasada: trzymać się pierwszej wersji opowiadania, nic nie zmieniać, nie kręcić. Trasę znać na pamięć, wiedzieć dokładnie, dokąd się idzie. Żeby nie pytać. Obserwować, gdzie drzewo, gdzie kamień. Wuj mnie egzaminował. Musiałam na przykład powtórzyć ze szczegółami drogę do Małych Zacharyszek. W końcu moje umiejętności przydały się też wujowi. W marcu 1942 roku kierował akcją przecięcia linii telefonicznej między Warszawą a Mińskiem. W różnych punktach o tej samej godzinie oddziały dywersyjne, które organizował, niszczyły tę linię, wycinając po kawałku kabla. Niemcy aresztowali parę osób, między innymi porucznika Romualda Piekarskiego. Rozstrzelali go w Ponarach. Jego żona, aresztowana przez Niemców i maltretowana, podała adres wuja. Wuj już wiedział, że po akcji mogą go szukać. Mieszkał wtedy u pani Heleny Ziemackiej, w majątku w Małych Zacharyszkach. W takich majątkach pracowali wtedy oficerowie i profesorowie, ziemianie zatrudniali ich i przechowywali. Kiedy przyszli po wuja, akurat pracował przy pomidorach. Widział, że jedzie gestapo i sauguna. Podszedł do nich i spytał, w czym może pomóc. Oni – czy pracuje tutaj Leopold Świkla. On – że nie wie, ale chodźmy do właścicielki – mówi. Poszli do właścicielki.

I wuj do niej, że panowie szukają tu jakiegoś Leopolda Świkli. A ona na to do niego jak gdyby nigdy nic: „Idźcie, idźcie, ja to już załatwię. Wracajcie do pracy". Pani Helena natychmiast zrobiła przyjęcie – szynka, wódeczka, a wuj zabrał żonę i uciekł.

Bezpośrednio potem rozkazano mu opuścić Wilno. Świetnie mówił po niemiecku. Dostał niemiecki mundur i dokumenty oficera, który z frontu wschodniego jedzie na urlop do Warszawy. I właśnie ja miałam mu dać dokumenty. Spotkaliśmy się na ulicy w Wilnie. Ręka mi drżała, bo te wszystkie papiery były przecież lewe, nie wiedziałam, czy będą wystarczająco dobre. Dojechał do Warszawy, udało się.

W 1943 roku nie mogłam już ciągle biegać z Rekanciszek do Wilna, zapisałam się do szkoły z wykładowym litewskim na Holenderni. To było liceum techniczne, ja chodziłam do klasy chemicznej. Nie mówiłam ani słowa po litewsku, zresztą tak jak nasi profesorowie – Polacy. Zapisałam się do szkoły, żeby mieszkać w Wilnie, moje codzienne jazdy do miasta stawały się już zbyt podejrzane. Zamieszkałam u koleżanki, która pracowała w szpitalu. Kradła dla mnie jedzenie i leki dla chłopców, właściwie wszyscy byli wtedy w konspiracji. Każdy coś robił, jeden drugiemu nic nie mówił, nie chwalił się, ale każdy coś robił. W różnym stopniu.

Bardzo dobrze znałam Wilno – rzecz dla łączniczki niezbędna – ale jeszcze lepiej okolice Rekanciszek i Kolonii Wileńskiej. Spędziłam tam dzieciństwo, znałam każdy kamień, każdą miedzę, dziesiątki przejść. Chyba nikt nie znał tej okolicy lepiej. Akurat w tamtych lasach powstały oddziały partyzanckie. Zdarzało mi się prowadzić do lasu różne ważne osobistości z Wilna, z Nowogródka. I z powrotem – chłopców z lasu prowadziłam do miasta, do lekarza, do dentysty. Wszyscy chcieli do Wilna koniecznie chodzić z bronią. Ja – nie. Nie pozwalałam: „Jeśli idziesz ze mną do miasta, nie bierzesz broni. Zagrażasz sobie, mogą cię zrewidować". Zawsze się obrażali, nie umieli już bez broni chodzić. Ale szli. Sama miałam taką niewielką szóstkę, ale nigdy jej nie używałam, schowałam ją. Miałam mocne nerwy, wiedziałam, że to mnie uratuje, nie pistolet. Z bronią zawsze były tylko kłopoty.

17 sierpnia 1943 roku oddział dywersyjny z Kolonii Wileńskiej przekształca się w 6. Brygadę AK. Dowodził nią „Tońko", porucznik Adam Boryczko, cichociemny z Samodzielnej Brygady Spadochronowej, wcześniej szef wileńskiego Kedywu.

Kiedy powstawała Brygada, powiedziałam „Jagience", że wolałabym być łączniczką oddziału niż łączniczką w mieście. Bo to nudne. Tym bardziej że do Brygady poszli też chłopcy, z którymi się uczyłam i pracowałam. Poszli brat i Jerzy Tyman „Jerry", moja sympatia.

Wszyscy, którzy tworzyli zaczątek Brygady, byli mieszkańcami Kolonii Wileńskiej. Znaliśmy się od zawsze. „Jagienka" się zgodziła. Zaczęłam regularnie chodzić do lasu. W każdy czwartek prowadziłam do Brygady grupę ochotników. „Tońki" nie znałam, słyszałam o nim tylko.

W końcu września 1943 roku prowadziłam do lasu dość dużą grupę. Powiedziano mi, że na końcu, w lasku, spotkam się z komendantem osobiście. Miałam chodzić po lesie, zbierać grzyby i śpiewać *Przybyli ułani pod okienko*. Odzew miał brzmieć: „Raduje się serce, raduje się dusza". Chodziłam, śpiewałam, byłam już naprawdę zła, bo ciągle o tych ułanach, a „Tońka" nie ma. W końcu usłyszałam jego piosenkę. Był bardzo dobrze zamaskowany i obserwował mnie od dłuższego czasu. Porozmawialiśmy. Poczuliśmy do siebie sympatię. Nigdy nie byłam w oddziale, tylko przyprowadzałam ludzi, przynosiłam, co mi kazano, nie wchodziłam tam, gdzie stacjonowała Brygada. Ale tego dnia zaprzyjaźniłam się z „Tońkiem".

Bardzo często wtedy powoziłam. Trzeba było dostarczać z Wilna zaopatrzenie dla Brygady – broń, sprzęt. Przyjeżdżałam do Wilna saniami albo wozem, zostawiałam zaprzęg na kilka godzin, bo czasem zdarzała się przeprowadzka wewnątrz miasta, albo jechałam do lasu. W marcu 1944 roku do oddziału dołączył kapelan. Należało mu dostarczyć rzeczy potrzebne do odprawiania mszy. Jadę do Wilna, ładują mi to wszystko na sanie, a przy okazji dorzucają kilka skrzynek granatów. Przy skręcie do Górnej Kolonii wybiega z posterunku dwóch Litwinów, wyładowują na śnieg wszystkie moje rzeczy i zabierają konia i sanie. Stoję tak nad tymi granatami, żadnego krzaka, nic. Wszystko ciężkie, nie mam jak przenieść.

Uciec nie mogę, zorientują się przecież, skąd ten koń, trafią do mojej rodziny, a w domu tylko mama, siostra i babcia, bo brat był już w lesie. Nie mogłam ich narażać. Więc stoję i czekam. Nie wiem na co. Po trzech kwadransach Litwini wracają z koniem. Nie mieli jak przywieźć węgla, więc zarekwirowali mi sanie. Oddali, wyładowali węgiel, jeszcze trochę go w saniach zostało, i z powrotem wrzucili mi te skrzynie z granatami. Pojechałam. Ależ ja nerwy wtedy miałam...

Wiosną 1944 roku „Jagienka", jako szczególnie poszukiwana, zostaje odesłana z Wilna. Irena ma 23 lata. Przechodzi pod komendę Barbary Skargi „Ewy", szefowej łączności terenowej. Do miasta zbliżają się Sowieci. Oddziały AK, realizując plan akcji „Burza", mają wkrótce przystąpić do operacji „Ostra Brama" – zajęcia Wilna przed wkroczeniem Armii Czerwonej.

Na przełomie czerwca i lipca Wilno zostało praktycznie odcięte. Z miasta było bardzo trudno wyjść, jeszcze trudniej wyjechać. W tym czasie część oddziałów szła już na koncentrację. 4 lipca miałam coś przywieźć z Wilna do oddziału. Wszystkie furmanki wyjeżdżające z miasta były kontrolowane. Przyjechałam do Wilna. Załadowali mi wszystko, co potrzeba zgrupowaniu w Wołkarabiszkach. Ładował mi to sam legendarny Stanisław Kiałka „Jelonek". Bardzo wierzył, że mam wielkie szczęście, żartował, dodawał otuchy. Ruszyłam. Po jakichś dwóch kilometrach pojawia się sauguna, Litwini doskakują, celują we mnie. A ja ni z tego, ni z owego wyciągam kanapkę czy kawałek chleba i z błogim uśmiechem zaczynam jeść. Życzyli mi po litewsku smacznego, ja po litewsku podziękowałam. Puścili mnie bez rewizji.

Kilka dni później, 7 lipca, Barbara Skarga wysłała mnie na północ Wilna, żebym odszukała „Węgielnego", czyli „Miecia", szefa zgrupowania brasławskiego, które nie brało udziału w akcji „Burza". Miałam go znaleźć i przekazać mu jakiś rozkaz. Wyszłam rano, może o ósmej. Zielony Most był już zerwany, przeprawiłam się przez Wilię i dotarłam do starego pałacu w Werkach, gdzie stacjonował „Węgielny". Oddałam karteczkę, powiedziałam, że od „Ewy", i w parku na ławce czekałam na odpowiedź. Tymczasem oddział zniknął, chyba o mnie zapomnieli. Usłyszałam strzały i pojawili się czerwonoarmiści. Schroniłam się do jakiejś obory czy kurnika. Wpadli tam w poszukiwaniu jajek, które wypijali. Zobaczyli mnie, ale nic mi nie zrobili. Wybiegli. Od 6 lipca trwała już współpraca polsko-sowiecka. Po ulicach Wilna chodziły wspólne polsko-sowieckie patrole. Z jednej strony żałowaliśmy, że nie udało się nam samym zdobyć Wilna, z drugiej – była jakaś nadzieja, że może będzie dobrze, może uda się Wilno zachować. W tym czasie chodziłam ciągle do Wołkarabiszek, do sztabu Okręgu Wileńskiego, z „Wilkiem", pułkownikiem Aleksandrem Krzyżanowskim na czele. Barbara wysyłała mnie do nich codziennie.

Przegląd oddziałów 6. Brygady miał się odbyć 17 lipca w Wołkarabiszkach. Wizytowali wyżsi oficerowie armii sowieckiej. Byłam tam, widziałam również pułkownika NKWD, który później zaprosił dowódców i wyższych oficerów do Bogusz, żeby ustalić szczegóły współpracy. „Tońko" został w Wołkarabiszkach. Wszyscy oficerowie, którzy poszli do Bogusz, już nie wrócili. Otoczono ich i aresztowano. „Wilka" zatrzymano jeszcze wcześniej, rano tego samego dnia, w Wilnie. Urządzano polowanie na partyzantów. Wieczorem oddziały Brygady zaczęły się przedzierać z Wołkarabiszek w kierunku Puszczy Rudnickiej, potem Nackiej. To nie było wycofywanie się, to była ucieczka – bez taborów, niemal w okrążeniu, z latającymi nad głową kukuruźnikami. W Puszczy Nackiej dowództwo doszło do wniosku, że nie da się iść dalej. Zwolniono ludzi z przysięgi, rozformowano oddziały, każdy mógł wracać na własną rękę.

Nie poszłam z „Tońkiem". Po zakończeniu przeglądu miałam rozkaz wracać do Wilna, nie wiedziałam jeszcze o zdradzie Sowietów. Wyszłam na drogę i złapałam sowiecką ciężarówkę. Ucieszyłam się nawet, że z sojusznikami pojadę do Wilna. Dobrze znałam rosyjski, ale oni byli jacyś nierozmowni. Przy Ostrej Bramie chciałam wysiąść, lecz samochód się nie zatrzymał, potem przyspieszył. Zaczęłam krzyczeć, walić w szoferkę, żeby się zatrzymali, jednak samochód jechał coraz szybciej. W pewnej chwili jakiś lejtnant zatrzymał nas do kontroli, szybko wtedy wyskoczyłam. Znowu miałam szczęście, jechaliśmy prosto na Łukiszki.

Po aresztowaniu dowódców Okręgu Wileńskiego AK i rozformowaniu części oddziałów główny ciężar działalności konspiracyjnej spoczywa na tak zwanej legalizacji, komórce produkującej fałszywe dokumenty. Chodzi o bezpieczeństwo wychodzących z lasu partyzantów, umożliwienie im ucieczki z terenów okupowanych przez Armię Czerwoną, dostarczenie pieniędzy, przerzut. W Wilnie i okolicach jest coraz bardziej niebezpiecznie. Rozpoczyna się polowanie na akowców, pierwsze wywózki. Wywiad NKWD działa bardzo sprawnie.

W pierwszej klasie szkoły podstawowej uczyłam się z kolegą Rosjaninem, Wowką Popowem. W 1939 roku, kiedy przyszła Armia Czerwona, Wowka pojechał na studia do Moskwy. Zniknął. W 1944 roku wrócił z Armią Czerwoną jako enkawudzista. I rozpracował całą Kolonię. Wtedy, w lipcu, aresztowano kilkadziesiąt osób, głównie podczas likwidacji szpitalika AK. W akcji „Burza" bardzo wielu ludzi zostało rannych. Cała Kolonia pracowała w tym szpitalu, cała młodzież, która nie była w jakichś oddziałach. Tylko ja nie, bo ciągle biegałam do lasu...

Mniej więcej w połowie sierpnia Barbara Skarga wysłała mnie do niedobitków oddziałów partyzanckich w Puszczy Nackiej. Poszłam ja, Irena Snarska, która znała drogę do oddziału, „Cerber" – dowódca 12. Brygady, i „Marynarz" – partyzant. Zanim ruszyłam, „Ewa" powiedziała mi: „Ty nie masz prawa wpaść". Bo w torbie z podwójnym dnem miałam – jak się dowiedziałam od niej dużo później – dolary, złote ruble, rozkazy i adresy potrzebne do budowy punktów przerzutowych przez Bug.

Przed Ejszyszkami enkawudziści zatrzymują ludzi i robią rewizję. Irena mówi do „Marynarza": „Daj mi swój worek". Wiedziała, że miał tam długą broń. Ja pytam „Cerbera": „Ma pan broń?". „Mam". „To niech mi pan wrzuci do torby" – mówię. Sądziłyśmy, że kobietom łatwiej będzie się prześliznąć. Mężczyzn obszukano, puszczono. Nas – ze względu na torbę i worek – zabrano na posterunek. Jak zwykle mówiłam, że idę na handel wymienny. Na wierzchu torby miałam rzeczy potrzebne do budowania „legendy". Irena została na korytarzu, mnie wprowadzono do jakiegoś pokoju. Przesłuchujący mnie enkawudzista odwrócił się na chwilę, na biurku leżały liczydła i ja pod te liczydła błyskawicznie wetknęłam pistolet. W tej samej chwili bojec na korytarzu krzyknął: „Awtomat, awtomat" – otworzyli worek „Marynarza". Mój śledczy wybiegł, a ja porwałam torbę i wyskoczyłam przez okno. To był wysoki parter. Akurat wskoczyłam na głowę wartownika. Zbaraniał. „Czto s toboj?" – krzyczy. „Srać choczu" – odkrzyknęłam. Bo rzeczywiście, ze zdenerwowania dostałam rozstroju żołądka. I rzuciłam się do ucieczki. Strzelał, biegłam zakosami, nie trafił. Zatoczyłam wielkie koło i pobiegłam w tym samym kierunku, z którego przyszłam. Rowem melioracyjnym, żeby psy nie znalazły. Słyszałam psy, motocykle, ludzi. Zaszyłam się w stogu. Ucichło. Irena została na sowieckim posterunku, zgodnie z zasadami zwaliła wszystko na mnie, ale i tak dostała 10 lat zsyłki...

Przenocowałam w stogu, rano poszłam do jednej z naszych melin. Nakarmili mnie i powiedzieli, gdzie teraz są rozlokowane brygady. Wciąż miałam torbę do oddania. Poszłam. Po kilku godzinach w lesie, na drodze, zobaczyłam patrol partyzancki. Brat mój w oddziale błyskawicznie się dowiedział, że mnie aresztowano. Chciał mnie odbijać, ale „Tońko" się nie zgodził. Brat nie mógł sobie znaleźć miejsca, więc zgłosił się na ten patrol. Idę prosto na niego, on na mnie. Widzę go, on mnie także. Ale nie reaguje, mija mnie obojętnie. Więc ja też go mijam, nie wiem, co się dzieje. Minęliśmy się, ale on nic. Więc krzyknęłam na niego. Odwrócił się, podszedł. Tłumaczył, że myślał, iż ducha zobaczył. Za tę ucieczkę dostałam potem Krzyż Walecznych, a jak nazajutrz trafiłam na melinę, to usłyszałam niestworzoną historię o tym, jak jakaś łączniczka bohatersko uciekała z ruskiego posterunku.

Wróciłam szczęśliwie do Wilna. 21 sierpnia Barbara Skarga znów wysłała mnie w stronę Ejszyszek. Miałam się spotkać z „Tońkiem". W wiosce Borowe oddałam mu, co miałam oddać, i „Tońko" przekazał mnie „Jaremie" – dowódcy zgrupowania oszmiańskiego. „Jarema" dostał wysokiej gorączki, 40 stopni, pękł mu żylak. Przyniosłam opatrunki, opatrzyłam. „Tońko" kazał mi odstawić „Jaremę" na melinę, powiedział gdzie. Ja wtedy już byłam Marią Zebryk, miałam nową tożsamość, w Wilnie zrobiło się naprawdę niebezpiecznie. Umówiłam się z „Jaremą", ustaliliśmy legendę – idę do Ejszyszek, mam w torbie igły, nici, mydło na handel, spotykam pana, pan jedzie furmanką, proszę pana o podwiezienie, pan się zgadza. Jego eskorta – ośmiu–dziesięciu ludzi – idzie piechotą, nie znają mnie.

Wyruszyliśmy z rana. Po przejechaniu paru kilometrów otoczył nas wielki oddział enkawudzistów. I natychmiast zaczęli krzyczeć: „Jarema, Jarema". „Jarema" był wielki, gruby, rzucający się w oczy. Wszystkich rozbroili w okamgnieniu. Nikt nie zdążył wystrzelić. „Jaremę" zaprowadzili do chałupy, a mnie zamknęli w chlewie. Gdzieś tak pod wieczór wyprowadzili. Uznali, że jestem łączniczką, i kazali się przyznać. Tym razem w torbie nie miałam nic trefnego, więc śmiało szłam w zaparte – że broń Boże, nie jestem żadną łączniczką, opowiadam swoją historię. „Jarema" chyba też to potwierdza. Enkawudziści nie wierzą. Koło 22.00 przyjechał pułkownik NKWD, którego widziałam 17 lipca, kiedy robił przegląd 6. Brygady i zapraszał wszystkich dowódców do Bogusz na odprawę. Zaczęły się straszne krzyki. Nie bili, tylko wrzeszczeli. Twardo trzymam się swojej wersji. Oni na to, że w takim razie mnie rozstrzelają. Wyprowadzają mnie za chałupę, trzech bojców. I dają trzy minuty do zastanowienia się. I ja sobie myślę: „Tyle znam adresów, kiedy mnie będą torturować, zasypię. Jak mnie mają rozstrzelać, to chwała Bogu, nie będą torturować, szybka śmierć". Był taki ładny księżyc akurat. Pomyślałam tylko: „Jednak na tym świecie ładnie jest". Zdążyłam tak sobie pomyśleć i dostałam cios w szczękę. Wpadłam do dołu po kartoflach.

Na drugi dzień zabrali nas wszystkich do Ejszyszek. Znowu przesłuchiwali, ja znowu, że nie. Oni – że mnie zamkną, nie dadzą jeść, pić. Zaprowadzili mnie gdzieś, żeby zamknąć, i ten wielki enkawudzista, który mnie prowadził, strasznie na mnie wrzeszczał i w tej samej chwili podawał mi kawałki cukru, brudne, całe w karaszkach, w skrawkach tytoniu. Zasnęłam.

Kilka miesięcy siedziałam w domu przerobionym na areszt. Dobrze się miewałam – wreszcie mogłam się wyspać. Siedziała ze mną dziewczyna w moim wieku. Strasznie płakała, bo aresztowano jej brata. Znałam go. Ja nie płakałam, tylko gimnastykowałam się albo spałam. Nic mi nie udowodniono, wypuszczono gdzieś w grudniu. Przyszłam do Wilna, a „Ewy", czyli Barbary Skargi, już nie było. Aresztowano ją 8 września. Już prawie nikogo z organizacji nie było. Ten sowiecki areszt uchronił mnie przed wywózką.

Irena po wyjściu z aresztu nie może wrócić do domu. Razem z bratem mieszka w stodołach, czasem sypia w domach znajomych, czasem w stogach. Szuka kontaktu z organizacją.

Trwały polowania na mnie i na brata. Zresztą i tak zabierali młodych, nawet jeśli nie mieli konspiracyjnej przeszłości. Transporty na Wschód szły bez przerwy. Patrole chodziły co 10 metrów, zdarzało się, że zabierali ludzi z ulicy. Pod koniec grudnia na ulicy spotkałam „Tońka". Zostałam jego łączniczką. Oddziału już nie było. Przez pewien czas „Tońko" nawet chciał go odtworzyć, posyłał mnie do różnych naszych melin na wsiach. Ale melin też nie było, właścicieli aresztowano i wywieziono. „Tońko" próbował zorganizować jakiś sztab, jakąś organizację, wszystko było wtedy w rozsypce. Chciał stworzyć bazę do współpracy między Wilnem a Warszawą. Jednak przede wszystkim zajmowaliśmy się dostarczaniem dokumentów poszukiwanym. „Tońko" i legalizacja wyrabiali dokumenty, ja je dostarczałam.

W styczniu 1945 roku moja siostra i mama zostały aresztowane.

Mama od 1943 roku prowadziła melinę 6. Brygady, po rozwiązaniu szpitala AK w Kolonii Wileńskiej przechowywała rannych. Więzienie na Łukiszkach było już tak przepełnione, że w mieście powstało kilka nowych. Mama trafiła na Kochanowskiego. W lipcu 1945 roku po przesłuchaniach wywieziono ją do Workuty.

Znałam dużo adresów, choć nie powinnam. Bo wcześniej robiłam coś, czego nie powinnam. „Tońko" przymykał na to oko, ale nosiłam listy partyzantów do matek, żon. W 1945 roku specjalnie na mnie polowali. Zatrzymali mamę, ale puścili siostrę. Miała do mnie list od oficera NKWD. Pisał, że chce się tylko ze mną zobaczyć i porozmawiać. Dawał słowo, że nic mi się nie stanie. Sąsiadka zatrzymała siostrę po drodze, nie

Irena, 1945 rok.

puściła do domu, bo w domu był już kocioł. Oczywiście nie wierzyłam enkawudziście. Wyrobiłam siostrze fałszywe dokumenty, rodzina mojego przyszłego męża adoptowała ją jako sierotę i zabrała za granicę jałtańską, za Bug, do Polski.

Jerzy Tyman „Jerry" zdecydował się nie wracać do Wilna, tylko też pójść do Polski. Został aresztowany w Białymstoku. Po kilku dniach wieziono go samochodem na stację, na wywózkę do Rosji. Siedział z tyłu. Na zakręcie trzasnął głowami dwóch bojców, którzy siedzieli z przodu, i wyskoczył. Uciekł, ale przecież wiedział, że tylko na chwilę. Zaciągnął się do armii Berlinga. Przyjęli go, ale wcielili do kompanii, którą posyłali w najgorszy ogień. Opowiadał, że we Wrocławiu, jak walczyli, asfalt się palił. Że z całej kompanii zostało dziewięciu.

W Kolonii i w okolicach prawie nie było mężczyzn, zostały tylko niedobitki, kobiety i dzieci. Zaczęły się sowieckie rabunki.

Było niebezpiecznie, w co drugim domu kocioł.

Zimą nie bardzo było co jeść. Mieszkaliśmy z bratem, gdzie popadnie, i widzieliśmy, co się dzieje. W Kolonii założono kocioł w domu kapitana Władysława Polnika, wywiezionego z żoną i córką. Była tam melina 3. Brygady AK. Kapitan Polnik zajmował się przed wojną aprowizacją 85. Pułku Piechoty, miał 10 hektarów obsadzonych kapustą i kiszoną kapustę w silosach. Więc wtedy zimą robiliśmy z bratem tak, że kiedy enkawudziści stale czekający w domu Polników szli się zabawić do sąsiedniego gospodarstwa, podjeżdżaliśmy saniami i ładowaliśmy kapustę z silosów. Śnieg był po pas, więc nawet kiedy Sowieci nas widzieli, nie zdążyli dobiec, grzęźli w śniegu. A my wieźliśmy tę kapustę saniami i wiadrami dawaliśmy tym, którzy jeszcze byli w lasach. Zaczęliśmy myśleć, jak się przedostać do Polski.

W marcu Irena farbuje włosy na rudo, stara się zmienić powierzchowność. Czwartym transportem repatriacyjnym, 5 marca, z dokumentami Marii Zebryk, opuszcza Wilno.

Nie mógł jechać ze mną ani mój brat, ani jego koledzy. Ich roczniki podlegały poborowi do Armii Czerwonej. W Wilnie działał Związek Patriotów Polskich, więc niektórzy szli do Berlinga. Brat nie chciał. Poszłam do Wojenkomatu, powiedziałam, że opiekuję się człowiekiem, który jest umysłowo chory, więc proszę o papiery i stempel. Oni na to, że muszę go przywieźć, żeby go zbadali. Przyszłam do brata, mówię, że się nie udało. Brat: „Sądzone mi było w Wilnie zostać". Ja na to, że przecież i tak go aresztują. Mogą to zrobić albo tu, albo ze mną w transporcie. Zaryzykował. I jego kolega też. W transporcie jechał sierociniec – chłopcy od 8 do 12 lat z wychowawcami, ze 30 osób. Brat i jego kolega wmieszali się do grupy wychowawców. Na granicy, za Grodnem, pociąg się zatrzymał i do każdego wagonu weszli enkawudziści z listą. Każdy wyczytany przechodził na drugą stronę. Brat opowiadał, że kiedy dotarli do wychowanków sierocińca i zaczęli wyczytywać nazwiska, dzieci biegały, zrobiło się straszne zamieszanie i Sowieci machnęli w końcu ręką. Przejechaliśmy wszyscy.

Najpierw trafiliśmy do Poznania na Kobyle Pole. Pamiętam, że w wykopach w ziemi była marchewka. Chłopcy poszli, nakopali jej, mieliśmy ucztę. Byliśmy wtedy przecież kompletnie goli i bez pieniędzy. Dotarliśmy do Poznania. Raz dziennie Państwowy Urząd Repatriacyjny wydawał menażkę zupy. Jakoś przeżyliśmy. Potem wysłali nas do Nowego Tomyśla, brat zaczął się starać o mienie poniemieckie. Dostaliśmy 12 hektarów w Kozich Laskach. Rodzina niemiecka jeszcze nie była wysiedlona, czekała na wywóz do Niemiec. Mieli konia i źrebaka, dwie krowy, kury. Już było lato, zaczęliśmy gospodarzyć. Niemcy mieszkali w jednym końcu domu, my w drugim. Dostaliśmy od nich kołdry, prześcieradła, naczynia. Mieliśmy już dom, ziemię. Cieszyliśmy się, że rodzice przyjadą z Workuty i będziemy żyli normalnie. Bardzo szybko zaczęli przyjeżdżać do nas różni znajomi z Wilna, z partyzantki. W końcu mieszkało z nami pięciu–sześciu chłopaków, którzy jeszcze nie mieli się gdzie podziać. Niemka gotowała. Ludzie w Kozich Laskach dziwnie patrzyli na nas – wilnian. Byliśmy trochę inni. Myśmy na przykład latem chodziły bez pończoch, a miejscowe kobiety wszystkie w pończochach i bardzo się nam dziwiły.

16 lipca usłyszeliśmy odgłosy strzelaniny. Naturalnie mój brat i inni chłopcy poszli zobaczyć, co się dzieje. A to była walka między dezerterami z Ludowego Wojska a NKWD. Potem okazało się, że byli to chłopcy z 27. Wołyńskiej Dywizji AK, którzy schronili się w Ludowym Wojsku Polskim. Brat z kolegami przyprowadzili rannego w rękę żołnierza. Zrobiliśmy mu opatrunek, ułożyliśmy na sianie. Następnego dnia chcieliśmy sprowadzić lekarza. Należało porządnie ranę oczyścić. Koło piątej rano brat pojechał do młyna, całe to towarzystwo trzeba było nakarmić. Kiedy wyjechał, nasz dom niemal natychmiast został otoczony przez NKWD, zabrali mnie i chłopaków do samochodu, nasz niewielki dobytek od Niemców też wrzucili na pakę i razem z nim przykryli nas plandeką. Leżąc, umówiliśmy się, co mamy zeznawać, żeby było jednakowo.

Przywieziono nas do jakiejś wioski, mnie znowu zamknięto w chlewie. Byliśmy tam około dziesięciu dni, potem każdego oddzielnie wieziono do UB w Nowym Tomyślu. Patrzyłam przez szparę, nie wiedziałam, dokąd nas wiozą, samochód wracał pusty…

Spotkaliśmy się w UB w Nowym Tomyślu i strasznie się ucieszyliśmy, że to Polacy, nie NKWD. I rzeczywiście ubowcy raczej nas nie szykanowali. Później w kajdankach przywieźli nas do Poznania. Byliśmy otoczeni przez wojsko, najpierw ja z moimi chłopcami, za nami ci chłopcy z 27. Dywizji. I tak w otoczeniu ubowców szliśmy przez ulice Poznania do siedziby UB na Kochanowskiego. W przedsionku naczelnik ustawił nas i zaczął na mnie wrzeszczeć, że jestem k... A ja przecież byłam w oddziale i znałam różne języki, ale nie znałam takiego słowa, nie wiedziałam, co to znaczy. Naprawdę. Nikt u nas tak nie mówił.

Trafiłam do celi z piętrowymi narami bez koców i sienników. Cela malutka. Weszłam i patrzę, a tam już kilkanaście dziewczyn siedzi, może koło dwudziestu. Zrobiły mi miejsce, zaopiekowały się. Były tam dziewczyny z NSZ, z AK, z innych organizacji. Była też z nami niemiecka hrabina, która w swoim majątku miała szpital dla SS. Wyjmowała chusteczkę z koronkami i wycierała nią kurze. Bardzo cicha, myśmy jej nie dokuczały, nie rozmawiała z nami. Była zupełnie nieobecna. Zabrali ją do szpitala psychiatrycznego. Siedziała z nami nawet kapo z jakiegoś obozu koncentracyjnego, Polka. Opowiadała, że była taka dobra dla więźniarek. Też wkrótce ją zabrano. Ja wtedy nawet nie wiedziałam, co to jest obóz koncentracyjny.

Karmiono nas tak, że po miesiącu nie mogłam podnieść ręki, żeby się uczesać. Rano kubek kawy i kawałek chleba. Przez cały dzień zastanawiałyśmy się, co z tym chlebem zrobić, czy zjeść od razu czy zostawić na później. Potem na obiad menażka takiej wody i na kolację tylko kawa. Strasznie nas głodzono. Oczywiście żadnych paczek.

Nocą byłam przesłuchiwana przez oficera śledczego. Wprowadzano nas na górę do gabinetu. Myśmy się nie myły, nie miałyśmy na zmianę bielizny – ani majtek, ani niczego. Śmierdziałyśmy strasznie. Rano łapałyśmy wszy. 115–120 – to była norma. Potem wpadłyśmy na pomysł, że wszy trzeba przechowywać i jak która szła na przesłuchanie, to brało się te wszy w garść i wypuszczało na śledztwie.

Gdy brali mnie na śledztwo, udawałam wieśniaczkę z czterema klasami. Oczywiście o Wilnie ani słowa. Moja Maria Zebryk to była dziewczyna z wiochy. Ten oficer nie miał ze mną o czym rozmawiać, więc mówił: „Ja będę spał, a ty siedź, jak będzie ktoś szedł, to mnie obudź". I tak wyglądały te przesłuchania. Sąd wojskowy odbył się 30 września 1945 roku. Skazano mnie na dwa lata więzienia i przewieziono na Młyńską w Poznaniu. Trafiłam do celi z Marysią z Lubelskiego i właścicielką sklepu kolonialnego z Poznania. Siedziałyśmy we trzy. Budzili o piątej i nie było co robić. Bezczynność była najstraszniejsza. Zgłosiłam się do mycia podłóg. Dostawałam drewniane wiadro i szmatę i przed szóstą szłam myć podłogę. Wpadłam na pomysł, żeby skrawki gazet z kosza przypinać pod dno wiadra. Strażniczka zawsze mnie rewidowała, ale te skrawki gazety zawsze udało mi się przenieść. Potem posyłałyśmy je do innych cel.

Dobrze zapamiętałam Wigilię w 1945 roku. Nie jadłyśmy śniadania i obiadu, żeby coś zostało na kolację. Wieczorem mężczyźni zaczęli śpiewać kolędy. Głośno. Strażnicy pobiegli uciszać, więc myśmy zaczęły śpiewać. I tak na zmianę. Bardzo specjalny wyraz miały te kolędy. Zostałam zwolniona 30 grudnia. Była amnestia.

Początek 1946 roku Irena spędza u znajomych w Poznaniu. Poniemiecki majątek skonfiskowano, brat mieszkał w Chociszewie, potem przeniósł się do Gdańska. Ciotka Ireny trafiła do Giżycka. Irena jedzie tam razem z siostrą.

Chciałam szybko zdobyć jakiś fach, bo wiedziałam, że jak rodzice wrócą z Workuty, będę się nimi musiała zająć. Dowiedziałam się, że w Kłodzku otwarto trzecią klasę liceum pedagogicznego, pojechałam tam w 1946 roku. Rok później zdałam maturę. Jako Maria Irena Zebryk. Nie było łatwo dostać się do tej szkoły, nie chcieli uznać ani małej matury z Wilna, ani trzech lat w liceum technicznym. Zdałam egzaminy ze wszystkich przedmiotów i kiedy zaczęła się nauka, okazało się, że w tej klasie są sami tacy jak ja. Tuż przed maturą kazali mi przedstawić świadectwo urodzenia. Nie wiedziałam, skąd mam je wziąć, ale podszedł do mnie jakiś chłopak. „Mam blankiety z Zaleszczyk – mówi – mogę ci wypisać". Więc jestem z Zaleszczyk.

Rodzice Jerzego mieszkali we Wrocławiu, odwiedzałam ich. W tym czasie Jerzy był u Berlinga i kombinował, jak się z tego wojska wymigać. Symulował chorobę psychiczną, żeby go zwolnili. Wiedział, że tam nie wytrzyma, prędzej

1947 rok, Kłodzko. Klasa maturalna – Irena siedzi druga z lewej.

czy później zostanie aresztowany. Zwolniono go w początkach 1947 roku. Znaliśmy się od zawsze, sympatyzowaliśmy ze sobą od dawna. On z tego wojska słał do mnie listy bardzo serdeczne. Pisał do mnie oczywiście „Marysiu".

Mama wróciła w maju 1947 roku, mówiła, że miała szczęście. Pracowała w kopalni, więc było ciepło. Majster zapuszczał motor, motor chodził, a wszyscy spali. Była z kobietami, które znała z Kolonii Wileńskiej i z Wilna, wspierały się nawzajem.

Ojca szukaliśmy przez Czerwony Krzyż, ale odpisali, że nic nie wiedzą o jego losach. W lipcu 1947 roku pobraliśmy się z Jerzym. Mieszkaliśmy wszyscy we Wrocławiu w poniemieckiej willi państwa Tymanów. Ja, mąż, mama, siostra, rodzice Jerzego. Czasem odwiedzał nas „Tońko".

Mąż został pomocnikiem maszynisty, ja nie pracowałam. Żeby dostać pracę nauczyciela, trzeba się było zapisać do partii. Postanowiliśmy przenieść się do Giżycka, bo miałam dostać tam pracę. Ja, Jerzy, mama i siostra. Mieszkaliśmy u ciotki w bardzo dużym mieszkaniu. Dostałam pracę w szkole dla dorosłych. W Giżycku też oczywiście mieszkali ludzie, których bardzo dobrze znałam z Kolonii i z Nowej Wilejki. I nikt nigdy nie powiedział do mnie „Irena". Wszyscy – „Marysiu".

1959 rok, Irena z mężem i córkami.

W 1954 roku „Tońko" zostaje zatrzymany na granicy niemiecko-polskiej. Jest szefem łączności z krajem Delegatury Zagranicznej WiN. To jego czwarta wyprawa kurierska do kraju. W pokazowym procesie zostaje skazany na karę śmierci. W wyniku śledztwa lub inwigilacji WiN przez UB osoba „Tońka" zostaje powiązana z Ireną. Śledczy wiedzą, że po wojnie odwiedzał ją we Wrocławiu.

Rzeczywiście „Tońko" przyjeżdżał do nas z Paryża czy z Londynu. Nie miałam pojęcia o tym, że z zagranicy, nie wiedziałam, że nadal jest w konspiracji. Przesłuchiwano mnie w związku z jego aresztowaniem. Powiedziałam, że go nie znam, jednak coś mi mówiło, że nie powinnam iść w zaparte. Ujawniłam prawdziwe nazwisko, zeznałam, że byłam w Wilnie łączniczką „Tońka". Natychmiast zmieniono mi dokumenty i wróciłam do swojego nazwiska...

W Giżycku mieszkaliśmy do 1955 roku. Ciągle wzywano mnie na UB. Wiedzieli, że byłam w AK. Wzywali mnie na przesłuchania, a potem na czwartą po południu musiałam chodzić do pracy, do szkoły dla dorosłych. Nerwowo nie wytrzymywałam. Mąż chciał mi pomóc. Pojechał do kuratorium i zapytał, czy nie ma posady dla nauczycielki gdzieś indziej. We wrześniu 1955 roku zaczęłam pracować w Gryźlinach, w domu dziecka. Byłam wychowawczynią, to dawało mi ogromną satysfakcję, wiedziałam, że jestem potrzebna dzieciom. Zorganizowałam im wigilię. Jedna z wychowawczyń doniosła o tym do kuratorium w Olsztynie. Już 28 grudnia wezwano mnie i zakomunikowano, że ktoś taki jak ja nie może być wychowawcą. Zaproponowano, że mogę się przenieść do Plusek, do domu bez wody i światła, albo gdzieś w okolice Barczewa. Rodzina męża mieszkała w Warszawie, Pluski leżą na trasie do Warszawy, wybrałam Pluski. Przenieśliśmy się tam 1 stycznia 1956 roku. Zimno, myszy. Pracowałam w szkole, mąż naprawiał silniki w łodziach, z zamiłowania był szkutnikiem. Było nam bardzo dobrze.

Irena Tyman pracowała jako nauczycielka do 1976 roku. W 1958 roku przeniosła się do Stawigudy, gdzie mieszka do dziś. Ma dwie córki i czworo wnuków. Często organizowała spotkania żołnierzy 6. Brygady.

Jerzy Tyman „Jerry" pracował w filii Akademii Rolniczej przy opryskach drzew do 1977 roku, umarł w 1992 roku.

Tomasz Baranowski, ojciec Ireny, zmarł 10 października 1941 roku, kilka miesięcy po przybyciu do Workutłagu. Rodzina dowiedziała się o tym dopiero po wojnie.

Matka Ireny Antonina Baranowska mieszkała w Stawigudzie do śmierci w 1975 roku.

Brat Ireny Jerzy zamieszkał w Gdańsku Wrzeszczu. Pracował jako księgowy, bardzo dobrze znał środowisko akowskie, był ustawicznie prześladowany przez UB, często zatrzymywany, bity i namawiany do współpracy. W 1956 roku podpisał zobowiązanie do współpracy z UB. Wkrótce potem popełnił samobójstwo.

Siostra Ireny Bogumiła Derecka mieszka w Gdańsku.

„Tońko" został ułaskawiony i wyszedł na wolność po czternastu latach więzienia. Osiadł w Warszawie, pracował jako magazynier. Często odwiedzał Irenę w Stawigudzie. Mieszkał w domku w sadzie. Zmarł w 1988 roku, jest pochowany na Powązkach.

Zofia Dąb-Biernacka „Jagienka" po wojnie trafiła do Londynu, gdzie pracowała jako kelnerka w Domu Polskim. Ściągnęła do Anglii rodziców. Opiekowała się sparaliżowanym ojcem, potem matką. Pod koniec życia mieszkała w domu opieki w Londynie. Kilkakrotnie odwiedzała Irenę w Stawigudzie. Zmarła w styczniu 2011 roku.

Barbara Skarga „Ewa" została skazana na 10 lat łagru. Potem otrzymała nakaz dożywotniego osiedlenia w kołchozie. Wróciła do Polski w 1955 roku. Została profesorem filozofii. Zmarła w 2009 roku.

ROZDZIAŁ 8

WANDA CEJKÓWNA: CHCIAŁABY PANI NALEŻEĆ GDZIEŚ?

Rano 12 maja 1935 roku matka Wandy Cejkówny idzie do piekarni po chleb. Wraca z płaczem: „Dziadek" nie żyje! Autentycznie płakałyśmy – mówi Wanda. – Bardzo kochaliśmy „Dziadka" – tak nas wychowano w szkole, w domu. Wanda jest w siódmej klasie szkoły powszechnej. Właśnie z matką i ojcem przeniosła się do Domihilowa, niewielkiego miasteczka na Wileńszczyźnie, w pobliżu granicy sowieckiej. To pobyt tymczasowy, ojciec Wandy znalazł tam pracę. Dziewczynka zostanie w Domihilowie dłużej. – W następnym roku mama źle się czuła, nie chciałam wracać do Wilna i zostawić jej. Więc kiedy w Wilnie chowano serce Piłsudskiego, nie widziałam tej uroczystości. Ale koleżanki bardzo szczegółowo mi ją opisały. Cała klasa, tak że dostałam stos listów. W miasteczku była sensacja, że mała dziewczynka miała tyle listów. Bardzo mi było miło.

Tato był spod Święcian, ze wsi Turowie, a mama spod Kimiliszek, ze wsi Podlipiany. Prości ludzie, ale bardzo sympatyczni, patriotyczni, i tak nas wychowali. Tatuś był robotnikiem – ślusarzem i mechanikiem samochodowym. Pracował w szkole technicznej, w czasie kryzysu został zwolniony. Było bardzo trudno, ale nigdy nie słyszałam narzekania ani na rząd, ani na Polskę. Odwrotnie. Mama zawsze dziękowała Piłsudskiemu za to, że mogła wrócić z Rosji... Rodzice pobrali się w Petersburgu w 1911 roku. Tata służył w rosyjskim wojsku, mama była garderobianą jakiejś księżnej, było jej bardzo dobrze. Udało im się przetrwać rewolucję i kiedy się dowiedzieli w 1920 roku, że można wyjeżdżać z Rosji, to natychmiast przyjechali do Wilna, zamieszkali na Zarzeczu i tam się urodziłam: Zarzecze 14. Byłam najmłodsza, miałam dwóch starszych braciszków. Władysław, cztery lata starszy ode mnie, przeżył wojnę, Staś, dwa lata starszy, zginął w partyzantce.

1939 rok, Wilno. Wanda (w środku) z koleżankami z klasy.

Poszłam do szkoły powszechnej numer 19, róg Królewskiej i św. Anny, i uczyłam się tam do siódmej klasy. Gdzieś w kwietniu wyjechaliśmy do Domihilowa, bo tatuś tam dostał pracę. Domihilowo to był cypelek Polski położony siedem kilometrów od granicy sowieckiej. Nieduże miasteczko: kościół, synagoga, wszystkie sklepy żydowskie, jeden jedyny sklep polski. Konstanty Niezabitowski, dziedzic majątku pod Domihilowem, miał tam młyn, tartak i elektrownię. Ale z tą elektrownią było tak, że jednego dnia działała i wtedy miasto było oświetlone, a przez miesiąc nie działała. Niezabitowski szukał fachowca, który by naprawił te błędy. Ktoś zaproponował mojego tatę. Tatuś wyjechał i wkrótce napisał nam list: przyjeżdżajcie, tutaj żywność jest tańsza, łatwiej się przeżyje. I my z mamą wyjechałyśmy, nie chciałam, żeby była sama, bo bracia zostali w Wilnie – uczyli się w szkole mechanicznej na Kopanicy. Do Wilna wróciłam dopiero po ukończeniu szkoły, żeby się czegoś dalej uczyć. Moja chrzestna mama Tekla Namaszaklowska, bardzo miła ciocia, poradziła mi, żebym poszła do zawodówki krawieckiej. Powiedziała: „Córuś to ci się na pewno w życiu przyda". Nie bardzo mi się chciało, ale poszłam. Zdałam egzamin i skończyłam tę trzyletnią zawodówkę, już w czasie okupacji sowieckiej.

Na początku września 1939 roku wojna jeszcze nie dociera do Wilna. Mieszkańcy słuchają radia, zmobilizowani wcześniej mężczyźni wyjechali na zachód. To wszystko, co Wanda wie o toczącej się wojnie. Do Wilna zaczynają napływać uchodźcy z innych części Polski.

W szkole należałam do PWK – Przysposobienia Wojskowego Kobiet. Jeździłam na obozy, ćwiczenia, kursy sanitarne, strzelanie. Miło było. Kiedy wybuchła wojna, my z PWK dyżurowałyśmy w magistracie, a potem dostałyśmy zadanie: ponieważ wielu ludzi z centralnej Polski przyjeżdża do Wilna, uciekając przed Niemcami, należy im poszukać kwatery. Miałyśmy obejść całą dzielnicę kalwaryjską i zapisać, kto ile osób może przyjąć do domu. Byłyśmy wzruszone, bo nie było domu, który by odmówił. Najskromniejsi mówili, że przyjmą tyle osób, ile będą mogli. Wszyscy jednomyślnie chcieli pomagać

Tuż przed wojną. Wanda w mundurze PWK.

jeden drugiemu. A my chodziłyśmy po tych domach w mundurkach i bardzo nas mile przyjmowano. Wszyscy ciągle słuchaliśmy wiadomości i cieszyliśmy się, że Westerplatte jeszcze się broni. Klęskę przyjęliśmy z rozpaczą, bo każdy marzył o tym, żeby nas jednak nie zwyciężyli. A potem przyszli Ruscy. Wszyscy patrzyli na nich z trwogą. Tego dnia byłam w domu. Widziałam, jak szli przez ulicę Chełmską, tacy oberwańcy, i śpiewali *Katiuszę*. Myśleliśmy ze strachem, co ci biedni, obdarci żołnierze nam przyniosą. Przyszli w wystrzępionych szynelach, karabiny mieli na sznurkach, torby jakieś brudne na plecach. Byli zmęczeni. Zaraz zaczął się głód, wkrótce zaprowadzono kartki, przydział na chleb, bardzo mały przydział. Żyliśmy biednie, nie mieliśmy nic na wymianę, było bardzo trudno. Sowieci oddali władzę Litwinom, a ci zaczęli prześladować Polaków. Do Wilna przyjechało wtedy wielu ludzi z zewnątrz. Dostaliśmy litewskie dokumenty i przekręcali w nich nasze nazwiska. Ja nie byłam Cejkówna tylko: „Cenkajte", mama była „Cejkiene". Jako Cenkajte poszłam do sowieckiego gimnazjum, do polskiej klasy. Spotkałam tam młodzież, z którą przed wojną nie miałam do czynienia. Byli to uczniowie prokomunistyczni, przeważnie żydowskiego pochodzenia, aktywiści. Narzucali styl, wodzili prym, organizowali różne mityngi, wycieczki, jeździliśmy do Trok, to akurat było dość sympatyczne. Kazali nam się uczyć hymnu sowieckiego po litewsku... Pamiętam jakąś uroczystość państwową: przynieśli do naszego gimnazjum portrety wodzów, naturalnie wyprowadzili nas wszystkich na ulicę Mickiewicza, dołączyli do pochodu i dali w rękę, komu popadło, te portrety na kijach. Ale my bardzo szybko powyrzucaliśmy je do różnych klatek schodowych... Potem zaczęły się wywózki. Z moich bliskich znajomych szczęśliwie nikogo nie wywieźli. Byliśmy bardzo skromną rodziną, znajomi wywodzili się z podobnych kręgów. Sowieci się nami nie interesowali. Zabierali nauczycieli, urzędników, księży. To było straszne.

Żyło się nędznie. Tato ciężko chorował, miał wrzody żołądka, chodziłam na wieś, żeby zdobyć dla niego parę jajek, trochę miodu, może kawałek masła. Chodziłam od chaty do chaty, szyłam, robiłam swetry. To było jakieś pięćdziesiąt kilometrów od Wilna, pod Kimiliszkami, czasem w Niefraszunach, czasem w Podlipianach, w wioskach oddalonych o kilka kilometrów od miasteczek. Czasem i miesiąc tak chodziłam po wsiach...

Kiedy kończyłam drugą klasę gimnazjum, Sowieci opuścili Wilno i weszli Niemcy. Był to 24, może 25 czerwca, widziałam ich na placu Katedralnym, jak maszerowali, takich dumnych, pysznych, pięknych, dobrze ubranych, w mundurach z podwiniętymi rękawami, uśmiechających się do wszystkich. A kilka dni później przechodziłam obok katedry i w cielętniku koło kościoła wisiał człowiek z tablicą, że spekulował. Powiesili go dla zastraszenia ludzi. Potem zamknęli gimnazjum.

Kiedy do Wilna wchodzą Niemcy, Wanda ma 19 lat. Rodzice nie pracują. Ojciec jest ciężko chory, młodszy z braci nie może znaleźć pracy. Zarabia tylko starszy. Rodzina żyje w ubóstwie. Wanda dorabia szyciem, pielęgnuje ojca i szuka kontaktu z podziemiem.

W czasie okupacji niemieckiej w mieście trudno było wytrzymać. Zrobiło się niebezpiecznie, nie miałam pracy. Kiedy zaczynały się łapanki, szłam na wieś. A jak już bardzo tęskniłam, to wracałam do miasta. Ale w Wilnie nastał wtedy bardzo ciężki czas dla Polaków. Łapano młodzież na roboty do

1939 rok, Wanda (druga od lewej) w szkole krawieckiej.

Niemiec, Litwini w cywilu sprawdzali nam dokumenty. Zdarzało się dość często, że zatrzymywali mnie litewscy cywile. Kilka razy puścili, ale raz taki jeden zaprowadził mnie do komendantury, tam gdzie kiedyś była nasza policja. Na szczęście wszedł do jakiegoś gabinetu, długo nie wychodził, a ja uciekłam.

Trudno się żyło. Codziennie stałam w kolejce po chleb. Piekarnia należała do państwa Ryliszków, na końcu ulicy Chełmskiej. Chleb wydawano na kartki. Mało go było, ale był. Codziennie spotykałam tam chłopaka, w tym samym czasie staliśmy w kolejce. Kiedyś zapytał mnie, czy nie chciałabym wstąpić do organizacji. Mówię, że bardzo bym chciała, ale nie mam znajomych, nie mam nikogo, kto by mnie zaprotegował. A on na to: „Ja służę, mój pseudonim »Puszkin«". Młody chłopak, w moim wieku. Na drugi dzień dał mi gryps i adres: ulica Portowa. I powiedział: „Otworzysz bramkę, po drugiej stronie jest ogródek, a prosto od bramki drzwi do domu. Tam znajdziesz dziewczynę w twoim wieku, powiesz, że jesteś od «Puszkina» i dasz ten gryps". Poszłam. Przychodzę, otwieram bramkę, rzeczywiście po prawej stronie jest ogródek, ale drzwi zasłania susząca się bielizna. Podnoszę prześcieradło, żeby przejść przez drzwi, a tu jakieś wielkie bydlę chwyta mnie za nogę. Kolega „Puszkin" zapomniał dodać, że tam przed drzwiami jest duży pies. I ten pies wyrwał mi kawałek ciała z nogi. Do dziś mam ślad. Trzęsłam się ze strachu, nawet krzyczeć nie mogłam. Ale widocznie psi łańcuch bardzo brzęczał i dziewczyna wybiegła, oswobodziła mnie, naturalnie oburzona na „Puszkina", że taki nieostrożny. Opatrzyły mnie z matką, przedstawiłam się, dałam gryps. Na drugi dzień miałam przyjść jeszcze raz. Przyszłam. W tym domu, oprócz znanych mi już matki i córki, mieszkała pani w bardzo podeszłym wieku, z siwą głową, dawna sanitariuszka legionowa. I to ona przyjęła ode mnie przysięgę. Mówiła: „Ale dziecko pamiętaj, że się narażasz". Ja – że wszyscy jesteśmy narażeni, więc ja, jeśli coś mogę zrobić, komuś pomóc, to bardzo chętnie... Wstaliśmy, na stole paliła się świeca, stał krzyż, przysięgałam na ten krzyż. Była tam starsza pani legionistka, matka dziewczyny, dziewczyna i ja. Nawet nie pamiętam jej pseudonimu ani nazwiska.

Praca polegała na bieganiu po mieście z planem Wilna i zaznaczaniu jakichś punktów, głównie niemieckich urzędów. I już – to wszystko.

Zresztą wkrótce mój kontakt z organizacją zerwał się całkowicie. Nawet nie wiem, jak się nazywała. Powiedziano mi, żebym sama nie przychodziła, jeśli będę potrzebna, dadzą mi znać, bo znają adres. I tak się skończyło. Już nawet nie szukałam kontaktu, bo oni też mnie nie szukali. Ale kiedyś na ulicy spotkałam męża mojej koleżanki z gimnazjum wieczorowego. Ten pan miał na imię Wincenty, Winek go nazywali. I zapytał: „Chciałaby pani należeć gdzieś?". Mówię: „Ja już należę, ale nic z tego nie wyszło". Zabrał mnie na Krzywe Koło, do małego białego domku. Okna były zasłonięte, dom zaciemniony. Wprowadził mnie pan Winek do pokoju i zaprezentował pani, która przedstawiła się jako „Beatrycze". Przedstawił mnie potem jakimś panom jako ochotniczkę, która już raz się niefortunnie zaangażowała, ale straciła kontakt. Powiedzieli: „Nie szkodzi, przysięgnie pani jeszcze raz". I w tym zaciemnionym pokoju powtórnie złożyłam przysięgę przy zapalonych świecach, postawionym krzyżu i Matce Boskiej Ostrobramskiej, to pamiętam. Bardzo sympatyczna pani o pseudonimie „Beatrycze" i jej mąż – też miły – powiedzieli mi: „Proszę do nas nie przychodzić, my znamy pani adres i przez pana Winka damy pani znać, jeśli będzie pani potrzebna". I tak się skończył mój drugi kontakt z konspiracją.

W Wilnie jest niebezpiecznie, Wanda coraz więcej czasu spędza za miastem. Obchodzi podwileńskie wsie, zarabia szyciem, czasem na dłużej zatrzymuje się w zaściankach, niewielkich majątkach zubożałej szlachty. Na wsi jednak też nie jest już bezpiecznie. Na Wileńszczyźnie konkurują ze sobą partyzantki polska i sowiecka. Chłopi i właściciele majątków muszą utrzymywać oddziały, zdarzają się rekwizycje, napaści i regularne grabieże.

W 1943 roku, w pobliżu miejsca, gdzie się zatrzymałam, zaczęli się pojawiać polscy partyzanci. A przedtem myszkowali ruscy. Tam były bardzo głębokie lasy. Partyzanci ruscy zabierali wszystko, dosłownie, nawet dziecięce koszulki, naczynia, ubrania, żywność. Krowy, świnie zabijali na miejscu i wynosili. Było niespokojnie i strasznie. Przeżyłam taki napad w Uświaciu, w majątku państwa Masarnowskich. Ci państwo mieli dwoje małych dzieci, szyłam ubranka i mieszkałam u nich jakiś czas. W tym zaścianku stały trzy domy: państwa Masarnowskich, państwa Petrusewiczów i Babiczów. Spałam w kuchni u państwa Masarnowskich, tam miałam zaciszny kącik. Kiedyś w nocy słyszymy, że pies wyje, skomli, padają strzały. Sowieci zastrzelili psa, żeby nie przeszkadzał. Strzelali do bydła, do świń, penetrowali domy państwa Babiczów i Petrusewiczów. Myśmy się wszyscy ubrali, żeby być w pogotowiu, gdyby do nas przyszli. Na szczęście nas ominęli. Nie wiem dlaczego. W kwietniu czy w maju 1943 roku zaczęły się pojawiać nasze polskie oddziały. Zapanowała wielka radość. Byłam wtedy w innej wsi, w Niekraszynie, u krewnych. Pierwszy raz przyszli tam polscy partyzanci. Wszyscy mieszkańcy się zachwycali, bo niektórzy żołnierze byli w mundurach, niektórzy po cywilnemu, ale z biało-czerwonymi opaskami. To było wielkie święto, wielka radość. Wszyscy ich gościli, jak mogli, czym mogli. Potem partyzanci coraz częściej przychodzili, raz do Uświacia, gdzie często bywałam, raz do Niekraszyna. Akurat wtedy bardzo długo nie wracałam do Wilna, z partyzantami miałam właściwie stały kontakt, zdążyliśmy się poznać. W oddziale „Ronina" była dziewczyna o pseudonimie „Myszka". Dogadałyśmy się, że w Wilnie mieszkamy w pobliżu siebie. Prosiła, żebym podczas bytności w mieście zaszła do jej mamy i powiedziała, że córka jest żywa, zdrowa i pełna nadziei, żeby mama była spokojna. Oprócz tego dali mi gryps do apteki na ulicy Wileńskiej. Zaniosłam. Potem znalazłam mamę „Myszki", ale zajęło mi to trochę. Mieszkała przy Kalwaryjskiej. Pierwszy raz przyszłam, dom zamknięty, pokręciłam się, wyszła sąsiadka i pyta, kogo szukam. Powiedziałam kogo. Ona na to: „Niech pani nie przychodzi, bo tę panią zabiera gestapo i biją ją. I panią mogą aresztować". Poszłam drugi raz, znów dom zamknięty. Za trzecim razem miałam szczęście – wyszła matka. Powiedziałam, od kogo przychodzę. Przeszłyśmy kawałek w zaciszne miejsce, za domem, koło ogródków i matka „Myszki" mówi: „Biją mnie codziennie i pytają, gdzie córka, że jak powiem, nie będą bić". Podnosi spódnicę, ma sinozielone, spuchnięte nogi. Nie wiedziałam, jak się zachować, co powiedzieć. Przekazałam jej pozdrowienia od „Myszki", prosiłam, żeby się nie martwiła, że córka jest zdrowa, że wszystko w porządku. Ona tylko zapłakała, nic nie powiedziała.

Uściskałam ją i odeszłam. Potem jeszcze kilka razy przenosiłam do apteki w Wilnie jakieś grypsy, ale niewiele tego było.

Kiedy zbliżał się rok 1944, znów do Uświacia przyszli chłopcy z lasu. Pani Maria Petrusewiczowa grała na gitarze, synowie śpiewali piosenki razem z partyzantami. Jej chłopcy byli raz w partyzantce, raz w domu. Oddział działał w okolicy, więc często spali u siebie. Namawiali mnie, żebym została z nimi, że przyda im się sanitariuszka. Mówię, że może kiedyś, ale teraz nie mogę. Właśnie umarł mój tato, mama bardzo źle się czuła, nie mogłam jej na długo zostawić samej. Kiedy chodziłam po wsiach, zawsze czegoś nazbierałam, coś zarobiłam i zanosiłam mamie. Nie mogłam teraz iść do lasu.

Wanda wraca do Wilna, żeby opiekować się matką. Urywa się kontakt z oddziałem „Ronina". Tymczasem 7 lipca 1944 roku wileńska AK rozpoczyna operację „Ostra Brama", w ramach akcji „Burza" na tych terenach. Operacja ma doprowadzić do zajęcia Wilna przez Armię Krajową wraz z partyzantką sowiecką i do wystąpienia wobec zbliżającej się Armii Czerwonej w charakterze gospodarza miasta.

Było ciepło, ładnie, nagle usłyszałam wybuchy. Wyszłam z domu, wszyscy się schowali, bo kule latały bardzo nisko. W sąsiednim domu pocisk przeszedł przez cały budynek i wyleciał z drugiej strony. Drugi pocisk uderzył w nasz ganek, w schody i podziurawił drzwi jak sito. Strzelali do nas z dwóch stron – Niemcy i Sowieci. Na szczęście byłam już za domem. Wbiegłam do piwnicy, a mama w płacz: „Tu kule latają, a ciebie nie ma!". Myślę sobie tak, skoro kule latają, to coś się dzieje, trzeba coś robić. Byłam zawsze w sukience wkładanej na kostium kąpielowy. Często biegałam się kąpać w rzece. Powiedziałam mamie, że muszę wyjść na chwilę. Chciałam coś robić, gdzieś się zgłosić. Nie bardzo wiedziałam gdzie. Ponieważ most strategiczny był zbombardowany, przepłynęłam przez Wilię, żeby pójść na Krzywe Koło, do „Beatrycze". Nie wiedziałam, co się dzieje, ale pomyślałam, że może się przydam. Jeśli trwa walka, to nasi też gdzieś coś robią, tak myślałam. Przyszłam na Krzywe Koło, dom zamknięty, nawet okiennice zamknięte. Nikogo. Pobiegłam Zarzeczem. Kompletna pustka, nie spotkałam nikogo. Dopiero na ulicy św. Anny wpadłam na człowieka idącego przez plac Katedralny, potem zobaczyłam kilka osób przemykających blisko bram. Ulicą Zygmuntowską – pustą – przeszłam do Zielonego Mostu, który także leżał w Wilii. Chciałam przepłynąć, ale patrzę, że przez ten most idzie jakiś chłopak. Po przęsłach lekko zatopionych w Wilii. Skoro on przeszedł, to i ja przeszłam. Poszłam na Kalwaryjską, a tam widzę ruch, ludzie chodzą, pełno partyzantów z biało-czerwonymi opaskami, w mundurach. Z prawej strony była Polska. Tam, dokąd kiedyś zaprowadził mnie Litwin, tam gdzie była komendantura niemiecka i litewska, teraz – widzę – wchodzą i wychodzą polscy partyzanci. Weszłam i ja. Stanęłam za drzwiami w jakimś pomieszczeniu, był ogromny ruch. Czekałam, chciałam kogoś zapytać, gdzie mogę się przydać. Wychodzi jakiś gość, dużo pasów miał na sobie, pewnie ktoś ważny. Mówię do niego, że straciłam kontakt ze swoją komórką, że chciałabym coś robić i nie wiem co, że proszę, aby mnie gdzieś skierować. Chwilę pomyślał i mówi: „Tutaj, na Krakowskim, po drugiej stronie Kalwaryjskiej, jest szkoła, w której zorganizowano szpitalik polowy, tam każde ręce się przydadzą". Poszłam natychmiast. Na lewo wejście do ambulatorium, na prawo duża sala, na której leżą polscy partyzanci, kilku Sowietów. Dyżurowałam tam dzień i noc, czasem bez przerwy, jak nie było zmiany. Jeden z Sowietów ciągle mnie prosił, żebym do niego przyszła i posłuchała, jak śpiewa. I śpiewał o żonie, o dzieciach, o baranach. Miał takie małe oczka. Kirgiz, może Uzbek... A na górze leżeli Niemcy. Któregoś dnia jeden z nich chciał, żebym przy nim usiadła. Wyjął z portfela fotografie, rozłożył jak karty. Nie bardzo znałam niemiecki, ale zrozumiałam, że pyta, czy swoich jeszcze zobaczy. To była taka miła rodzina, żona, troje dzieci, on w cywilu. Mówię mu: „My, Polacy, nic złego wam nie zrobimy, a co zrobią Ruscy, nie wiemy".

Walki o Wilno trwają do 13 lipca. Dzień wcześniej znaczna część garnizonu niemieckiego zdołała się wyrwać z miasta. Niemcy ponoszą jednak dotkliwe straty w starciu z akowskim zgrupowaniem majora „Węgielnego". Bitwa pod Krawczunami jest największą bitwą AK na Wileńszczyźnie. Następnego dnia oddziały sowieckie i polskie zajmują całe miasto.

Szarym świtem 13 lipca dotelepał się po kocich łebkach wóz. Wybiegłam, stanęłam na ganeczku szpitalika, wóz podjechał, a tam leży mój znajomy partyzant z Uświacia i z Niekraszyna – „Żbik", nawet zapamiętałam pseudonim. Głowa całkiem omotana, trochę widoczne usta, trochę oczy, nieprzytomny. Dostał w głowę odłamkiem. Znalazła się jakaś pani z koszyczkiem truskawek i wodzi mu truskawką pod nosem, a on nie otwierając oczu, zjadł z trudem jedną, drugą. Potem otworzył oczy i zobaczył mnie: „O, panna Wandzia, ja chciałem z pół litra w swaty, a te cholery mnie urządziły". I stracił przytomność. Nie było sensu zostawiać rannego w tym szpitaliku, zanieśliśmy go nad Wilię, położyliśmy na łódkę i przetransportowaliśmy do szpitala Czerwonego Krzyża, w fachowe ręce. Pomogli mi dwaj partyzanci, którzy akurat też kogoś przyprowadzili. Mieli pełne kieszenie i chlebaki cukierków. I mówią: „Siostrzyczko, czy możemy siostrzyczkę ugościć?". I napchali mi do kieszeni cukierków, pozdrowili i poszli swoją drogą. A ja wróciłam łódką do mojego szpitalika. Nagle przyszedł jakiś partyzant i mówi, iż jest umowa generała „Wilka" z Sowietami, że wszyscy, pod dowództwem sowieckim, ale razem jako armia polska, idziemy na Warszawę. Koncentracja jest przy cerkiewce. Wróciłam do domu, z koca szybko uszyłam sobie spodnie, do plecaka włożyłam jakieś medykamenty, bandaże, co się dało, i wróciłam. Było to 14 albo 15 lipca. Przyszłam pod cerkiewkę, a tam już pełno partyzantów. Dołączono mnie do grupy specjalnej, stworzonej na miejscu. Byli chłopcy z różnych partyzantek i oddziałów. Dowodził wysoki chłopak o pseudonimie „Jacek". Wyszliśmy z Wilna żegnani przez ludzi kwiatami.

Szliśmy długo. Po drodze spaliśmy w sianie, na kopach, ciepło było. Na trzeci dzień wokół nas zaczęły latać sowieckie samoloty. Sowieci podjechali konno i mówią: „Dawajtie orużyje". Chłopcy powiedzieli, że jesteśmy otoczeni. Ruscy uformowali nas w piątki, bo łatwiej liczyć, i doprowadzili nas wszystkich pod konwojem do Mielnik. Szliśmy niecały dzień, powoli. Dotarliśmy na miejsce chyba koło piątej po południu 17 lipca. Po dwóch czy trzech dniach przyjechał pułkownik Soroko, w polskim mundurze. Stanął na beczce, na wpół po polsku, na wpół po rusku zaczął nas namawiać, żebyśmy wstąpili do armii Berlinga. A my mu wszyscy:

„Owszem, przywieźcie »Wilka«, wtedy będziemy rozmawiać". Po nim na beczkę wszedł Putrament: „Koledzy, koleżanki, wstępujcie"... Obrzucono go, czym się dało.

Pozostawaliśmy tam z tydzień. To był dawny zamek, jeszcze stały mury, resztka baszty. Niemcy wybudowali tam stajnie. Było tego kilkanaście budynków. Z prawej strony postawiono nowy barak, w którym umieszczono oficerów i księży, w następnym ambulatorium. W drugiej części ambulatorium mieszkały kobiety. Było nas z pięćdziesiąt, poznałam sporo dziewczyn, kiedy nosiłam grypsy z lasu. Była „Myszka", Lala Terlecka, inne. Po tygodniu wiedzieliśmy już, że „Wilka" nie przyprowadzą, bo został aresztowany. Ksiądz kapelan powiedział, że udzieli nam wszystkim błogosławieństwa i rozgrzeszenia. Uklęknęliśmy, modliliśmy się i dostaliśmy absolucję *in articulo mortis*. Chyba z pięć tysięcy ludzi klęczało. Krzyż był widoczny, ksiądz stał na ganku baraku oficerskiego. Następnego dnia wyprowadzano nas, robiąc dokładną rewizję. Miałam sztylecik, który mój brat Władek sam zrobił, nosiłam go jako nożyk, scyzoryk. Żeby mi nożyka nie zabrali, wsadziłam go do dziupli pierwszego drzewa, które stało pod bramą. Bo to była dla mnie jedyna cenna rzecz. Prowadzono nas na stację, dookoła konni i piesi z wymierzonymi w nas pepeszami. Chłopcy uciekali w jakieś chaszcze, zboża. Pamiętam, jeden z nich został złapany przez konnego. Kazali mu podnieść ręce. W jednej trzymał teczkę, był w ciemnoniebieskiej koszuli w białe paski. Podprowadzili go na odległość może 20–30 metrów od nas. Jeździec popychał złapanego końskim pyskiem, jadąc za nim. Zastrzelił go tuż koło nas. Chłopak upadł, a my szliśmy dalej.

Wsadzili nas do bydlęcych wagonów, pozamykali. Leżało tam trochę słomy, trochę siana, brudów. I półki z dwóch stron. Nas było tylko 50. Chłopaków po 100 ładowano. A tu lipiec, upał – dawali suchary i soloną rybę, tak soloną, że sól na niej była. Kto był mądry, to tej ryby nie jadł, ale kto był bardzo głodny – zjadł. Wody nie dawano i nie wypuszczano na zewnątrz, ale trzeba było jakoś się załatwiać. W wagonie było malutkie okienko, wysoko. Jak się wyglądnęło takim okienkiem, to na czerwonych wagonach szereg białych pup tylko było widać. Kiedy już nie wytrzymywałyśmy, krzyczałyśmy do tych bolszewików, żeby nas wypuszczali: „Przecież my przysięgamy, że nie uciekniemy, dajcie spokój, ileż można!”. Wreszcie za granicą polską otworzyli wagony i wypuścili nas, ale nie odeszli nawet na krok, stali przy nas, to było bardzo krępujące. Na następnym postoju znów wyszłyśmy. Patrzymy, niedaleko jest studnia. Mówimy: „Pozwólcie nam wody nabrać trochę”. Nie dali. Widzimy, że po deszczu w koleinach błyszczą kałuże, to padałyśmy na kolana, żeby chociaż usta zwilżyć, chłopcy robili to samo. Wkrótce zaczęła się masowa biegunka, bo przecież piliśmy tę wodę z żabami, z brudem. Więc prosiłyśmy, żeby na postoju, w czasie nalewania wody do lokomotywy, dali nam wiadra, a my zaniesiemy tej wody chłopcom. Nas było pięćdziesiąt, a chłopców koło pięciu tysięcy. Nie mogłyśmy wielu napoić. Wiader niedużo nam dali. Czasem nosiłyśmy ze studni, byłyśmy całe mokre, zachlapane, chłopcy spuszczali na sznurkach butelki, menażki, manierki. Nosiłyśmy, ile się dało. Kiedyś z koleżanką nie zdążyłyśmy wsiąść, bo do ostatniej chwili nalewałyśmy chłopakom wodę. Pociąg ruszył, wskoczyłyśmy na bufor ostatniego wagonu i całą noc tak siedziałyśmy zlane wodą, mokre. Zimno było.

Jechaliśmy długo, może tydzień. Oczywiście nie wiedzieliśmy, dokąd nas wiozą. Pewnego dnia rano pootwierali wagony, kazali wyjść i usiąść. I nagle orkiestra gra kujawiaki, krakowiaki. Zjawiły się jakieś panie, witają nas, uśmiechają się: „Zdrastwujtie, diewuszki”, „Zdrastwujtie, diewuszki”. Z tą grającą orkiestrą miejscowi doprowadzili cały transport do Kaługi. Tu mieliśmy zostać.

Kaługa, miasto nad Oką, na zachód od Moskwy. Główny cel wywózki żołnierzy wileńskiej AK po odmowie wstąpienia do armii Berlinga. Akowcy byli tu masowo wcielani do sowieckich „zapasowych pułków piechoty”.

Były tam koszary, część naszych do nich trafiła, część poprowadzili dalej, do prowizorycznych baraków. Niektórzy nigdzie się nie zmieścili. W jednym z baraków szykowałyśmy do kubeczków gotowaną wodę i dzieliłyśmy suchary, żeby rozdać tym, którzy siedzieli między koszarami i barakami. Po kilku dniach, nas, kobiety, zakwaterowano w piętrowym domu, na dole. Podwójne piętrowe nary z jednej i drugiej strony okna, pod oknem od strony placu ustawiono stół i ławy. Na końcu była kabinka dla sierżanta, który stale urzędował w naszym baraku. Na placu od rana ćwiczenia i apel. Potem urządzali nam pogadanki ideologiczne. Dowiedziałyśmy się, że zostajemy włączone do 361. Zapasowego Pułku sowieckiego jako żołnierze i będą nas uczyć obchodzić się z bronią. I rzeczywiście były ćwiczenia, były lekcje, rozkładałyśmy pepesze i należało się nauczyć na pamięć, jak się nazywa każda część. Był griebień – pamiętam – i nikojatka. Dali nam mundury: czapki pierożki, ciemne spódnice, buty kierzowe, nie skórzane, i płócienne szmatki jako onuce. Nie umiałyśmy tych onuc owijać, sierżant nas uczył, dużo przy tym było śmiechu. Prowadzili nas na ćwiczenia poza koszary, w pole, a nauką kierował ciemnoskóry Jarulin. Nie był na froncie, bo został bardzo ciężko ranny i trochę źle chodził. Kazali nam śpiewać *Katiuszę* i inne ruskie piosenki, ale nigdy tego nie śpiewałyśmy. Śpiewałyśmy piosenki partyzanckie, polskie. Chłopcy, którzy byli osobno, musieli śpiewać ruskie – zastraszyli ich, zapowiedzieli, że ich wystrzelają. Kiedyś dali nam wycięte z amerykańskich puszek złote gwiazdki i kazali je poprzypinać do pierożków. My stanowczo, że nie będziemy ich nosić. Kapitan, który nam je dał, groził: „Wy się nie buntujcie, bo my wszystko możemy zrobić". Bardzo krzyczał. Na apelu gwiazdki poprzypinałyśmy, ale zaraz potem powyrzucałyśmy do latryny. Dali nowe. I kapitan znów kazał stanąć w dwuszeregu i zaczął nas straszyć, że w przypadku oporu będziemy bardzo biedne. Nad nami wisiał radioodbiornik i akurat szła jakaś audycja. Kapitan na chwilę przerwał, my cicho stoimy, a przez radio ktoś mówi: „Nu, nie wiertie, nie takoj czort strasznyj, kak jego malujut". Roześmiałyśmy się. Kapitan poczerwieniał, widać było, że też tłumi śmiech. I tak się skończyła pogadanka na temat czerwonej gwiazdy. Wkrótce kazali nam składać przysięgę na Związek Radziecki. Zebrali nas wszystkich na placu. Chłopców i dziewczyny. Wszyscyśmy powiedzieli: „Żadnej przysięgi, jedną już składaliśmy, drugiej składać nie będziemy". Cisza. Kazali się rozejść. Na drugi dzień zabrali nam czyste mundury, dali byle jakie, jeden koc na dwie, kawałek mydła, ręcznik, wsadzili do ciężarówki i wywieźli poza Kaługę do tak zwanego podsobnogo choziajstwa, czyli do gospodarstwa rolnego tego pułku. Tam miałyśmy pracować. Chłopcy zostali w Kałudze pod strażą, a my w tym gospodarstwie, w trzech namiotach. W jednym z namiotów mieszkał Jarulin, nasz lejtnant. Robił nam pobudkę, kiedy jeszcze było ciemno. Myłyśmy się w strumyku, dawał nam po kawałku chleba i szłyśmy do pracy, do kopania ziemniaków, wycinania kapusty. Potem mnie i jeszcze trzy największe dziewczyny wzięli do budowania obór: cztery słupy obite deskami i na to z zewnątrz gnój i glina. Kazali tę glinę z gnojem mieszać, smarować deski i drugimi deskami obijać, czyli ocieplać. Pytamy, czym mamy to robić? „Rękami, rękami". „Sami sobie rękami mieszajcie, my nie będziemy" – mówimy do Jarulina. Znów nas zaczął straszyć, że pod pulomiotem będziemy pracować. My na to bezczelnie: „Katiusze sprowadźcie". Na drugi dzień przywieźli łopaty i mieszałyśmy łopatami, ale i tak ręcznie musiałyśmy przyklepywać. Niedługo to robiłyśmy, odmówiłyśmy budowy. Wysłali nas do kopania kartofli. Raz dziennie była zupa i kawałek chleba. Poza tym bardzo zimno. Któregoś ranka patrzymy, a tu szron na ścianie.

Żeby nas Jarulin tak wcześnie nie budził, postanowiłyśmy zrobić mu kawał. Zaszyłyśmy jego namiot, kiedy spał. Nie mógł wstać, ale z namiotu krzyczał: „Diewuszki! Podjom! Diewuszki! Padjom!". Wreszcie wylazł i zaczął grozić. A my nic, grzecznie poszłyśmy do pracy. Jedzenia było mało, więc poprosiłyśmy o więcej chleba. Powiedział na to, że to jest nasz pajok przydziałowy i więcej nie będzie. No to – że my nie będziemy pracować. Siadłyśmy, zaczęłyśmy opowiadać kawały, śpiewać, cały dzień nie pracowałyśmy. Jarulin się wściekał, bił rózgą o buty, ale nic nie zrobił. Dostałyśmy chleb. Ponieważ było już bardzo zimno, powiedziałyśmy, że pod jednym kocem i na zimnej ziemi na szynelu nie będziemy spały. Obiecał, że pójdziemy do kołchozu, do chat. I rzeczywiście zlikwidowali namioty i przeprowadzili nas do wsi. My, cztery dziewczyny, mieszkałyśmy u rodziny: siwy, sympatyczny staruszek, jego żona i córka z dziećmi. Ojciec dzieci na wojnie, nie wiedzą, czy żyje, martwią się. Wieczorami opowiadali o sobie, wypytywali nas o Polskę. Myśmy też dużo opowiadały, przynosiłyśmy im kartofle z pola w kieszeniach, w nogawkach spodni.

Bardzo biednie żyli. Gotowali nam trochę tych kartofli i dawali do nich sok z ogórków w musztardówkach. Byli szczęśliwi, że naniosłyśmy im do piwnicy ziemniaków. I staruszek pewnego razu mówi: „Diewuszki, diewuszki, wy jeszcze kogda to budietie żyt' kak ludi, kak wierniotieś' domoj, a my – wiecznyje raby". I łzy mu płyną po białych wąsach, po brodzie. Żal nam ich było, ale cieszyłyśmy się, że możemy im chociaż kartofli nanieść. Bo nawet chleba nie mieli z czego upiec.

Po jakimś czasie przyjechała z Kaługi ciężarówka. Z ciężarówki wyskoczył major, który był opiekunem całej roty w Kałudze, znałyśmy go z widzenia. I mówi: „Diewuszki, ko mnie". Sfrunęłyśmy z pola kartofli. A major: „Diewuszki, wy jedietie domoj". „Jak to? Do Kaługi?" „Niet, niet, toczno domoj". I mówi, że nowy rząd polski umówił się z rządem radzieckim, że należy zwolnić kobiety i nieletnich chłopców. Zaczęłyśmy tańczyć wkoło niego i z nim razem. Przyjechało kilka ciężarówek, żeby nas odwieźć z powrotem do Kaługi. Już siedzimy na pakach, czekamy na inne dziewczyny, patrzymy, a tu nasi staruszkowie, z którymi się już serdecznie pożegnałyśmy, idą do nas z jakimś węzełeczkiem białym. „Diewuszki, my wam na dorogu". Dają nam węzełek, a w węzełku dla każdej upieczona bułeczka, której oni przecież nie jedzą, w środku buraczki, zamiast jagód. „Na dorogu, diewuszki, na sczastije". My wzruszone mówimy: „Dajcie to dzieciom, my dostaniemy prowiant na drogę". „Niet, wozmitie". Nie można było nie wziąć, a jednocześnie serce bolało, że bierzemy bułeczki, które oni tylko na święta sobie pieką. Znów zeskoczyłyśmy z ciężarówki, uściskałyśmy staruszków, popłakałyśmy się wszystkie. I pojechałyśmy do Kaługi. A w Kałudze nawet te brzydkie ubrania nam zabrali, a dali aktirowki. Aktirowka to ubranie pocięte, przypadkowe, które nadaje się tylko do spalenia. Dostałam szynel z jedną połą krótszą, drugą dłuższą, jeden but taki, a drugi inny. Ubrali nas jak łachmaniarzy i o świcie wyprowadzili na dworzec. Dali nam jedną putiowkę – kawałek chleba na drogę i konserwę rybną. I wsadzili na odkryty wagon, gdzie leżało jakieś żelastwo. To już był październik, wiatr, deszcz padał. Przyjechałyśmy chyba do Mińska, przesiadłyśmy się do zakrytego pociągu. Na każdym peronie kipiatok był, ciepła woda, umyłyśmy się, któraś miała lusterko, doprowadziłyśmy się do porządku. I w końcu wsiadłyśmy do wagonu osobowego. W naszym przedziale jechali dwaj lejtnanci, sympatyczni chłopcy, inteligentni, wracali z urlopu na front. I patrzą tak na nas: „Diewuszki, kto was odieł?". „Wasza władt'" – mówimy. Za jakiś czas wreszcie jeden z nich pyta: „Kak dumajetie, kto sdiełał Katyń?". My mówimy: „Wy chyba lepiej wiecie". Oni: „Stydno i bolno, eto naszy. Możemy wam to powiedzieć, bo jedziemy na front i nigdy się nie zobaczymy, a szkoda".

Kiedy przyjechałyśmy do Wilna, był świt. Naturalnie wszystkie prosto z dworca poszłyśmy pod Ostrą Bramę. Obraz zasłonięty, okna zamknięte. Uklękłyśmy i błagamy Matkę Boską, by wszyscy wrócili, nie tylko my. Idą ludzie do pracy, patrzą, Sowietki, bo my w tych pierożkach, w tych czapeczkach sowieckich, w szynelach sowieckich. Sowietki klęczą przed Ostrą Bramą, ale nikt nas o nic nie zapytał, wszyscy się bali. Pożegnałam się z dziewczynami i poszłam do brata, który mieszkał niedaleko. Mama mieszkała sama, bo Staś, mój drugi brat, był w partyzantce. Potworzyły się wtedy nowe oddziały samoobrony. Ci, co nie trafili do Kaługi, do więzienia ani do wojska, ciągle byli zagrożeni, w mieście Ruscy urządzali łapanki. Przyszłam do brata w tym strasznym szynelu. Władek bardzo się cieszył, myślał, że nie żyję. Dostał ode mnie tylko list z Kaługi, taki w trójkącik złożony. I nic więcej. Poszedł uprzedzić mamę. Ja z nim, ale zostałam pod drzwiami. „Mamo, co by mama powiedziała, gdyby Wanda wróciła?" – słyszę. Mama mówi: „Nie żartuj sobie z mamy, nie żartuj". A Władek: „A Wanda jest w korytarzu". Nieopisana radość. Nieopisana. Radość nie z tej ziemi.

Jesienią 1944 roku w Wilnie trwają łapanki i masowe aresztowania. Akcja rozbijania podziemia wkracza w najbrutalniejszą fazę. Wielu znajomych Wandy zabito lub uwięziono.

Słyszę, że jedna koleżanka siedzi, druga siedzi, trzecia siedzi. Poszłam na wieś, żeby zobaczyć, co się dzieje z synami pani Petrusewiczowej, bo byli w partyzantce, ale do Kaługi nie trafili. Przychodzę, a pani Maria rzuca się na mnie z płaczem – Zdzisława zabili. Szedł z kolegą do domu, żeby zjeść czy się umyć. Trafili na łapankę. Zaczęli uciekać. Dogonili ich i zastrzelili. Ludziom kazali zakopać ciała tam, gdzie ich zabili. Pan Masarnowski, sąsiad, w nocy wykopał Zdzisława i pochował na cmentarzu. Zdzisław nie żyje, a Ryszard, drugi syn pani Marii, siedzi z chłopakami w lesie, w ziemiance. Ktoś podobno dał im krowę. Teraz nie mają nic do jedzenia i nikt im niczego nie zaniesie, bo wszyscy się boją. Niemcy do lasu nie wchodzili, a bolszewicy i owszem. Więc mówię do pani Marii: „Niech mi pani coś przyszykuje do koszyka. Będę udawać, że handluję". I dała mi dzbanek śmietany, tytoń, ser, chleb, nici i coś tam jeszcze.

Poszłam. Po drodze mijałam Uświacie, Niekraszuny, dwa kilometry dalej Gwoździkany i potem miasteczko Kimiliszki. Pani Maria powiedziała, że w Gwoździkanach gospodarz w takim a takim domu poda mi hasło i wytłumaczy, jak znaleźć ziemiankę. Rzeczywiście podał mi drogę, powiedział, ile przesiek mam minąć, w którą skręcić, potem ile jeszcze przejść. Weszłam do lasu, liczę przesieki, liczę i myślę, że chyba zbłądziłam, aż tu naraz słyszę: „Stój, kto idzie". Powiedziałam hasło, chłopak bez słowa odwrócił się, poszłam za nim, jakiś czas szliśmy gąszczem, naraz widzę mały dymek, a koło ogienka siedzi pięciu chłopaków, obrośnięci, brudni. I tak mnie witają jak anioła. I rzucają się nie na chleb, nie na śmietanę, tylko na tytoń. Rozmawiamy, patrzę, a oni zawszeni, mają świerzb. „Ratuj nas – proszą – mama da ci tłuszcz, zanieś do apteki, zrobią maść". Przyszłam do pani Marii, ta z płaczem do mnie: „Jesteś, żyjesz!". „Żyję, wszystko w porządku, chłopcy też. Proszę mi dać tłuszcz, trzeba zrobić maść, chłopców wyleczyć. Pójdę do Związku Patriotów Polskich na Zygmuntowską i zapytam, czy jeszcze do armii Berlinga można, bo coś trzeba robić, przecież chłopcy zimy nie przetrwają w ziemiance". Wróciłam do Wilna, w aptece zrobili mi maść, poszłam na Zygmuntowską. „Tak, jeszcze można wstępować". Nawiązałam kontakty z dziewczyną, którą kiedyś spotkałam w partyzantce, zapytałam, czy zna kogoś, kto zrobi chłopakom dokumenty, bo idą do armii Berlinga. Znała. Chłopców trzeba było sprowadzić, potrzebne były fotografie. Zaniosłam im maść, powiedziałam, że mogą do Berlinga i że wrócę za kilka dni. Przyszłam w umówionym czasie, ale pojawił się tylko Ryś, syn pani Petrusewiczowej, i jego kuzyn Józek, inni nie chcieli.

Przyprowadziłam ich do Wilna, zamieszkali u mnie. Po kilku dniach poszliśmy z Ryśkiem do fotografa. Ulica boczna, pusta, przy końcu Kalwaryjskiej był ten fotograf. Prowadziłam chłopców po jednym, na wypadek wpadki. Zrobiliśmy zdjęcie, wracamy. Za nami idzie Litwin w cywilu. „Stój" – mówi po litewsku. Stajemy. „Dokumenty". Ani ja nie mam dokumentów, ani Rysiek. „Ze mną!". Zabiera nas i prowadzi do komendantury. Myślę: „Jezus Maria, przyprowadziłam chłopca na zgubę". Zaczęłam płakać, zaczęłam jęczeć. „Proszę pana, niech się pan zlituje, bo matka stara, to jest jedyny żywiciel, matka stara chora". Nie pamiętam, co mówiłam. Ale cały czas go błagałam. Rysiek blady, idzie, nic nie mówi. A Litwin nas przyprowadził na Kalwaryjską do komendantury i mówi: „Posiedźcie tu w pustym pokoju". A za chwilę wraca i mówi po polsku: „Uciekajcie, i to szybko". Przebiegliśmy przez Rynek Kalwaryjski na tę moją Chełmską. Nasze mieszkanie było małe, nieduży pokój i kuchnia. Za domem płotek, przejście i ogród. Wchodzimy do domu, a w ogrodzie banda bolszewików, siedem czy osiem osób, enakwudziści. Myślę: „Łapanka". Wiem, że chodzą od domu do domu i pytają: „Mołodoj człowiek, był li w AK?". „Nie". „Ach ty swołocz, każdy porządny Polak był w AK". A jak powiedział, że był – „A ty faszysta". I tak zabrali, i tak zabrali. Więc myślę: „Łapanka". Chłopcy pod okno, nisko. Ja biorę z kufra czystą bieliznę i do wiadra z wodą. Wychodzę przed dom, wieszam bieliznę, śpiewam *Katiuszę*, do bolszewików się uśmiecham, macham. To był jedyny dom na ulicy Chełmskiej, do którego nie doszli. Chłopcy nocą wyszli. Uratowali się.

Koniec roku 1944. Wanda mieszka z matką w niewielkim mieszkaniu wynajętym jeszcze przed wojną. O ojcu nie ma wiadomości. Pomaga im brat. Drugi brat jest w partyzantce. Czasem wpada do domu. W mieście jest coraz niebezpieczniej.

W naszym domu mieszkała starsza pani, właścicielka, a w drugiej części – młoda pani, do której kiedyś przychodzili Niemcy, a teraz bolszewicy. Oczywiście nie znałyśmy się. Kiedyś zimą mama wracała ze sklepu. I ta młoda pani, przechodząc koło niej, powiedziała: „Niech pani córka wyjdzie z domu, nie czekając nocy". Widocznie bolszewicy jej się pochwalili, że przyjdą po mnie. Mama podziękowała i poszła. Brat na szczęście był w domu, zaprowadził mnie na wieś do niejakiego pana Lisowskiego, do samotnego domku wśród lasów. Rzeczywiście tego dnia przyszli po mnie nocą. Pytają: „Gdzie córka?". Mama mówi: „Sama jestem zmartwiona, córka dorosła, ale przecież młoda, nie wróciła do domu, takie niespokojne czasy". I więcej już nie przyszli.

Zamieszkałam u pana Lisowskiego. Był tam chłopak w moim wieku, Władek, ośmioletnia Haneczka i czteroletni Kazio. Państwo Lisowscy bardzo dzielni, mnie szukali Sowieci, a oni mieli małe dzieci. Traktowali mnie jak kogoś z rodziny, tak mi było fajno u nich. Spędziłam tam Boże Narodzenie. Kompletne odludzie. Wilki przychodziły pod sam dom, oczy im tylko nocą błyszczały, a rankiem widzieliśmy ślady łap na śniegu.

Kiedyś, w styczniu, przyszli partyzanci. Nakarmiliśmy ich, pośpiewaliśmy. Potem przyszli jeszcze raz, zdążyliśmy się trochę poznać. Pewnej nocy ktoś stuka w okno. To jeden z tych chłopaków. Budzi mnie i mówi, że jeśli chcę zobaczyć brata, to stacjonują trzy kilometry stąd, w Robiszkach.

Nie wiem, od jak dawna Staś był w partyzantce. O nic go nie pytałam, on też mnie nie pytał. W każdym razie nadarzyła się okazja, żeby go zobaczyć. Nie widzieliśmy się, odkąd mnie wywieźli. Pytam pana Lisowskiego, gdzie te Robiszki, a ośmioletnia Haneczka mówi: „Ja panią zaprowadzę". Gospodarz przyniósł kawałek słoniny, chłopakom się przyda – zawinął w ściereczkę, włożył do teczki, a gospodyni dodała do tego dwie koszule lniane. Haneczka mnie zaprowadziła. Był 23 lutego 1945 roku. W Robiszkach domy w rzędzie: jeden, drugi, trzeci, za drugim wielka stodoła. Podeszłyśmy, a na ganku stoi na warcie chłopak, którego znałam, bo spotykaliśmy się u pana Lisowskiego. „Cześć, mogę Stasia zobaczyć?". „Stoi w ostatnim domu". W tej chwili na ganek wychodzi dowódca oddziału, „Fakir", jak się później okazało, i do chłopaka: „Jak możesz, jakim prawem obce osoby wprowadzasz na miejsce postoju!". „Panie komendancie to siostra »Kaktusa«". „Ale jak to, bez zameldowania?" Ja naturalnie przeprosiłam komendanta, zapytałam oficjalnie o pozwolenie. „Proszę bardzo" – powiedział. I wyszedł. Poszłam do trzeciego domu, tam dziewczyna gra na fortepianie, chłopaki śpiewają, ktoś bije wszy, ktoś czyści automat, ktoś się myje – jak na postoju. Miło. Właśnie szłam do brata, kiedy nagle rozległy się strzały. W naszym kierunku. Jedna seria, druga. Chłopcy wybiegają w stronę pierwszego domu, tego, w którym jest komendant. Popłoch. Zostawiają wiele rzeczy, niektórzy tylko w koszulach, tylko automaty chwycili. Padam na ziemię, ze mną jest przecież ośmioletnia dziewczynka. Mówię jej: „Nie wychodź z domu, siedź tutaj, tu jesteś bezpieczna". A ona nie, trzymając się mojej spódnicy, biegała ze mną razem. Jak już bardzo świstały kule, to wskoczyłyśmy do dziury po kartoflach. Siedzimy w tej dziurze, a nagle chłopcy krzyczą: „Siostro, szybko, komendant ranny". Wiedzieli chyba, że jestem sanitariuszką. Pobiegłyśmy razem z Hanią. Trzymam zemdlonego „Fakira", strużka krwi spływa mu z ust. Strzały na chwilę ucichły. Zanieśliśmy go na ganeczek, za dom. Znów zaczęły świstać kule, wlatywać przez okno. Znalazłam jakąś apteczkę malutką: tam w fiolce pastylka rywanolu i bandaż jak na palec. A chłopcy mają porozrywane ręce, nogi, brzuchy, komendant dostał dwie kule w pierś, jest wlot, nie ma wylotu. Proszę gospodynię o prześcieradła, jakieś koszule na bandaże. Jej mąż jest ranny w brzuch i w nogę. Opatrujemy wszystkich, jak się da. Nagle milkną strzały, ale lecą czerwone serie, Sowieci wzywają posiłki. Strzelają tylko czerwonymi, czyli nie mają już amunicji. Dobry moment, żeby uciec. Mamy kilku zabitych, wielu rannych. Chłopcy położyli „Fakira" na saniach, przykryli kożuchem i... wszyscy patrzą pytająco na mnie. Cisza, jakieś zawieszenie. Tylko patrzą. „Jadę z wami – mówię w końcu – gdzie mam usiąść?" Pokazali mi miejsce przy „Fakirze". Pojechaliśmy, był trzaskający mróz. „Dan", taki blondynek ranny w brzuch i w rękę, też jechał na tych saniach. Nie bolał go brzuch, bolały go nogi. Kazałam chłopakom usiąść i masować te nogi. Nadeszła noc, podjechaliśmy pod jakiś dom, myślę, że trzeba rannych napoić czymś ciepłym, opatrzyć lepiej, bo zdążyłam ich tylko byle jak pozawijać. Stukamy do drzwi, a męski głos, żałosny, mówi: „Panowie, przepraszam, nie otworzę wam, boję się, bo oni nas wszystkich zabiją, oni tu codziennie przyjeżdżają". I nie otworzyli nam. Chłopcy chcieli drzwi wyłamać, ale kuzyn „Fakira" „Marek" nie pozwolił. Ruszyliśmy dalej.

Jadę z „Fakirem", trzymam go za rękę, puls słaby, ale serce bije. W pewnym momencie odzyskał przytomność i mówi: „Do Kimiliszek, do Kimiliszek". Otworzył oczy na chwilę i znów stracił przytomność. Czuję, że puls mu słabnie i wreszcie nie czuję już pulsu. Rozumiem, że komendant umiera, a ja nic nie mogę zrobić. Umarł w drodze. Jechaliśmy na ostatnich saniach, nikt się nie zorientował. Dojechaliśmy do jakiejś chaty, tam wreszcie zarządzono odpoczynek. I tam powiedziałam chłopakom, że komendant przed chwilą zmarł.

Tymczasem chłopcy ułożyli rannego w brzuch „Dana" na środku pokoju, zrobili mu posłanie i stoją nad nim. „Dan" bardzo cierpi, poci się. W pobliżu stoi „Chętny", jego przyjaciel, i „Dan" mówi do niego: „»Chętny«, daj mi visa albo zabij, jeśli mnie kochasz". „Chętny" płacze, chłopcy płaczą, mnie też trudno powstrzymać łzy. Nic nie możemy zrobić. Ale ja nie mogę przecież stać nad „Danem", poprosiłam gospodarza o spirytus albo samogon, co ma. I jakieś płótna. Zdezynfekowałam samogonem ręce i zaczęłam chłopcom z ran wyjmować kożuchy i kości. Opatrzyłam ich mniej więcej. Długo to trwało. Odpoczęli, napili się czegoś ciepłego, ja nawet nie pamiętam, czy coś jadłam. Pojechaliśmy dalej, to była noc. Rano dotarliśmy do Dubinek, nad Jeziorem Dubińskim. Na wzgórzu stał dom, tam się zatrzymaliśmy. Mówią chłopcy: „W Służanach jest nasz lekarz, niech siostra jedzie po lekarza, bo ten ranny w brzuch bardzo cierpi. Inni też nie są opatrzeni, nie mamy opatrunków". A „Dan" prosił: „Niech siostra nie wyjeżdża, chcę, żeby siostra była przy mnie, nie chcę umierać sam". „Słuchaj, jadę po lekarza, lekarz ci pomoże, jadę po ratunek" – tłumaczyłam. I zimno mu było cały czas w nogi, dałam mu termofor i kazałam chłopakowi pilnować, żeby się nie napił wody, bo ranny w brzuch nie ma prawa napić się wody, można tylko zwilżać mu usta. Gospodynię poprosiłam, żeby nad nim czuwała, i pojechałam. Był ze mną najmłodszy chłopak z partyzantki, szesnastoletni „Lisek". Saniami powoził gospodarz domu. Żeby było szybciej, wiózł nas po zamarzniętym jeziorze. Jezioro duże, na horyzoncie ciemny zarys lasu, za lasem są Służany. W pewnym momencie pytam „Liska": „Czy coś widzisz? Bo ja widzę, że przed lasem, na gładkiej, białej płaszczyźnie coś się rusza, jakieś czarne punkciki". „Jezus Maria, idą tyralierą. Obława idzie w naszą stronę!". Zawróciliśmy. Docieramy do Dubinek, a chłopcy stoją ze spuszczonymi głowami. Gospodyni doiła krowy, a chłopak, który pilnował „Dana", poszedł siusiać. „Dan" napił się wody z termoforu i natychmiast umarł. Dobrze, że umarł, bo co byśmy z nim zrobili? Bardzo cierpiał. Chłopcy schowali ciała komendanta i „Dana" głęboko w sianie. Widzieli, że wracamy, że coś się dzieje, że trzeba będzie uciekać. „Marek", przystojny ciemnowłosy chłopak, zrobił zbiórkę, pomodliliśmy się, pożegnaliśmy tych, którzy zginęli: komendanta, „Dana" i tych zostających w Rabiszkach. Na drugi dzień „Marek" i kilku chłopców odłączyli się od nas. Poszli swoją drogą. Straciliśmy dowódcę. W oddziale był Władek Mikuć, pseudonim „Wiś", który służył z „Fakirem" w 1. Brygadzie AK. Najstarszy stażem partyzant. Został komendantem.

Krążyliśmy po okolicy. W dzień przycupnęliśmy u gospodarzy, przeważnie znajomych, bo chłopcy byli z tych stron, nocą jechaliśmy dalej, zmienialiśmy miejsce postoju, żeby zmylić ślady – przecież w terenie byli też polscy komuniści, którzy nas wydawali Sowietom. Raz było lepiej, raz gorzej. W jednym domu nakarmili nas placuszkami, racuszkami, żebyśmy tylko byli zadowoleni. A gospodarz, jak już mieliśmy ruszać, wyszedł, trzymając w ręku pas, i mówi: „Siostro, ja siostrze podaruję coś, co jest mi najdroższe w świecie: pas mojego ojca legionisty". Pytam, dlaczego mnie. „Bo tak mi się chce podarować siostrze na szczęście, żeby siostra doczekała wolnej Polski". Byłam bardzo wzruszona.

Dawny oddział „Fakira" rozrasta się, wchłania żołnierzy z innych rozbitych jednostek. Z trzydziestki, która pozostała po potyczce w Robiszkach, stan zwiększył się do 50 osób. Wanda przestaje być jedyną kobietą w oddziale. Dołączają Hanka Szyszkówna z rozbitego oddziału „Groma", „Szara" z Oszmiany i „Hajduczek" z 7. Brygady AK.

Stacjonowaliśmy w wygodnym domu w Ławżach pod Oszmianą. Któregoś dnia jeden z chłopców bardzo nieszczęśliwie postrzelił się w brzuch. Wypadek. Bardzo cierpiał. „Szara", która była w oddziale od kilku dni, powiedziała, że zna w Oszmianie lekarza. Byliśmy niedaleko, pojechała. Nie dotarła do Oszmiany, w jakiejś wiosce wyszli z domów rosyjscy żołnierze. Przedstawili się jako własowcy, spytali ją, gdzie jedzie, uwierzyła im, bo któryś z nich mówił po polsku. Powiedziała, że mamy rannego i że jedzie po lekarza. Na to oni: „Mamy lekarza, jedziemy z tobą". Rzeczywiście: lekarz w białym kitlu, czarny kuferek z zatrzaskiem. Przyjechali we trzech, lekarz zbadał rannego i stwierdził, że nic nie pomoże, że trzeba do szpitala. Rosjanie zostali u nas na obiedzie. Chcieli, żebyśmy współpracowali i żebyśmy pomogli im nawiązać kontakt z naszym dowódcą. Mówimy, że jesteśmy odcięci, że nie mamy żadnych kontaktów. Rzeczywiście co chwila Sowieci rozbijali jakiś oddział. Tłumaczymy, że nie mamy dowództwa, bo jak nas Sowieci rozbroili i wywieźli do Kaługi, to reszta rozsypała się po domach albo poszła do armii Berlinga, albo została wcielona do armii sowieckiej. Kto nie mógł, w lesie siedzi i czeka lepszych czasów. I tak sobie rozmawialiśmy, w końcu Rosjanie wstali i wychodząc, kurtuazyjnie zaprosili nas do siebie, do Łukszan, na obiad następnego dnia.

Przyjechali po nas w kilka sań. W kożuszkach, w pięknych walonkach, pięknie, ciepło ubrani. Powiedziałam, że nie pojadę, bo mam rannych pod opieką, mój brat Stasio miał 40 stopni gorączki, postawiłam mu bańki. Zostałam. I gdzieś po godzinie przyjechali na saniach dwaj Rosjanie, narzucili na mnie kożuszek i mówią: „Na godzinkę siostrzyczkę weźmiemy i odwieziemy, bardzo prędko odwieziemy". Wsadzili mnie do sań i powieźli. Zdążyłam tylko powiedzieć chłopakowi, który stał na warcie za domem: „Na Boga, czuwajcie!". Byłam niespokojna. Przywieźli mnie na miejsce, duży stół, Ruscy siedzą. I nasi: „Wiś", „Żagiel" ranny w rękę, „Pilot", „Grab", „Szczupak". Naturalnie pojechały też dziewczyny: Hanka Szyszkówna, „Szara" i „Hajduczek". Wszyscy siedzą przy stole, „Hajduczek" stoi w następnym pokoju z kobietą ubraną w sowiecki mundur, rzekomo własówką, jest patefon, gra muzyka, a one rozmawiają jak stare znajome. Widzę, że chłopcom dolewają wódki i że już im wystarczy. Mówię: „Słuchajcie, noc się zbliża, musimy jechać". Z jednej strony stołu siedzi oficer – wysoki, czarny, o bardzo śniadej cerze, ciemnych włosach. I on właśnie prowadzi rozmowę z „Wisiem", że bardzo chciałby nawiązać z nami kontakt i współpracować. Znów ta sama gadka. Naprzeciwko mnie siedzi cywil, Polak. Mówi niewileńską mową, bez charakterystycznego zaśpiewu. Pytam, skąd jest, mówi, że z Poznania. W pewnym momencie złapałam jego wzrok. Jakiś nienawistny, potworny. Tak na mnie patrzył, jakby chciał zabić. Mówię: „Chłopcy, jedziemy", i wstaję. W końcu zgodzili się jechać. Usiadłam w saniach z „Wisiem", był kompletnie pijany, po prostu nieprzytomny. Ruszyliśmy, a Rosjanie – że nas kurtuazyjnie odprowadzą. Stanęli na płozach. Na naszych saniach jako woźnica siedzi „Szczupak", obok niego własowiec i dwaj na płozach. Jedziemy, zrobiła się już ciemna noc. Nie dojechaliśmy jeszcze do Ławż, gdy w pewnej chwili widzę z daleka błysk serii. Od strony Ławż, naszego miejsca postoju. W tej samej chwili widzę przed nosem błysk noża i już „Szczupak" na koźle ma związane ręce. Stanęliśmy. „Wiś" momentalnie oprzytomniał. Otoczyli nas, rewizja, wszystko nam zabrali. „Żagiel" próbował wyjąć broń. Wykręcili mu ręce, rzucili go nam na nogi. Miał na ręce i na piersi gojącą się ranę, bardzo go to bolało. Mówię temu, który jechał z nami: „Rozwiąż go, przecież nie ucieknie, jest ranny". On na to: „Nie podochniet". Świtem dowieźli nas do Oszmiany. Szarówka, na dziedzińcu stoi kilku bolszewików i „Hajduczek" z rękami w kieszeniach. Hanka pyta ją: „»Hajduczek«, jak się czujesz w nowej roli?". Myślała, że też aresztowana. Mówię jej: „Hanka, ona ma ręce w kieszeniach! Wolna jest". „Hajduczek" jeździła po terenie i wydawała nasze oddziały Sowietom. Zaczęły się pierwsze przesłuchania. Nas nie bito, ale chłopców zbili bardzo. Nam tylko obiecywali wszystko, mówili, co z nami zrobią. Hankę rzucili związaną twarzą w śnieg, bo nie chciała o „Hajduczku" nic powiedzieć, miała później spuchnięte, zmarznięte ręce.

Leżałyśmy ze związanymi rękami na podłodze jednego z pokojów, a oni tak nam chodzili koło nosów, tupali i obiecywali różne zabawy, a potem kula w łeb. Ale najpierw: „Poigrajem s diewuszkami". Po rusku, brutalnie, wulgarnie, obiecywali wszystko. Hanka zasnęła zmęczona, zmarznięta. Mówię do niej: „Hanka, pomódlmy się, bo oni pobawią się z nami, a potem zabiją". Odmówiłyśmy cichutko *Pod Twoją obronę*.

Świtało. „Wiś" leżący w korytarzu widział przez okno, jak na podwórko wjeżdża ciężarówka. Przyszedł strażnik i mówi: „Taka ich mat', stolko naszych ubili". Zrozumieliśmy, że w Ławżach był bój i oni przywieźli swoich zabitych. Bili się ci, którzy zostali na kwaterze. Potem dowiedzieliśmy się, że Sowieci okrążyli Ławże i strzelali pociskami zapalającymi w strzechy. Ludzie wybiegali, a oni strzelali. Zabili wszystkich, nie tylko partyzantów, ale dzieci, starców. Rano przyszli ludzie z różnych wsi, Sowieci kazali im wykopać rów. I bydło, i zabitych ludzi, i partyzantów rzucali do jednego dołu. Okoliczni swoich chłopaków przenieśli potem na cmentarz i pochowali, ale mój brat został tam w Ławżach, w dole, nie ma śladu.

Na razie jednak nie wiedzieliśmy dokładnie, co się w Ławżach działo. Zastanawiałam się, co z bratem i czy w ogóle ktoś żyje. Na drugi dzień po aresztowaniu wsadzili nas do ciężarówki razem z chłopcami. Patrzę, a koło mnie siedzi jakieś monstrum – nie poznaję, twarz wielka, zapuchnięta, oczu nie widać, bez zębów, krew zaschnięta wszędzie. I mówi: „Siostra mnie nie poznaje?". „A kto ty?" „Żagiel". A „Żagiel" miał taką niedużą buźkę, taką delikatną. Potwornie go zbili. Nie wiedzieliśmy, dokąd nas wiozą. Skoro obiecywali nam śmierć, myślę, wiozą nas do lasu. Minęliśmy lasy, patrzymy, wieżyczki Wilna widać z daleka. To znaczy więzienie. Żegnałyśmy się z życiem, a teraz znowu strach przed więzieniem, przed śledztwem, bo wiadomo, że trzeba być dzielnym. Przywieźli nas na zaplecze Pałacu Biskupiego, naprzeciwko katedry, jak się idzie do Ostrej Bramy. W dziedzińcu był długi dom i tam urządzili tymczasowe więzienie. W większym pomieszczeniu umieścili chłopców, a na lewo – nas, dziewczyny. To był taki pusty pokój. Z lewej strony stały żelazne piętrowe łóżka wojskowe, bez materaców, tylko siatki. Na szczęście miałam duży kożuch partyzancki i na tym kożuchu myśmy prawie wszystkie spały. Bo materaców ani koców nie było. Tego dnia dowieźli jeszcze „Mariankę" z 23. Brygady. Trzymali nas tam do maja.

8 maja w Berlinie kapituluje Trzecia Rzesza. 9 maja zwycięstwo ogłaszają Sowieci. W Polsce zostają aresztowani najwyżsi dowódcy AK z komendantem głównym Leopoldem Okulickim. Będą osądzeni w Moskwie, w pokazowym tak zwanym procesie szesnastu. W Wilnie zaczynają się przesłuchania aresztowanych w Łukszanach.

Okna w naszej celi były zamalowane wapnem z zewnątrz. Ale na samej górze nie. Widziałyśmy okna Pałacu Biskupiego, w którym urzędowali Sowieci. 9 maja z jednego okna wychyliła się Sowietka i krzyczy: „Ludi, koniec wojny!". Myśleliśmy, że jak koniec wojny, to i dla nas jakaś amnestia czy coś. Ale oni zaraz przeprowadzili nas do więzienia na Łukiszki. Tam dopiero były pierwsze śledztwa. Raz czy dwa dostałam w twarz, ale też nie mogę powiedzieć, żeby mnie bili. Hankę tak, ona oberwała, bo nie chciała mówić. Mnie nie mieli za co bić, wszyscy zgodnie zeznawali, że tylko przyszłam odwiedzić brata. A Ruscy nawet nie popatrzyli do spisu, że byłam w Kałudze.

W maju, kiedy aresztowano szesnastu, nas z Hanką, „Szarą" i „Baśką" – Zosią Matusewiczówną, zawołali, dali więcej mydła do łaźni, dali czyste ręczniki, sprawdzali, czy mamy czyste włosy. Dawali nam pełne miski kaszy i jeszcze skwarki – myślę: „Przed śmiercią chcą nas nakarmić". Co się dzieje? Wyprowadzili nas, takie umyte, nakarmione, z dziedzińca więziennego do czarnego worona. To jest ruski samochód więzienny bez okien, czarny przeważnie, czasem z napisem „chleb". Pośrodku strażnik, a po obu stronach cele – trzy albo cztery. Siedzi się bardzo ciasno. Nagle czujemy, że już nie jedziemy po ulicach, tylko po polu. „No to chyba na rozstrzał" – myślimy. Może to Ponary, bo w Ponarach rozstrzeliwano. Otwiera się nagle czarny woron, a tu samolot stoi, jesteśmy na lotnisku.

Pierwszych wprowadzili chłopców i kazali usiąść – to był chyba amerykański douglas – po obu stronach siedzenia i strażnicy, chłopcy siedzieli na podłodze. Potem wprowadzili dziewczyny, ja wsiadałam ostatnia. Mój śledczy – Gruzin albo Żyd – pomógł mi wsiąść i szepcze na ucho: „Pomnitie, czto my s wami choroszo obchodilis', ładno?". Myślę: „On się czegoś boi. Gdzie nas wiozą? On się boi". Weszłyśmy, patrzę: chłopcom kajdanki nakładają, my też wyciągamy ręce, nosy do góry, a nasz śledczy mówi: „Niet, niet, diewuszkam nie budiem". Siadłyśmy też, usiadłam przy okienku. Pierwszy raz leciałam samolotem. Bardzo huśtało. Prawie wszyscy wymiotowali, ja wytrzymałam jakoś. Jedziemy nad czerwonymi dachami, domki małe, tak brzydko. A tu patrzymy – Moskwa. Na lotnisku kazali usiąść na betonie. Wiał lodowaty wiatr. Dłuższy czas siedzieliśmy, a tam niedaleko, jakieś pięć–sześć metrów od nas, chodnik i ludzie chodzą. Nie zwracają na nas uwagi. W pewnym momencie wychodzi oficer, miał złote pagony, trzyma słonecznik, gryzie pestki i pluje na wszystkie strony. Oficer! Popatrzyłyśmy na siebie, na niego i w śmiech. Wszyscy się roześmialiśmy. U nas to było nie do pomyślenia, żeby oficer pluł na ulicy.

Zawieźli nas czarnym woronem na Łubiankę. Na Łubiance ogromny hol, rewizja. Za każdym razem, jak wchodzimy i wychodzimy, to żenująca rewizja. Trzeba było się rozebrać – dziewczyny do podkoszulki, a chłopcy nago, przysiady, szukali wszędzie. Po rewizji i sprawdzeniu personaliów wsadzili nas do małych boksów. Przy ścianie stała jakby szafa zamknięta drzwiami. W środku ławeczka, siadasz i łokciami dotykasz ścian, taki wąski boks. Nieokratowany, drzwi zamknięte. Siedziałyśmy godzinę albo więcej w tym ciasnym boksie. Potem po jednej nas wyprowadzano i wieziono windą do celi. Szło się po korytarzu wyścielonym czerwonym miękkim chodnikiem. Kiedy dochodziło się do zakrętu, strażnik albo brzęczał kluczami, albo dawał jakiś znak. Jeśli tam był strażnik z więźniem, to więzień musiał stanąć twarzą do ściany, ręce na ścianę i nie ruszać się, żeby nie widział, kto przechodzi. Doszliśmy na miejsce. Otwierają się drzwi celi: ze dwa metry szerokości i ze cztery długości – pojedynka. Z prawej strony stoi sedes, z lewej stolik – rozkładany kwadracik, na stoliku aluminiowy czajniczek, kubeczek, woda gotowana w czajniku, a przed stoliczkiem łóżko z materacem, prześcieradłem, poduszką i białym kocem. I koc ma też pokrowiec. Szyk i komfort. Tylko nie można spać z rękami pod kocem. A ja gdy śpię, to chowam ręce. Otwiera się klapa w drzwiach i cichym głosem strażnik mówi: „Ariestowana, ruki na wierch". Rano strażnik pyta, czy chcę książkę, na niklowanej tacy przynosi kawałek chleba, kostkę cukru i herbatę. Obiad też na tacy, sam w białym czystym kitlu i z czystą czapką na głowie. I grzecznie: „Pożałujsta". Na Łubiance były najwyżej dwa przesłuchania. Polegały na tym, że śledczy chciał nam wmówić, że AK współpracowało z Niemcami przeciwko Sowietom. Tłumaczyłam, że Sowieci nas zdradzili i musieliśmy się bronić. I tyle – wszystko bez podnoszenia głosu. Tylko Hanka nie wytrzymała, bo ona miała język niewyparzony. Śledczy mówi: „No, ale po co taka mucha rzucała się na słonia?". A Hanka: „Ale ten słoń w 1920 roku od muchy uciekał, aż się kurzyło". Śledczy tylko pięścią walnął w stół i posadził ją do izolatki.

Pewnego dnia znów wyprowadzili nas do tego holu, do boksów. Kiedy nam robili rewizję przed wyjazdem, jeden strażnik pyta drugiego: „A gdie ich wieszczi?". A tamten: „Im uże niczego nie nado". Za każdym razem stwarzali wrażenie, że wiozą nas na rozstrzał. Za każdym wyjazdem człowiek żegnał się z życiem. Wsadzili nas do czarnego worona i wiozą. I znów samochód jedzie, to gładko, to skacze. Przyjechaliśmy w końcu pod Butyrki, czerwone, duże, straszne więzienie. To już nie Łubianka. Wprowadzają mnie do celi ogólnej, a tam kilkanaście Rosjanek. Duża cela, na środku ogromny stół, przy ścianach rozkładane ramy, na nie nałożony brezentowy worek jako materac. Żadnego koca, poduszki, nic. Tylko rama i ten brezent. Następnego dnia otwierają się drzwi, wchodzi na wpół siwa dziewczyna, rozgląda się i mówi po polsku: „Dzień dobry". Odpowiadam: „Dzień dobry". Polka ze Lwowa, Czesia Cywikówna z partyzantki pod Lwowem. Ona i jej komendant też byli w procesie Okulickiego. Zaprzyjaźniłyśmy się bardzo. Po kilku dniach otwierają się drzwi i wchodzi dama, wysoka pani o siwych włosach uczesanych do góry, i stoi przelękniona, ręce trze. My mówimy: „Dzień dobry, tu jest wolne miejsce". „Boże, Polki!" – ze łzami wita nas i opowiada swoją historię. W 1927 roku była komunistką. Porzuciła męża i dwuletniego synka i z bratem przeszła przez zieloną granicę do sowieckiego raju. Brat szybko zniknął, gdzieś wezwany nie wrócił. Wyszła za mąż za jakiegoś majora, którego po pewnym czasie też gdzieś wezwano i nie wrócił. Została sama. I kiedyś usłyszała przez radio Wandę Wasilewską, która ogłaszała, że Polacy mogą jechać do Polski. Nie uwierzyła, chciała to usłyszeć od samej Wasilewskiej. Poszła do niej, a Wasilewska mówi: „Tak, może pani jechać, jeśli pani chce. Proszę poczekać". Czekała jakiś czas w pokoju obok, przyszli dwaj panowie i zabrali na Butyrki. Siedzi już trzy miesiące, na śledztwo nie biorą, ona pyta, dlaczego, dlaczego. Nikt jej nic nie tłumaczy. A jak się buntuje, to ją przenoszą z celi do celi. Rozpłakała się i mówi: „Bardzo żałuję tego, co zrobiłam. Jeśli Bóg kiedyś wam pozwoli wrócić"... i podała nam adres w Łodzi. Pamiętam nazwisko: Roratowska. „Gdybyście mogły powiedzieć, że żałuję, że bardzo przepraszam". Nie wiem, co się z nią stało, wkrótce zabrano nas z rzeczami – Czesię do Lwowa, mnie do Wilna. Już nie leciałyśmy samolotem, tylko jechałyśmy stołypińskim pociągiem – to taki pociąg dla więźniów: korytarz od strony okien, a od korytarza klatki i nary trzypoziomowe. Dyżurny, chodząc po korytarzu, widzi wszystkich. My, dziewczyny, siedzimy w jednej celi, a obok siedzą panowie. Jechał z nami pan Kokociński z delegatury, „Wiś" i pan Działyński z wileńskiej organizacji, znałam go osobiście. Udało nam się zamienić parę słów. Pan Kokociński powiedział nam, że wszyscy byliśmy na procesie Okulickiego, tylko nie na śledztwie. Okulicki dostał 10 lat, niektórzy po pięć albo po trzy lata, niektórych zwolnili. „Jeśli komendant dostał 10 lat, to co my, też?" – pytamy. Pokiwał siwą głową i powiedział: „Dziecko, my dostaniemy dużo więcej".

Przywieźli nas na Łukiszki. Po Moskwie, po tych wszystkich przeżyciach, otwierają się blaszane, zgrzytające drzwi, a my: „Nareszcie w domu", i śmiejemy się, a strażnik patrzy i puka się w głowę. Posiedziałyśmy do października. Tam poznałam moją serdeczną przyjaciółkę, Basię Dudyczową z dowództwa „Kóz", wileńskich łączniczek. Basia siedziała w celi za ścianą, poznałam ją, stukając morsem. Przedstawiłyśmy się sobie i długo w ten sposób rozmawiałyśmy. Po przeciwnej stronie dziedzińca siedział Stanisław Kiałka. Nie wiedziałam, kto to jest, raz słyszałam tylko, że Basi udało się z nim porozmawiać przez okno.

Stanisław Kiałka to legenda wileńskiej AK. Syn powstańca wielkopolskiego, kleryk u jezuitów. W 1939 roku służył pod Lwowem w kompanii sanitarnej, uniknął sowieckiej niewoli. Trafił do Wilna. Komenda Okręgu Wileńskiego AK powierzyła mu komórkę legalizacji wyrabiającą dokumenty chroniące mieszkańców Wileńszczyzny przed aresztowaniem lub deportacją. Zajmował się kwatermistrzostwem i organizacją komórek dywersji i egzekutywy, a także przerzutami broni. Był bliskim współpracownikiem majora (późniejszego generała) „Wilka", komendanta Okręgu Wileńskiego AK.

Kiedyś Basia stuka do mnie: „Wanda, zabierają mnie z rzeczami, nie wiem dokąd". Następnego dnia rano – gdy dozorcy rozdają jedzenie, nie mają czasu, wtedy więźniowie rozmawiają – usłyszałam głos Stacha. Nie wiedziałam, jak się nazywa, poznałam tylko głos. I słyszę, jak przez okno swojego baraku woła: „Basiu, Basiu". Okno było dość wysoko, należało się wspiąć, żeby zobaczyć głowę. Mówię przez okno: „Basię zabrali wczoraj z rzeczami, nie wiadomo dokąd". I głowa znikła.

Potem, kiedy się znów spotkałam z Basią, wyjaśniła mi, że to „Kaziuńcio", „Jelonek", Stach Kiałka, prawa ręka generała „Wilka", mózg organizacji na Wileńszczyźnie. Kleryk od jezuitów ze względu na talenty organizacyjne wysłany przez zwierzchników do pracy w mieście. Wielka postać w AK. Kiedy przyjeżdżał z terenu do Wilna, mieszkał u Basi, na Połockiej, w drewnianej akowskiej melinie. Pułkownik „Wilk" też często tam bywał, bardzo się z nim przyjaźnił.

6 października poprowadzili nas pieszo z więzienia kolumną uformowaną w piątki ulicą Zygmuntowską, wzdłuż Wilii. Na rogu jest biblioteka Wróblewskich, dalej ulica wiodła do katedry. Przed biblioteką zauważyłam moją koleżankę, jeszcze ze szkoły powszechnej. Krzyknęłam: „Misia, Chełmska 80". Misia się przeraziła, a ja dostałam w łeb. Zaprowadzono nas do domu pod numerem 6, nie pamiętam nazwy ulicy, to było prywatne mieszkanie zamienione przez NKWD na sąd wojenny. Czekając na rozprawę, staliśmy w kuchni: płyta zaścielona gazetami, duże okno na podwórko. Na podwórku pojawili się moja mama, brat i bratowa. Czyli Misia doszła na Chełmską. Całą naszą grupę wprowadzili do sali sądowej. Na prawo od drzwi były ławki, naprzeciwko nas szeroki stół. Za stołem zajął miejsce sędzia w otoczeniu oficerów. Na pierwszej ławce siedzieli ci, co byli sądzeni do 10 lat, na następnych – na

katorgę, a na górze ci, którzy byli sądzeni na wyrok śmierci. Tak nas posadzili. Odczytali nam akt oskarżenia: że zdradziliśmy Związek Radziecki, chcieliśmy oderwać nasze ziemie od rodzinnego kraju. Sądzili nas z paragrafu 58 1a 11, to znaczy 58 – zdrada ojczyzny, 1a – indywidualnie, 11 – zbiorowo. Dostałam 20 lat katorgi, Zosia Matusewiczówna „Basia" – 10, „Wiś" – 8. „Pilot" i „Grab" – karę śmierci. Pytają, czy chcemy coś powiedzieć. My – że nie ma o czym mówić. Tylko „Basia": „Proszę Wysokiego Sądu, ja bym bardzo prosiła, żeby Wysoki Sąd dał mi 20 lat katorgi, tak jak moim koleżankom". Prokurator aż się skurczył ze złości, ścisnął pięści, a taki jeden lejtnant parsknął śmiechem. Basia chyba naprawdę chciała 20 lat, żeby być z nami, a Sowieci myśleli, że ona z nich kpi. Wyszliśmy do kuchni, za nami jeden z lejtnantów i mówi: „Wy nie ułybajties', wam rodiny uże nie widiet', my s was wsie soki wyżmiem kak s limona, no nie srazu". I pokazuje: „Pożmiom, popustim, pożmiom, popustim, aż podochnietie". I tak było. Na dole udało się mamie zapytać: „Ile?". Przecież nie powiem, że 20, bo trupem padnie. Mówię: „Pięć i wszystko będzie dobrze".

Zaprowadzili nas z powrotem na Łukiszki – już nie do celi, tylko do piwnicy bez okna. Na spacery też już nie wyprowadzali. Po kilku tygodniach uformowali nas znów w kolumnę piątkami i zaprowadzili na dworzec. Szliśmy ulicami Wilna, żegnając miasto wzrokiem. W oknie jakiegoś domu zobaczyłam twarz kobiety, która patrząc na nas, objęła głowę rękami. Widziałam jej przerażone oczy i otwarte usta. Doszliśmy na dworzec, załadowali nas do bydlęcych wagonów. Nas, dziewczyn – Polek i Litwinek – było tylko 13. Wsadzili nas do osobnego wagonu. W ostatniej chwili wprowadzono dwie dziewczyny – Basię Dudyczową i Bronię Kutiuk, sanitariuszkę i pielęgniarkę. Bardzo się potem zaprzyjaźniłyśmy. Mężczyźni jechali w tłoku, ale było im ciepło, a my przymarzałyśmy do wagonu. Dawali nam kawałek zeschniętego chleba, do beczki po nafcie wlewali zimną zupę. Nie było naczyń, tylko kilka misek, musiałyśmy czekać, aż któraś zje. Nie wypuszczali nas na zewnątrz. W wagonie pod ścianą naprzeciwko drzwi była wyborowana dziura, około 20 cm i z czterech desek zbita rura – to był nasz sedes. W końcu wszystko zaczęło zamarzać.

Bardzo marzłyśmy. Dwa razy dziennie robili nam apel. Do wagonu wchodzili strażnicy, na długich pałkach mieli drewniane młotki, kazali przejść na jedną stronę wagonu i pojedynczo przechodzić na drugą. Licząc nas bili tymi pałkami. Jechałyśmy miesiąc. Przed samym Bożym Narodzeniem dotarłyśmy do Workuty.

Workuta – miasto w sowieckiej Republice Komi, 160 kilometrów na północ od koła podbiegunowego. Założone w 1936 roku jako planowana część Gułagu do penetracji bogatych złóż węgla kamiennego. Od 1938 roku otoczona przez zespół kilkunastu obozów pracy. Temperatury wahają się od –50 stopni w zimie do +33 stopni w lecie. Dni w roku z temperaturą poniżej zera – 260. W 1945 roku w Workucie i w okolicach pracuje blisko 45 tysięcy więźniów. Wanda kończy właśnie 23 lata.

Kazali wyjść, usiąść na śniegu. To była noc, ale w Workucie nie było całkiem ciemno, było trochę szarości. Wprowadzili nas do baraku. Mężczyźni w dużym baraku, w mniejszej części kobiety. Spotkałyśmy Rosjanki, które zostały zwolnione i jechały do domu. Pouczyły nas, jak mamy się zachowywać w obozie. „Będą tu nie tylko polityczni, będziecie razem z przestępcami – mówią. – Są tu recydywiści, którzy mają swoje prawa i według swoich praw żyją. Pamiętaj, że od takiego nie możesz nic brać, nawet nie masz prawa listów czytać, bo jak czytasz jego list, to on ma prawa do ciebie". To były najważniejsze rzeczy, które zdążyły nam przekazać. W obozie przemianowali nas na numery, dostałam numer Cze-148, Hanka Cze-109. Każda litera oznaczała tysiąc więźniów. Cała Workuta była podzielona na litery, każdy obóz miał swoje. Dali nam łatki, kawałki materiału z numerem – trafarety – od ramienia do ramienia na plecach należało je przyszyć. Ale pod numerem materiał miał być wycięty. Na spodniach był numer i na czapce. Jeśli był daszek, musiało się go obciąć i tylko numer, a na spodniach kawałek materiału też pod łatką wyciąć. W razie ucieczki każdy wie, że to katorżnik, bo ma dziury w ubraniach. Ponieważ mężczyzn było dużo, pełny barak, to nam, kobietom, dali łatki, igły, nici i kazali iść pomagać naszywać te trafarety. To było nasze pierwsze od dawna spotkanie z mężczyznami, bo w więzieniu tylko przestukiwaliśmy się albo spuszczaliśmy na nitkach grypsy napisane na bibułkach od papierosów. Po kilku dniach zostałyśmy ubrane w waciaki – kurtki stebnowane, spodnie stebnowane i czapki uszanki, wszystko bardzo brudne. Do tego czunie – buty z gumy, pod gumą warstwa materiału, nitki nagumowane, wąska warstwa, centymetrowa. Buty za kostkę, dwie dziurki, ale bez sznurowadła. Taka sama podeszwa przyszyta do tego materiału.

W końcu wyprowadzali nas do macierzystego obozu. To było w grudniu, kiedy jeszcze był kawałeczek dnia. Prowadzą nas – 13 katorżniczek. Strażnik nie krzyczy na nas, nie bije, uśmiecha się nawet. Idziemy po drodze wyjeżdżonej przez samochody, śnieg pod nogami gra, lśni pięknie, powietrze aż dzwoni, takie czyste, taki mróz. Rozkoszowałyśmy się tą przestrzenią, powietrzem, jasnością, bielą. Po więzieniu, po brudzie, ciemności. Doprowadzili nas pod bramę, ciemno już było. Przy kopalni numer dwa, zona obozu numer dwa. Nad bramą napis: *Czestnyj trud, biezsrocznoje oswobożdienije*, sowiecka wersja *Arbeit macht frei*.

Wyczytywali numer i trzeba było powiedzieć nazwisko, imię, wysokość wyroku i za co. Stoi strażnik i przepuszcza kolejno, wywołując numery. A za bramą zebrała się już kupa bonzów obozowych, różnych szefów od wszystkiego. „Wot, choroszyje diewuszki, eto budiet moja, eto moja, smotri, kakaja choroszaja". Strach, co to będzie, co to za naród, co nas tutaj czeka? Wprowadzili nas do baraku przedzielonego w połowie deskami, tam mieszkały już jakieś dziewczęta. „To wasza kwarantanna" – mówią. Po kilku dniach zaprowadzili nas do łaźni. Ubranie trzeba było położyć na wysokiej ławie. Stałyśmy nagie przed mężczyzną, który przyjmował te ubrania, wieszał na haki i pchał do prażarki, do odwszalni, tam, gdzie gorąco. Łaźnia wyglądała tak: duże pomieszczenie, bardzo śliska podłoga, niskie ławy, na nich małe ceberki drewniane, oślizgłe od brudu. Z ceberkiem szło się do mężczyzny, który z kotła dawał nam czerpakiem może ze trzy litry gorącej wody, a na rękę duży naparstek brązowego płynnego mydła. W kranie zimna woda – do woli. Umyłyśmy się. Jakaś wysoka kobieta – potem dowiedziałyśmy się, że to szefowa żeńskiej zony Tamara – wołała nas pojedynczo do następnego pomieszczenia. A tam siedzi na wysokim taborecie chłop z brzytwą w ręku, a przed nim stoi drugi taboret, niski. Tamara każe stanąć na ten taboret przed chłopem. „Zwariowałaś?" I zaczęłam uciekać. Chwyciła mnie jak piórko, postawiła i przytrzymała, on mnie ogolił wszędzie. Powiedziałyśmy potem, że do bani więcej nie pójdziemy. Obiecali, że nie będzie już golenia. Ale więźnia trzeba było upokorzyć – w męskiej zonie kobiety goliły mężczyzn.

Kiedy byłyśmy czyste, zaprowadzili nas do ambulatorium na komisowkę. W pokoju lekarskim siedzieli przy stole naczelnik szachty, czyli kopalni, naczelnik obozu, naczelnik sanczości, czyli ambulatorium, siostra i lekarz. Mężczyźni nago maszerowali przed komisją, a lekarz, który stał i badał więźnia, tylko dotykał pośladka, sprawdzając, ile pod skórą jest mięśni, czy może on iść do kopalni, czy tylko na powierzchnię, i czy w ogóle może pracować. Jeśli pod skórą coś było, to szedł do kopalni węgla, kategoria pierwsza, „tiażełyj trud", jeśli mniej – to druga kategoria, czyli na powierzchnię. Basia Dudyczowa ledwo stała na nogach, była wysoka i bardzo chuda. Dostała „legkij trud", czyli lekką pracę, trzecią kategorię. Wzięli ją do pracy do szpitala. Bronię, ponieważ była wykształconą pielęgniarką i to operacyjną, wzięli do sanczości. Hankę skierowali na powierzchnię, mnie do kopalni. Ale my z Hanką byłyśmy bardzo związane, jeszcze z oddziału, z więzienia. I Haneczka zamiast na powierzchnię poszła ze mną do kopalni, do mojej brygady. I przez cały tydzień jadłyśmy jedną porcję. Hanka nie liczyła się do stanu brygady, więc jadłyśmy jeden chleb, jedną zupę. Wyprowadzono nas na tak zwany razwod, czyli rozprowadzenie do pracy. Wszystkie brygady zbierały się przed bramą. Naradczyk, który jest zobowiązany wysyłać brygady, stał z deseczką i ołówkiem, z drugiej strony stał strażnik, który przepuszczał nas i liczył: jedna piątka, jedna kreseczka. Strażnik stawiał swoją kreskę i naradczyk swoją. I sprawdzali, jak się nie zgadzało, cofali i liczyli na nowo.

Powiedziano nam, że mamy iść z taką a taką brygadą i że naszą brygadzistką jest Żeńka. Pokazali nam, gdzie ta Żeńka, gdzie mamy stać, policzyli, wyprowadzili. Do kopalni było kilkaset metrów, przed wejściem rozdawali naftowe lampki górnicze. Nikt nam nie powiedział, jak się schodzi do kopalni. Wokół śnieg i lód, im niżej, tym cieplej, śnieg się topił, było ślisko i mokro, potem była glina. Od pewnego momentu jechałyśmy na plecach, nie mogłyśmy wstać. Zjeżdżałyśmy w ciemności, bo pogubiłyśmy lampki. Nasza brygada była na dole, a my jeszcze na górze. Szukała nas Żeńka, wreszcie znalazła. „Nowieńkije, gdie nowieńkije?" Zaprowadziła nas na uczastek albo na ławę, czyli przodek, miejsce, gdzie się wydobywa węgiel. Z lewej strony była blaszana rynna, na którą się narzuca węgiel. Rynna leży na wałach zsuwających narzucany przez nas węgiel. Z prawej strony ściana węgla, w której wierci borujszczyk, a potem podkłada proch. Schodzimy na dół i wtedy łubu-du! Węgiel się sypie, jest gaz, jest ciemno, ale my musimy już ładować. Po 10 miesiącach więzienia byłyśmy głodne, wycieńczone. Hanka jakoś wrzuca ten węgiel, a mnie potwornie bolą plecy, mam wrażenie, że się łamią. Nawet klękam, opieram łokieć o kolano, żeby węgiel narzucić, ale on mi się wysypuje przed rynną. Z początku Żeńka myślała, że udaję. Kilka tygodni pracowałam na klęcząco. W końcu zobaczyła, że rzeczywiście nie daję rady, i mówi: „Tak, twoja mat', idi Wańkie pomagat' kriepit'".

Wańka, młody chłopak, recydywista, ale nieszkodliwy, bo pracował. Oni się dzielą na dwie kasty: pracujących i niepracujących, ci, którzy pracują, to są suki, zsuczyli się, pracują dla rządu, a uczciwy recydywista nie pracuje. Wańka grzeczny, podśpiewuje. Dobrze mi się z nim pracowało, bo już nie musiałam na kolanach dźwigać węgla. Pomagałam podtrzymać chodnik stemplami, bo Wańka kriepił, czyli umacniał strop. Któregoś dnia on piłuje jakąś sosenkę, patrzy na mnie i mówi znienacka: „Wandeczka, dawaj pojebiemsja". Ja: „Słucham?". On powtórzył. „Wania, ja nie rozumiem – mówię – ty mi na migi pokaż, co chcesz". On tak na mnie popatrzył, podniósł brwi, pokiwał głową i mówi: „Wandeczka, znajesz czto, dawaj rabotat'". Ja rzeczywiście dobrze rosyjskiego nie znałam, ale do głowy mi nie przyszło, że można w ogóle takie propozycje dawać, i w takim miłym tonie. Na drugi dzień rano zobaczył, że szukam drucików, żeby omotać onuce. Nie miałyśmy żadnych sznurków, a onuce nam wychodziły z butów i zanim doszłam do kopalni, robiła mi się na nodze czerwona obrączka od butów, bo śnieg, bo mróz. W kopalni szukałam drucików, którymi łączą ładunki wybuchowe, i obwiązywałam nimi czunie, żeby mi nogi nie marzły. Wania widział, że drucikami omotuję sobie nogi, i na drugi dzień rano po tej swojej propozycji mówi: „Zdrastwuj, Wandeczka, u mienia dla tiebia podarok" – i wyjmuje z kieszeni nowe czerwone sznurowadła. Ja na to: „Wania, do takich czuni takie piękne nowe sznurowadła! Dziękuję ci, druciki są w sam raz". On złożył palce wskazujące na krzyż, spoważniał jak nigdy, ucałował ten krzyż z palców: „Wandeczka, klanus' na kriest – całuje – na Mat' Bożiu – całuje – na moju mat' – niczego od tiebia nie choczu, woz'mi, Wandeczka". Nie mogłam nie wziąć.

W marcu 1946 roku polskie katorżniczki są już w Workutłagu zadomowione. Znają obozowe zwyczaje, udało im się przeżyć bardzo ciężki okres adaptacji. Wanda i pozostałe wilnianki zaczynają się „urządzać".

Po paru tygodniach przenieśli mnie z Hanką z kopalni tam, gdzie się czyści i napełnia lampy. Inny świat – praca lekka, wszyscy bardzo mili. Nie mogłyśmy uwierzyć. Ten nasz raj potrwał tylko trzy dni. Wypisali nas stamtąd, a na nasze miejsce wpisali swoje żony. Taki zwyczaj w obozie. Naradczyk czy brygadzista mówi: „Bud' mojej żenoj". Dziesięciu w kopalni codziennie mówiło do mnie: „Bud' mojej żenoj". Wiele dziewczyn wolało zostać czyjąś „żoną" i nie pracować z łopatą, tylko na przykład stać na klapce – włączać i wyłączać światło, albo w kuchni, albo w sanczości, albo świnie dla naczelników karmić. Więc wróciłyśmy pod ziemię.

Po pracy wychodziłyśmy z kopalni i znów na wachcie trzeba stać, bo jeśliby jednego więźnia brakowało, to strażnik nie przepuści całej zmiany do zony. Stałyśmy nieraz godzinami. W kopalni bardzo często z sufitu kapie woda i byłyśmy przemoczone do skóry, wychodziłyśmy na mróz 40 stopni i wiatr, i momentalnie zmieniałyśmy się w sople lodu, wszystko momentalnie zamarzało. Pewnego dnia zobaczyłyśmy z Hanką, że przed kopalnią stoi drewniany budynek, sczerniały od węgla, a po schodkach wchodzą do niego nie tylko ci, którzy tam pracują, ale tacy jak my, więźniowie. I jak się otwierają drzwi, to bucha para, czyli w środku jest ciepło. Poszłyśmy tam: duży hol, ściana, pod którą siedzą więźniowie, a z prawej strony drzwi urzędnicy przyjmują raporty od brygadzistów. Czyli moja brygadzistka po zmianie idzie tam i mówi, ile ton węgla dzisiaj wyrobiliśmy. I od tego zależy, ile dostaniemy chleba, ile zupy, ile kaszy. Taka brygadzistka po zdaniu raportu wychodzi i krzyczy: „Moja brygada na wachtę". A my zamiast na wachtę po pracy chodziłyśmy do kombinatu, bo to się nazywało „kombinat". Żeby się ogrzać. Kiedyś poszłyśmy tam i tak siedząc, rozmawiamy. Przechodzi koło nas gość w rozpiętym kożuchu i czapka uszanka majta mu się nad uszami. Usłyszał nas. „Diewuszki, wy Polaczki? Rabotajetie w szachtie?" „Nie tylko my". „O hospodi!" Przychodził codziennie, żeby z nami porozmawiać. „Mówcie do mnie po polsku – prosił. – Wiem, że jestem Polakiem, ale już nie umiem po polsku, bo moi rodzice umarli, jak byłem mały. Wychował mnie dom dziecka. Jestem więźniem, ale z chińskiej wojny. Już wyrok mi się kończy, a ja bym bardzo chciał wyciągnąć was z kopalni, ale muszę z nimi coś przepić. Może jest coś, czego wam jeszcze nie ukradli?" Rzeczywiście, kiedy pierwszy raz poszłyśmy do kopalni, miałyśmy w węzełku dodatkową bluzkę czy koszulkę, ale zostawiłyśmy to na pryczy. Kiedy wróciłyśmy, już niczego nie było. Basia Dudyczowa leżała wtedy w szpitalu, a chore w szpitalu kładziono na gołych pryczach, jeden koc miały na dwie. Dałam Basi mój kożuch, czysty, kilka więźniarek na nim leżało. Wiedziałam, że Basię wkrótce wypiszą, więc kożuch pewnie nam ukradną. Jakoś go wyciągnęłyśmy, a ten Polak przepił go z kimś tam. Pewnego dnia przychodzi naradczyk, ten, który wyprowadza brygady, i mówi: „Cze-109 i Cze-148, wy z Żeńką nie idziecie, tylko z taką i taką brygadą". Okazało się, że poszłyśmy pracować na powierzchnię, budować estakadę do transportu węgla. Był tam trap, na nim nabite deseczki i po tym kołyszącym się trapie musiałyśmy nosić cegły, pustaki, zaprawę. To też było ciężkie. Ale już nad nami było niebo, nie tak ciemno jak w kopalni i nie było recydywistów. Bóg czuwał nad nami, bo w kopalni dziewczyny były gwałcone nie przez jednego, ale przez kilkunastu chłopów. I nikt ich nie obronił. W strojkantorze, czyli na budowie, było lepiej, tylko bardzo zimno, prycze w zonie też były puste, nie dawali materaca ani koca. Wracałyśmy w górniczym ubraniu i w nim spałyśmy. Dopiero w 1948 roku dali nam materace napchane wiórami i po jednym kocu na dwie.

Na budowie poodmrażałam palce u nóg, były granatowe, ciekła z nich ropa, ale nikt na to nie dał zwolnienia, wszyscy mieli poodmrażane nogi. Naczelnik strojkantoru, dawny oficer i dawny więzień, był bardzo życzliwy. Pozwalał nam grzać się na zmianę z Hanką. Kiedyś zapytał mnie, jak mi na imię. Mówię: „Wanda". A on: „Wasilewska". „Tylko nie Wasilewska" – ja na to. „Wanda, co nie chciała Niemca i Ruskiego też". „Wandeczka, kak dieła? – pyta." A ja pokazuję mu nogę, walonki z dziurami łatanymi brezentem, odmrożenia. Wściekł się. Naszą brygadzistką była Szura. Wezwał ją. „Szura, jak można pracować w takich butach?!" i kazał mi wyciągnąć nogę. Zaraz dali mi przyzwoite walonki.

W strojkantorze pracowałyśmy dość długo. Wciąż było bardzo zimno, nie dawali ubrań. Co jakiś czas przyjeżdżał z innego obozu naczelnik, któremu brakło ludzi do pracy. I prosił naszego naczelnika o 100 osób, 200 osób. W taki sposób moją Hankę wzięto na etap. Wyprowadzają z zony, wsadzają do wagonów i wiozą do innego obozu. W Workucie było ponad 40 takich punktów: kopalnie, wapno, cegielnie, elektrownia, różne zakłady, budownictwo. Haneczka wyjechała na 18. Kopalnię. Ciężko pracowała, ale było jej dobrze, bo nie pod ziemią, tylko też na budowie. Bardzo się zaprzyjaźniła z Ukrainką Pelą. Pela – z wyglądu Zosia z *Pana Tadeusza* – jasne warkocze, niebieskie oczy, sympatyczna dziewczyna z polskiej Ukrainy, uczyła się w polskiej szkole. W tym obozie jakiś błatniak, recydywista z tych, którzy nie pracowali, upodobał sobie Hankę. Dawał jej listy do czytania, ona je wyrzucała, więc bił ją na oczach wszystkich. Ludzie myśleli, że jak bije, to ma prawo. Hanka nie wytrzymywała, poszła do szefa bandziorów, a powiedział temu Siemionowi, że ona nie będzie niczyją żoną. Ten mówi: „Głupia jesteś, miałabyś wszystko i ciężko byś nie pracowała. Nic nie mogę zrobić, ale porozmawiam z nim". Chyba jednak nie porozmawiał, bo po kilku dniach jeden z młodych błatniaków, kiedy nikt go nie widział, powiedział Hance, żeby bardzo uważała, bo Siemion prosił kolegów, by pomogli mu ją zgwałcić, a szef nie będzie się wtrącał. Dzięki temu, że młody błatniak uprzedził Hankę, Pela nad nią czuwała, zresztą sama oberwała przy tym. Na szczęście błatniacy – suki i czestnyje wory – walczyli między sobą. Kiedyś się porżnęli, dużo głów poleciało. Resztę wywieziono. Hanka miała spokój. Potem przeniesiono ją do innej kopalni.

Dziewczyny z Wilna są w Workucie już dwa i pół roku. Latem 1948 roku więźniarki dostają przydział sukienek. Wanda umie szyć, przerabia sukienki koleżankom. Ta umiejętność zmieni jej życie w obozie.

Kiedyś jedna z więźniarek-żon naczelnika zobaczyła, jak przerabiam sukienki, i pyta: „Wandeczka, poszyjesz mojemu mużu pidżaczok?". Chciała, żeby kurteczka była zgrabna, „taka zachodnia". Narysowałam jej kurtkę z kieszeniami. Spodobała się. Mówię do niej: „Wiesz, ja to uszyję, ale kieszenie z wierzchu warto przestebnować na maszynie, bo w ręku nie wyjdą ładnie". Powiedziała, że spyta brygadzistę, on na pewno pozwoli w nocy uszyć. Uszyłam. I brygadzista, Wania, popatrzył, że kurteczka ładna, i zaproponował, że mnie przeniesie do pracowni krawieckiej. A tam przecież mogły szyć tylko czyjeś „żony". „Wania, dziękuję, nie mogę". Popatrzył na mnie jak na wariatkę: „Nie bój się, nikt na ciebie nie będzie nastawał, nie zechcesz, nie będziesz". Poszłam do dziewczyn i mówię, co Wania mi proponował. Nie chciałam ich zostawić. Siadłyśmy na górnych narach i Basia mówi: „Słuchajcie, czy nie lepiej będzie, jak Wańdźka pójdzie do pracowni, uszyje nam dodatkowe rękawice, przyniesie nam chustki do nosa, bo czyścimy nos po rusku, szmatkę jakąś przyniesie, podpaski się zrobi – my tego wszystkiego nie mamy skąd wziąć". Postanowiły, że muszę iść. Z wyrzutami sumienia poszłam. I było mi tam bardzo dobrze.

Któregoś dnia siedziałam na małym stołeczku i łatałam górnicze ubrania. Przyszedł zastępca naczelnika obozu Łopatow, kapitan. Nie znałam go – jakiś oficer, pijany, stoi i się kiwa. Nagle zaszedł mnie od tyłu, oparł ręce na moich ramionach. Mówię do niego: „Iditie". A on nachyla się nade mną. Ja: „Izwinitie", a on pijaną mordą dotyka mojego policzka. I wtedy trąciłam go łokciem. Dość mocno. Wyprostował się i pyta: „Wasz nomier?". Wstałam: „Cze-148". Wyszedł. Wszyscy mówią: „Wandeczka, kakaja ty dura, on tiebia w szachtu". Mija miesiąc, dwa, i nic. Może po ponad dwóch miesiącach, po nocnej zmianie śpię na górnych narach, przychodzi dyżurny i krzyczy: „Cze-148!". To był starszy dyżurny, bardzo dobry, nazywaliśmy go batia, ojczulek, nigdy na nas nie krzyczał. „Ja tiebia w karcer" – mówi mi na ucho. Ja: „Za co?". „Pomyśl, może pokłóciłaś się z kimś". Łopatow! Zamknie mnie w karcerze i każe dyżurnemu oddać sobie klucz! Słyszałam, że tak już bywało. Mówię do batii: „Pokłóciłam się z Łopatowem, bo on mnie dotykał, pijany, a ja go odtrąciłam". Poradził: „Idź do brygadzisty, powiedz mu, że ja cię do karceru chcę zabrać, a ja ciebie będę tymczasem szukał". Poszłam, powiedziałam Wani. Wania pobiegł do bezpieczera, dysponenta, on w kopalni ma wszystkie dane. U nas to był Alek – moskwiczanin czy leningradczyk, bardzo przystojny chłopak, dostał 10 lat, właśnie kończył wyrok. Wania opowiedział mu całą historię. Posłał po mnie, powtórzyłam. Alek poszedł do naczelnika reżimu, czyli obozu. Przychodzi naczelnik reżimu do pracowni krawieckiej, bo ja musiałam już tam wrócić. Wszyscy wstali. „Zdrastwujtie, zdrastwujtie". „Nu Wandeczka, kak eto było?". Opowiedziałam. Naczelnik: „Prawilno. Nu i czto, idietie oddychat'? Ja idu". I poszliśmy na spacer. Widać było, że się cieszy z tego numeru. Wicenaczelnika chyba nie lubił, zresztą ten szybko znikł z obozu.

Najważniejsi w obozie byli naczelnik, jego zastępca i oficer śledczy popularnie nazywany u nas kumem. Jak kum wołał, to znaczyło, że albo proponuje współpracę, albo chce się czegoś dowiedzieć. Kiedyś jestem w pracowni krawieckiej, przychodzi jego dyżurny, jego służący, i prowadzi mnie do gabinetu kuma. To było po zbiorowym zatruciu całego obozu. Zupy gotowano na czymś, co się nazywa turnieps – ni to brukiew, ni rzepa. Do zupy wrzucano beczki maleńkich jak palec ryb, nazywały się tiulki i były przeważnie zgniłe. Kiedyś dali tak zepsute, że cały obóz miał płukanie żołądka. Kum pyta: „Jak myślicie, dlaczego tak ludzie chorowali?". Ja na to: „Jeśliby pan zjadł zupę na zgniłych rybach, to nie wiem, czyby pan przeżył". I wtedy on zmienia temat i grzecznie mówi: „Wandeczka, moja żona chciałaby, żebyś uszyła jej sukienkę". Zgodziłam się. Powiedział, że przyjdzie jego dyżurny i zaprowadzi mnie na wolny posiołek, czyli poza obóz, żebym zdjęła miarę. To niewiarygodne. Rzeczywiście, na drugi dzień dyżurny zaprowadził mnie do żony kuma. To już była zima, ciemna noc. Przyszłam do jego domu, wprowadził mnie do małego pustego pokoiku. Przyszła żona, przedstawiła się, przyniosła materiały, papier, ołówek i narysowałam kilka wzorów. Zdjęłam miarę, zapisałam.

Kiedy byłam gotowa do kolejnej miary, dałam znać i służący oficera zaprowadził mnie znów do posiołka. Skończyłam sukienkę, przekazałam ją oficerowi. Minęło parę tygodni i znowu dyżurny: „Wanda do kuma". Przychodzę, on wyjmuje z biurka szarą kopertę i mówi: „Moja żona dziękuje za sukienkę, jest bardzo zadowolona". Wzięłam kopertę, poszłam do baraku: „Dziewczyny, kum dziękuje za sukienkę". Basia wyrywa mi kopertę, otwiera i zamyka. „Wandeczka, tam 300 rubli w kopercie!" A pieniędzy przecież nie wolno było mieć! Nie można było mieć książki, zeszytu, ołówka, nożyka ani blaszki, za taką blaszkę pięć dób karceru! A on mi daje 300 rubli! Nie wiedziałyśmy, co z nimi zrobić. Okazało się, że nagle jest potrzeba. Basia Dudyczowa miała męża, który był w armii Andersa i po wojnie trafił do Kalifornii. Stamtąd wysłał paczkę do Workuty. W sanczości pracowała wolna lekarka. Wysyłała więźniarkom listy, narażając się na 20 lat katorgi. Basia wysłała list do męża drogą przez Wilno, znajomych i tak dalej. Jej Kazio dostał ten list i stąd ta paczka. W paczce był kożuszek, buty, koc wełniany, sweterek. I było napisane, co ile kosztowało. Tyle właśnie należało zapłacić za tę paczkę. Wtedy natychmiast się przydało moich 300 rubli. Może kum się starał w ten sposób pomóc? W każdym razie zdołałyśmy wykupić paczkę.

Żyło mi się już naprawdę znośnie, tym bardziej że Hance udało się wrócić. Nie trwało to jednak długo. Hanka wróciła, a mnie na etap wzięli. Wysłali 200 kobiet na Muldę, do obozu, z którego była ucieczka. Tam siedzieli sami Ruscy. Napadli na strażników, ubrali się w ich mundury i chcieli ten nieduży obóz, kilka baraków zaledwie, etapem wywieźć za Ural. Niedaleko, jakieś 60 kilometrów od nas, z dachu było widać Ural jak na dłoni. Tych, którzy nie chcieli uciekać, pozabijali. Wszystko było zrujnowane, bo oni się w tym obozie bili. Przewody elektryczne powyrywane, na ścianach baraków zamarznięta krew. Podobno nikomu nie udało się uciec, wszystkich zabili. Trafiłam tam jako jedna z kilku Polek. Był rok 1949, grudzień. Miałyśmy w tych pustych, zamarzniętych barakach zamieszkać. W kącie beczka śniegu do topienia, kawałek chleba w rękę – i tak przez długi czas, zanim wszystko odbudowałyśmy. Na chleb lali nam brązową oliwę. Myśmy tę oliwę zlewały do naczynek, dodawały knoty i robiłyśmy kaganki, żeby światło jakieś było. W końcu odbudowałyśmy obóz, łaźnię, stołówkę, założono elektryczność i zaczęłyśmy trochę lepiej żyć, jednak trudno się żyje w kamieniołomach. Bo ten obóz zajmował się właśnie łupaniem kamieni. Do kamieniołomów szło się kilka kilometrów, ziemia zamarznięta, śnieg, czasem purga, silna zawieja, która mogła człowieka zwiać jak listek. Z jednej i z drugiej strony drogi do kamieniołomu był wysoki płot. Ten płot zawiało. Zamiast niego rozwieszono na kijach gruby sznur. Idąc, trzymałyśmy się tego sznura, żeby nas wiatr nie porwał, bo inaczej dopiero wiosną znaleźliby kości. Chodziłyśmy po pustej przestrzeni, tundra, bez drzew, tylko małe krzaki. Nie miałyśmy z czego rozpalić ogniska. Kamieniołom to była góra. Stojąc na niej, musiałyśmy najpierw odgarnąć śnieg, zerwać warstwę ziemi, a potem kilofami i łomami wybić dziury, żeby włożyć w nie ładunki. Po wybuchu kamień się sypał, a my na dole ładowałyśmy go do podjeżdżających ciężarówek. Wydawało się, że nam szpik zamarza, tak byłyśmy zziębnięte. Jedno było piękne – kiedyś, gdy zrobiło się trochę szaro, zza naszej góry w pewnej chwili wychylił się łeb renifera. Potem drugi, trzeci, może z 50 sztuk, młode i stare, zeszły w dolinę. Stare odkopywały śnieg racicami, a młode i łanie jadły mech. Chyba godzinę tak się pasły. To był piękny widok. Aż wreszcie wszystkie, jeden za drugim, znikły za górą. I jeszcze raz wydarzyło się coś pięknego: kiedyś, idąc do kamieniołomu, może 100 metrów od nas, zobaczyłyśmy białego liska. Właściwie nie było go widać, tylko oczka i nosek czarny. Strażnik zdjął pepeszę i chciał go zastrzelić. Wszystkie zaczęłyśmy krzyczeć, piszczeć, wrzeszczeć: „Lisku, uciekaj!". Zwierzak rzeczywiście biegł szybko, ale strażnik go widocznie postrzelił. Bo lisek okręcił się wokół siebie i znikł. Strażnik podjechał na nartach, ale go nie znalazł. Wrócił, a my w krzyk, nazwałyśmy go świnią, chamem i jak tylko można.

W kamieniołomie w Muldzie Wanda pracuje do lata 1950 roku. Władze Workuty postanawiają wówczas oddzielić więźniów kryminalnych od politycznych. Polityczni zostają umieszczeni w tak zwanych reżymnych łagieriach, obozach o zaostrzonym rygorze. Do kamieniołomu Wandy docierają jej koleżanki.

Był czerwiec, w ramach nowych porządków przyjechały do mnie wszystkie dziewczyny z kopalni. Długo już nie pozostałyśmy na Muldzie, przenieśli nas do 26. Kopalni. Niedługo potem do naszego obozu przywieziono transport niepracujących recydywistek. Przechodziły kwarantannę. Lato, upał, dzień i noc świeci słońce. Barak nie był zamknięty, żeby miały więcej powietrza. Przechodziłam akurat obok i widzę, że jakaś dziewczyna pada, rzuca się, jak w ataku padaczki. Za chwilę pada druga, trzecia, cały barak. Akurat przechodził naczelnik i wyjaśnił, że te dziewczyny są narkomankami na głodzie, że udawało im się jakoś przygotować narkotyki, a teraz już nie mają do nich dostępu. Błatniaczki w pewnej chwili uznały, że jesteśmy bogate, że mamy paczki, i postanowiły nas okraść. Przyszedł dyżurny, który usłyszał ich rozmowę, i ostrzegł nas. Powiedział, żebyśmy schowały pod materace kije, łomy, cokolwiek na obronę. I rzeczywiście, co kto mógł, wkładał pod materace, dziewczyny poprzynosiły cegły, powstawiały garnki z wrzątkiem na kuchnię i cegły na kuchni rozgrzały. To nie były żarty. Na szczęście dwa dni wcześniej przywieźli Cyganki. Nie wiedzieli, gdzie je zakwaterować, spały u nas na podłodze, jedna przy drugiej. I te Cyganki nas uratowały. Tamte rzeczywiście napadły na nasz barak. Zabarykadowałyśmy okna i drzwi. One wszystko wyłamały, ale kiedy zaczęły wchodzić do środka, Cyganki oblały je wrzątkiem i obrzuciły cegłami.

Zresztą w 26. Kopalni długo nie zabawiłyśmy, to był tylko etap. Wszystkie polityczne przewieziono pociągiem do cegielni. Ja byłam w pracowni krawieckiej, ale dziewczyny robiły cegły. Nie wiem, co było lepsze, kopalnia czy cegielnia. Trzeba było wkładać cegły do gorących pieców, potem wyjmować, studzić i układać. Temperatury nie do wytrzymania. Zimą dziewczęta wybiegały i rzucały się na śnieg, żeby ochłonąć.

Kiedyś do cegielni przywieziono Polki, które w procesach były sądzone do 10 lat. Ale w 1948 roku wyszła pierwsza amnestia. Wtedy pierwsze Polki z niższymi wyrokami pozwalniano z obozów. Dziewczyny, które do nas trafiły, były już na dworcu kolejowym, żeby jechać do Polski, ale zabrakło wagonów. W 1948 roku powiedzieli im, że jak będą wagony, to je zabiorą. Wyszły w roku 1955.

Pewnego razu byłam w pracowni krawieckiej, Fiodor Iwanowicz, starszy krawiec, uczył mnie szyć różne bardziej skomplikowane rzeczy. W pewnym momencie przyszedł dyżurny oficer i mówi: „Wszyscy więźniowie powinni wykupić obligacje państwowe". I ja patrzę, a wszyscy podpisują, kupują. Podchodzi do mnie: „Nu, Wandeczka, podpisuj". A ja na to: „Przepraszam, a co ja mam panu pożyczyć, przecież nie mam pieniędzy". „Nu kak, wam naliczajut". „A gdzie są te pieniądze? Dlaczego ja ich nie mam". „To wy jesteście nam je winni" – słyszę. Pytam: „Za co?". „Za jedzenie, za ubranie, za strażników, za psy, za wszystko". Ja: „Nie podpiszę, wstydziłby się taki duży, bogaty Związek Radziecki prosić katorżnika o pomoc, czy wam nie wstyd?". A ci krawcy pukają się w głowę, mówią na migi, że co ja wyprawiam. „Nu, ładno". Oficer poszedł. „Wanda, oni tiebia w szachtu wpiszut" – mówią w pracowni. Ale oficer tego nie zrobił. Podpisał za mnie.

Wywieźli nas w końcu do reżimnego łagru. Reżim polegał na tym, że kiedy szłyśmy do pracy, konwojent mówił: „Aresztowani, krok w lewo, krok w prawo, bez uprzedzenia strzelam, jasno?". Taka codzienna modlitwa. Potem z pracy cała brygada szła do stołówki, ze stołówki do baraku, dyżurny zamykał barak, kraty w oknach, dookoła dwa rzędy drutów kolczastych, a między drutami psy. Co 50 metrów wieżyczka, na wieżyczce żołnierz z pepeszą. Nie wolno było nic gotować, ciągłe rewizje. Był taki złośliwy młody dyżurny, bardzo często wyganiał nas zimą w sukienkach na śnieg i trzymał tam, ile chciał. Ustawiał nas w szeregu, chodził wzdłuż i śmiał się: „Nu cztoż Polki, Polki, Polaczki, nu i cztoż?". Ale zemścił się na nim los, jego brata aresztowano i osądzono na 20 lat katorgi. Kiedy się o tym dowiedziałyśmy, drwiłyśmy z niego, znęcałyśmy się nad nim. Nieludzko. Wkrótce zniknął z baraku. Wszystkich z naszego obozu brali na udarnik. Czyli poza normalną pracą brygady musiało się robić jeszcze inne rzeczy, po zmianie. Szło się do magazynu, bo na przykład przywieźli zmrożone kartofle i trzeba je przebrać, a nuż jeszcze się znajdą jakieś dobre. Albo przywozili worki kaszy, cukru, soli – należało je przenieść z ciężarówki do magazynu. Była taka mała, szczupła Rosjanka, Tala, stanęła pod ciężarówką i duży worek z kaszą wzięła jedną ręką na plecy, pomalutku poszła do magazynu. Myślę: Tala taka mała, ja duża. Też stanęłam pod ciężarówką. Ktoś mi położył worek na plecy, a ja nawet nogi nie podniosłam, nie drgnęłam, położyłam się z tym workiem, nie miałam siły. Musiałam już mieć zniszczony kręgosłup, kiedyś woziłam kamienie. Nagle otworzył się bok ciężarówki i wypadłam na lód. Złamałam kość ogonową. Ból był potworny, nie mogłam chodzić, spać, siedzieć. Przez pierwsze dni musiałam leżeć, nawet nogi mi dziewczyny kładły na nary i zdejmowały, nie mogłam się ruszyć. Potem już musiałam pracować, wprawdzie w pracowni krawieckiej, ale też z trudem siedziałam.

Znacznie lepiej było przebierać ziemniaki. W magazynie wypadły moje trzydzieste urodziny – 15 grudnia. Przebieramy te ziemniaki, patrzymy, a w kącie beczki, nie wiadomo z czym. Odłupałyśmy deszczułkę, a tam pyszne ogórki i sok ogórkowy, jak wino! No to zdrowie Wandzi! Piekłyśmy ziemniaki na piecyku i popijałyśmy sokiem ogórkowym. Naładowałyśmy kieszenie cebulą i ziemniakami, chciałyśmy zanieść dziewczynom, bo głodne. Ale na wachtę, jak nigdy, przyszedł naczelnik – Czornyj Użas, wysoki i ciemny. A dwie dyżurne zaczęły nas rewidować, wysypałyśmy wszystko na śnieg. A Czornyj Użas patrzy na to i mówi: „Diewuszki, kak wam nie stydno, a razwie gołodnyje?". My w śmiech: „A razwie my syte?". Czy brałybyśmy, gdybyśmy były syte? Nic nie powiedział, ale musiałyśmy wszystko wyrzucić.

W marcu 1953 roku umiera Stalin. Wkrótce do Workuty zaczynają docierać pierwsze sygnały odwilży. Wanda jest w obozie od ponad siedmiu lat.

Po śmierci Stalina w całym łagrze Sowietki płakały. Nie mogłam się nadziwić. Pamiętam, taka Żydówka płacze i płacze, pytam: „Dlaczego płaczesz, przecież sama mówiłaś, że za nic siedzisz?". A ona: „Wandeczka, eta aszybka". I płakała rzewnymi łzami. Dla nas oczywiście to była radość nie z tej ziemi, ale nie można było tego za bardzo okazywać, nigdy nie wiadomo, co myśli koleżanka, która obok stoi… W każdym razie cieszyłyśmy się ogromnie. Wkrótce po śmierci Stalina, to już było lato i zaczęły się białe noce, naczelnik kazał stanąć wszystkim w dwuszeregu

1954 rok, lipiec. Jeszcze w obozie. Pierwsze zdjęcia w cywilnych ubraniach. Wanda – trzecia z lewej.

i mówi: „Diewuszki, rząd sowiecki postanowił zdjąć wam numery. Wy dowolny?". A my na to: „A nam eto kak cwietok u szlapy". Był zły, a Rosjanki oczywiście cieszyły się, klaskały w dłonie. A nam wsio rawno. Jeśli mamy zostać w obozie, to jaka różnica, czy z numerem na plecach czy bez numeru? W każdym razie po śmierci Stalina zdjęli nam numery, a na stole pojawił się chleb. Nie byłyśmy już głodne.

Gdzieś pod koniec 1954 roku dali nam, Polkom, podwójną kartkę pocztową z adresem Czerwonego Krzyża w Moskwie. Bez adresu łagru w Workucie. Na jednej kartce mogłam pierwszy raz napisać do Polski. Druga kartka była dla rodziny, żeby odesłali ją na ten moskiewski adres. Co ja mogłam pisać? „Żywa, zdrowa". Ale już była dla mamy jakaś wiadomość, że żyję, że mam nadzieję.

W 1955 roku zaczęły się pierwsze zwolnienia. Na początku zwolnili Niemców i tych, którzy z Niemcami współpracowali. Przez te wszystkie lata pracowałyśmy z Niemkami, w większości rzeczywiście zdeklarowanymi nazistkami. Pracowały w kopalni, formowały cegły. Wyjechały do domu w roku 1955. Miałyśmy zaprzyjaźnioną lekarkę, która kiedyś w tajemnicy mówiła Basi, że jedna z Niemek – Eryka – opowiedziała wszystko w Wolnej Europie, o kopalniach, o naszej cegielni. Lekarka zwierzyła się tylko nam, Polkom, do Rosjanek nie miała zaufania.

Od 1954 roku udało mi się wysłać do domu cztery kartki. Wiosną 1955 roku przyszłam po piątą, a naczelnik nie dał. „Dlaczego?" „Bo wy inostranka". „Jak to, aresztowaliście mnie jako sowiecką poddaną, a teraz jestem inostranka? I co, cztery można było wysłać, a piątej już nie?". „Niet, takoj zakon". Cały Związek Radziecki. W 1955 roku w Gułagu zaczęły się strajki. Pierwsze wybuchły u nas, w 29. Kopalni. W końcu więźniowie nie wytrzymali, listów nie można pisać, jedzenie marne, normy wysokie. Ledwie zima się kończyła, a mężczyznom zabierali zimowe ubrania. Dawali brezentowe, letnie, bez bielizny. Marzli. Od tego zaczęły się strajki. Do pracy wyszli tylko ci, którzy musieli, żeby pilnować maszyn działających bez przerwy. Przyjechali naczelnicy, strażnicy, zabili kilkadziesiąt osób, a resztę strajkujących porozwozili po różnych obozach. Strajki rozpowszechniły się jednak na cały Gułag. W każdym razie po jakimś czasie pozwolono pisać listy, dali nam przepustki na kilka godzin. Mogłyśmy jechać do rejonu, wolnego osiedla przy obozie, potem nawet autobusem do miasta. Na wolności wokół żyli Polacy, albo na zsyłce, albo ci, którzy już skończyli wyroki, nie mieli prawa wyjazdu i pozakładali rodziny. Często ich odwiedzałyśmy. To przez nich – wolnych – rozwinął się system korespondencji między obozami, między mężczyznami i kobietami tworzyły się nowe znajomości. Kiedy zaczęłyśmy korespondować, napisałyśmy, że jest nas około trzydziestu, ale pięć je z jednej miseczki. Basia podpisała: „workuckie pięcioraczki". Chłopcy podpisywali: KASK – Klub Starych Kawalerów. Pisali wiersze, listy poważne i listy dowcipne. Korespondowałam z różnymi, miałam swojego stałego korespondenta, z którym rzeczywiście myśleliśmy, że może

1955 rok, Workuta, Boże Narodzenie. Na górze, od lewej: Wanda i Stanisław Kiałka.

bliżej się poznamy, może się pobierzemy. Człowiek młody, chciało się żyć, chciało się mieć rodzinę. Ale kiedy się spotkaliśmy, zaczęły się pojawiać różnice zdań. A ja nie mogłam wyjść za mąż za człowieka, który się nigdy nie myli. „Bądźmy lepiej dobrymi przyjaciółmi, niż mielibyśmy być złymi małżonkami. Znajdziesz kogoś, kto się absolutnie z tobą zgodzi" – powiedziałam. Zostaliśmy przyjaciółmi. Potem zaczęły się spotkania u wolnych. Mieszkali w Workucie państwo Weberowie, on Polak, ona Litwinka doskonale mówiąca po polsku, mieli dwoje dzieci. I oni ze swojego skromnego mieszkanka wynosili wszystko, żebyśmy tylko my, więźniowie, mogli się tam spotykać. Bywało, że 35 osób zjeżdżało się do nich z różnych obozów. Wolni dostawali pocztę, gazety, książki, można było czytać, rozmawiało się tylko po polsku. Kiedyś przyjechał Stach Kiałka, ten, którego tak dobrze znała Basia Dudyczowa, a którego głowę przez chwilę widziałam przez okno na Łukiszkach. Chciał odwiedzić Basię i wziął udział w takim spotkaniu. Żadna z nas oczywiście nie pomyślała o nim jako o mężczyźnie, był dla nas świętością. Kleryk, przecież nie do wzięcia, alfa i omega dla wszystkich Polaków w Workucie. Wtedy, przez Basię, wreszcie go poznałam.

Pewnego razu do Workuty przyjechał polski żołnierz, chyba podoficer, bo nie miał gwiazdek. Sympatyczny żołnierzyk. Chciał się z nami, Polkami, spotkać. Akurat byłyśmy w rejonie. Był 1956 rok. „Dlaczego pan tu przyjechał?" – pytamy. „Szukam brata w Workucie". Uwierzyłyśmy, w Polsce zaczynały się czasy gomułkowskie, myślałyśmy, że to może rzeczywiście prawda, z tymi zmianami, że nawet żołnierz mógł przyjechać szukać brata. Dziś wiemy, że najpewniej był wysłany przez UB, aby spenetrować nasze nastroje przed ewentualną repatriacją. Ale wtedy wierzyłyśmy, że szuka brata. Myślę, że jego wrażenie było jak najlepsze, bo my z całym sercem wyszłyśmy do niego, obmacywałyśmy jego guziki z orzełkiem. Wprawdzie bez korony, ale to jednak orzełek. Dał nam guzik, bo miał w zapasie. Ciekawe, co on myślał sobie. Wyjechał, ale na pewno wrażenia nie miał złego. Zaraz zaczęły się wyjazdy tych, co pokończyli wyroki. Co chwila kogoś żegnaliśmy. Wyjechała Haneczka i ona pierwsza trafiła do mojej mamy. Zawiozła wiersze, listy. Pojawiły się wiadomości, że będziemy mogły wcześniej wrócić, że powołano komisję, która ma zweryfikować nasze wyroki. Pewnego dnia rzeczywiście, przyjechała komisja. Kazali nam iść na wolny posiołek. Tam w jednym z domów zasiadło za stołem kilku wojskowych i cywilów. Na stole leżał stos naszych spraw, czyli teczek. Wchodziło się pojedynczo, brano sprawę, odczytywano wyrok, na którego mocy było się skazanym. Wchodzę, odczytano mi mój wyrok i główny sędzia powiada tak: „Rząd sowiecki, biorąc pod uwagę waszą rzetelną pracę i dobre sprawowanie, postanowił darować wam resztę winy. Wy dowolny?". To było „być albo nie być". Powiedziałam: „Da". „Wy swobodny". I dali mi zwolnienie, takie z fotografią. Po mnie wchodziła Czesia. Kiedy odczytywali jej wyrok, trzymała ręce w kieszeni i patrzyła w dal przez okno. Siedzący pyta: „Wy dowolny?". Ona nic. Prokurator walnął pięścią w stół ze złości i powiedział: „Tak wy sowsiem biezrazlicznaja, tak ostawit' 20 liet katorgi". Byłyśmy zrozpaczone, bo myślałyśmy, że jak wyjdziemy, to wszystkie, a jeśli zostaniemy, to też wszystkie. Czesia jeszcze dwa lata była w Workucie. Wyszła tam za mąż za chłopaka z Grodna, mieli dwie córki. Potem pozwolono jej wyjechać, ale nie miała prawa mieszkać we Lwowie, z mamą, we własnym domu. Osiadła 30 kilometrów od Lwowa.

Poszłam ze swoim zwolnieniem do sowieckiego urzędu paszportowego i od razu dali mi czerwony paszport jako sowieckiej grażdance. Mając taki paszport należało się starać o wizę do Polski. Żeby mieć wizę, trzeba było mieć zaproszenie. Dostałam zaproszenie od mamy. A zaraz potem telegram od bratowej, żeby się śpieszyć, bo mama ciężko chora w szpitalu. Na podstawie tego telegramu natychmiast dostałam pozwolenie na wyjazd. I pojechałam wprost ze ślubu Czesi i Gienka. Koledzy mnie odprowadzili. Jechaliśmy przez Leningrad, w Wilnie się nie zatrzymywaliśmy, przyjechaliśmy wprost na pieriesylnyj punkt w Grabanowie, trochę na południe od Wilna. Stąd pojechałam do Bydgoszczy. Tam mamie i bratu, kiedy mnie wzięli na katorgę, udało się uciec z Wilna. Był koniec listopada 1956 roku.

Wanda, 1956 rok, Workuta.

Po jedenastu latach łagru Wanda wraca do Polski. Wkrótce potem umiera jej matka. Wanda szuka pracy, jeździ po Polsce, nie ma z czego żyć. Daje o sobie znać złamany w Workucie kręgosłup.

Wróciłam do Polski szczęśliwa. Codziennie Bogu dziękuję za każdy podarowany dzień, za to, że wróciłam i za wspaniałe przyjaciółki, dzięki którym miałam siłę przeżyć to wszystko. Basia Dudyczowa była cudowna, potrafiła w najcięższej chwili zamienić smutek w wesołość, powiedzieć żart, zaśmiać się. Gdyby nie ona, nie wiem, jak bym sobie poradziła po powrocie. Widziała, że po śmierci mamy bardzo się rozchorowałam, fizycznie i psychicznie. I zabrała mnie do swojej siostry, do Głuchołaz, na Dolny Śląsk.

To był taki czas, że nie mogłam wstać z krzesła, nie mogłam usiąść, w nocy nie mogłam się obrócić. Lekarze nie chcieli mi uwierzyć. Kiedy mieszkałam w Głuchołazach, dostałam zawiadomienie o ekshumacji i ponownym pogrzebie generała „Wilka". Nasz generał umarł zadręczony. Ubecy chcieli koniecznie, żeby podpisał, że AK współpracowało z Niemcami. Umarł w więzieniu i pochowano go w połowie trumny, bez wieka. Kiedy wróciliśmy z Workuty, Stach Kiałka i Kazik Augustowski, przyjaciele generała, postanowili ekshumować jego szczątki i pochować uczciwie, z honorami. Wystąpili w imieniu rodziny. Władze się zgodziły. Był 1957 rok. Na Powązki przyjechały tysiące ludzi, biskupi, księża. Pierwsza tak wielka manifestacja patriotyczna po Czerwcu. Była masa ubowców. Jeden taki stał koło Stacha i Stach pyta go: „Z jakiej pan brygady?". Ten nie wie, co powiedzieć, a Stach: „Rozumiem, rozumiem". Tam widziałam go pierwszy raz od czasów Workuty.

Ponieważ Stach działał, jak to zwykle on, kilka tygodni wcześniej podał moje nazwisko do PCK. Z wiadomością, że wróciłam z Workuty. Dostałam miłą karteczkę: „Bardzo się cieszymy, że wróciła pani ze Wschodu. Mamy dużo różnych rzeczy, mamy nadzieję, że coś przypasuje, prosimy podać rozmiary, przyślemy to, czego potrzebuje pani najbardziej". Ponieważ byłam w Warszawie na pogrzebie generała „Wilka", postanowiłam pójść do PCK na Mokotowską. Wzięłam Hankę i poszłyśmy. Tam jakaś pani rzuca mi się na szyję: „Kochana, dobrze, że przyszłaś, tu jest magazyn, dużo szwedzkich rzeczy, na pewno coś się przyda". Od chusteczki do nosa do kapci, pantofelków, koszulki nocnej, dostałam wszystko: kocyk i prześcieradło, poszewki i bluzeczkę, i spódniczkę. Sprowadziłyśmy do magazynu Hankę i ją też obdarowali. Potem pomogli mi jeszcze znaleźć profesora, który na dobre zajął się moim kręgosłupem.

Wróciłam do Głuchołaz. Po pewnym czasie przychodzi list od Stacha, właściwie trzy listy: do mnie, do Baśki i do jej siostry, Stach pyta, co u mnie, czy nadal choruję. I czy nie pomóc mi w znalezieniu jakiejś pracy. Poradził, żebym przyjechała do Wrocławia. „Jest nas tu trochę, może się urządzisz". I rzeczywiście, zamieszkałam we Wrocławiu u Zosi Matysewiczówny, „Basi", która była naszą łączniczką u „Fakira", tej, która prosiła, żeby jej dano 20 lat katorgi zamiast 10. Zosia pracowała w PAX-ie, mieszkała w pokoiku przy kościele na Świetlickiej. Wzięła mnie do siebie, na swój tapczan, dopóki się nie urządzę. Powiedziała, że jest tu jeszcze pan z Workuty, pracował w przedsiębiorstwie, które handlowało dodatkami krawieckimi. Akurat w tym biurze zwalniała się skarbniczka i było wolne miejsce. Przyjęto mnie, mimo że nie miałam żadnych dokumentów. Często widywaliśmy się ze Stachem. W Workucie postanowił, że nie wróci do klasztoru. Wystąpił do Rzymu o zwolnienie go z zakonu. Napisał, że za długo był poza klasztorem i jako kleryk musiałby się jeszcze uczyć, a już nie ma na to sił. Napisał też, że do konspiracji zaangażował tylu młodych chłopców, którzy zostali zabici, zginęli, że ma ich na sumieniu i nie może być księdzem. Zwolnili go. Basia Dudyczowa do niego napisała: „Jesteś samotny, Wandźka jest samotna. Jesteście oboje fajni i na pewno będzie wam dobrze". Stach dostał po Niemcu, który wyjeżdżał, stare mieszkanko. Kiedyś zachorował, miał wysoką gorączkę, ledwo mówił. Zostałam na noc, żeby go pilnować, lekarstwa podawać. I tak kilka dni go pielęgnowałam, że mi się oświadczył. A ja pomyślałam, że bardzo go cenię, bardzo go lubię. I pojechałam z nim do jego rodziny, przedstawił mnie ojcu, siostrom i braciom. W 1958 roku pobraliśmy się. Miałam 35 lat, Stach 46. Po roku urodził nam się synek.

Podporucznik Wanda Kiałka, odznaczona Krzyżem Armii Krajowej i Krzyżem Partyzanckim, do dziś mieszka we Wrocławiu. Ma dwie wnuczki. Po urodzeniu syna porzuciła pracę w biurze i zarabiała, szyjąc dla znajomych. W latach siedemdziesiątych odwiedziła Wilno, Mielniki i miejsce po wsi Ławże, gdzie zginął jej brat. W Mielnikach znalazła w trawie ślad po niewielkim pomniku postawionym tam przez Polaków po deportacji akowców, w Ławżach – metalowy krzyż. W latach dziewięćdziesiątych Wspólnota Polska postawiła tam kapliczkę. Dla Wandy nie starczyło miejsca w autobusie jadącym na uroczystość jej odsłonięcia. We wszystkich mieszkaniach, które zajmowała z mężem, jeszcze w latach siedemdziesiątych zakładane były podsłuchy, a korespondencja cenzurowana. Z udostępnionych przez IPN dokumentów wynika, że obydwoje byli obserwowani aż do śmierci Stanisława Kiałki.

Stanisław Kiałka pracował w Państwowej Wyższej Szkole Sztuk Plastycznych jako pomocnik w pracowni rzeźbiarskiej i nauczyciel rzeźby, dorabiał konserwacją zabytków i budową dekoracji teatralnych. Ciężko chory zmarł 30 maja 1980 roku.

Syn Wandy i Stanisława Aleksander zginął w 1993 roku w wypadku samochodowym.

Barbara Dudyczowa w 1956 roku zamieszkała w Toruniu. Rok później wrócił do niej z Kalifornii mąż. Zmarła w wieku 80 lat.

Hanna Szyszkówna, Haneczka z oddziału „Fakira", w 1957 roku wyszła za mąż za byłego więźnia Workuty Bernarda Grzywacza. Zamieszkali w Katowicach. Po śmierci męża Haneczka przeprowadziła się do Warszawy. Utrzymuje kontakt z Wandą.

ROZDZIAŁ 9

LALA LWOW: JAKOŚ SAMO PRZYSZŁO

Zimą 1931 roku brzegiem Świtezi w stronę Nowogródka jadą sanie. W saniach jedenastoletnia Lidia Lwow, jej młodszy brat, ojciec i przybrana ciotka Onia z mężem. Jadą do odległego o 20 kilometrów zaprzyjaźnionego majątku. Dorośli śpiewają rosyjskie piosenki studenckie. W pewnej chwili intonują rosyjski hymn carski. „A to napisał mój dziadek" – słyszy Lidia od ojca. Utkwi jej to w pamięci.

Rodzice moi byli Rosjanami, ja jestem Rosjanką. Mój ojciec urodził się w Równem, w majątku koło Bobrujska, na dawnych ziemiach polskich. Babcia z dziadkiem zostawili wszystko i wyjechali z Rosji w czasie pierwszej wojny światowej. Babcia chciała koniecznie, żeby ojciec też wyjechał do Polski. W Rosji szalał bolszewizm, działy się straszne rzeczy. Ze strony ojca byliśmy nawet spokrewnieni z Polakami. Wreszcie mama, która z Polską nie miała zupełnie nic wspólnego, zmusiła ojca do wyjazdu. Ojciec skończył w Moskwie agronomię, a mama botanikę. Poznali się na froncie, chociaż ojciec nie był wojskowym. Jako jedynego syna w rodzinie nie zabrano go do wojska. Był zaopatrzeniowcem. Szybko zaproponował mamie małżeństwo. Przywiózł ją do majątku Celewicze, gdzie mieszkała rodzina. Mama, mimo że miała narzeczonego, jakoś z nim zerwała i wyszła za ojca. Szybko, w listopadzie 1920 roku, urodziłam się ja. Mieszkaliśmy wtedy w Plosie, nad Wołgą, na północ od Moskwy. Już w kwietniu następnego roku rodzice przyjechali do Polski i zamieszkali w Nowogródku, wówczas mieście wojewódzkim. Więc, choć w domu mówiło się po rosyjsku, choć byliśmy prawosławni, całe życie spędziłam w Polsce. Pewnie dlatego nie bardzo interesowałam się wtedy rodzinnymi historiami, zresztą w domu właściwie się o tym nie mówiło. Owszem, ojciec opowiadał o Moskwie, o studiach, kiedy przyjeżdżała jego siostra, zdarzało się im rozmawiać po francusku. I to wszystko. Ojciec był socjalistą, jak cała rosyjska inteligencja, więc nigdy, poza tym jednym razem na saniach, nie wspominał słowem o księciu Lwowie, którego nazwisko nosimy. Babcia, mając 18 lat, skończyła instytut dla „błagorodnych dziewic" i w Wilnie przypadkiem spotkała księcia Lwowa, młodego oficera, trzy lata od niej starszego. Szybko się pobrali i zamieszkali w Petersburgu. Dziadek był karciarzem, ryzykantem. Nie pamiętam, ile mieli dzieci, dwoje przeżyło – tata, najmłodszy, i ciocia, starsza od niego o jakieś trzy lata. Pradziadek drżał o babcię, jedyną córkę, bo żona i druga córka zmarły, i zmusił ją do rozwodu. Tata miał 10 lat, kiedy babcia rozwiodła się z księciem Lwowem. Pradziadek natychmiast wywiózł ją do Włoch, żeby przez rok zapominała tam o mężu. Potem babcia poznała „drugiego dziadka". Był od niej trochę młodszy. Żyli ze sobą bardzo długo, szczęśliwie i babcia zawsze miała pieniądze i opiekę. Razem wychowywali tatusia.

Kiedy w 1921 roku rodzina Lwowów przyjeżdża do Polski, ojciec Lidii zostaje nauczycielem w rosyjskim gimnazjum w Nowogródku, potem agronomem i wykładowcą szkoły rolniczej pod miastem, w końcu – ze względu na wysokie kwalifikacje – agronomem powiatowym. Lidia chodzi do państwowej szkoły powszechnej, potem do szkoły nazaretanek, w 1930 roku zdaje egzamin do gimnazjum. Wakacje spędza na Wileńszczyźnie, nad Naroczą, największym wówczas polskim jeziorem.

W Nowogródku mieszkało wielu Rosjan, mama w ogóle nie znała jeszcze polskiego, ale uczyła się. Rodzice szybko weszli do towarzystwa. Ojciec jako powiatowy agronom należał chyba do miejscowej śmietanki, nawet starosta u nas bywał. Ludzie się wtedy spotykali, bywali na balach, odwiedzali się. Miło się żyło. Tylko z mieszkaniami było trudno, bo Nowogródek nie był dużym miastem. Co chwila je zmienialiśmy. Mieliśmy najwyżej trzy pokoje, a przeważnie mieszkaliśmy w dwóch. To był spokojny, wesoły inteligencki dom. Rozmawialiśmy po rosyjsku, na zewnątrz po polsku, do cerkwi chodziliśmy dwa razy w roku, czytało się wszystko, co było dostępne. Kiedy miałam 10 lat, ojciec zapisał mnie do biblioteki w Nowogródku. Bardzo podobał mi się film *Tarzan*, na który zabrali mnie rodzice, i chciałam wtedy przeczytać wszystkie książki o Tarzanie. Czytałam zresztą wszystko, co było stosowne dla dziecka w moim wieku. Mieszkaliśmy w Nowogródku, siostra ojca – w Warszawie, a dziadkowie wędrowali po Polsce. Dziadek był prezesem Izby Skarbowej, najpierw w Nowogródku, potem w Brześciu i w Kielcach. Kiedy przeszedł na emeryturę, pracował jeszcze jako radca prawny w fabryce Dietla w Sosnowcu, więc dziadkowie przenieśli się na Śląsk.

Wychowywało mnie harcerstwo, w Nowogródku byłam nawet zastępową. Razem z męską drużyną jeździliśmy na obozy. Byliśmy w Zaleszczykach, w Wiśle, a to daleko przecież z Wilna do Zaleszczyk. Nawet z Huculszczyzny poszliśmy do Rumunii. Chodziliśmy z pochodniami, pielęgnowaliśmy mogiły, również Niemców, z pierwszej wojny światowej, zapalaliśmy świeczki. Na historii dowiadywałam się, jak carowie postępowali z Polską. Czułam się coraz bardziej Polką. Miewałam czasem niezasłużone przykrości na polskim: zdarzało mi się użyć rusycyzmu, nauczycielka okropnie tego nie lubiła, ale w domu ciągle mówiło się przecież po rosyjsku.

W 1935 roku, po śmierci Piłsudskiego, Polska zaczęła się zmieniać. Ojciec był oczywiście prawosławny, a tu nagle wojewoda kazał mu zmienić religię. Był to warunek pozostania na stanowisku agronoma powiatowego. Więc ojciec na własne życzenie się zwolnił i dostał pracę na Wileńszczyźnie jako rejonowy, a nie powiatowy agronom. Skończyłam piątą klasę gimnazjum w Nowogródku i w 1936 roku przenieśliśmy się do Kobylnika, nad Narocz, ponad 100 kilometrów od Wilna. Szóstą, siódmą i ósmą klasę robiłam w gimnazjum z internatem w Święcianach. To była szkoła państwowa im. Józefa Piłsudskiego, nowo wybudowana, bardzo przyjemna. Uczęszczałam na religię prawosławną, była w gimnazjum, batiuszka przychodził prowadzić lekcje. Do tego samego gimnazjum chodził też Janek Krasicki, ten z ZMP. O rok ode mnie starszy. Uroczy, miły i bardzo inteligentny chłopak, ale komunistą był już w gimnazjum. Mimo to został redaktorem naszej gazetki gimnazjalnej. To była bardzo przyjazna szkoła, wszyscy byli dla siebie uprzejmi, dobrzy – Polacy, Litwini, Żydzi, Rosjanie. Odwiedzaliśmy profesorów, kiedy chorowali. Bardzo dobrze to wspominam.

1938 rok, Lidia w czasie studiów w Wilnie.

Gdy tylko przyjechałam do Święcian, zaraz się zakochałam. Nazywał się Janek Drozdarski, choć młodszy o klasę, był już prezesem samorządu w gimnazjum. Wszędzie był pierwszy i u mnie też. Nie zaprosiłam go tylko na bal maturalny, był o rok młodszy, tego się nie praktykowało. Na balu starosta i cały święciański *high life*, dużo wojskowych, ojciec, balowe suknie. Maturę zdałam w 1938 roku i przyjęli mnie na prawo na Uniwersytecie Stefana Batorego w Wilnie. Chciałam iść na historię sztuki, ale dziadek naciskał, potem miałam zrobić aplikację.

Na pierwszym roku było nas 300 osób. Wielu ludzi odpadało, nie przystępowało do egzaminów. Ja szczęśliwie je pozdawałam. Dopiero na uniwersytecie zobaczyłam, jaki jest stosunek do Żydów. W Święcianach tego się nie czuło, nie było, a w Wilnie na prawie spotkałam się z czymś takim, że Żydzi nie mogli siedzieć w ławkach, tylko słuchali wykładów na stojąco. Na prawie tak samo postępowałam jak w gimnazjum, rozmawiałam z Żydówkami, kolegowałam się. Kiedyś podchodzi do mnie kolega i mówi: „Jeśli koleżanka będzie z Żydami rozmawiała, to zastosujemy wobec koleżanki takie prawa jak wobec Żydów". Albo w bibliotece: z koleżanką Żydówką rozmawiałyśmy, obok siedział jakiś student. Ona poszła do domu, ja wyszłam na chwilę, wracam, patrzę – kartka leży: „Ty jesteś taka sama parchówka jak i ona". W 1938 roku Polska była dziwnym krajem. Jako Rosjanka osobiście nie miałam jednak żadnych przykrości. Szczęśliwa skończyłam pierwszy rok prawa i zaraz zaczęła się wojna.

We wrześniu 1939 roku Lidia ma niespełna 19 lat. W Kobylniku, poza zwiększonymi dostawami żywności wożonymi wąskotorówką, nie ma śladów wojny. Ojciec nie zostaje zmobilizowany. Pierwsze oddziały niemieckie Lidia widzi w połowie września. Wkrótce potem w okolicy pojawiają się Sowieci.

Byliśmy wszyscy w domu. Niemcy jechali przez Kobylnik. Zatrzymywali się, żeby odpocząć. Zdejmowali czapki, takie furażereczki, jedli przy samochodach. Myśmy się na nich gapili, ale oni nas nie zaczepiali, rozmawiali ze sobą i jechali dalej.

Potem przyszli Sowieci. Okropnie ubrani, mundury śmierdzące, szare, brzydkie, i te koniki takie biedne. Brat miał niespełna 16 lat, zaprzyjaźnił się z jednym, przyprowadził go do nas na obiad. Ten żołnierz widział, że jest brudny, inny jakiś, i próbował się usprawiedliwić. „Ja nie winowat, czto ja takoj" – jęczał.

Sowieci od razu zaczęli reorganizację, wszystko się zmieniło. Ojciec oczywiście stracił pracę, ale na razie jeszcze niczego się nie bał, tylko w domu bardzo było ubogo, bo rodzice nie mieli zapasowych pieniędzy. Czasem ktoś się podzielił, z ogródka coś przyniósł, ale zaczęły się smutne czasy. Postanowiłam zacząć zarabiać. Pojechałam do Postaw, skończyłam tam miesięczny kurs pedagogiczny. W Postawach byli sami Polacy, po polsku się mówiło, po rosyjsku odbywały się tylko lekcje. Kłopot tylko był z Jankiem, tą moją gimnazjalną miłością. Był synem podoficera, studwudziestoprocentowym Polakiem, i kiedy się dowiedział, że idę na ten kurs nauczycielski, przestał ze mną rozmawiać. Uważał, że nie powinnam iść, bo jak to – będę uczyła, że nie ma Boga. On był bardzo wierzący. Pamiętam, w pierwszej klasie poszedł do spowiedzi i wyznał księdzu, że bardzo mnie kocha, a ksiądz powiedział mu: „Tylko pamiętaj, nie skrzywdź tej dziewczyny". Tak mi opowiadał. Kiedyś się spotkaliśmy, już w 1939 roku. Szliśmy we czwórkę, moje dwie koleżanki, ja i Janek. On się ze mną nawet nie przywitał. Powiedział, że po wojnie, jeśli będę potrzebowała, to on mnie będzie bronił, ale nie mówił tego do mnie, tylko do koleżanek. Rozstaliśmy się. Przeżywałam to strasznie. Moja pierwsza miłość, tyle lat, a ja nie uważałam, że idąc na ten sowiecki kurs, robię coś złego. Niedługo potem Janek przeszedł ze swoim ojcem przez granicę do krewnych, do Lublina, a potem do Warszawy. Więcej go nie widziałam.

Pierwszą posadę dostałam pięć kilometrów od Kobylnika, w malutkiej wsi Pleciasza. Pamiętam, że marzłam, stałam pod piecem, dzieci były w płaszczach. Uczyłam wszystkiego, a w sobotę i w niedzielę szłam do Kobylnika, do rodziców. Tato też zaczął pracować w jakiejś szkole, brat chodził do szkoły podstawowej, mama nie pracowała.

Nadszedł 1940 rok, drugi rok przy Sowietach. Uczyłam już w innej wsi, 18 kilometrów od Kobylnika, i też pieszo przychodziłam do domu. Teraz już miałam lekcje z młodzieżą, prowadziłam kursy nauczania. Tam było dużo wsi szlacheckich, drobnej szlachty, zaścianki. I myśmy się zbierali, wszyscy młodzi, ja ich uczyłam, dawaliśmy przedstawienia po rosyjsku, ale rozmawialiśmy między sobą po polsku.

Żyło się z dnia na dzień, ale zaczynały się coraz częstsze wywózki. Nam też to groziło. Ojciec chciał nas oszczędzić, uznał, że jeśli zniknie, rodzina będzie bezpieczniejsza. Wyjechał do Starowilejki i tam pracował jako agronom. Wywozili strasznie, każdy o tym wiedział, każdy się bał, każdy był przygotowany, ale nic nie można było zrobić. Wywieźli wielu znajomych. Kobylnik się zmieniał. Zostawali Żydzi i ci, którzy mieli swoje domy. W końcu ojca też wywieźli ze Starowilejki. Urwał się z nim kontakt. Nie wiedziałyśmy, co się z nim dzieje.

W czerwcu 1941 roku znów przyszli Niemcy, wszyscy poczuli się trochę pewniej. Postanowiłyśmy z mamą sprawdzić, co z ojcem. Poszłyśmy do Starowilejki. Pieszo, przeszło 80 kilometrów. Niemcy są, ojca nie ma, wiadomości żadnej nie ma, listów nie ma. Zatrzymałyśmy się u znajomej z Kobylnika i ona powiedziała, że ojca wywieźli. Potem przyszedł list. Ojciec trafił aż za Ural, pracował w lasach, rozchorował się, przenieśli go do kołchozu. Przeżył. Ale wciąż był na zesłaniu.

Z mamą i bratem już nie mieszkaliśmy w dotychczasowym mieszkaniu, jego właścicielka przyjęła swoich krewnych, nie było dla nas miejsca. Zamieszkaliśmy w Nadleśnictwie. Nadleśniczy, Polak, wszystkich młodych ściągał do siebie, dawał im jakąś pracę. Niemcy nie zabierali ich wtedy na roboty. Do Nadleśnictwa trafił mój brat, którego zatrudniono jako palacza, i ja z mamą też jakoś się tam przytuliłyśmy. Mama została kierowniczką małej mleczarni w Kobylniku. Przynajmniej mieliśmy mleko, śmietanę, dostawało się to zamiast pieniędzy. Dalej pracowałam jako nauczycielka, tym razem w Kupie, małej miejscowości koło Naroczy.

Minął rok 1941 i 1942. Żyło się pod strachem. Frontu wprawdzie u nas nigdy nie było, Kobylnik leżał na uboczu, ale zaczęła grasować sowiecka partyzantka. Od czasu do czasu Sowieci zabierali ludzi z okolicznych wsi, z Kobylnika też. Ale poza tym jedni drugim pomagali, jakoś sobie radziliśmy. To było małe miasteczko, wszyscy się znali. Trochę mówiło się o polskiej partyzantce, ale nigdy się z nią nie spotkałam.

Nocą 15 sierpnia 1943 roku do Kobylnika wkracza oddział partyzancki. Żołnierze mówią po rosyjsku. Przychodzą do Nadleśnictwa. Budzą mieszkańców i każą Lidii się zbierać, zabrać dokumenty i jechać z nimi. Lidia ma 23 lata.

Wzięłam dokumenty. Wzięłam maturę, jakieś ubrania. Powiedzieli, że mnie zabierają za współpracę z Niemcami. Nie wiedziałam, o co chodzi, wszystko działo się bardzo szybko. Mama i brat pomagali mi się pakować, pod lufami, szybko. Partyzanci wyprowadzili mnie i poszliśmy. Kiedy wyszliśmy na szosę, gdzie stała furmanka, oni nagle zaczęli mówić po polsku. Wsiadłam na furę. Nad ranem przyjechaliśmy do wsi nad Naroczą – tam było pełno żołnierzy, ogniska, piosenki. Zjedliśmy śniadanie, łódką przeprawiliśmy się przez Narocz do gajówki. Przesiedziałam tam cały dzień. Siedziałam i patrzyłam, prawie z nikim nie rozmawiałam. Pod wieczór zawiązali mi oczy i pojechaliśmy do bazy polskiej partyzantki. To było w lesie, nad jeziorem, nie tak daleko od brzegu. Mieszkali w namiotach, w szałasach. Dowodził „Kmicic", to on był w oddziale, który mnie zabrał z domu. Przyjechałam i natychmiast rozpoznałam trzy koleżanki z gimnazjum. Od nich się dowiedziałam, że to partyzantka polska, oddział „Kmicica". Nie wiedziałam wtedy oczywiście, co to za organizacja, dopiero później się dowiedziałam, że „Kmicic" to podporucznik Antoni Burzyński, a jego oddział to pierwsza akowska partyzantka na Wileńszczyźnie.

Przydzielili mnie do kuchni. Tak jak wszystkie kobiety, nawet nie byłyśmy sanitariuszkami w oddziale, na co dzień gotowałyśmy posiłki. Chłopcy wyjeżdżali, przyjeżdżali, my siedziałyśmy w bazie i gotowałyśmy. Mnie „Kmicic" przydzielił do siebie. Kiedy był w obozie, to ja miałam mu przynosić jedzenie. Wkrótce po moim przyjeździe oddział przeprowadził akcję w Rządziszkach, około 50 kilometrów od bazy, tam stacjonowała niemiecka jednostka. Chłopcy rozbroili Niemców, przywieźli erkaemy, amunicję. Kiedy wrócili, było wielkie święto. Stół, przemówienia, sztandary, ludzi z zewnątrz dużo i goście z partyzantki sowieckiej, która stacjonowała ze trzy kilometry od nas. Festyn.

Dwa tygodnie później Sowieci zaprosili naszą komendę, czyli „Kmicica" i dowództwo, na „pieregowory". Był 26 sierpnia, rano. Zaniosłam „Kmicicowi" śniadanie, a on mówi: „Odprowadź mnie do duktu". Powiedział, że nie ma się kogo poradzić, czy rozmawiać z Sowietami, czy tam iść czy nie. Pojechali. Oczywiście Sowieci natychmiast ich rozbroili i zatrzymali. Około pierwszej nasza baza została otoczona przez partyzantkę sowiecką, a oddział rozbrojony. Przemawiał jakiś komisarz, mówił, że nic nikomu się nie stanie, że będzie to nadal polski oddział, nawet pod polskim dowództwem, tyle że komunistycznym, i pod zwierzchnością sowiecką. Potem nas ustawili w czwórki i poprowadzili na naszą bazę zimową, tam gdzie były ziemianki. Zostaliśmy bardzo gęsto otoczeni, stali jeden obok drugiego, nic nie można było zrobić bez pozwolenia. Nagle widzę, że z koła utworzonego przez Sowietów ktoś mnie woła. To był nauczyciel, Białorusin, zawsze mocno lewicowy, znałam go sprzed wojny. I on mówi: „Lala – to był mój pseudonim, ale też tak mówili do mnie w domu – przejdź do nas, na tym się nie skończy". Powiedziałam, że u nich dla mnie wszystko obce, że nigdzie nie idę.

Był koniec sierpnia, pogoda ładna, nie padało, sucho. Świeciło słońce, gęsty, wysoki las. Sowieci z każdym prowadzili rozmowy, wzywali każdego i przesłuchiwali. Nasz oddział liczył 200 osób. Uchroniła się przede wszystkim ta część chłopaków, którzy byli w terenie, rozbrajali Niemców albo przynosili żywność. Po tych rozmowach Sowieci rozstrzelali 90 naszych. Ci chłopcy nagle gdzieś zniknęli.

Na trzeci dzień nowy dowódca powiedział, żebym pojechała z nim do bazy sowieckiej. Nazywał się Mroczkowski, pseudonim „Zapora". Miał żonę, syna i córkę, dzieci jakoś tak w wieku 17–18 lat. Też byli w bazie. Pojechałam. Od razu zabrali mnie do ziemianki, w której zobaczyłam trzech naszych chłopaków. Nie znałam ich dobrze, byłam w oddziale może dwa tygodnie, oni wyjeżdżali, przyjeżdżali, wszystkich nie znałam. Jeden z nich powiedział, że jak zabierają, to nikt nie wróci. Spędziłam tam jedną noc. Ziemianka była strzeżona, nie pozwalali z niej wychodzić. Jak chciałam siusiu zrobić, to sowiecki partyzant stał nade mną. Na drugi dzień oficer polityczny, Litwin mówiący po rosyjsku, wezwał mnie na przesłuchanie. Kazał mi opowiedzieć o swoim życiu. „Jesteś Rosjanką, mówił, przejdź do nas". Znów powiedziałam, że to jest dla mnie obce i że zostanę w polskiej bazie. I podpisałam to. Zabrali mnie do ziemianki, w której siedział „Kmicic" i jakiś młody chłopak mówiący po polsku, trochę z białoruska. Bardzo źle znosił zamknięcie, rzucał się na ziemię, rzucał się do drzwi. W końcu udało mu się otworzyć i nagle rozpętała się straszna strzelanina, Sowieci strzelali do nas, w tę ziemiankę, kurz, drzazgi, coś się sypało. „Kmicic" kazał mi się położyć na ziemi. I słyszałam tylko głos tego chłopaka: „Za co wy mnie zabiliście!". Zginął. Strzelanina się skończyła, zostaliśmy sami z „Kmicicem". Dowódca mówił, że rozmawiają z nim i jeśli nie dojdą do porozumienia, to wyślą go do Moskwy. Tak mu powiedzieli. Potem przyszli po niego i kazali iść.

Narzucił wojskowy płaszcz i wyszedł. Nie wrócił. Zostałam sama. Rano usłyszałam, że jestem wolna i mogę wracać do swoich.

Wyszłam przed ziemiankę, nie wiem, gdzie iść, las, wiejska droga. Siedzę, nie wiem, gdzie są nasi... Przechodziła starsza kobieta, wieśniaczka. Zagadała po białorusku, że pewnie jestem głodna, że da mi „blinczykow", i przyniosła. Zapytałam, czy widziała, dokąd poszedł ten, który tu siedział. Powiedziała, że poprowadzili go w kierunku bazy litewskiej, a tam rozstrzeliwują, że tam rozstrzelali też jej męża. Zjadłam blinczyki, kobieta poszła, a ja dalej siedziałam. W pewnym momencie widzę, że jedzie wóz, na wozie nasi chłopcy, Polacy. Kiedy byłam w sowieckiej bazie, polski oddział partyzancki razem z Sowietami zaatakował miasteczko, w którym stacjonował niemiecki sztab. Atak się nie udał, było sporo zabitych, a na wozie wieźli rannego, bo Sowieci w swojej bazie mieli szpital polowy. Zabrałam się z nimi, dzięki temu wróciłam do naszej dawnej bazy. Byłam tam z dziewczynami może tydzień, nie miałyśmy nic do roboty.

Oddział liczył może 40 osób. W pewnej chwili „Zapora" oznajmił, że wychodzą i już nie wrócą. Pytał, czy pójdę z nimi. Szli szukać „Łupaszki". Nie słyszałam jeszcze o „Łupaszce", nie wiedziałam, kto to jest. „Zapora" miał znaleźć jego oddział i sprowadzić do Sowietów.

„Łupaszka" – major Zygmunt Szendzielarz, legenda podziemia antykomunistycznego. Przedwojenny porucznik kawalerii, w wojnie obronnej dowódca szwadronu 4. Pułku Ułanów Zaniemeńskich z Wilna, w SZP-ZWZ w komórce wywiadu dalekowschodniego. W sierpniu 1943 roku oddelegowany przez Komendę Okręgu Wileńskiego AK do objęcia dowództwa oddziału „Kmicica".

Nie mogłam wracać do Kobylnika, boby rozstrzelali brata i mamę, i mnie. Partyzantka sowiecka paliła tam wszystko, nawet garnizon niemiecki wyjechał z miasteczka. Nie miałam przez kogo komunikować się z domem, poszłam z oddziałem. Parę dni szukaliśmy, chodziliśmy po terenie, w końcu nawiązaliśmy kontakt i dotarliśmy na miejsce.

„Łupaszko"* był wysoki, szczupły, łysawy, przyjemny, z każdym rozmawiał. Sowiecki plan się nie powiódł. „Zapora" z oddziałem przystał do „Łupaszki". Komendant powiedział, że w oddziale nie ma żadnej kobiety i żebym wróciła do domu. Ale ja nie mogłam wrócić. W końcu pozwolił mi zostać. Przydzielił mnie do „Maksa", zawodowego podoficera, który był u „Kmicica" od samego początku. Gdy nas Sowieci rozbrajali, akurat przebywał poza bazą. Dostałam torbę i zostałam sanitariuszką. To były jakieś podstawowe rzeczy. Rannym zakładało się pierwsze opatrunki i odstawiało do lekarza, a na co dzień – obtarcia nóg, świerzb, wszy.

W końcu października 1943 roku było nas już dobrze ponad 100. Zmienialiśmy właśnie miejsce postoju i pod wieczór nadzialiśmy się na litewski patrol. To byli Litwini od Plechavičiusa, współpracujący z Niemcami. Ostrzelali nas i ranili jednego z chłopaków w nogę, bardzo niebezpiecznie. Od razu mnie zawołali. Miałam się nim opiekować, potem zawieźć na operację. Szliśmy całą noc. Chłopak na wozie, ja obok, czasem podchodził „Łupaszko", rozmawialiśmy. Doszliśmy do wsi, a tam – drugi patrol litewski. I znów wywiązała się walka. „Łupaszko" do mnie, że mam pilnować rannego na wozie, i razem z innymi pobiegł walczyć. Szkoła się paliła, było bardzo jasno, obok puste pole. Nasi rozbroili Litwinów, puścili ich bez gatek i wrócili bez strat. „Łupaszko" pierwszy raz mnie wtedy pochwalił.

Oddział rośnie. „Łupaszka" dzieli go na dwie brygady – 4. i 5. Wkrótce w 5. Brygadzie, którą dowodzi, pojawia się więcej kobiet, są sanitariuszkami – po jednej w każdym z pięciu oddziałów. Lidia zostaje przydzielona do kawalerii, oddziału będącego najbliżej sztabu. W kawalerii formalnie jest też „Łupaszka".

2 lutego 1944 roku stacjonowaliśmy we wsi. Akurat trwała odprawa z dowódcą okręgu. Raptem rozpętała się strzelanina, wybiegliśmy na pole, skąd do nas strzelano. „Łupaszko" mówi: „Przynieś mi amunicję,

* Bohaterka konsekwentnie używa takiej formy pseudonimu.

bo zapomniałem". Miał pistolet, mp naładowane, tylko amunicję zostawił w chacie. Wróciłam, zabrałam, ale kiedy przybiegłam, już ich nie było, poszli naprzód. Pędziłam przez otwarte pole, przez zmarznięte bruzdy w kierunku lasu oddalonego o jakieś półtora kilometra. Zaczęli do mnie strzelać, co chwila kryłam się w bruzdach. Gdy strzały cichły, wstawałam i biegłam dalej. W końcu trafili mnie w rękę. Na szczęście byłam w dość grubym kożuszku. Próbowałam poruszać nią, zobaczyłam, że nic mi nie jest, krew tylko cieknie. Dobiegłam, oddałam amunicję „Łupaszce" i w tym momencie on dostał w rękę. Ale kula przeszła tylko tak – przez mięśnie. Zabawnie, ja dostałam w lewą rękę,

1944 rok, sanitariuszki z brygad „Łupaszki". Lidia czwarta z lewej.

on w prawą. Zajęłam się opatrywaniem rannych. Biegałam od jednego do drugiego. Strasznie to wyglądało. Walka trwała cztery godziny, mieliśmy 19 zabitych i 9 rannych. Niemcy zaatakowali w momencie odprawy, więc wszyscy dowódcy z okręgu pobiegli do swoich oddziałów, wspólnie udało nam się Niemców otoczyć i rozbić. O tej bitwie było bardzo głośno w okolicy, ale o stratach też. Niemal natychmiast, kilka dni później, zaatakowali nas Sowieci. Staliśmy nad małą rzeczułką, przyszły akurat roztopy, trzeba było przepływać łódką, nie dało się przejść po lodzie. Za rzeką chcieliśmy rannych przekazać ludziom, którzy mieli zawieźć ich do Wilna. Sowieci zaatakowali około trzeciej po południu, z dwóch stron. Mieliśmy niemieckie cekaemy i natychmiast odpowiedzieliśmy ogniem. Przeszliśmy do Drogi Napoleońskiej, cały czas pod ostrzałem. Zapadał zmrok, „Łupaszko" zadecydował, że musimy się po cichu wycofać. A Sowieci, atakując z dwóch stron, strzelali do siebie nawzajem. Wycofaliśmy się, przepłynęliśmy przez rzekę, ranni dotarli do Wilna.

Tuż przed Wielkanocą 1944 roku poprosił mnie do siebie „Kitek", dowódca oddziału, który przyszedł do „Łupaszki" z „Zaporą". „Zapora" już wtedy nie żył, zginął zastrzelony przez porucznika „Bohuna", bliskiego przyjaciela „Łupaszki". Domyślam się, że chciał zdezerterować. „Kitek" – może właśnie w związku ze śmiercią „Zapory" – powiedział, że nie są mnie pewni. Bo jak to, byłam w sowieckiej bazie i wróciłam. Tylu chłopaków zabrali, rozstrzelali, a ja wróciłam. Wiedzieli, że jestem Rosjanką, mimo że mówiłam po polsku. Potem padło jeszcze oskarżenie, że dostarczam informacje o oddziale mamie i bratu, a oni donoszą partyzantce sowieckiej. 3 maja staliśmy w jakiejś dużej wsi. „Łupaszko" kazał mi siedzieć w jednym z domów i nigdzie nie wychodzić, bo będą mnie sądzić. Czekałam. Poprosili mnie do innej chaty, a tam czekał już oskarżyciel, adwokat i dwóch świadków. Oskarżyciel powiedział, że przekazuję Sowietom informacje przez mamę i brata. Mama mieszkała z bratem w Michaliszkach, dość daleko, nie miałam przecież jak do nich chodzić, brat był w organizacji, w ogóle się nie spotykaliśmy. Świadkowie to potwierdzili, oskarżenie okazało się bezpodstawne. Wszystko poszło bardzo dobrze, nikt już mnie o nic nie posądzał. „Łupaszko" powiedział tylko: „Jeśli się okaże, że zdradzasz, to wiesz, co ciebie czeka". To znaczy – kulka. Ale wszyscy się odczepili.

Od początku 1944 roku wileńska AK przygotowuje się do operacji „Ostra Brama", miejscowego scenariusza akcji „Burza". W operacji tej 5. Brygada udziału jednak nie bierze.

Ciągle biliśmy się z partyzantką sowiecką. „Łupaszko" poprosił generała „Wilka", żeby zwolnił Brygadę z udziału w operacji „Ostra Brama". Był lipiec, zbliżał się front, słychać było samoloty, a my siedzieliśmy w niedużym miasteczku. Stamtąd „Łupaszko" jeszcze raz wysłał do „Wilka" łączniczkę po pisemny rozkaz zwalniający Brygadę z udziału w operacji. Łączniczka wróciła z informacją, że „Wilk" i inni dowódcy zostali aresztowani przez Sowietów, którzy teraz zaczęli nas intensywnie szukać. „Łupaszko" zmienił nazwę brygady, powymieniał nam pseudonimy. Ruszyliśmy w stronę Grodna. Szliśmy przez lasy, widzieliśmy Sowietów, czołgi, samochody, szliśmy parę tygodni. Pod Grodno dotarliśmy pod koniec lipca. Tam natychmiast nas znaleźli. Przyjechało parę osób z sowieckiego dowództwa z żądaniem podporządkowania się i przyprowadzenia oddziału na wskazane przez nich miejsce. „Łupaszce" udało się jakoś ich zwieść. Mówił, że od razu nie może, ale oddaje Sowietom naszą kawalerię – 150 koni, a resztę doprowadzi. Dowódcy kawalerii nakazał samemu podejmować decyzje, powiedział mu, że przecież sam z oddziałem nigdy nie przyjdzie. Kiedy Sowieci wyjechali, komendant wyprowadził nas na polanę i przedstawił sytuację. Rozwiązał 5. Brygadę, każdemu dał wolną rękę. Można było wracać do domu albo wojować dalej. Zapowiedział, że z tymi, którzy zostaną, będzie chciał małymi grupkami, po 10 osób, przejść do Puszczy Augustowskiej, żeby dalej walczyć.

Wszystko odbywało się bardzo szybko. Z „Łupaszką" zostało 16 osób, w tym ja. Ruszyliśmy. Było bardzo ciężko, bez jedzenia, wśród wojska, bo front już przeszedł i zatrzymał się koło Grodna. Pełno wojska, jechał wóz za wozem. Do Puszczy Augustowskiej nie mogliśmy się przebić. Skręciliśmy na południe, na Wołkowysk, prosto, dokładnie według kompasu, bezdrożami. Doszliśmy do szosy, ale nie dało się przejść – ruch wojsk sowieckich był zbyt duży. „Łupaszko" wysłał jeden patrol – nic, drugi – nic, w końcu poszedł sam, z kilkoma chłopakami, reszta siedziała w krzakach. W pewnej chwili widzimy – idzie „Łupaszko", trzymają go chłopcy. „Boże, komendant ranny, co my teraz zrobimy!". A on nagle prostuje się, zdrowy, cały, i śmieje się, że tacy jesteśmy przerażeni. Dziwne, ale to bardzo rozluźniło atmosferę, pozbyliśmy się napięcia, które towarzyszyło nam od Wilna. W końcu przeskoczyliśmy przez szosę. Doszliśmy pod Wołkowysk. Zatrzymaliśmy się we wsi spalonej przez Niemców. Mieszkańcy zostali rozstrzelani albo spaleni w stodołach. Nie było ani jednego całego domu, nic, tylko wejście do podziemia murowanej szkoły. Tam nocowaliśmy. W Wołkowysku „Łupaszko" nawiązał kontakt z AK. Dopiero teraz się dowiedzieliśmy, jaka jest sytuacja. Front się zatrzymał, w Warszawie trwało powstanie, a my mieliśmy przejść do Puszczy Białowieskiej i organizować oddział.

Wczesną jesienią dobrnęliśmy do Puszczy niedaleko Świsłoczy, gdzie wcześniej było miejsce postoju partyzantki sowieckiej. Tam się zatrzymaliśmy na jakiś czas. Ludzi przybywało, było nas około 40. Zbudowaliśmy wielki schron, do połowy w ziemi, z dachem na powierzchni, mieliśmy nawet piecyki żelazne. Ale któregoś dnia odkryli nas Sowieci. Nad ranem zaatakowali. Obudziły nas strzały i udało nam się jakimś cudem wycofać. Do oddziału dołączyło wielu miejscowych. Wyprowadzili nas przez łąki i lasy, spaliśmy w stogach. „Łupaszko" postanowił przejść linię Curzona. Przeszliśmy, bez butów, boso, ale szczęśliwie, przez rzekę. Z bronią, ze wszystkim. Miejscowi członkowie oddziału zaraz porozmieszczali nas po domach, po dwie osoby, po jednej. Mieliśmy tam przeczekać zimę.

Na początku listopada 1944 roku „Łupaszka" podporządkowuje się komendantowi Okręgu Białostockiego AK, zostaje awansowany do stopnia majora i przyjmuje do oddziału podporucznika Lecha

Beynara, oficera BIP Okręgu Wileńskiego, znanego później jako Paweł Jasienica. Oddział chce odpocząć, zwiększyć liczebność, przeczekać zimę pod Białymstokiem i wiosną postąpić zgodnie z rozkazami Komendy Głównej.

Stacjonowaliśmy w Kietrykach koło wioski Janówek. W okolicy ukrywali się akowcy z różnych porozbijanych oddziałów, trochę nie wiedzieli, co dalej robić. Jak się okazało, że jest „Łupaszko", zaczęli do nas przychodzić. Było nas coraz więcej, ale i głośniej się o oddziale zrobiło. Czyli niebezpiecznie. Sowieci najwyraźniej zainteresowali się tym kawałkiem Białostocczyzny. Zaczęły się naloty sowieckich oddziałów, raz aresztowali nawet dwóch naszych. Siedzieliśmy tam chyba miesiąc i w końcu „Łupaszko" zdecydował odesłać wszystkich chłopaków pod dowództwem Jasienicy gdzieś w okolice Hajnówki, dla bezpieczeństwa. Poszło ponad 40 ludzi, mieliśmy ze sobą kontakt i czekaliśmy do wiosny.

Wkrótce potem „Łupaszko" chciał się pilnie spotkać z komendantem białostockim AK. Prosił, żebym to ja pojechała do Białegostoku i umówiła spotkanie. Poszłam do łączniczki białostockiego komendanta. To był drewniany piętrowy dom z ogrodzonym podwórkiem. Wchodzę, drzwi otwarte, idę na górę, a tam pełno ludzi. Zrozumiałam, że to kocioł. Zaczęłam schodzić – nie zbiegałam, tylko powoli schodziłam na podwórko. Już myślałam, że uda się przejść, ale na dole wartownicy zażądali dokumentów – jeden Polak i jeden Rosjanin. Miałam tylko pożyczoną legitymację, z cudzą fotografią. I ten Polak ogląda ją i mówi: „To nie pani zdjęcie". Ja na to: „Niech pan się przyjrzy, to przecież ja". Zaczął wrzeszczeć. A Sowiet już mnie łapie za rękę i pyta, dlaczego tu jestem. Ja, że do fotografa. I rzeczywiście, obok był fotograf. Powrzeszczeli, ale puścili. Wróciłam do „Łupaszki". „Jest wsypa, łączniczka aresztowana, kocioł" – mówię. Mimo to nadal chciał spotkania z komendantem. Następnego dnia nad ranem wyszliśmy na szosę, dojechaliśmy do miejscowości Królowy Most, do punktu kontrolnego. Dopatrzyli się tam, że „Łupaszko" ma dokumenty, ale źle wypisane. Kazali mu wysiąść. To ja z nim. Miał przy sobie pistolet, dziewiątkę belgijską, na brzuchu pod swetrem i kurtką skórzaną.

Nie było jak schować tej broni w samochodzie, który nas wiózł. Zabrali go do jakiegoś mieszkania, ja za nimi. Prosta izba: piec chlebowy, ściana, stolik. Pytają „Łupaszkę", czym się zajmuje. On, że jest zaopatrzeniowcem, że jeździ po okolicy i skupuje różne rzeczy. Ja po rosyjsku, że to wszystko prawda, że mieszkam z nim w jednej miejscowości, dlatego razem z nim wsiadłam do samochodu. Chyba mi uwierzyli, „Łupaszkę" dla porządku obmacali, ale zrobili to tak niechlujnie, że nie znaleźli broni. Puścili. Jeszcze go papierosem poczęstowali. Zatrzymaliśmy następny samochód i wróciliśmy...

Zima się zrobiła, wielki śnieg. Oddział ukrył się na zimę daleko, zostaliśmy tylko we dwoje. Na Kietryki wciąż były naloty NKWD, musieliśmy się ukrywać w kopcu na kartofle, w pobliżu lasu, na obrzeżach wsi. Sowieci byli we wsi niemal codziennie. Szukali nas. Zawiadomiliśmy chłopaków, że jest zbyt niebezpiecznie, żeby przysłali po nas kogoś i dołączymy do oddziału. Nie mogliśmy od razu ruszyć, bo „Łupaszko" czekał na łącznika z Białegostoku. Ten wkrótce miał dotrzeć z rozkazami. We wsi nie mogliśmy zostać, przenieśliśmy się do lasu, do jamy, w której wcześniej ukrywał się Żyd. Było nas dwoje, ta jama mieściła jedną osobę, nie można było stać, tylko siedzieć. Leżeć też nie, jedynie bokiem. Nie było nawet zimno, tylko z jedzeniem kiepsko, czasem ktoś nam coś przyniósł. Właściwie nawet nie chciało się jeść.

Siedzieliśmy tam dwa tygodnie. Nie rozbieraliśmy się. Było ciasno. Nie rozmawialiśmy wiele. Żyliśmy w strasznym napięciu. Raz myślałam, że „Łupaszko" mnie zadusi. Papierosa chciał zapalić, takiego skręcanego, ale nie miał już zapałek. Bardzo chciało mu się palić. Zaczęłam się śmiać, a on nagle tak mnie schwycił mocno. Jakby chciał zadusić. Zreflektował się. Łącznik dotarł 22 grudnia. Mogliśmy ruszać do oddziału. Szliśmy cały boży dzień w głębokim śniegu. Siadać „Łupaszko" nie pozwalał, na zgiętej choince się siadało. Drzewa tak trzaskały od mrozu, jakby ktoś strzelał. Pod wieczór dotarliśmy do miejsca, w którym stacjonował oddział, gdy się rozdzieliliśmy. Teraz nikogo nie było, pusto. Stamtąd późnym wieczorem poszliśmy do Hajnówki, bo przyjechała tam teściowa „Łupaszki" z jego córką. Chciała, żeby dziecko spotkało się z ojcem.

Niespełna 28-letni porucznik Zygmunt Szendzielarz żeni się w styczniu 1939 roku. Córka, Basia, rodzi się w listopadzie. W 1944 roku ma pięć lat, ojca nie widziała od lat. 23 grudnia „Łupaszka" umieszcza Lidię w Hajnówce, w domu trzech sióstr związanych z organizacją, sam postanawia spędzić święta z córką i teściową.

Żona „Łupaszki" była z domu Swolkień. To arystokratyczna rodzina, książęca chyba. Mieli ogromny majątek w Szajkunach na Wileńszczyźnie. Za Niemców, po 1941 roku, majątki te, odebrane przez Sowietów, oddawano właścicielom. Powszechnie ukrywali się w nich wtedy konspiratorzy z różnych organizacji. I Zygmunt, i Hanka byli w podziemiu. Przechowywali różnych ludzi, między innymi kolegę „Łupaszki", w którym zakochała się Hanka. Tak się zakochała, że się rozeszła z Zygmuntem. Przez pewien czas wszyscy mieszkali w tym majątku, razem z teściową Zygmunta i dzieckiem. „Łupaszko" w końcu poszedł do partyzantki, już do Szajkun nie wrócił. Oni zostali. Kiedyś Hanka i ten mężczyzna wracali ze spotkania konspiracyjnego. Wpadli w zasadzkę, ostrzelano ich. On, ciężko ranny, zmarł tam w tym lesie, jej jakoś udało się uciec. Po jego śmierci wyjechała do Wilna, zostawiła córkę z matką. Pracowała w organizacji. Kiedy poznałam „Łupaszkę" Hanka była aresztowana. AK chciała ją wykupić. Chyba się udało, bo trafiła potem do jakiejś niemieckiej rodziny jako opiekunka do dzieci i wyjechała do Francji. Córka została z babcią. I teraz babcia przywiozła ją do ojca. Spędzili ze sobą tydzień.

Po świętach ruszyliśmy dalej. Pojechaliśmy do Kiersnowa koło Brańska, tam łącznik wskazał nam miejsce, w którym mieliśmy się zatrzymać. Kontakt z komendantem okręgu utrzymywaliśmy przez łączników, „Łupaszko" i „Mścisław", komendant AK Okręgu Białostockiego, nigdy się nie spotkali.

Nie minęły dwa tygodnie, gdy rozwiązano AK. Nie było do końca wiadomo, co robić. W lutym 1945 roku z Białegostoku przyszedł rozkaz o powołaniu Armii Krajowej Obywatelskiej. „Mścisław" odmówił wykonania rozkazu komendanta głównego o rozwiązaniu AK, a „Łupaszkę" mianował komendantem partyzantki okręgu. Na początku kwietnia ogłosiliśmy mobilizację Brygady. Wyszliśmy do lasu około 5 kwietnia. Prowadziliśmy normalną walkę partyzancką. Poza tym odbieraliśmy Sowietom krowy i konie, potem rozdawaliśmy je po wsiach. Walczyliśmy, zdobywaliśmy broń, rozbijaliśmy posterunki milicyjne i walczyliśmy z regularnymi oddziałami NKWD i Armii Czerwonej. W czerwcu przyszła dobra wiadomość: AKO podporządkowała się delegatowi rządu RP na Kraj, czyli rządowi londyńskiemu. Weszliśmy w skład WiN-u. Brygada liczyła już prawie 300 osób.

Nie trwało to długo, we wrześniu przyszedł z Londynu rozkaz rozwiązania wszystkiego. To wtedy, kiedy świat uznał PRL za Polskę, za właściwe państwo polskie, „Łupaszko" musiał rozformować oddział. Zaczął rozpuszczać chłopaków, dawał im pieniądze zdobywane w bankach, spółdzielniach. Jeśli ktoś miał rodzinę, to wychodził, a kto nie miał nikogo, nie miał dokąd pójść, zostawał w oddziale. Była jesień 1945 roku. Poznałam wtedy znajomą „Łupaszki". We dwie powiedziałyśmy sobie, że dobrze byłoby trochę normalnie pożyć. Wyjechać gdzieś, studia skończyć... Powiedziałam Zygmuntowi, a on – nie, mam z nim zostać. Zostałam.

Zygmunt nawiązał kontakt z kimś w Gdańsku, a przez niego z Londynem. Chciał dalej walczyć. Zostałam z nim ja, „Miecio" z Wileńszczyzny, który zawsze z nim był, jego zastępca, porucznik „Marek" i „Orszak", wachmistrz, jeszcze z 5. Brygady, późniejszy łącznik. Wyjechaliśmy do Gdańska.

Jechaliśmy przez Warszawę. Same gruzy, kikuty spalonych domów. Warszawy nie było. Jechaliśmy przez Dworzec Gdański, widać było miasto puste zupełnie. Pociągi bez szyb, ludzie leżeli wszędzie, w wagonach towarowych, w przedziałach, w korytarzach. Dojechaliśmy do Oliwy. „Orszak" znalazł puste mieszkanie i wszyscy tam zamieszkaliśmy. To było parę kroków od pani Wandy, matki Zygmunta, i jego córki. „Łupaszko" nawiązał kontakt z Londynem. Spotkał się z ostatnim wileńskim komendantem AK – „Pohoreckim". Dostał od niego pierwsze zadania. Powstawały niewielkie grupki, które po cywilnemu i z bronią, miały zdobywać pieniądze na działalność konspiracyjną i dalszą walkę. Pieniądze były nam potrzebne. Dostawaliśmy trochę z Londynu, ale to nie wystarczało. Nawet nie byłam w tym szczególnie zorientowana, gotowałam, urządzałam dom.

Kiedyś szłam z Zygmuntem ulicą i dosłownie wpadłam na Kota, mojego bardzo dobrego znajomego z Nowogródka. Znaliśmy się od małego.

1945 rok, Lidia – stoi w środku.

Jego siostra była moją rówieśnicą, razem chodziłyśmy do Nazaretanek, ona kończyła gimnazjum w Nowogródku, ja w Święcianach. Kot wyszedł właśnie z wojska i był na politechnice. Mówi, że jedzie do siostry, do Nowego Targu. „Jedź ze mną" – prosił. Zygmunt mnie puścił na tydzień. Byliśmy sobie z Kotem bardzo bliscy, to był cudowny tydzień. W górach, bez wojny, bez konspiracji. Wracam – „Łupaszki" nie ma w Oliwie. Podobno poszli z kolegami do restauracji, zaśpiewali jakieś piosenki i się do nich doczepili. Nie rozpoznali go, puścili wszystkich, ale Zygmunt się wystraszył i wyjechał gdzieś pod Sztum. Jego znajomy z Wileńszczyzny zorganizował mu tam dzierżawę gospodarstwa. Pojechałam za nim.

Nowy dom, zabudowania, chlew, wszystko było. Zamieszkaliśmy razem. Ciągle ktoś przybywał albo wyjeżdżał. Był ruch. Mieszkaliśmy tam do lutego 1946 roku. Nagle w ciągu pół godziny musieliśmy się rozproszyć, podobno była jakaś wsypa, Zygmunt nie chciał ryzykować, tym bardziej że właśnie uzgodnił z „Pohoreckim", iż ma odbudowywać oddział. Zostawiliśmy dom i zamelinowaliśmy się u znajomego z Wileńszczyzny, kierownika PGR-u. Były tam takie małe domki dla pracowników. Zamieszkaliśmy w dwóch pokoikach. Bardzo ładnych.

Pod koniec lutego 1946 roku „Łupaszka" powołuje do życia 6. Brygadę i wysyła na Białostocczyznę. W kwietniu odtwarza 5. Wileńską Brygadę, która ma działać na terenie Pomorza i Mazur pod jego własnym dowództwem. Brygada dzieli się na trzy szwadrony pod komendą słynnych później dowódców – „Lufy", „Żelaznego" i „Zeusa". Lidia zostaje z Zygmuntem.

W 1946 roku jeszcze powszechnie mówiło się o kolejnej wojnie, władza komunistów jeszcze nie okrzepła. Liczyliśmy na aliantów, na wojnę światową albo po prostu na to, że świat nie dogada się z Sowietami. To przecież nie było tak, że jakiś oddział chciał iść do lasu i szedł. Wszystko było uzgadniane. Z „Pohoreckim", z WiN-em, nawet z Londynem. „Łupaszko" jeździł do Warszawy, spotykał się z Rzepeckim...

W kwietniu wyszliśmy z tego PGR-u w teren jako grupa 60–70 ludzi. Ale to już nie była partyzantka. Nie mogliśmy prowadzić walki. W okolicy roiło się od wojska – i ludowego, i sowieckiego. Szliśmy nawet w kierunku Szczecina, przez Wisłę. Ale daleko nie udało nam się dojść. Każda akcja, każde rozbrajanie, nawet rozsypywanie ulotek kończyły się natychmiastową potężną obławą. Wszyscy nas ścigali. Nie dało się prawie iść lasami. Oddział „Żelaznego" w ogóle zrezygnował i przemieszczał się tylko po szosach zarekwirowanymi samochodami. „Żelazny" zrobił kiedyś rajd samochodowy przez sześć posterunków milicji. Wszystkie rozbroił jednego dnia, milicjantów i ubowców puścił wolno, broń zabrał. Mówili o tym w BBC.

Polowali na nas i zbyt wielu poważniejszych akcji nie dało się przeprowadzić, a trudno wojować samą odwagą. W czerwcu „Łupaszko" zrobił odprawę i oznajmił, że idzie na Podlasie. Nie wiedział jeszcze, że „Żelazny" nie żyje, nawet posłał po niego „Lufę" z oddziałem...

Na Podlasie dotarliśmy w sierpniu, tylko z „Lufą". Pozostałe dwa szwadrony zostały na Pomorzu i rozformowały się kilka miesięcy później. My na Białostocczyźnie zostaliśmy do marca 1947 roku. „Łupaszko" otrzymał list od Radkiewicza, ministra bezpieczeństwa, z zaproszeniem na spotkanie. Za zaprzestanie walki Zygmuntowi miano umożliwić wyjazd z Polski. Oczywiście nie skorzystał, ale wszyscy mieli już dość.

I tak się skończyło nasze wojowanie. Po namowach oficerów, byłych podkomendnych, między innymi Jasienicy, „Łupaszko" zaczął myśleć o powrocie „do cywila". Dowództwo polowe powierzył „Młotowi", a sam ze mną wyjechał na Śląsk. Tam otrzymał od „Pohoreckiego" rozkaz rozwiązania 6. Brygady. Ukrywaliśmy się. „Łupaszko" Brygady nie rozwiązał, stale ktoś przyjeżdżał i raportował o sytuacji na Podlasiu. Tylko nasi tam zostali. W końcu w czerwcu zginął „Młot" i wszystko się rozeszło. Organizacja na Podlasiu przestała istnieć. Wyjechaliśmy do Zakopanego. Zygmunt postanowił zacząć normalnie żyć. Mieszkaliśmy pod Zakopanem jako para letników. Był czerwiec 1947 roku.

29 czerwca byłam przeziębiona. Położyłam się wcześniej. Zygmunt i nasz gospodarz siedzieli w pokoju obok, pili, rozmawiali. Gospodarz mówił, że niebezpiecznie, że po górach biegają enkawudziści i KBW, że wyłapują. Zasnęłam. Na drugi dzień walenie do drzwi, jakiś chłopak uciekający szuka schronienia. Gospodyni wpuściła, schowała go

na strychu. W oddali, od gór, słychać było strzały. Potem umilkły. Wyszłam na balkon, cicho, czerwiec, słońce, piękna pogoda, nikogo nie ma. Położyłam się na trochę. Obudziło mnie łomotanie do drzwi, gospodyni wpuszcza, szukają na strychu, po chwili pełno wojska, dom otoczony. Słyszałam, jak wbiegli na strych, wyprowadzili tego chłopaka, ręce związane. Potem wszystkich nas zebrali, postawili pod ścianą, Zygmunta zabrali do kuchni, mnie do drugiego pokoju, gospodyni z dziećmi została. Pytają mnie o nazwiska, ja mówię, że nikogo nie znam, nie wiem. Wprowadzili mnie do kuchni, gdzie „Łupaszko" już siedział ze związanymi rękami. Okazało się, że chłopak, który uciekał, był podstawiony, że to nas szukali. Na nocną koszulę włożyłam płaszcz, wsadzili nas do samochodu i zawieźli do Myślenic, a potem do Krakowa. Noc spędziliśmy osobno. Nazajutrz wsadzili nas w samolot i wywieźli do Warszawy. Na Szucha.

Trafiłam do piwnicy, a tam pełno ludzi z Wilna. Póki tam byłam, nie wezwali mnie ani razu na śledztwo. Siedziała ze mną sekretarka Mikołajczyka. Opowiadała, że aresztowano ją w czasie koncertu Lutosławskiego. Ona była codziennie wzywana, opowiadała, że wszystko im mówi, bo uważa, że to jest słuszne. Bardzo inteligentna, po czterdziestce, dobrze ubrana. Wyraźnie mnie lubiła. Kiedyś o coś ją zapytałam, o coś ważnego. Nie odpowiedziała. Pytam: „Dlaczego mi pani nie odpowiada? Jest pani kapusiem?". Dwie godziny później ją zabrali, nie wróciła do celi, a następnego dnia posadzili mnie w pomieszczeniu bez okien. Potem przewieźli na Rakowiecką.

Siedziałyśmy w kilka kobiet w celi, na betonie się spało, było tylko troszkę słomy, byłyśmy w swoich sukienkach, jedzenie dawali obrzydliwe, kapusta z dorszem, grochówka z robakami, czarny chleb, skórkę tylko się zjadało, bo środek był niedopieczony. Żadnych paczek.

Zaczęły się przesłuchania. Kazali mi robić przysiady, bili mnie tak, że przez tydzień nie mogłam chodzić. Najdziwniejsze, że pytali mnie głównie o Kota – tego chłopaka, z którym w 1945 roku spędziłam tydzień w Nowym Targu. Aresztowali go, siedział we Wrocławiu. Twierdzili, że on wszystko wiedział o partyzantce, o mnie, o Zygmuncie. A on nic nie wiedział, nie miał o tym pojęcia. Przez dwie doby stałam za to przy otwartym lufciku w samej koszuli, boso, na betonie, całą noc, nie można było usiąść. Bili mnie po głowie, deptali po nogach. Nawet nie pamiętam, o co jeszcze mnie pytali. Wiedziałam tylko, że „Pohorecki" siedzi, „Łupaszko" siedzi, „Wiktor", cała góra. I że to oni mają mówić. Że ja, owszem, mogę mówić o walkach, w których uczestniczyłam, ale o ludziach nie. Nawet mnie zresztą o ludzi specjalnie nie wypytywali. Początkowo mnie straszyli, wyzywali okropnie, mówili strasznym językiem, ale główny śledczy był zawsze grzeczny. Tylko to właśnie on kazał mi robić te przysiady. Bardzo chciał się dowiedzieć, kto nam dawał ślub.

Lidia nie została żoną Zygmunta, choć wielu tak uważa. Określenie „żona Łupaszki" przylgnęło do niej po aresztowaniu, podczas procesu, i pozostało. Spędziła z „Łupaszką" osiem najtrudniejszych lat. Od 1943 roku nie miał nikogo bliższego.

Przez pięć ostatnich lat byliśmy razem niemal bez przerwy, dzień w dzień. Miałam do „Łupaszki" wielkie zaufanie i wdzięczność za opiekę, którą mnie otaczał w partyzantce. Nie wyróżniał mnie specjalnie, ale zawsze wiedziałam, że o mnie pamięta. Zawsze mówiłam do niego „panie komendancie". Nie pamiętam, kiedy zaczęłam mówić po imieniu, może w Kiersnowie? Może kiedy siedzieliśmy w tej pożydowskiej jamie? Nie było tam warunków, żeby myśleć o miłości, brudno, chłodno, głodno. Ale wtedy mniej więcej ludzie zaczęli brać nas za małżeństwo, wówczas zamieszkaliśmy w jednym domu. Ale zakochałam się w nim wcześniej. To jakoś tak samo przyszło, dużo wcześniej. Chyba po walce, w której oboje zostaliśmy ranni, mieszkaliśmy w jednym majątku. Byłam tam przez dwa tygodnie, przyjechał „Łupaszko" i wówczas chyba się zbliżyliśmy. Mówił do mnie po imieniu, nigdy „Lala", jak wszyscy...

Był taki czas w 1946 roku – mieszkałam wtedy z Zygmuntem w Zakopanem – że dosłownie chodził za mną Janek, chłopiec, którego znałam przed wojną, w którym się kochałam, który się tak strasznie obraził, że uczyłam w sowieckiej szkole. Byłam z „Łupaszką", a wciąż widziałam Janka. Chodził za mną, dosłownie, jak żywy człowiek. Myślałam sobie, kogo wybrać – Zygmunta czy Janka? Napisałam nawet do mamy, która wtedy mieszkała już na Pomorzu, czy przypadkiem nie słyszała o Janku. Nic nie słyszała. To mi minęło po pewnym czasie. Ale wtedy dosłownie czułam go za plecami...

W październiku 1950 roku zaczął się nasz proces. Siedzieliśmy, czekając na wejście do sali. Przyprowadzili „Łupaszkę". Podszedł, pocałował mnie, przywitał się. Zaraz go schwycili i odciągnęli. Potem, po procesie, mówili, że za to przez miesiąc siedział w karcerze. Za złe zachowanie.

W procesie jest sądzonych sześć osób. Między innymi „Pohorecki", „Łupaszka" i Lidia. „Łupaszka" jest spokojny, nie zaprzecza oskarżeniom ani nie prosi o łaskę. Proces ma charakter pokazowy, jest transmitowany przez radio. Wyroki zapadają 2 listopada 1950 roku. Wszyscy mężczyźni zostają skazani na wielokrotne wyroki śmierci. Lidia dostaje dożywocie.

Nie znaleźli przy mnie broni, dali mi dożywocie. W ostatnim słowie powiedziałam, że proszę o wyrok sprawiedliwy. Powiedziałam też, że uważam, iż walczyłam słusznie. Jakieś dwa tygodnie przed przewiezieniem do więzienia w Fordonie pozwolono nam z Zygmuntem na widzenie.

Zygmunt po procesie był bardzo chory. Przed wojną brał udział w zawodach hippicznych i kiedyś spadł. Leżał przez pół roku, a potem już zawsze dokuczał mu kręgosłup. Zwłaszcza w więzieniu, kiedy leżał w zimnie, w karcu. Opowiadał, że do ich celi śmierci wszedł kiedyś naczelnik więzienia i Zygmunt poprosił o widzenie ze mną. „Wiktor", skazany na śmierć w tym samym procesie, miał w więzieniu żonę. I nie dostał widzenia, a myśmy dostali. Wszyscy uważali mnie za żonę „Łupaszki".

Przyprowadzili mnie do pokoju, w którym przy stole siedziało trzech wojskowych. Z drugiej strony, obok siebie – my. Powiedzieli, że możemy rozmawiać, ile chcemy. Byłam nieprzytomna, nie spodziewałam się tego spotkania. Zygmunt żalił się, że nie pamięta Basi, córki. Mówił, że najbardziej kochał matkę. Pani Wanda jeszcze żyła w Gdańsku. Mnie powiedział, żebym się uczyła i żebym wyszła za mąż.

Potem zawieźli mnie do Fordonu. Wkrótce przenieśli do Inowrocławia. Siedziałam tam prawie dwa lata. To było ciężkie więzienie, w pojedynkę, bez żadnych spacerów, widzeń, bez listów, bez niczego. Wcześniej, w Fordonie, miałam pierwsze widzenie z mamą. Dowiedziała się z prasy i przyjechała. Potem nawet chyba udało jej się odwiedzić mnie w Inowrocławiu. Nie lubiłam widzeń, bo wszystko takie głupie, sztuczne. Tu stała mama, tu ja, a pośrodku chodził żołnierz. O czym tu opowiadać? I jak? Dowiedziałam się tylko, że tata wrócił z zesłania. W 1946 czy w 1947 roku przyjechał do Kobylnika, potem do Michaliszek i się z mamą odnaleźli.

Jeszcze zanim mnie przewieźli do Inowrocławia, bardzo się chciałam dowiedzieć, czy Zygmunt nadal żyje. Kiedyś przyjechały do więzienia jakieś szychy z ministerstwa. Mówią, że można im zadawać pytania. Zapytałam. Prosiłam o odpowiedź. Zapisali, ale żadnej odpowiedzi nie było. Zygmunta stracili na Mokotowie 8 lutego 1951 roku.

Po śmierci Stalina przewieźli mnie z powrotem do Fordonu. Było inaczej, było nas sześć w celi. Na dwóch łóżkach spało się po dwie, a na dwóch łóżkach pojedynczo. Były szczury, ale zaczęłyśmy dostawać jakieś książki. Czytałam pierwszy raz od kilku lat. Trafiłam kiedyś na coś Orzeszkowej, ale natychmiast mi zabrali. Trzeba było czytać Fadiejewa, Marksa, Makarenkę, sporo jakichś antyklerykalnych powieści. Zawsze jednak coś już można było czytać. Wkrótce potem kazali nam pracować. To również przyjęłam z ulgą. Pracowałam w hafciarni. Wyszywałyśmy gwiazdki i jodełki na milicyjnych mundurach. Dobrze się sprawowałam, bo haftowałam ponad miarę, ponad procenty normy. Parę razy byłam wzywana na śledztwo w sprawie „Tońki", dowódcy 6. Wileńskiej Brygady AK. Znałam go, wiosną 1944 roku braliśmy udział we wspólnej akcji. Ale nic więcej o nim nie wiedziałam.

W 1956 roku była amnestia. W listopadzie wyszłam z Fordonu. Pojechałam do Wrocławia. Pieniądze miałam, bo zarabiałam w tej hafciarni, wzięłam taksówkę i przyjechałam pod dom brata, niedaleko dworca. Nie od razu trafiłam – drzwi na prawo, drzwi na lewo, nie wiem, gdzie mam dzwonić, ciemno, nic nie widać. Zapukałam, trafiłam do kogoś innego. Pytam o brata. Ten ktoś wie, że brat tu mieszka, ale nie wie gdzie.

Nie miałam pojęcia, gdzie szukać. Siadłam na progu i siedziałam, aż się rozwidniło. Rano zapukałam w te drugie drzwi i otworzył mi brat. Pojechaliśmy do Legnicy, do rodziców.

Zabawne, bo kiedy wyszłam z więzienia, miałam 36 lat. Ojca nie widziałam od 1940 roku, mamę też widywałam rzadko. I rodzice uważali, że nadal jestem dzieckiem, że potrzebuję pomocy, odnosili się do mnie jak do dziewczynki. Kochaliśmy się bardzo, ale trudno było mi się przyzwyczaić.

W 1956 roku Lidia mieszka z rodzicami w Legnicy. Chce iść na studia. Na Uniwersytecie Wrocławskim prorektor proponuje jej wznowienie studiów na prawie. Lidia odmawia. Rozpoczyna nowe życie.

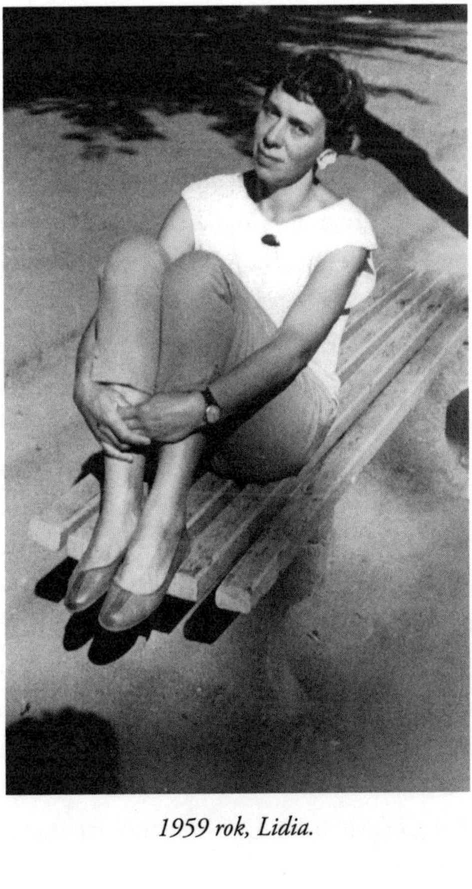

1959 rok, Lidia.

To był nowy świat, nie ten stary. Z rodzicami nawet nie rozmawialiśmy o starym świecie, naprawdę. Mama przyjeżdżała do mnie na widzenia, widziała, jak wygląda więzienie. Chciałam wreszcie normalnie żyć. Po tylu latach przerwy – od 1938 do 1956 roku – zaczynałam drugie studia. Kiedy chcieli mnie przyjąć na drugi rok prawa, powiedziałam, że z prawem nie chcę mieć nic wspólnego, że chcę na historię sztuki albo na archeologię. Ale na archeologię we Wrocławiu przyjmowano co drugi rok, historia sztuki miała być otwarta dopiero za rok. Powiedzieli, żebym złożyła podanie i będę przyjęta. Nie chciałam czekać. Napisałam do Jasienicy do Warszawy, że postanowiłam iść na archeologię. Odpisał: „Będziesz miała ciekawą pracę, ale finansowo gorzej". A co mi tam – o finansach nigdy nie myślałam, no i posłałam papiery do Warszawy. Przyjechałam, złożyłam egzaminy i zostałam jedną z dziesięciu osób przyjętych na archeologię. Zamieszkałam w akademiku. Wtedy poznałam mojego przyszłego męża. Mieszkał w męskim akademiku, ja w żeńskim. Chodziliśmy razem na francuski. Był na historii, na trzecim roku, a ja na pierwszym czy drugim. Na jakichś zajęciach siedział przy mnie i pytał mnie o coś, nie pamiętam dokładnie. Chodził za mną, nie zauważałam go, potem się przyzwyczaiłam. Cieszyły go sporty, taniec, zaprzyjaźniliśmy się. On w końcu – żebyśmy się pobrali. Mówię: „Daj spokój". 15 lat różnicy było między nami. W końcu, w 1961 roku, będąc na piątym roku archeologii, wyszłam za niego, mamy córkę.

Kiedy już można było trochę swobodniej mówić, spotykać się, zaczęłam się widywać z kolegami z Wileńszczyzny, z AK, z Brygady. Mimo mojego małżeństwa wszyscy nadal mówili o mnie „żona Łupaszki".

Podporucznik czasu wojny, odznaczona Krzyżem Walecznych Lidia Lwow-Eberle, po studiach pracowała w Komisji Badań Dawnych w Warszawie jako kierownik działu archeologicznego. Prowadziła badania podczas odbudowy Zamku Królewskiego. Po przyłączeniu Komisji do Muzeum Historycznego m. st. Warszawy pracowała w muzeum jako kustosz do przejścia na emeryturę w 1984 roku.

Zorganizowała muzeum cechowe, którym kierowała i w którym bywa do dziś.

W 1988 roku rozwiodła się. Rok później powstał Światowy Związek Żołnierzy AK, w którego działalność się zaangażowała. W czasie prac przy praskim kościele św. Floriana zaprzyjaźniła się z jego proboszczem księdzem Stefanem Niedzielakiem. Pozostawali w bliskiej przyjaźni aż do zabójstwa księdza w styczniu 1989 roku.

W 2000 roku Lidia Lwow-Eberle otrzymała odszkodowanie za prześladowania. Dotychczasowe mieszkanie oddała córce, a sama kupiła kawalerkę w prawobrzeżnej części Warszawy. Mieszka tam do dziś, pomagając w wychowaniu wnuka.

Janek Drozdarski, wileńska miłość Lidii, zginął w powstaniu warszawskim. Został przysypany 9 sierpnia 1944 roku na Mokotowskiej, ratując cywilów z gruzów po bombardowaniu. Lidia przeczytała jego nazwisko na murze Muzeum Powstania Warszawskiego.

„Kmicic", podporucznik Antoni Burzyński, zginął rozstrzelany jesienią 1943 roku. Lidia była prawdopodobnie jedną z ostatnich osób, które widziały go żywego.

Anna, żona „Łupaszki", zginęła w Niemczech w przypadkowej strzelaninie w 1945 roku.

„Pohorecki", podpułkownik Antoni Olechnowicz, został stracony w więzieniu mokotowskim 8 lutego 1951 roku, tego samego dnia co „Łupaszka".

„Łupaszka", major Zygmunt Szendzielarz, został pośmiertnie odznaczony Krzyżem Złotym Orderu Virtuti Militari i Krzyżem Wielkim Orderu Odrodzenia Polski. Zrehabilitowany w 1993 roku. Symboliczny pogrzeb „Łupaszki" odbył się w roku 2008 na warszawskich Powązkach.

ROZDZIAŁ 10

ALA WNOROWSKA: ŻADNA WIELKA MIŁOŚĆ

„Nasze małe żołnierzyki na placówkach stoją i śpiewają bolszewikom, że się ich nie boją" – dwudziestoletnia Ala Wnorowska uczy piosenek dzieci z podprzemyskich wiosek.

Kiedy wojna się zaczęła, najpierw wkroczyli Niemcy, potem bardzo szybko skompanowali się z Moskalami i podzielili Przemyślem. Do Sanu był Niemiec, nasza strona należała do Moskali. Ja zostałam tutaj. I byłam przerażona, że teraz dzieci będą to śpiewać bolszewikom. Jestem rocznik 1918, październik. Takie niepodległościowe dziecko.

Po maturze musiałam zaopiekować się rodzicami. Mój ojciec to już był staruszek, gdy się urodziłam, miał ponad czterdzieści lat. Austriacki oficer, ale – oczywiście – Polak. Bardzo zależało mu na polskości, a Przemyśl za Austriaków był całkiem zruszczony, we wsiach wokół Polacy mówili po rusku, czyli po ukraińsku. I stąd te piosenki. Nas, młodych, organizowali do pracy, żeby wydobyć polskość z chłopów. Jeździliśmy po wsiach, uczyliśmy polskiego. To było moje ostatnie zajęcie przed wybuchem wojny. Piosenki o bolszewikach śpiewaliśmy w czasie wakacji, w sierpniu 1939 roku. Byłam dwa lata po maturze...

Niemal nie pamiętam, kiedy do Przemyśla weszli Niemcy. Jednak nigdy nie zapomnę okresu, kiedy byli tu Sowieci. Wpadła ta szarańcza do Polski, która się odbudowywała, przykro było patrzeć. W ciągu kilku tygodni od ich wkroczenia nastał głód. Ludzie zaczęli kraść, szabrować. Makabra. I pojawił się strach. Sowieci stopniowo zaczęli wywozić ludzi na Sybir. W pewnym porządku, ze względu na przynależność do różnych grup społecznych. Mój ojciec był wojskowym, więc nie mieliśmy wątpliwości. Byliśmy spakowani, czekaliśmy. Zastanawiałam się tylko, jak się zajmę starymi rodzicami na Syberii.

1937 rok, Alicja (z przodu) z kolegami na wycieczce kajakowej nad Sanem.

Ojca uratowało to, że był bardzo porządnym człowiekiem, nigdy nikim nie gardził – Polakiem, Rusinem, Żydem. Jak nam wydawali nowe sowieckie paszporty, przede mną w kolejce stał ojciec, za mną katolicki biskup Tomaka, wokół Rusini, którzy już byli w sowieckiej służbie. Ojciec usłyszał: „Do was nykto nyszczo nemaje, wy horoszy czełowiek". Ocaleliśmy. Ale baliśmy się bardzo. Oni nieraz żartowali. Pukali do drzwi czy do okna w środku nocy. I prosili o zapałki. Taka zabawa. Potem już nigdy w życiu tak się nie bałam.

Za Sowietów wszystko się z domu wynosiło. Handel polegał na wymianie, braliśmy z domu, co było możliwe: chłopi przywozili ziemniaki, my jakąś odzież, wymienialiśmy się. Było bardzo nędznie. Mieliśmy kobietę, która zawsze przynosiła nam mleko, codziennie trzy litry, przez 15 lat. Jak zobaczyła, że nie mamy z czego żyć, dalej przynosiła, tylko za darmo. „Jak państwo możecie zapłacić kiedyś – mówiła – bardzo proszę, na razie nie potrzebuję".

Mój brat został na Zasaniu, po niemieckiej stronie. Opowiadał, że w 1941 roku w Przemyślu Niemcy przyspieszyli o dobę uderzenie na Sowietów i w ten sposób uratowali masę ludzi przed wywózką. Nie wiem, czy to prawda, ale daje jakieś pojęcie o tym, co ludzie myśleli, co tu się wtedy

Alicja tuż przed wojną.

działo. No więc w końcu znowu przyszli Niemcy i atmosfera zrobiła się zupełnie inna, zwłaszcza że dotarli tu głównie Austriacy i Bawarczycy. Widzieli, że ludzie nie mają co jeść, dali kaszy, mąki, stworzyli szybko jakieś punkty żywnościowe. Każdy coś dostał. I z miejsca zaczęło się organizowanie. Nas, całą grupę dziewcząt, skierowano do pracy w magazynach żywnościowych. Pracowałam, aż wszystkich „naszych" Niemców przeniesiono na Wschód. Potem przyszli Prusacy – zupełnie inni, trzeba było mieć się na baczności. Ale przeżyliśmy, chociaż miałam już kartę na wyjazd do Niemiec. Tym razem przydała się jednak służba ojca w austriackim wojsku. Poszedł do odpowiedniego urzędu, powiedział, że córka jest chora, on i żona starzy, pokazał jakieś świadectwo lekarskie i udało się. Uniknęliśmy wyjazdu, a ja dostałam kartę pracy przymusowej na miejscu, w szwalni skór, razem z setką kobiet.

Alicja pracuje w szwalni, zna niemiecki, często jest tłumaczem, latem chodzi opalać się na brzeg Sanu. Zimą jeździ na nartach. Tam poznaje Irkę, córkę listonosza, z którą zaprzyjaźni się na zawsze. – W Przemyślu jeździło się od przekaźnika elektrycznego do trzech krzyży, jedyna właściwie i bardzo popularna trasa – mówi Irena Szajowska. – Alicję znałam z widzenia właśnie stamtąd. Była starsza ode mnie i świetnie jeździła na nartach.

Latem 1943 roku AK w okręgu przemyskim ponosi dotkliwe straty. Trwają aresztowania, rozstrzeliwanie zakładników, śledztwa, które prowadzą do dekonspiracji całych oddziałów. Kilka miesięcy później w domu rodziców Ireny Szajowskiej przy Grodzkiej 19 pojawia się Antoni Słabosz, pseudonim „Paweł", przedwojenny dwójkarz, prywatnie – wuj Irki. Proponuje jej wstąpienie do konspiracji. „Paweł" słabo zna miasto, potrzebuje przewodniczki. Irena zostaje zaprzysiężona. Od początku roku Słabosz, zakonspirowany w przyklasztornym mieszkaniu w Przeworsku, na polecenie kierownictwa AK Okręgu Krakowskiego tworzy siatkę Brygad Wywiadowczych – organizacji, której zadaniem ma być między innymi utrzymanie głęboko zakonspirowanych struktur wywiadowczych na wypadek kolejnej okupacji sowieckiej. Podczas pobytów w Przemyślu „Paweł" zawsze korzysta z pomocy Irki, która prowadzi go pod wskazane adresy.

Latem 1944 roku, kiedy zbliżał się front, kierownik, Niemiec, nie pozwolił nikogo wywieźć do Rzeszy. Chcieli zabrać wszystkich, on nie dał, postawił się jakoś. Znów ocalałam. Ale proponował, żebyśmy jechały dobrowolnie. Zbliżała się już armia polska razem z sowiecką. Kierownik pewnego dnia klęknął na podłodze i prosił nas, błagał: „Uciekajcie z nami, bo idą Rosjanie". Żadna nie skorzystała. Na drugi dzień przyszliśmy, a po niemieckim kierownictwie nie było już śladu, zabrali ich do obozu. I zaczęła się nowa okupacja. Był 27 lipca 1944 roku.

W Przemyślu byli teraz bolszewicy razem z Polakami. Bardzo różnie to było. Zdarzały się tajemnicze morderstwa, atmosfera w mieście napięta. Wszyscy pamiętali przecież bolszewicką okupację z początku wojny. Kiedyś i do nas do domu wlazł jakiś Sowiet – oficer chyba, jakieś gwiazdki miał. Pamiętam, że wymyślił sobie gościnę, a myśmy nie mieli czym go przyjąć. Bałam się, że będzie mi robił jakieś awanse, ale spodobała mu się moja matka, nie ja, zaczął się do niej przystawiać. Byłam mądrzejsza, miałam chyba więcej sprytu. Mama, bardzo delikatna, poszła się położyć, a on – że będzie tu spał. Trudno, nie ma wyjścia. Zapadła noc, późno już, mama śpi w jednym pokoju, ojciec w innym, a ja zapaliłam świeczkę i udaję, że czytam. On do mnie: „A co, ty nie śpisz?". Zabrzmiało bardziej jak rozkaz, więc zgasiłam świeczkę i udawałam, że śpię. I widzę, jak on zbliża się do łóżka mamy. Mama śpi beztrosko, nie zauważyła nawet, o co chodzi. Podniosłam się, zapaliłam światło, a on już się nachylał nad matką. Mama się obudziła, narobiła krzyku, schowała się. Ja do sąsiadów – ktoś z mężczyzn zawsze tam był. Ten Ruski jakoś się tak zmieszał, popatrzył na mnie wilkiem, przeklął i wybiegł. Nawet pas z bronią zostawił w pokoju mamy...

Żyliśmy w dziwnej sytuacji. Na rynku wybudowano ołtarz polowy, biskup odprawiał tam mszę – niby na powitanie wojska polskiego. Ale wszyscy czuliśmy, że to jest przecież coś zupełnie innego niż za Polski, jakiś smutek wszystkich ogarniał, sytuacja patowa, niby wolność, niby wyzwolenie, ale to przecież nie tak.

– Po wkroczeniu Sowietów do Przemyśla „Paweł" zapytał, czy mam jakąś koleżankę, która nadawałaby się do pracy w organizacji i którą mogłabym wciągnąć – mówi Irena Szajowska. – Od razu pomyślałam o Ali. Byłyśmy sobie bardzo bliskie, wszędzie chodziłyśmy razem, brano nas nawet za siostry.

Ala pracuje wtedy w Fabryce Cukrów Zdzisława Wieczorka, niedaleko rynku. Niemal codziennie po pracy odwiedza przyjaciółkę. – Miałam opory – mówi Irena, chciałam, żeby Ala się zgodziła, ale bałam się brać za to odpowiedzialności. Powiedziałam „Pawłowi", że tak, jest taka dziewczyna, ale że to on musi z nią porozmawiać i złożyć propozycję.

We wrześniu 1944 roku Ala Wnorowska spotyka się z „Pawłem" w mieszkaniu Ireny. „Paweł" proponuje jej wstąpienie do Brygad Wywiadowczych. Ala się waha. – Poprosiła o czas do namysłu, wyszła do drugiego pokoju i spytała mnie: „Irka, ty należysz?". „Należę" – powiedziałam. „To ja też będę". I wróciła do „Pawła". Po chwili przy Grodzkiej 19 Ala Wnorowska powtarza: „Przysięgam uroczyście Panu Bogu, że w pracy, na którą się zgodziłam, będę pracować sumiennie i dla dobra Ojczyzny, a w razie gdyby mi groziła śmierć, nie zdradzę tajemnicy. Tak mi dopomóż Bóg". Ala i Irena zostają przekazane do dyspozycji szefa wywiadu na Przemyśl Romana Kluza, pseudonim „Czarny", który wkrótce w tym samym mieszkaniu ponownie odbierze od Ali przysięgę. Odtąd Ala, jako „Ewa", „Ewa Podlaska", będzie wozić meldunki do klasztoru w Przeworsku i do Rzeszowa. Poza „Pawłem", „Czarnym" i sobą nawzajem nie znają w organizacji nikogo.

Kiedy „Paweł" przekazuje im rozkaz zatrudnienia się w wojsku, milicji lub w UB, ustalają, że pracy poszuka Ala. – Chodziło o to, żeby jedna przekazywała stamtąd informacje, a druga, będąc na miejscu, posyłała je dalej – mówi Irena Szajowska. – Zgodziłam się, mój tata pracował, mama dorabiała szyciem, a Ala bardzo potrzebowała pracy, żeby utrzymać rodziców. Zaczęłyśmy się zastanawiać, jak się do tej milicji czy UB wkręcić. Na początku stycznia 1945 roku poszłyśmy razem na uroczystość poświęcenia otwartej powtórnie Polonii, klubu sportowego, w którym grałam w siatkówkę.

To była niedziela. Klub był naprzeciwko kościoła Reformatów. Uroczystość kameralna, niewiele osób, głównie mężczyźni, nikogo nie znałam. Ksiądz poświęcił i poszedł. Wtedy jeszcze takie imprezy odbywały się z udziałem księży. Grała mała orkiestra. Zaczęliśmy tańczyć. Poprosił mnie do tańca jakiś nieznajomy, najwyraźniej wziął mnie za uczennicę, zapytał, do której klasy chodzę, potem – czy mam pracę. Okazało się, że to był sekretarz partii, nazywał się Łazarczyk. Sporo rozmawialiśmy. Na koniec obiecał, że znajdzie mi pracę. Po pewnym czasie umówił się ze mną i wprowadził do... Urzędu Bezpieczeństwa.

– Kiedy się dowiedzieli o tym w organizacji, omal nie zwariowali z radości – mówi Szajowska. – Ala osobiście zaprowadzona do UB przez sekretarza partii! Czy trzeba lepszej rekomendacji?

Alicja z Ireną Szajowską (z lewej). Przemyśl, okupacja niemiecka.

Ala zaczyna pracę w biurze przemyskiego UB 13 stycznia 1945 roku. Ma 26 lat. W lutym, na rozkaz organizacji, wstępuje do PPR. Jej punktem kontaktowym jest mieszkanie Ireny Szajowskiej, której niemal codziennie szczegółowo opowiada o wszystkim, co może zainteresować podziemie. Irena sporządza meldunki, które przekazuje szefowi wywiadu.

Natychmiast dostałam szczegółowe instrukcje dotyczące tego, co mam robić, na co zwracać uwagę, kto jest kim, na czym zależy podziemiu. Byłam przerażona, to było zupełnie wbrew mojej naturze. Na początku trudno się było przyzwyczaić. W przemyskim UB jeszcze wtedy panował chaos, przewijały się setki ludzi. Pewnego dnia spotkałam kolegę z lat szkolnych, Żyda Henia Szechtera z mojego rocznika. On chodził do męskiego liceum, ja do żeńskiego. W szkole był moim partnerem podczas lekcji tańca. Henio zobaczył mnie w Urzędzie, zrobił wielkie oczy i pyta: „Co ty tu robisz?!". Ja do niego: „Henryk, a co TY tu robisz?!". Obydwoje udzieliliśmy sobie jakichś wymijających odpowiedzi, ale od tej pory często na siebie wpadaliśmy.

Do Urzędu bardzo często przyprowadzano wówczas ludzi, którzy mieli niemieckie nazwiska, Polaków, chcieli ich do obozu brać. Więc z Heńkiem pisaliśmy wciąż jakieś papiery, żeby ich stamtąd wyciągać. Dawaliśmy im poręczenia, że to Polacy od pokoleń, tylko pochodzenia niemieckiego. Kupa osób, często naszych kolegów, koleżanek, poszła wtedy na wolność... W końcu, po kilku miesiącach dostałam od Heńka list: „Nie mogę tu wytrzymać, uciekam, mów im, że jestem chory, żebym mógł jakoś uciec". To był inteligentny chłopak, z rodziny zamożnych kupców, jego siostra była narzeczoną polskiego lotnika. Uciekał za granicę. Chyba mu się udało.

Nie tylko Heniek robił wtedy dużo dobrego. Przy UB było oczywiście więzienie. W tym więzieniu siedziało wielu Ukraińców, Polaków, jakiś Amerykanin nawet. Kierownikiem UB był wtedy Zaremba, niezbyt aktywny, raczej spokojny. Z jego zastępcą Sawką można się było dogadać. I jeszcze jakaś kobieta tam pracowała. Zauważyłam, że ona też sprzyja raczej tym, których się łapie, niż władzom. Razem chodziłyśmy do Sawki i przekonywałyśmy: „Ta szefuńciu, po co ten a ten ma tu siedzieć, ta on nic nie zrobił". Prosiłyśmy, jakoś się pospisywało pod biurkiem papiery, zwalniano. No, w każdym razie bardzo szybko o więzieniu wiedziałam wszystko. I o wszystkim meldowałam. Moje meldunki wysyłano do Londynu.

Ala zaczyna od przekazania nazwisk wszystkich pracowników UB, zdobywa ich fotografie, informuje o zmianach personalnych, przeniesieniach, zwolnieniach, dezercjach. Podaje wykazy aresztowanych, spisy więźniów i obsługi więziennej, dokładne informacje z wywiadu UB o działających w okolicy oddziałach podziemnych, o oddziałach UPA, sporządza odpisy raportów poszczególnych sekcji, kopie telefonogramów, a przede wszystkim – listę agentów pracujących na rzecz UB w regionie.

– Ala była świetną agentką. Miała fotograficzną pamięć – mówi Irena Szajowska. – Nigdy nie wyniosła stamtąd żadnego świstka, nic. Niczego nie notowała, potrafiła zapamiętać całe listy nazwisk.

Dopiero gdy przekazywała meldunek mnie, pojawiała się moja notatka. Ale nie opowiadała mi wszystkiego, czego była świadkiem w UB. Miewała czasem bardzo ciężkie chwile, prosiła mnie wtedy o kontakt z szefem. Wiem, że ta praca była dla niej ogromnym obciążeniem. Już sam budynek miał ponurą sławę, najpierw było tam gestapo, potem UB. Do dziś pod murem stawiam świece we Wszystkich Świętych.

W lipcu 1945 roku Alicja nawiązuje kontakt z Marią Grzegorczyk, nową agentką Brygad Wywiadowczych, której udaje się dostać do pracy w przemyskim Urzędzie. Wciąga ją do pracy, szkoli, powierza pierwsze zadania. W tym czasie na Rzeszowszczyźnie działają już tak zwane komórki likwidacyjne UB, nasila się terror, do powiatowych urzędów bezpieczeństwa trafiają liczni oficerowie NKWD.

– Władze chyba się zorientowały, że z przemyskim UB coś jest nie tak – mówi Alicja Wnorowska. – Chyba zbyt dużo było ucieczek i za mała skuteczność działania. Sawka ulegał naszym prośbom i wciąż kogoś zwalniał. Z początku przysłano wzmocnienie – jakichś chłopców, którzy czytać, pisać nie umieli, dali im broń, ale oni bardzo szybko zdezerterowali. Więc następny ruch to była całkowita zmiana kierownictwa...

Do Przemyśla przyjeżdża 34-letni porucznik LWP Józef Zapałowski, obywatel ZSRR, który karierę wojskową rozpoczął w Armii Czerwonej. – Zapałowski z miejsca zakochał się w Ali – mówi Irena Szajowska. – Wpatrzony jak w obraz, świata poza nią nie widział. Ala nie, ale dużo rozmawiali, ona chyba chciała go powoli przekonać, zmienić, nawrócić na polskość... W każdym razie miała na niego bardzo duży wpływ.

Okazało się, że to był Polak z Ukrainy, z rodziny powstańców styczniowych. W czasie rewolucji stracił wszystkich bliskich. Bardzo zdolny. Jako siedmiolatek trafił do domu dziecka, wychowało go państwo sowieckie, ale on wciąż doskonale mówił i pisał po polsku. I zachowywał się też zupełnie nie po bolszewicku.

Kiedyś do więzienia przyprowadzili grupę młodych ludzi w mundurach. Powiedziałam Zapałowskiemu, że pójdę z nim do cel. Chciałam się dowiedzieć, kim są ci ludzie. Okazało się, że to zbuntowani podchorążowie, którzy uciekli z jakiegoś innego więzienia UB. U nas udało się im po raz drugi – sterroryzowali strażników, zabrali broń... Takie ucieczki zdarzały się nadal. Często było tak, że udawało się przenosić więźniów do szpitala. Na szpital łatwiej było napaść. Przeglądałam dokumenty, dawałam znać, kto siedzi w szpitalu, i na drugi dzień był mały napad. Kilka razy udało się w ten sposób uwolnić ludzi, którym groziła śmierć.

Na początku 1946 roku sama trafiłam do szpitala. Zachorowałam na tyfus. Lekarze go nie rozpoznali, więc dwa tygodnie tak chodziłam, aż w końcu w domu straciłam przytomność. Zorientował się dopiero lekarz, który znał mnie od dziecka. Postawił diagnozę. Ojciec dowlókł mnie do szpitala. Pięć dni leżałam nieprzytomna, już było prawie za późno. Lekarz ze Lwowa, jakiś pilot podobno, starał się mnie leczyć. Dopiero wtedy dotarło do mnie, jaką muszę mieć opinię. Leczyli mnie z poświęceniem, a przecież byłam z UB. I partyjna.

Codziennie odwiedzał mnie Józef Zapałowski. Lekarze byli zdziwieni tą jego troską. Zawsze wiedział, czego mi potrzeba. Pomagał. Dużo rozmawialiśmy. O wszystkim, oczywiście, meldowałam, bo w trakcie tych rozmów udawało mi się od niego sporo dowiedzieć, wyciągnąć informacje przydatne dla organizacji. Pracowałam jednak i nad tym, by go pozyskać, byłam chyba na dobrej drodze. To był w gruncie rzeczy porządny człowiek, oddany mi bez reszty.

Kierowanie przez Zapałowskiego przemyskim UB nie podoba się władzom. Wkrótce zostaje przeniesiony do Wojewódzkiego Urzędu Bezpieczeństwa Publicznego w Rzeszowie i zdegradowany do funkcji naczelnika wydziału.

Kiedy po wyjściu ze szpitala Alicja Wnorowska przechodzi rekonwalescencję w domu, odwiedza ją dowódca. Brygady Wywiadowcze znajdują się już w strukturach Wolności i Niezawisłości. „Paweł" przywozi Ali nominację oficerską i wyrazy uznania od Komendy WiN.

„Wykonałaś zadanie w 100 procentach" – słyszy Ala. Od tego momentu podporucznik „Paweł" przekazuje jednak także nowe rozkazy. Ala nie może przerwać pracy w UB. Otrzymuje polecenie przeniesienia się do WUBP w Rzeszowie. W Przemyślu działa już przecież Irena Grzegorczyk, agentka wyszkolona przez Alę. Jest luty 1946 roku. Dzięki staraniom Józefa Zapałowskiego 1 marca Ala rozpoczyna pracę na stanowisku kierowniczki sekretariatu wojewódzkiego UB w Rzeszowie i nawiązuje kontakt z głęboko zakonspirowanym agentem wywiadu w tym mieście.

Alicja zaczyna od dostarczenia fotografii kapitana Wiśniewskiego, szefa rzeszowskiego WUBP, i najważniejszych funkcjonariuszy. – Rzeszowskie UB to była makabra – mówi Alicja Wnorowska. – Tłum ubowców. Czułam, że patrzą mi na ręce, że mi się przyglądają...

W tym czasie trwają już aresztowania członków WiN, sytuacja staje się coraz bardziej napięta. Podczas kolejnych spotkań z łącznikiem Ala przekazuje schemat organizacyjny Urzędu wraz z personaliami pracowników, informacje o aresztowanych oraz wykaz agentów działających w terenie, także tych, którzy znajdowali się w bezpośrednim kontakcie z członkami WiN. W tym czasie siatka wywiadowcza już się rwie, niemal nie istnieje. Ala informuje przełożonych o chęci odejścia z pracy i w maju po raz ostatni spotyka się z „Zygmuntem".

Napisałam prośbę o zwolnienie, wokół już zapadły wyroki na ludzi z organizacji. Złożyłam podanie, wyszłam z budynku i przeżegnałam się. O zwolnieniu powiedziałam łącznikowi. A on na to: „Ja też już nie wytrzymuję. Chcę studiować prawo, jadę do Krakowa". Nie wiedziałam, że za kilka miesięcy i ja będę wybierała się do Krakowa.

Po wyjściu ze szpitala poszłam do Józefa Zapałowskiego, żeby mu podziękować za to, że był dla mnie dobry. Ten jeden jedyny raz spotkaliśmy się na osobności. Wcześniej w życiu nigdy nie byłam z mężczyzną. Miałam w tych sprawach dość trwałe zasady. Tym razem odłożyłam je na bok. Kiedy później się okazało, że jestem w ciąży, byłam przerażona. Ale dziś, po latach, myślę, że to Pan Bóg tak pokierował moim losem, żeby mnie uratować.

Alicja (czwarta z lewej) podczas pracy w Arbeitsamcie. Okupacja niemiecka.

– Ala była porządną dziewczyną – mówi Irena Szajowska. – Miała 28 lat, to był jej pierwszy mężczyzna w życiu. Nie, ona się nie zakochała, to nie było to. Chciała go jakoś przerobić, zmienić. On to chyba wiedział, ale i tak był bardzo szczęśliwy. Tak się cieszył, kiedy Ala zaszła w ciążę…

Ja płakałam, a on był szczęśliwy, że będzie miał dziecko. Postanowiłam urodzić. Spotkałam się z nim i mówię: „Słuchaj, trzeba to usankcjonować". On – że z radością. UB nie zgodziło się na ślub kościelny, mogliśmy wziąć w najlepszym wypadku cywilny. Już załatwialiśmy formalności. Trwało to wszystko kilka miesięcy. Mieliśmy zaraz wyjeżdżać. Zapałowski był po pedagogice, miał przejść na uniwersytet. Pytał, dokąd chcę jechać, czy to ma być Łódź, Warszawa czy Kraków. Chciałam do Krakowa. Był koniec września, wkrótce zaczynał się rok akademicki. Pakowaliśmy się. I wtedy mnie aresztowali.

– Ali najpewniej zaszkodził ten rozkaz o awansie na podporucznika – mówi Irena Szajowska. Aresztowano już całą komendę WiN i znaleźli jej nazwisko gdzieś w archiwum.

Od razu zabrali mnie na zamek rzeszowski. Warunki w celi psie, potem przenieśli nas na szpitalkę, gdzie w końcu sali jakaś kobieta umierała na gruźlicę, a razem z nią leżały trzy ciężarne. Zimno już było. Uprosiłyśmy strażnika, żeby do tej umierającej przyszedł ksiądz. Zdziwił się, że razem z gruźliczką leżą dziewczyny w ciąży. Umarła przy nas. Strasznie to wyglądało. Zostawiona bez opieki, bez lekarza. Mężczyźni z sąsiednich cel podawali nam puszki z mlekiem. Jakoś się to podgrzewało, starałyśmy się jakoś odżywiać.

Po aresztowaniu Alicji Józef Zapałowski zostaje jeszcze kilka dni w domu. Przeczuwa, że też zostanie aresztowany, robi porządki, rzeczy niemal już spakowane na wyjazd do Krakowa przekazuje rodzicom Ali. Kilka dni później, tak jak Ala, trafi do więzienia w rzeszowskim zamku. Na to samo piętro.

Wkrótce po moim aresztowaniu oddziałowa na moment otworzyła celę. „Idź" – mówi. Wtedy dowiedziałam się, że Józef też tu siedzi. „Co ty tu robisz?" – pytam. „Ta zamknęli mnie" – mówi i pokazuje papier, na którym jest napisane, że jeśli wyrzeknie się wszelkich związków ze mną, odzyska wolność. Ja mówię: „To idź na wolność". A on: „Nigdy nie podpiszę". Nie podpisał.

Maria Grzegorczyk, którą Ala szkoliła w przemyskim UB, była w rzeszowskim zamku od miesiąca, w październiku aresztowano Irenę Szajowską. Śledztwo prowadził delegowany z Ministerstwa Bezpieczeństwa Publicznego Antoni Korczak. Wszystkie trzy były przesłuchiwane w tej samej sprawie, jako część siatki.

Naturalnie wypierałam się, mówiłam, że to pomyłka. Ale oni na to: „Nie bądź głupia, popatrz na ten papier, aresztowano całą komendę WiN". I pokazują mi mapę Polski z rozrysowanymi komórkami organizacji, nazwiskami, pseudonimami. Przestałam mówić. Trzeba przyznać, że stosunkowo grzecznie się ze mną obchodzili, czasem krzyczeliśmy na siebie. Ja mówię śledczemu: „Pan jest pachołkiem bolszewików!". „A wy pachołkiem Zachodu" – wrzeszczy. Zdziwiłam się nawet, że mnie wtedy nie uderzył...

Pewnego razu wzięli mnie na przesłuchanie, w chwili gdy prowadzili na śmierć dziewczynę. Z celi obok. Z księdzem. Cały czas płakała. Prowadzili mnie tak, żebym wiedziała, co się z nią dzieje. Wyprowadzili ją z celi, mijałyśmy się, ja szłam do góry na przesłuchanie, ona na dół.

W śledztwie Ala przyznaje się do wszystkiego. W stenogramie zaprotokołowano: „Pracowałam, aby dać wszystko ze siebie dla dobra, które widziałam przez udzielanie pomocy, w ramach wywiadu pracując dla Rządu Londyńskiego i w późniejszym okresie dla jego byłych członków. Wiedziałam doskonale, że dążą oni do usunięcia obecnego rządu w Polsce. Pracowałam w wywiadzie, ażeby przez to utorować im drogę do realizacji tego celu, a przez to samo i do zmiany obecnego stanu faktycznego w Polsce (...). Mój stosunek do partii politycznych legalnych jest negatywny, ponieważ nie uważam dążeń obecnych partii i wiele mam zastrzeżeń co do ich członków. (...) Mój stosunek do obecnego ustroju demokratycznego i Rządu Jedności Narodu w Polsce jest zdecydowanie negatywny, ponieważ z pełną świadomością popieram opozycje antyrządowe".

Akt oskarżenia przeciw Józefowi Zapałowskiemu obejmuje zarówno „nadużycie władzy podczas przeprowadzania rewizji", jak i współudział w pracy szpiegowskiej Ali. „Wiedząc, że Wnorowska Alicja pracując w Urzędzie Bezpieczeństwa, jest wrogo ustosunkowana do obecnego ustroju w Polsce, że również czuje sympatię do nielegalnych organizacji NSZ i AK, jak również, że należy do AK, ponieważ sama się przed nim do tego przyznała, nie zgłosił tego w odpowiednim miejscu i tym samym dopomógł jej bezkarnie sprawować szpiegowską robotę w WUBP w Rzeszowie. Śledztwo prowadził i akt oskarżenia podpisał Słabicki – chorąży".

Akt oskarżenia przeciw Alicji Wnorowskiej z artykułu 7. i 8. dekretu z 16 listopada 1945 roku o przestępstwach szczególnie niebezpiecznych, zagrożonych karą śmierci jest gotowy w lutym 1947 roku. Alicja jest w siódmym miesiącu ciąży. Rozprawie przed Wojskowym Sądem Rejonowym w Rzeszowie przewodniczy major doktor Jan Lubaczewski. Razem z Alą sądzone są Irena Szajowska i Maria Grzegorczyk. Sąd uznaje je za winne 27 marca 1947 roku. Alę – że „będąc pracownicą Urzędu Bezpieczeństwa (...) działała na szkodę Państwa Polskiego przez gromadzenie i przekazywanie nielegalnej organizacji wywiadowczej, tzw. Brygadzie Wywiadowczej, (...) dokumentów i innych przedmiotów stanowiących tajemnicę państwową (...)". Irena dostaje 15 lat, Maria – dożywocie. Ala – karę śmierci. Jest w ósmym miesiącu. Podczas odczytywania wyroku jest spokojna.

Kiedy wróciłam do celi, na progu czekała strażniczka, oddziałowa Bucka. Na wieść o wyroku rozpłakała się. Zostałam sama. Nie płakałam, bardzo bałam się o dziecko, które skazano na śmierć jednocześnie ze mną. Po paru dniach wprowadzono do mnie inną więźniarkę, która miała pilnować, żebym sobie czegoś nie zrobiła. Ja jednak życie zawierzyłam Panu Bogu.

Czekając na wykonanie wyroku, posłałam gryps do rodziców: „Proszę się nie martwić, te szatany niczego nie mogą mi zrobić, gdyż los mój jest w rękach Boga". „Co ma się stać, to się stanie" – myślałam. Tylko bardzo było mi żal dziecka.

Kiedy Józef Zapałowski dowiaduje się o wyroku, wpada w furię. Wciąż jest na tym samym piętrze rzeszowskiego zamku. Z jego celi do celi Alicji jest niedaleko. Ala wszystko słyszy.

Krzyczał, zdemolował celę, strażnicy nie dawali mu rady, przyjeżdżało pogotowie. To był potężny chłop, potrafił wziąć mnie na rękę i podrzucać. Całe piętro to wszystko słyszało.

Cztery tygodnie siedziałam z wyrokiem śmierci. Niemal równo miesiąc po wyroku urodziłam syna. I zniknął mój spokój. Po raz pierwszy od bardzo, bardzo dawna rozpłakałam się. Patrząc na synka, zamartwiałam się, co się z nim stanie. Minął dzień, drugi, trzeci, czwarty. Byłam przekonana, że czekają tylko, żeby odstawić dziecko, żeby mnie stracić. Na czwarty dzień przyszło ułaskawienie od Bieruta. Dożywocie i utrata wszelkich praw. Odetchnęłam, więc jednak będę żyć. To syn mnie uratował – tak powiedział prokurator wizytujący rzeszowskie więzienie.

Syn urodził się duży, zdrowy i silny. – Długi był. Bardzo duże dziecko, cały czas z matką spał w łóżku – opowiada Irena Szajowska.

Staś doskonale się rozwija. Przez osiem miesięcy Ala ma go przy sobie w dwudziestoosobowej celi.

To się nie da opowiedzieć, jak człowiek daje radę wszystko przeżyć. Nie tylko ja miałam dziecko, obie moje koleżanki ze szpitalnej celi też urodziły. Dzieci rosły razem. Jedna z więźniarek wystarała się o pieluszki. Jej matka przyniosła na widzenie kupę rzeczy, inne podrzucały jedzenie, nawet złodziejki, które mogły wychodzić do pracy, zawsze coś ukradły, żeby pomóc dzieciom. Czuwałam nad Stasiem dniem i nocą, nie miałam pokarmu, ale udało mi się go załatwić. Kobieta, która w tym samym czasie urodziła, sprzedawała mi mleko. W tym wszystkim wychował mi się chłopak dorodny, taki, że wszyscy podziwiali. W celi było palenisko, więc udawało się podgrzewać wodę, mleko. Te, które wychodziły do pracy, organizowały drzazgi, kawałki tektury. Dzięki pomocy Boskiej i ludzkiej mój syn w warunkach więziennych chował się, można rzec, dobrze. Kiedy Zapałowski dowiedział się o narodzinach syna, był najszczęśliwszym człowiekiem na świecie. Sam dostał lipny wyrok kilka dni po moim, za jakieś wymyślone nadużycie władzy, sprawa całkowicie sfingowana. Sąd uniewinnił go od zarzutu współudziału w mojej działalności wywiadowczej. On rzeczywiście nie wiedział o mojej przynależności do Brygad Wywiadowczych. Kiedy jednak został aresztowany i zorientował się, co jest grane, odmówił wyrzeczenia się mnie. Wybrał więzienie.

Józef Zapałowski zostaje skazany na trzy lata więzienia. W uzasadnieniu wyroku czytamy: „Wnorowska Alicja także w śledztwie i na rozprawie wyjaśniła, że wszelkie wiadomości, jakie dostarczała nielegalnej organizacji wywiadowczej, dostarczała bez wiedzy oskarżonego oraz zaprzeczyła kategorycznie, by oskarżony choćby na chwilę mógł przypuszczać, że ona, jako urzędniczka Bezp. Publicznego pracuje w organizacji. Dlatego oskarżonego od tych zarzutów należy uwolnić (...)".

Zapałowski z więzienia nawiązuje kontakt z rodziną Ali. Stara się pomóc – sam nie ma się do kogo zwrócić, za murami nie ma rodziny. W końcu maja 1947 roku pisze list do rodziców Alicji.

„Kochani Rodzice!

Przede wszystkim zasyłam serdeczne pozdrowienia i podziękowania za pamięć. Zawiadamiam, że w dniu 22 kwietnia 1947 roku urodził nam się Syn, bardzo ładny chłopaczek. Ja jestem zdrów i jakoś trzymam się. Ala tak samo czuje się na razie dobrze. Co słychać koło Was? Jak Wasze zdrowie? Pamiętajcie, że martwić się zbyt wiele nie wolno.

Rzeczy swoje, jak również rzeczy Alusi, przekazuję do Waszej dyspozycji, na co napisałem specjalne własnoręczne upoważnienie przez śledczego w Woj. Urz. Bezp Pub. w Rzeszowie na Wasze nazwisko. Proszę te rzeczy odebrać i dopomóc naszemu synowi i nam, a tak samo i sobie coś z tego skorzystać. Dziecko potrzebuje! Wśród tych rzeczy mam dwa kupony szare czy popielate z czystej 100% wełny na ubranie, to tak samo można sprzedać. Jeżeli będziecie mieć pieniędzy, to możecie przekazać część do depozytu mego, a część do depozytu Ali w więzieniu, to nam tak samo może przydać się tutaj.

Poza tym serdecznie pozdrawiam

Józef Zapałowski"

Ala i Józef zostają tego samego dnia wywiezieni do różnych więzień. Tym samym pociągiem. Jest 27 grudnia 1947 roku. Kiedy prowadzą ich do więziennych wagonów, Ala widzi Józefa.

Był przerażony tym, że nie mam na rękach dziecka, trzymała je koleżanka, której nie widział – mówi Alicja. – Przybiegł, mimo straży. Pamiętam, jak biegnie, krzyczy, dostaje kolbą w plecy, upada…

Józef Zapałowski trafi najpierw do Barczewa, potem do Warszawy. Przez cały ten czas będzie utrzymywał kontakt z rodziną Ali. Jej rodzice posyłają mu paczki. Ostatnia wraca do nich z adnotacją, że więźnia o tym nazwisku nie ma w ewidencji. Kiedy zaczynają go szukać, zostają poinformowani, by zwrócić się w tej sprawie do ambasady radzieckiej…

W drodze z Barczewa do Warszawy Zapałowskiemu udaje się przekazać list siostrze Alicji. Jest w nim parę słów skierowanych do syna i zapewnienie: „jeśli będę żył, gdziekolwiek będę, dam znać".

Nie odezwał się nigdy więcej. Szukaliśmy go wszędzie, szukały urzędy. Latami. W prokuraturze wojskowej ktoś po cichu powiedział, że pewnie zabrali go do ZSRR. Ślad po Józefie Zapałowskim zaginął. Nie ma żadnego tropu, który mógłby dokądkolwiek prowadzić. Widziałam go po raz ostatni na dworcu w Rzeszowie, na chwilę przed zamknięciem wagonu.

Do końca życia nie zapomnę tej podróży. Wagon był podzielony na metalowe kojce. To były klatki na dzikie zwierzęta. Siedziałam w metalowej klatce, dziecko mogłam tylko trzymać na kolanach. W nogach konała inna więźniarka. Kiedy wyjechaliśmy z Rzeszowa, musiało być jakieś minus 20 stopni. Jechaliśmy ponad dobę. Czasem po drodze zatrzymywaliśmy się i poszczególne grupy wyładowywano w więzieniach. W kobiecym wagonie nie wiedziałyśmy, dokąd jedziemy, Syberia przecież też wchodziła w grę… Do Fordonu dotarłyśmy o trzeciej lub czwartej nad ranem. Mróz, wiatr. Naturalnie Staś natychmiast się rozchorował. Fordon nas nie przyjął, bo mogli to zrobić dopiero po szóstej. Wsadzili nas do jakiejś szopy, przynieśli nam tylko wiadro gorącej wody. Do więzienia zostałyśmy przyjęte dopiero koło ósmej. Traktowano nas jak nieludzi. Kazali się rozebrać do naga, potem szczegółowa rewizja osobista. Zabrali mi obrazek Pana Jezusa, który zawsze mi towarzyszył i dodawał otuchy.

Wśród drwin spalono go w piecu. Potem zapędzono nas do łaźni. Gorąca woda z prysznica – krótkotrwała przyjemność, której nie zapomnę. Po kąpieli trafiłyśmy do nieogrzewanego pomieszczenia. Dali nam drewniaki i więzienne łachy, biało-granatowe pasiaki jak w Oświęcimiu. Nie ogolono nam głów, inaczej niż wszystkim transportom przed nami. Zanim jednak dali nam ubrania, upłynęło sporo czasu, grzałyśmy się plecami. Dziecko zabrali mi natychmiast. Wcześniej Staś bez przerwy był ze mną, kroku nie mogłam zrobić, bo krzyczał, kiedy odchodziłam. W Fordonie zabrali go do żłobka, gdzie siedział z trzydzieściorgiem dzieci. Kiedy mi go wydzierali, bardzo płakał. Żadna z nas nie mogła tego słuchać.

Rozlokowano nas w małych celach. Sześć trzypiętrowych łóżek, 12 osób w celi. Małe przejście między łóżkami, trzy kroki do drzwi. U góry okienko z blendami i kraty. Na pryczach sienniki z odrobiną sieczki, pluskwy, które nie dawały spać i do których nigdy nie udało mi się przyzwyczaić. Dopiero po kilku latach wprowadzono nam DDT. Zimą w celi mróz, latem piec. Spacery piętnastominutowe, celami. Na obiad zupa – czasem do zjedzenia, czasem z padłych świń przesypanych środkami chemicznymi. Nie mogłam jej jeść, wymiotowałam. W miarę normalny posiłek był pięć razy w roku: na 1 maja, w Wielkanoc, 22 lipca, w rocznicę rewolucji październikowej i w Boże Narodzenie.

W żłobku, do którego wzięli Stasia, nie było lepiej. Brud, świerzb, pluskwy, dzieci we wrzodach, skisła kasza, której on nie chciał jeść. Więźniarki miały tam dyżury. Mnie przydzielili do żłobka tylko jeden raz, po trzech tygodniach od przybycia. Wchodzę tam i widzę: mróz, okno otwarte na całą szerokość, Staś w koszulce tylko siedzi na podłodze i zalewa się łzami. Po trzech tygodniach od przybycia do Fordonu zobaczyłam go pierwszy raz, został z niego szkielet prawie, trudno było go rozpoznać. Był bardzo chory, przestał jeść, zaczął bredzić. Wyglądał na cztery miesiące. Wielokrotnie prosiłam władze więzienne o możliwość oddania syna rodzinie. Bez skutku. Dlatego do dzisiaj nie mogę zrozumieć, jak to w końcu się stało.

Po apelu nie można było otwierać cel. A jednak raz, w nocy, cela się otworzyła. Był koniec stycznia 1948 roku. Patrzę, wchodzi jakiś wysoki rangą oficer. Mówi szybko: „Podaj nazwisko i adres, gdzie można przewieźć dziecko, bo za kilka dni Wisłą popłynie, jak inne". Nie wierzyłam, że to się dzieje naprawdę. A on do mnie: „Ewa, Ewa". Odezwał się do mnie pseudonimem. Może był z organizacji – nie wiem. Nigdy się nie dowiedziałam. Ten oficer to chyba jakiś Sowiet, złamał wszystkie regulaminy. Podałam adres siostry.

Już później się dowiedziałam, że tej nocy siostra siedziała akurat na poczcie przy telegrafie. Dostała depeszę. Przyjechała natychmiast. Znalazła się przed bramą o szóstej rano. To był luty, stała tak na mrozie do trzeciej po południu. Ludzie pod więzieniem przestrzegali ją: „Niech pani nie odchodzi, bo jak pani tylko odejdzie, to koniec". Mnie kazali dziecko jakoś zawinąć, bo siostra przyjechała. Staś był nieprzytomny, uderzał się po główce i powtarzał: „Mama, mama", ciekło mu z uszu. Byłam przekonana, że nie przeżyje. Zawinęłam go. A oddziałowa mówi, że rewizję trzeba robić, czy czegoś nie przemycam w jego ubranku. Rozwinęła go. Wyraźnie zwlekali. W końcu oddali go siostrze. A do pociągu daleko. Wtedy wydarzył się kolejny cud. Nie wiadomo skąd, siostra opowiadała, zjawił się chłop z końmi. Kiedy się zorientował, co się dzieje, tak pędził przez Fordon, że podobno piana leciała z koni. Na stacji już konduktor rękę podnosił. Zobaczył, zatrzymał pociąg, chłop rzucił lejce, pomógł siostrze wsiąść. Dojechali do Ostrzeszowa, gdzie mieszkała, natychmiast po lekarza. I po księdza, bo Staś już miał umierać. Przez rok walczyli o jego życie. Miał zapalenie płuc, zepsuty żołądek, świerzb, którym wszyscy się zarazili, był zagrożony głuchotą, cofnięty w rozwoju fizycznym i psychicznym. On, który już stawał, już brał się do chodzenia. Przestał siadać, przestał reagować na dzieci. Tęsknił, krzyczał: „Mama, mama". Miał trzy lata, jak wstał, jak zrobił swój pierwszy krok. Chory był tak, że do więzienia przywieźli mi go, dopiero kiedy miał cztery lata. Mogłam się z nim widywać raz na rok przez 15 minut.

Ala spędzi w Fordonie dziewięć lat. Choruje na serce, traci przytomność, kilka razy trafia do więziennego szpitala, jest przenoszona z celi do celi.

Kiedyś, w szpitalu, lekarz więzienny bada Alę za parawanem. Cicho, żeby nie słyszał strażnik, który zawsze był obecny podczas

1955 rok, Alicja z rodzicami, wkrótce po wyjściu z więzienia.

badań, mówi do niej: „Ewa, nie martw się, jakoś wytrzymasz". – Znów ktoś nazwał mnie WiN-owskim pseudonimem. To dawało nadzieję – opowiada Alicja. Trzy lata przesiedzi w celi w suterenie razem z więźniarkami o najwyższych wyrokach.

Bardzo ściśle izolowano nas od reszty więzienia. Nie miałyśmy możliwości komunikacji z innymi. Przez pewien czas siedziałam z trzema starszymi paniami skazanymi za przynależność do AK i do WiN. Jedna, Halina Sosnowska, była z wykształcenia filozofem. Bardzo apodyktyczna, z miejsca zabrała się do uczenia mnie angielskiego. Na pudełkach od papierosów wydrapywała fonetycznie słówka. Nie szło najgorzej, angielskiego uczyłam się podczas okupacji na tajnych kompletach, ale nie znosiłam papierosów, a ona paliła jak komin, więc czasem dochodziło do nieporozumień. Druga koleżanka z celi, Rysia Szelągowska, była inżynierem chemikiem, świadkiem i współorganizatorką przejścia dwóch tysięcy polskich dzieci z ZSRR do Iranu, a potem do Indii, z armią Andersa. Trzecia, obywatelka ziemska Stasia Rachwałowa, spędziła trzy lata w Oświęcimiu. Wszystkie miałyśmy podobne wyroki, wyszłyśmy mniej więcej w tym samym czasie.

Kiedy podczas rewizji rozebrana do naga Alicja odmawia wykonywania przysiadów, trafia do karceru, potem do izolatki. – Byłam bardzo zadowolona – wspomina. – Wreszcie przez miesiąc mogłam pobyć sama. Z karceru Ala wraca już do innej celi. Jest w niej więźniarka kapuś. – Tam wszystkie wiedziałyśmy o wszystkich – opowiada Ala. – Dostałam ataku furii i rzuciłam się na nią. Natychmiast zabrano ją z celi, a mnie nawet nie ukarano. Straszyli, że zabiorą mi widzenia z siostrą i synkiem, ale jakoś wybroniłam się przed naczelnikiem.

Po kilku latach część więźniarek zostaje przeniesiona do Inowrocławia. Ala zostaje w Fordonie. Kierują ją do pracy przy naprawie dachu.

Nasza praca polegała na noszeniu zaprawy, cegieł i wapna na trzecie piętro. Koleżanki po pewnym czasie nie mogły chodzić, ja czułam się dobrze, cieszyłam się, że widzę świat, że ze szczytu dachu mogę patrzeć na Wisłę, na miasteczko. To, co miało mnie wykończyć, postawiło na nogi. Na fajerkach przyniesionych przez robotników opiekałam swój kawałek czarnego chleba, zdarzało się nawet, że biegałam. Pracowałyśmy pod kierunkiem dekarzy – ojca i syna. Dziwnie na nas patrzyli. Okazało się, że naopowiadano im o nas, że jesteśmy najgorszym elementem – zbrodniarkami, złodziejkami, prostytutkami. Kiedy wyjaśniłam, za co siedzimy, zmienili się zupełnie. Starszy dekarz, pamiętam, płakał, jak opowiadałam mu swoją historię.

W marcu 1953 roku umiera Stalin, wkrótce potem na Zachód ucieka Józef Światło, sytuacja w Fordonie nieco się poprawia. Więźniarki dostają książki, częściej korzystają z pomocy lekarskiej. Ala waży 42 kilo. Po konsultacji w szpitalu więziennym w Grudziądzu dostaje dietę odżywczą. Pod koniec 1954 roku trafia na prześwietlenie płuc, a następnie do celi kobiet chorych na płuca lub zagrożonych chorobą. Jest więcej spacerów, lepsze jedzenie i nadzieja na poprawę. Wiele więźniarek wychodzi na wolność. W końcu zostają w celi tylko dwie osoby. Obie otrzymują pozwolenie na haftowanie patek do milicyjnych mundurów. Wyszywając jodełki przy kołnierzach, Ala zarabia na wypiskę, bezgotówkową więzienną walutę, za którą może w kantynie kupować podstawowe produkty spożywcze.

Latem 1955 roku do Fordonu przyjeżdża komisja z Najwyższego Sądu Wojskowego. Alicja zgłasza się do niej. Po tygodniu przesłuchań otrzymuje polecenie złożenia podania o przedterminowe zwolnienie. Po kolejnych dwóch tygodniach wychodzi na wolność wraz z Ireną Szajowską i Marią Grzegorczyk.

– Takiego wyjścia z Fordonu jeszcze nie było. Wyszła wtedy masa dziewczyn. Właściwie zostały tylko te, które siedziały w izolatkach – wspomina Irena Szajowska. – To był koniec sierpnia, a ja miałam na sobie buty narciarskie i grubą bluzę, zresztą wszystkie wyglądałyśmy dziwnie.

Znalazłyśmy się pod murem więziennym. Naprzeciwko więzienia stał kościół. Od razu do niego weszłyśmy, żeby podziękować za szczęśliwy powrót. A potem poszłam do Bydgoszczy, do znajomego dentysty. Znałam go jeszcze z Fordonu. Przenocowałam tam, a rano jego żona odprowadziła mnie do pociągu. Miałam z wypisek 2000 złotych. Pojechałam do siostry, do Turza pod Ostrzeszów. Pamiętam, jak szłam drogą do gospodarstwa teściów siostry, a naprzeciwko mnie – trójka dzieci. Pierwszy zobaczył mnie chłopiec i zaczął do mnie biec. To był mój Staś.

– Nie poznałem mamy – mówi Stanisław Wnorowski. – I jeszcze bardzo długo nie mogłem się do niej przyzwyczaić. Dla mnie mama to była „pani", „mama" to była ciotka. Do ciotki mówiłem „mama". A do mamy – „pani", jeszcze jako 17-latek. Wychowywałem się u ciotki przez dziewięć lat, wszystko mi się myliło.

1955 rok, Turz, Alicja z synem.

Przyjechałam do Turza tylko po to, żeby zobaczyć Stasia – mówi Alicja. Następnego dnia razem z siostrą pojechałyśmy do Przemyśla, do rodziców. Chciałam do nich wrócić, nie mogłam zabrać Stasia – byłam dla niego obcą osobą. A jednak w domu rodzinnym nie czułam się dobrze. Wiele się zmieniło, a ja sama po dziewięciu latach w więzieniu nie bardzo potrafiłam żyć w mieście, spotykać się z ludźmi. Uciekłam do siostry i spędziłam tam całą zimę, biegając z dziećmi i psami po lasach. W tym czasie Staś chodził do drugiej klasy i przyzwyczajał się do mnie. Do Przemyśla wróciliśmy dopiero wiosną 1956.

W maju, korzystając z jakichś znajomości, zaczęłam pracę w księgarni Domu Książki. Najpierw byłam sprzedawczynią, później zastępcą kierownika. Przepracowałam tam 20 lat. I jeszcze rok w antykwariacie. Po 21 latach pracy przeszłam na emeryturę. I tyle. Cieszę się, że miałam tę pracę. Zawsze kochałam książki.

Codziennie myślę o Józefie Zapałowskim. Mam wyrzuty sumienia, że zmarnowałam człowiekowi życie. Na każdym kroku się za niego modlę.

Major Alicja Wnorowska w 1971 roku wyszła za mąż za Józefa Czerkawskiego, którego poznała, pracując w księgarni. Do śmierci w 2008 roku mieszkała z mężem w Przemyślu. W 2006 roku została odznaczona Krzyżem Kawalerskim, a rok później Krzyżem Komandorskim Orderu Odrodzenia Polski.

Stanisław Wnorowski pracował jako kierownik budów. Od 20 lat jest na emeryturze. Mieszka w Przemyślu z żoną i dwiema córkami. W zachowanych dokumentach nie ma żadnego śladu dotyczącego jego miejsca urodzenia ani tego, że pierwsze miesiące życia spędził w więzieniu. Pomimo starań i zeznań wielu świadków nie otrzymał uprawnień kombatanckich. Nie udało mu się odszukać ojca.

Irena Szajowska i Maria Grzegorczyk-Markocka mieszkają w Przemyślu. Prezydent RP odznaczył je w 2007 roku Orderem Odrodzenia Polski. Utrzymywały stałe przyjazne kontakty z Alicją Wnorowską.

Antoniemu Słaboszowi „Pawłowi", udało się uciec z Polski w 1947 roku. W latach osiemdziesiątych Alicja Wnorowska otrzymała od niego z Francji paczkę z odzieżą. Nie udało jej się nawiązać kontaktu z byłym dowódcą. Ostatni ślad prowadzi do jednego z francuskich domów starców.

ROZDZIAŁ 11

ZOSIA WIKARSKA: JA CI DAM WOJNĘ

– Bardzo dobrze zapamiętałam początek wojny. To był 1 września. Piątek. Wiem, bo wtenczas moja druga matka poszła do kościoła, ona pierwsze piątki obchodziła... Zosia Wikarska ma 19 lat. Mieszka z ojcem i macochą w domu na ośmiohektarowym gospodarstwie we wsi Netta pod Suchowolą, niedaleko Augustowa. Matka zmarła, kiedy Zosia miała dziewięć miesięcy. Ma sześcioro rodzeństwa z nowego małżeństwa ojca. Po szkole powszechnej uczyła się krawiectwa, niedawno wróciła z Warszawy, z pracy w Domu Braci Jabłkowskich.

Przed wojną w szkole było harcerstwo. Pamiętam mundurki ciemnoszare z krawatem. Była tam taka Kozikowa, żona nauczyciela. To ona harcerstwo w szkole zakładała. Ona i ja byłyśmy takie dwie wojaczki przed wojną. Kozikowa już miała dziecko, jej mąż zawsze się o mnie pytał. Już w sierpniu 1939 roku brali do wojska i on, jak szedł, przyszedł się ze mną pożegnać. Myśmy z jego żoną prowadziły harcerstwo. Robiłyśmy, pamiętam, opatrunki z płótna, sama kradłam u własnej macochy stare koszule lniane – jak z lnu są, to się wyciąga niteczki i na rany. Kozikowa była starszą pielęgniarką w szpitalu i ona prowadziła szkolenia. Dała mi wtedy taką grubą lekarską książkę. Pamiętam, była bardzo droga. Wszystkiego się wtedy nauczyłam. Jeszcze dziś i dziecko odbiorę, i rannego poratuję, i jak się krowa cieli, to mnie wołają.

Przed wojną byłam krawcową. Jeszcze maszynę spłacałam, na raty była. Wcześniej w Warszawie u Braci Jabłkowskich w krawieckim zakładzie pracowałam. Nie stać mnie było na osobny pokój, szyło się na tandetę, więc i zarobić nie zarobiłam. Wróciłam. Gdybym została w Warszawie, pewnie poszłabym do podziemia, a tak – właściwie nie wiedziałam, co mam robić z tą wojną.

Pierwszego września wcześniej wstałam, żeby coś tam pokończyć. Obudziłam tatę, bo od piątej samoloty krążyły na niebie, bardzo hałasowały. Mówię: „Tato, tata wstaje, bo chyba wojna". Już w lipcu ludzie mówili przecież o wojnie. Tata: „Ja ci dam wojnę, pasem dostaniesz, będzie ci wojna!". Ale wstał. I nic. Potem były dwa tygodnie ciszy – ani Niemców, ani bolszewików. Człowiek wiedział, że wojna się zaczęła, a tu cisza, nie wiadomo, co robić. Macocha moja pochodziła zza Biebrzy, dla nas wtedy ludzie stamtąd byli inni, to był inny świat, żeby tam iść, to cała wyprawa. Czekamy tak, nic się nie dzieje, ale ludzie w takim nastroju, żeby uciekać, gdzieś iść, choćby za tę Biebrzę. Mówię do ojca: „Tato, dajcie najlepszą krowę, najlepszą bieliznę i wyniosę to za Biebrzę". Ludzie myśleli, że tam już wojny nie będzie. I sama poszłam z tą krową. Babcia, matka macochy, mieszkała w bagnach za Biebrzą, dziewięć kilometrów od Suchowoli. Bardzo mnie lubiła. Droga przedwojenna była z ciętego kamienia, jeszcze w trepach grubych szłam, nie tak jak dzisiaj. Nogi sobie trochę podbiłam. Babcia mile mnie przyjęła, opatrzyła i na drugi dzień poszłam z powrotem. Kiedy wracałam, ludzie już jechali za Biebrzę furmankami z dobytkiem, ale nikt nie wiedział, gdzie i po co jedzie. Przyszłam do domu i mówię: „Tato, wy też zapakujcie wóz, trzeba dzieci wywieźć, ja pójdę, wy tu jeszcze zostańcie, wy wojskowy człowiek – bo tata był pięć lat w carskiej armii – poradzicie sobie". Szłam znowu piechotą, dzieci i rzeczy na wozie. Nogi sobie podbiłam, ale doszłam. Za dwa dni mówię: „Babciu, daj mi konia, bo jeszcze trzeba coś przewieźć". Babcia trochę mnie szkodowała, ale pojechałam. Przyjeżdżam, a tato: „Zosiulka, dobrze, żeś ty przyjechała, wszystkie pouciekali w wiosce, nie wiadomo, co robić". Ja mówię: „Tato, trzeba zabrać jeszcze trochę rzeczy". Wszyscy wtedy tak uważali. Że gdzie indziej będzie bezpieczniej. Wykopaliśmy z tatą dół, wrzuciliśmy tam pszenicę z plewami. Żeby się nie psuła. Na głód. Rok leżała, nic jej się nie stało.

Po 17 września 1939 roku Suchowola i jej mieszkańcy znaleźli się w strefie sowieckiej, po 28 września – w granicach ZSRR. Okupantów jednak nie było we wsi aż do listopada.

W listopadzie – pamiętam – była prawdziwa ciemna listopadowa noc, przyszło wojsko bolszewickie. Patrzę, że bolszewiki idą prosto do ojca i zabierają go. Na szczęście chcieli tylko, żeby im zabił świnię. Ojciec poszedł, zarżnął, ognisko wielkie zapalili na placu szkolnym, a mnie się wydawało, że to jest piekło i szatany. W łachmanach jakichś, w poszarpanych płaszczach. Śmierdzieli. Pewno czymś się smarowali. Zostali we wsi. Oficerowie przychodzili, żeby im śniadanie robić, i kazali mi siadać ze sobą i jeść. A trudno z wrogiem jeść. Ojciec się wystraszył, mówi do mnie: „Ty się nie myj, sukienkę matki i chustkę załóż, bo mi tu jeszcze ciebie wykradną".

Głupia byłam wtedy, tak na nich patrzyłam złym wzrokiem, a to niebezpieczne przecież. Pewnego razu zaczęli się chwalić, jak to u nich dobrze. A ja mówię: „Za cara to był dobrobyt. I u was dwóch było wielkich ludzi – jeden był car, a drugi Miczurin". „A ty Miczurina znasz?" – pytają. „Umna dziewuszka, oddamy ciebie w szkołu". I oddali.

Polska szkoła była nieczynna, uczyli po rosyjsku. Poszłam na taki ich kurs. U nas kwaterowała nauczycielka. Ojciec mówi: „Idź, wiedza nie zaszkodzi". Wieczorem od szóstej do dziewiątej chodziłam na ich kursy językowe.

I wtedy mniej więcej, zimą 1939 roku, zaproponowano mi konspirację. Wciągnął mnie znajomy, Obidziński, który już w konspiracji był. Pamiętam, jak mi mówił: „Ty będziesz do tego najlepsza, bo ty i udać umiesz, i diabłowi łeb urwiesz". Komendantem oddziału był „Komar", przedwojenny oficer zawodowy, on to wszystko zorganizował. Trochę mi pomogło nasze harcerstwo sprzed wojny. Kozikowa zorganizowała nas jako sanitariuszy, coś tam wiedzieliśmy. W każdym razie za pierwszego Sowieta, już na początku konspiracja była.

Zaprzysięgał mnie „Komar". W siebie domu. Na stole stał krzyż i przed krzyżem się przysięgało. Mówiłam: „Ja, Zosia Wikarska, pseudonim „Zosieńka", przysięgam Panu Bogu, że będę wierna Bogu i ojczyźnie w każdej sprawie. Tak mi dopomóż Panie Boże w Trójcy Świętej jedyny i niewinna męko Jego". „Komar" mnie szkolił, nauczył strzelać, trupa udać, po mapie chodzić. Wszystkiego.

Moje pierwsze zadanie polegało na tym, żeby coś przenieść. Przed Sztabinem jest wieś Ewy. Tam są takie lasanki i powiedzieli mi, że za lasankami pod górką stoi domek. Tam miałam pójść, zanieść pakunek. Hasło brzmiało: „Jestem". Wzięłam centymetr krawiecki, trochę szpilek, zaczęte szycie i poszłam. Potem już zawsze tak chodziłam, udawałam, że idę do klientki, do miary. Ale nigdy nie wiedziałam, co niosę. Zanosiłam, mówiłam hasło, a tam już wiedzieli, co z tym robić. Jeszcze wtedy nie znałam tych ludzi.

Zaraz w lutym 1940 roku Sowieci zaczęli wywozić na Syberię. Zima straszna wtedy była. Najgorszy był pierwszy transport, ludzie nic ze sobą nie wzięli. Dzieci połapali tylko. Następni wiedzieli już, dokąd jadą. W pierwszym transporcie to było tak, że kobiety z dziećmi pojechały, a mężczyźni uciekli. I z tego się na dobre zaczęła partyzantka.

Wieś Netta jest mała. Wszyscy wiedzą wszystko, trudno o tajemnicę. Dotyczy to również partyzantki i tych, którzy dla niej pracują.

Byłam już trefna. Trudno we wsi coś ukryć. Więc pewnego dnia przyszedł sołtys i przyniósł mi nakaz. Miałam się na drugi dzień zameldować w sielsowiecie. Sielsowiet to niby rada gminna, ale też ruski sztab. Strach. Idę, dwaj siedzą. Oficerowie. Jeden po polsku mówić umiał. I mówią do mnie dziwne rzeczy: „Ty ładna, ty nam nrawiszsia, nie sierżyś". Grzecznie, ładnie. I pracę proponują. Ja, że nie umiem po rosyjsku, czuję, co się święci, chcą szpiega ze mnie zrobić. Mówię, że nic nie wiem, nikogo nie znam. „Znajesz, znajesz – powiadają – a jak nie, to cię nauczymy". I kazali mi tam przychodzić. Chcieli, żebym była urzędniczką w tym sielsowiecie. Udawałam, że nie piszę po rosyjsku, robiłam błędy straszne, w końcu dali spokój. Tylko kazali się tam meldować co kilka dni. Mieli na mnie oko. Jednego razu przysłano po mnie nauczyciela, że mam się zameldować w szkole, bo przyjechał ktoś ważny i będzie mnie badał. Poszłam. Wchodzę do klasy. Siedzi jakiś żołnierz. Mówi po polsku. Rzeczywiście, zaczął przesłuchiwać, udawałam głupią. A potem, widzę, co on robi, a on mnie za rączkę. To ja go drugą ręką w pysk i uciekłam w pole. Zygzakami, rowami. Chyba nie gonili. Od tej pory już nie chodziłam się meldować, a jak do domu się zbliżali bolszewicy, to się chowałam albo uciekałam do lasu.

Tej samej zimy mnie aresztowali. Przyszło ich czterech – pamiętam. Wcześnie wstawałam, żeby szyć, bo maszynę ciągle spłacałam. Siedziałam przy oknie i widziałam, jak idą. Zaskoczyli mnie, nie miałam jak uciec. Nikogo nie zabrali, tylko mnie wzięli. Musieli wiedzieć, że się stykam z konspiracją. Zawsze są sąsiedzi, którzy doniosą, to mała wieś. Znałam już wtedy „Komara", Obidzińskiego, Kasjanowicza... Głupia, nic ze sobą nie wzięłam, tylko bębenek od maszyny do szycia. Ten, który się wkłada pod igłę, od dolnej nitki. Nie wiem, dlaczego to zrobiłam, może dlatego, że to była moja najcenniejsza rzecz? Może dlatego, że spłacałam maszynę i myślałam, że jak nie będzie bębenka, to nikt jej nie zabierze? Schowałam bębenek pod bluzką, jakby to było nie wiadomo co i razem z nim poszłam do więzienia.

Posadzili mnie w Augustowie, w więzieniu magistrackim. Nocami prowadzali na górę, do kancelarii, i tam badali. Przychodził strażnik, zaglądał przez judasz, zabierał do kancelarii, tam już zawsze siedziało paru i jeden pytał na swój sposób, drugi inaczej. Bez przerwy, trudno było za tym nadążyć. To Opatrzność Boża sprawiła, że zawsze wiedziałam, co powiedzieć, i że nigdy nikogo nie wsypałam. Na początku byli bardzo uprzejmi. Znowu zaczęli opowiadać, że będą mnie kształcić, że zostanę, kim chcę – lekarzem, lotnikiem. Czy mam chłopaka – pytali. Ja – że nie mam. „Tak my ci oficera najdiom". I tak grzecznie sobie rozmawiamy. Gdzieś w trakcie rozmowy pytają, czy umiem strzelać. Ja – że nie. A oni: „Czy ty uczysz strzelać młodzież?". Zawsze mnie ci Sowieci robili wielką, jakbym nie wiadomo co robiła. Cały czas im mówiłam, że „niczego nie znaju", że mam ukończoną tylko powszechną szkołę... Oni na to, że do mnie chłopcy przychodzą i pieśni śpiewamy. Ja znowu głupią udaję: „Mogę też i wam zaśpiewać" – mówię. I tak w kółko. Nie bili nawet, tylko strasznie długo trzymali. Siedziałam w pojedynce. Mężczyźni w tym samym więzieniu – po dwudziestu w celi. Mieli mnie wywozić do Białegostoku, żeby kto inny mnie badał, ale w czerwcu przyszli Niemcy.

Kilka dni wcześniej słyszałam już samoloty, myślałam sobie, że coś się dzieje. Potem był jakiś ruch, słyszałam strzały, w pośpiechu rozwalali ludzi. I w końcu widziałam przez szczelinę w oknie, jak bolszewiki w gaciach w krzaki uciekali. „O, dobrze jest" – myślę sobie. I rzeczywiście, chyba nasz klucznik też musiał zwiać, bo walili w drzwi, próbowali się do mnie dostać, ale nie mogli. Drzwi były zamknięte. Trwało to krótko, spieszyli się. Gdyby dozorca nie uciekł, pewnie by mnie też rozwalili.

W końcu zrobiło się cicho. Wybiłam szybę. Nic nie było widać, szyby w więzieniu są zamalowane. Zawisłam na kratach i zaczęłam wołać. Niemcy szli trójkami. Usłyszeli. Zaraz przyszło czterech czy sześciu, tłumacz. Pogadali i wypuścili mnie, właściwie wynieśli na rękach, musiałam chyba słabo wyglądać. I taką czekoladę wojskową dali, że dwóch by się najadło. Obmyli krew, bo się pokaleczyłam na szkle i na kratach, zabandażowali i puścili. A ja im pobłogosławiłam: „Żeby wy tych bolszewików w tajgę pogonili".

Wróciłam do domu, a tam pusto – niczego, nikogo. Wywieźli tatę i macochę z dziećmi. Co było można, tata zabrał ze sobą. Zostali tylko Antek z Maryśką – najmłodsi. W Lipsku Sowieci kazali im budować bunkry, więc ocaleli. Nie wiadomo, dokąd tatę wywieźli. Dopytać się nie mogłam, Sowietów już przecież nie było...

Więc zaczęliśmy we trójkę gospodarzyć. Sama kosiłam pszenicę, sama gotowałam, potem, jesienią, sama kopałam kartofle. A do tego wróciłam do konspiracji, dalej z meldunkami biegałam. Nigdy nie wiedziałam, co niosę, i zawsze bardzo się maskowałam, zawsze miałam czym się wytłumaczyć. W oddziale było 11 mężczyzn i tylko ja jedna dziewczyna. Kiedy wychodzili na akcje, „Komar" prosił: „Zosieńka, pobłogosław nam". W końcu chyba nie mogli już beze mnie żyć, bo postanowili się do mnie wprowadzić.

W 1942 roku dowództwo oddziału postanawia zakonspirować się w domu Zosi. Dowódcy od dawna się ukrywają, a w lasach jest już zbyt niebezpiecznie. W ciągu kilku tygodni pod podłogą domu Wikarskich powstaje obszerna kryjówka. „Na górze" toczy się zwyczajne życie.

Bunkier był pod ziemią – pokoik wybity deskami i od tego pokoiku biegł tunel do bagienka. Możliwa była bardzo szybka ucieczka. Właz urządzono pod kanapą. Wszyscy cały czas na wierzchu niby siedzieli, ale jak był cynk, że coś się dzieje, zaraz chowali się pod podłogę.

Moją rzeczą było oprać, nakarmić wszystkich i stale być na wierzchu. No i oczywiście wciąż chodziłam z meldunkami, bo w bunkrze działała radiostacja. Żandarmi przychodzili dość często, ale nic specjalnego nie szukali. Zawsze pytałam, co by zjedli, umiałam udawać, robić miny. Karmiłam ich, mleka dawałam, miodu. Z jednym nawet się zaprzyjaźniłam – taki starszy, Maks, musiał widocznie patrolować ten obszar. W nosie wszystko miał, siadał, zagadywał. Jeszcze kurczaka dostał, mleczka. Wszystko mi opowiadał – o tym, co na froncie, że jakaś nowa broń, że Niemcy już wkrótce świat zawojują. Gadał, gadał, ale przynosił cukier, drożdże. Chłopcy mieli używanie.

Raz znienacka przyszli żandarmi na rewizję, ale nic nie znaleźli – czasem snom trzeba wierzyć. Przyśniło mi się, że żandarmi jadą, a oni tu wszyscy na wierzchu. Zdążyłam zagnać ich pod podłogę, przesunęłam kanapę, chodniczek jeszcze położyłam. Kiedy przyszli żandarmi, tylko popiół z popielnika wybierałam. Poszukali, pokręcili się, miodu zjedli i poszli. Wypuściłam to wojsko spod podłogi: „Ty, Zosia, to powinnaś być jakąś aktorką" – mówią.

Miałam potem jeszcze drugi sen. Śniło mi się, że ktoś mi przynosi obrączkę i ja tę obrączkę wkładam na palec, patrzę, a na niej jest krew. I mówię we śnie: „Nie, nie wezmę". Po dwóch dniach przychodzi młody chłopak z partyzantki i daje mi obrączkę. W prezencie. Wzięłam ją, nałożyłam na palec i zdjęłam. Mówię mu, że nie wezmę. Okazało się, że zlikwidowali jakąś kobietę, która się z Niemcami zadawała, a obrączkę chcieli mnie sprezentować. Z trupa zdjęli. Nawrzeszczałam na nich, że partacze są, a nie wojsko, że na babach się mszczą. Wszystko „Komarowi" powiedziałam…

Jesienią 1942 roku mnie aresztowali. Kopałam właśnie kartofle. I wzięli mnie od tego kopania. Żandarmi pięknie podjechali bryczką, podwieźli mnie do domu, poprosiłam ich, żebym się mogła umyć i przebrać. Rodzeństwo zostało samo, a ja wsiadłam na tę bryczkę i pojechałam do więzienia. Znowu byli sami mężczyźni i ja – jedyna baba. Po kilku dniach przywieźli z Suwałk gestapowców i zaczęły się przesłuchania. Niemcy się nie cackali, załatwiali od ręki. Przesłuchanie – wolność, obóz albo egzekucja. Więc też nie siedziałam tam u nich długo. Poszłam na pierwsze przesłuchanie. Wprowadzają mnie, na stole leży taka skórzana pyta, za stołem siedzi gruby Niemiec. Trzasnął tą pytą dwa razy w stół. I wrzeszczy, że wszystko wiedzą i postawią naocznego świadka, że za każde słowo nieprawdy dadzą mi 25 razów. Ja minę anielską robię: „A dlaczego ja mam panu kłamać?". A Szwab tak na mnie spojrzał... wystraszyłam się. Miał nawieszane tych trupich główków, innych diabłów. To był tylko początek. Potem badali mnie parę razy na dzień, zazwyczaj już pod wieczór. Wmawiali, że jestem w partyzantce, że szkolę ludzi. Ale chyba dobrze im kłamałam. A oni, jak Sowieci: „Ty śpiewasz różne pieśni, przychodzą do ciebie młodzi ludzie". Mówię im, że śpiewam, że im też mogę zaśpiewać, a chłopcy do mnie przychodzą, bo nie mężatka jestem, tylko dziewczyna, i że potem każdy idzie do swojego domu.

W czasie ostatniego badania ten gruby Niemiec mówi, że ma naocznego świadka mojej antyniemieckiej działalności. I przyprowadzają człowieka, który rzeczywiście mnie szpiegował. Ludzie go nie lubili, nadali Niemcom i on w więzieniu napisał na mnie donos. Przyszedł, staje przy mnie i patrzy. Zdobyłam się na odwagę i proszę, żebym parę słów mogła mu powiedzieć. Wygarnęłam mu, kto on jest i że za Sowietów na mnie donosił, i że to pewnie przez niego moją rodzinę na Sybir wywieźli, że na mnie zarobił i teraz, za Niemców, jestem mu niewygodna. Że leżał pod moim oknem na brzuchu jak pies i szpiegował. I że go specjalnie pomyjami oblałam. Niemcy słuchali, nie obrażali się, uśmiechali się tylko trochę. Powiedzieli, że mają jeszcze drugiego świadka. Wchodzi inny aresztowany i mówi, że nie zna mnie za bardzo, że nie wie, o co chodzi, że to tamten mu kazał zeznawać, ale on nie chce. Niemcy kazali ściągnąć portki temu, który mnie oskarżał, i powiedzieli, że mogę go pytą tłuc. „Panowie – mówię – za piękne moje ręce". Więc go rozłożyli na dwóch krzesłach i we dwóch pytami zbili. Na drugi dzień ja i taki Franek, którego poznałam w tym więzieniu, poszliśmy na wolność.

Wieś natychmiast się dowiaduje o tym, że Zosia wróciła. Przez kilka dni jest miejscową bohaterką. Odwiedzają ją sąsiedzi, wśród nich Franek, z którym wyszła z więzienia.

Naprawdę go nie znałam. Chociaż on podobno mnie znał. Przed wojną za dużo na wsi nie bywałam, przyjechałam tu z Warszawy w kwietniu 1939 roku. Dopiero jak wychodziliśmy z więzienia, to zaczęłam go rozpoznawać. Przyuważyłam, że on jakoś za często tu przychodzi, coś niby pożyczyć, jakby ni garnka, ni łyżki, ni miski nie miał, albo porozmawiać, jak było w więzieniu. Po powrocie zostałam w jednej koszuli i jednej kiecce na sobie, maszyny do szycia już nie miałam, odkąd wyszłam z sowieckiego więzienia, nie w głowie mi były chłopy. A ten Franek, stary wyga, 10 lat ode mnie starszy, zawsze coś tam opowiadał, zagadywał, chwalił się swoimi pszczołami, ogrodnictwem. Ja nie miałam takiego temperamentu. Pokochałam go. Franek znał się z moim dowódcą i po wyjściu z więzienia byliśmy w jednym oddziale. W 1943 roku, w styczniu, powiedział mi: „Niespokojne czasy, możem się pogubić". Wzięliśmy ślub. Nie minął rok, urodziło nam się dziecko. Syn Maniuś.

Dalej nosiłam meldunki. Tylko od „Komara" dostałam teraz pastyleczkę strychniny. Nosiłam ją w staniku, pod piersią, bo nawet jak w więzieniu wszystko zabierali, szpilki do włosów, pasek, to stanik zostawiali. A strychnina – wyglądało – mogła się coraz bardziej przydać.

Kiedy szłam z meldunkiem, bywało, że Maniuś zostawał z „Komarem". Siadali w bunkrze, pod ziemią, i „Komar" śpiewał. Lubił śpiewać, a Maniek lubił słuchać. Czasem dziecku słuchawki od radiostacji nałożył na uszy. Maniek był zdziwiony i bardzo zaciekawiony. Ale ja już wtedy miałam pietra. „Komar" na stałe po podłogą, „Bruzda" dojeżdżał z Warszawy, też człowiek wojskowy, „Górny" dochodził, wpadali łącznicy, z Białegostoku dojeżdżał jakiś ważny oficer, ważniejszy od „Komara",

Franek był w lesie, a w naszej stodole Niemcy ściągnięci z Prus do budowy umocnień. Z Prus Wschodnich, więc przecież rozumieli po polsku. W tym czasie jeszcze karmiłam tych spod podłogi, starałam się jak najlepiej, a jak herbatę jakąś podawałam, to „Komar" i „Bruzda" sobie ze mnie żartowali. „Kawę z rumem proszę mnie podać" – mówili i śmiali się, że jeszcze się czerwienię...

Miałam małe dziecko, męża prawie nie widywałam i żyłam jak na bombie. Przez ten czas dwa razy już byłam na bryczce. Z żandarmami. Przychodzili po mnie dwa razy, ciągle pytali, gdzie mąż. Zawsze udawało mi się coś wymyślić. A to we młynie, a to u siostry, a to gdzieś. I mówiłam: „Chętnie z wami pojadę, odpocznę sobie w tym więzieniu, tylko dziecko wezmę ze sobą". Puszczali. Jak się chce, to zwodzić można długo, prawdę mówić trudniej.

Właściwie nie rozstawałam się z dzieckiem. Postanowiłam nigdy go już nie zostawiać, bo wiedziałam, że w każdej chwili mogę zginąć. Maniusia wszędzie ze sobą nosiłam.

Kiedyś, to był już chyba początek 1944 roku, szłam z meldunkiem. Niosłam dziecko. A za Czarną Wsią Niemcy kopali okopy. Spędzili do tej roboty wszystkich mężczyzn ze wsi i jeńców, dużo Francuzów, pamiętam. Był tam lasanek taki, w lasanku leśniczówka i w leśniczówce trzymali chłopów, co kopali okopy. Chodziłam tam i nosiłam im jedzenie. Dla męża i dla innych. Wtedy poszłam, a ich nie ma. Spotkałam gajowego i mówię mu: „Panie leśniczy, tu wczoraj jeszcze były chłopy i było wojsko". A on mówi: „Byli, ale w nocy przyjechała wojskowa ciężarówka, zabrali ich pod plandeki i nie wiadomo, dokąd wywieźli". No to ja tak sobie myślę: „Może ich odnajdę". Poszłam po dziecko, bo zostało u sąsiadki, i razem z Maniusiem zaczęłam szukać. Chciałam sobie skrócić drogę do szosy. Na moście stał żandarm, nie chciał mnie przepuścić, ale pięknie go poprosiłam, przepuścił. Poszłam z dzieckiem, a tam akurat partyzantka się spotkała z Niemcami. Dostałam się w środek strzelaniny. Kule świstały, ja biegłam, upadałam, biegłam, paciorki mówiłam i „Boże, bądź miłościw", i modliłam się tylko, żeby Maniuś zginął razem ze mną, żeby nie został sierotą. Był owinięty w gruby dywanik, taki czerwony z zielonym. I rzeczywiście, prawie go trafili. Kula przeszła przez dywanik tuż koło jego nóżki, ale dziecku nic się nie stało. A chłopów, którzy kopali okopy, na drugi dzień zwolnili do domu. I Franek wrócił.

W 1944 roku zbliża się front. Potyczki z cofającymi się Niemcami są coraz cięższe, ale przez Nettę przechodzą też oddziały Waffen SS i Wehrmachtu wycofujące się z ZSRR. We wsi i w okolicy przestaje być spokojnie.

Zaczynało być gorąco. Niemcy się cofali, wiadomo było, że znowu idą Sowieci, zrobiło się naprawdę niebezpiecznie. Nadeszło poważne wojsko, SS, mówiliśmy na nich trupie główki. Pełno Ukraińców u nich było. Jakieś wisielniki, nie to co żandarmi albo ci, którzy tu byli na stałe. Na moich oczach zastrzelili dziadka jednego. Niemcy uważali, że starzy ludzie darmo chleb jedzą. Siedziałam ukryta w jarze, wszystko widziałam. To już był marzec, Franek od dawna był w lesie. I wtedy stała się straszna rzecz. Młody chłopak, Olek, był naszym łącznikiem, dopiero co zaprzysiężonym. I źle zrobił komendant, potem, choć byłam smarkata, on szarżowy, uwagi mu ostre robiłam. Posłali tego Olka z meldunkiem do lasu, do obozu. Ktoś podkablował, Niemcy czekali w zasadzce, a ten młody, zamiast udawać, że jest tam przypadkiem albo w jakiejś innej sprawie, zaczął uciekać. Złapali go, związali drutem kolczastym. Wszystkich wsypał, cały obóz. Więc my biegiem likwidować bunkier pod podłogą. Radiostacja do drewnianego kuferka, natychmiast. Mówię „Komarowi", że najlepiej by było, gdybym to ja ukryła. Oni twardo, że nie, że schowają sami. Gdzieś to zanieśli i znikli.

Czekałam spokojnie w domu, aż nas zabiorą, pranie zrobiłam, bo to nie wiadomo, czyste rzeczy zawsze się mogą przydać. Sąsiadów już spalili, nas też spalą pewnie – myślałam – albo gdzieś wywiozą. Wieszam pranie, patrzę, idą żandarmi, ale ja dalej wieszam. Zatrzymali się na mostku przy wierzbach, zostawili tam bryczkę, przyszli na podwórko. Udaję frajera, próbuję żartować. Mówię im: „Co wy tu będziecie czego szukać, chodźcie, jedzenie dam". Pogadaliśmy, dostali chleba z miodem, mleka i poszli. Uśpiłam Maniusia, poszłam dać trochę owsianki krowom. Żeby ją ściągnąć, wdrapałam się na wyszki w stodole, na piętro jakby. Patrzę, a tam kuferek cholerny, zielony. Kiedy Franek przyszedł, nawrzeszczałam na niego: „Wy cholerne, pieprzone partyzanty, jakby tu Niemcy przyszły, toby zaraz znalazły, a ja tu sama z dzieckiem. Nie zabierzecie, to spalę". Zaraz zabrali radiostację i przenieśli sztab. Na Kacapach, w miejscu gdzie przed wywózką mieszkali prawosławni, postawili mały domek i tam się zainstalowali. Tu byli Niemcy, Sowieci wokół. Tu szpital był polowy. Zaraz potem przeszedł front. Z niedzieli na poniedziałek, 21 stycznia.

Na początku było spokojnie. Sowieci mieli dobry wywiad, zgarnęli kogo trzeba. Znowu byłam pod nadzorem, znowu chodziłam do sielsowietu. I dalej bałam się sąsiada, który wydał mnie Niemcom. Ale – dziwna rzecz – męża jakoś nie szukali.

Wtedy mniej więcej jak bolszewicy objęli tę swoją władzę, mogło do nas przyjść parę słów z Syberii. Tata pisał, że dojechali szczęśliwie, że w ziemiance siedzą, w Siewiero-Kazachstanskoj Obłasti. Pisał po rosyjsku, inaczej nie można było. Tak się ucieszyłam...

Było spokojnie, ale do czasu. Któregoś razu sąsiadka, Borkowska, przybiega do nas i krzyczy: „Uciekajcie, bo już was bolszewiki szukają". Mąż natychmiast poszedł do Sokółki, do lasu, bo tam stacjonował oddział, a ja z dzieckiem do Bargłowa, do Wawiórków. Spędziłam tam z dzieckiem jakiś czas i nastała władza ludowa. Wróciłam do domu.

Latem 1944 roku Zosia i jej mąż prowadzą gospodarstwo. Franek ma dużą pasiekę, nie ukrywa się. Konspiracja trwa. Oddziałem nadal dowodzi „Komar", utrzymując łączność z dowództwem w Białymstoku. Zosia wciąż chodzi z meldunkami. Jest w ciąży.

Dużo się działo. Chodzili agitatorzy, i Polacy, i bolszewicy, zakładali kołchozy, jedni do partii się pisali, inni za żadne skarby nie chcieli do niej przystąpić. Zawsze byłam trefna, ale tak jak poprzednio bolszewicy i Niemcy, tak i ci chcieli mnie przekabacić na swoją stronę. Mieli mnie zrobić urzędniczką, żeby mieć swojego człowieka. To niby była Polska Ludowa, ale przecież każdy wiedział, że bolszewiki rządzą.

Lata 1945–1946, Kraków. Zofia na Wawelu.

Z partyzantów jedni się ujawniali, inni nie. Konspiracja w okolicy trwała aż do lipca 1945 roku. W lipcu tutaj były zrzuty, dla partyzantów od rządu londyńskiego. Broń, ubrania, amunicja, krążki w złocie. Część trafiła do oddziału, ale część na bagnach się potopiła, w Biebrzy, z niektórych może kto skorzystał. Jak były zrzuty, to już tutaj trwała wielka obława na partyzantkę. Mąż poszedł do lasu, a ja się ukrywałam u Orzechowskich w Krasnymborze. Mówili sąsiedzi, że UB ciągle tu o mnie pytało, szukało. Wtedy, tylko wtedy, broń miałam zawsze przy sobie. „Komar" mi dał. I tę pastyleczkę strychniny – ciągle.

Między 11 a 25 lipca 1945 roku 45 tysięcy żołnierzy Armii Czerwonej, Wojsk Wewnętrznych NKWD, LWP i funkcjonariuszy MO i UBP przeprowadza wielką operację przeciwko podziemiu niepodległościowemu na Białostocczyźnie i w okolicach Augustowa. Pacyfikacja obejmuje obszar dwóch obwodów, straty są ogromne. Organizacja w Augustowskiem zostaje rozbita, resztki oddziałów rozformowane lub wcielone do tworzących się struktur WiN. „Komar" otrzymuje zezwolenie na opuszczenie dowodzonego przez siebie obwodu i wyjeżdża do Łodzi. Zosia we wrześniu rodzi Stasia.

Staś przyszedł na świat u ludzi w Bargłowie – ciągle się ukrywałam. Była niepewność wielka, więc nie miał jeszcze dwóch tygodni, jak go ochrzciliśmy. Matka „Komara" była za chrzestną, Kasjanowicz za chrzestnego. Zarobiłam na kurę, bo ciągle ludziom szyłam, zabiłam tę kurę i gościnę wyprawiłam. A zaraz potem wszyscy się rozjechali. „Komar" do Łodzi, mój mąż za nim do Piotrkowa. Powiedzieli mi: „Zosieńka, po złote runo pojedziem" – taki żart, starali się zawsze z humorem o wszystkim. A jechali obaj się ukrywać, życie ratować. „Komar" został kierownikiem domu dziecka w Łodzi, a Franka zostawił koło Piotrkowa na gospodarstwie. Pisał do mnie oczywiście, tylko przecież nie na mój adres. Miałam kogoś zaufanego, do kogo adresował listy. Już to ukrywanie się mi zbrzydło. Nawet na pole wyjść nie mogłam, bo sąsiedzi szpiegują. Więc siedzę z dwójką dzieci u ludzi, gotuję, piorę, chleb piekę, żeby jakoś im to wynagrodzić.

Lata 1945–1946, Kalwaria Zebrzydowska, gdzie ukrywała się Zofia.

Na początku 1946 roku wrócili z zesłania tata z macochą i dziećmi. Wszyscy cudownie przeżyli. I wróciła moja maszyna do szycia. Jak się okazało, to nie Sowieci mi ją zrabowali, tylko tata zabrał na Syberię, żeby może sprzedać, a może mieć z czego żyć. Ojciec przyjechał i mówi: „Zosia, ja tę maszynę ci przywiozłem, ja bym ją tam dawno sprzedał na chleb, ale bębenka nie miała, więc mi się nie udało". Moja maszyna przeszła Syberię. Na coś się jednak przydała. Kiedyś uszyłam na niej takie poduszeczki, miękkie, ładne. Ojciec zabrał te poduszki, tak trochę chyba na pamiątkę po mnie, i one im życie uratowały. Przekupił nimi szofera, żeby podwiózł ich wszystkich do Abakanu, gdzie warunki były lepsze i gdzie ojciec mógł zostać stróżem w aptece.

Rodzina wróciła, ale ja z dziećmi ciągle się ukrywałam. I tęskniłam. Zresztą nie tylko ja. Maniek miał trochę ponad dwa latka, kiedy sobie taką modlitwę ułożył: „Boziulku, daj mi tatuśka, nesztanki i buweczki" – chciał taty, śmietanki i bułeczki. Mnie się serce krajało, a moja siostra widzi, że ja niewyraźna, i krzyczy w żartach na Mańka: „Job twoju mać, a chleba naszego powszedniego to nie łaska?!". Wkrótce potem zresztą wstąpiła do zakonu.

Mąż ciągle się ukrywał, wreszcie wylądował na drugim końcu Polski, w Sromowcach Niżnych, w domu dziecka. Był tam za ogrodnika. Już nie chciałam dłużej czekać, postanowiłam, że do niego dołączę. Wtedy tam jechać, to jakby dziś za ocean. A ja sama z dwójką dzieci i z tą maszyną. Ale dotarłam. Dołączyłam do Franka.

Zosia, Franek i dzieci mieszkają w domu dziecka w Sromowcach. Dom jest schronieniem dla ukrywającej się młodzieży. To wymarzone miejsce. W okolicy są ciągle silne oddziały podziemia, którym pomagają górale.

Smutno nam tam nie było. My tam wszyscy byli trefne, sami konspiranci w tym domu dziecka pracowali, nawet „Komar" parę razy nas odwiedził. Szyłam dla domu dziecka wszystko, co się dało, tak modnie, z paskami, klapkami, klamrami.

Kiedyś poszłam z dziećmi do świetlicy gminnej we wsi. Zrobili tam teatrzyk. Posadzili mnie z dziećmi na drugiej ławce. Ma się już zaczynać, a tu wchodzi oddział wojska. Naszego. A w świetlicy siedzą pogranicznicy. Trochę się bałam o dzieci, ale dowódcy podeszli jeden do drugiego, pogadali i po chwili broń stała w kozłach na scenie i wszyscy oglądaliśmy przedstawienie. Podobało mi się tam, wieś świetnie zorganizowana. Na jednym i na drugim końcu po dwa domy czyste, bez partyzantów, bez wad, jak należy. A pośrodku wsi, oczywiście, wszędzie partyzanci.

Kiedyś jestem ja w kościele, wystrojona pięknie w te ich spódnice, i raptem, jak się zaczyna msza, wchodzi oddział naszego wojska. Ubrani jak trzeba, z orzełkami z koronami, w furażerkach, oddali honory, msza święta się odprawiła, ksiądz kazanie powiedział, jakie chciał, zasalutowali przed ołtarzem, odeszli. Pytam znajomego górala, jak to możliwe, a on mówi: „Dyć pani, to nase, prawdziwe wojsko". „No, ale co z nimi będzie?" – ja się pytam. „No, dyć nic, psecie to nase. Jakby kto doniósł, toby Dunajcem popłynął".

W końcu postanowiliśmy wracać. Do siebie się chciało. To był koniec 1946 roku. Końmi do Nowego Targu górale mnie wieźli. Chcieliśmy jechać w czwartek, ale tak się gościliśmy, że w sobotę pojechaliśmy.

Mieliśmy gospodarstwo, ale nic tu nie zostało. Ojciec umarł, kiedy byliśmy w Sromowcach. Zaraz po powrocie właściwie. „Komar" był wtedy w Krakowie. Odwiedzał nas. Po wojnie załatwił mi klacz, jak ludzie Niemców rabowali. Chciałam sprzedać, ale trzeba było ojcu zostawić, bo nie miał nic z tej Syberii. Musiał czymś ziemię uprawiać. Potem chcieliśmy wziąć tę klacz, tylko brat przyrodni nie dał. Dał kasztana. Wróciliśmy na gołe pole, było biednie. Kupiliśmy starą chałupę, straszną, przenieśliśmy ją. Mąż łatwowierny był. Ale podwórko zostało to samo. Ciągle w ziemi coś znajdowałam, a to klamrę od pasa niemieckiego, a to guziki. Maniuś, jak miał 12 lat, to czaszkę wykopał. Poprosił mnie o czystą szmateczkę, wykopał grób, szmateczką wyścielił, czaszkę pochował, krzyż z gałęzi wierzbowych postawił, ukląkł

Lata sześćdziesiąte, Zofia (z lewej) z przyrodnią siostrą.

i tak się pomodlił: „Śpij w spokoju, żołnierzu, kim jesteś". Mnie płakać się chciało, bo to przecież rzeczywiście nic ten żołnierz sam nie był winien...

Z tego ostrzału, jak przechodził tędy front w 1944 roku, to mi jeszcze bomby kawałek na podwórku został. O tam, pod gruszką. Motyczkę na nim klepię.

Zofia Wysocka do emerytury prowadziła gospodarstwo w rodzinnej wsi. Do dziś mieszka w Netcie. Ma pięcioro dzieci i gromadę wnuków.

Franciszek Wysocki prowadził gospodarstwo do śmierci w 1974 roku.

Kapitan Bronisław Jasiński „Komar", komendant Obwodu Augustów AK, przeżył okres stalinowskich represji. Osiedlił się w Łodzi, gdzie mieszka do dziś.

Major Jan Tabortowski „Bruzda", inspektor Inspektoratu Łomżyńskiego AK, dwukrotnie odznaczony Krzyżem Walecznych, po 1945 roku znalazł się w WiN-ie. Ujawnił się w 1947 roku. Szykanowany przez UB i poszukiwany wrócił do podziemia w roku 1950. W sierpniu 1954 roku podczas ataku na posterunek milicji w Przytułach był ciężko ranny. Na jego prośbę dobił go towarzysz broni strzałem z pistoletu. Nie wiadomo, gdzie jest pochowany.

Zamiast dwunastej historii

Według jakich kryteriów wybrać opowieści, skoro każda z nich nadaje się do opisania? Im więcej spotkań odbywałem, tym większe miałem poczucie niemożliwości dobrego wyboru. Kiedy godziny nagranych wywiadów zaczęły iść w dziesiątki, postanowiłem przyjąć kryteria radykalne i – jak mi się wydawało – sprawiedliwe. Porzuciłem wspomnienia i świadectwa dotyczące osób, które już nie żyły. Nie ze względu na wartość historyczną, ale z uwagi na to, że wspomnienia o zmarłych zazwyczaj nacechowane są jednym rodzajem emocji. Pamiętamy rzeczy duże, pomijamy małe, chcemy pamiętać dobre, zacieramy złe. Postanowiłem rozmawiać tylko z uczestniczkami wydarzeń i jedynie o tym, co bezpośrednio ich dotyczyło. W ten sposób rozstałem się z opisami zajść, których moje bohaterki były świadkami, nie biorąc w nich jednak udziału.

Prowadzone rozmowy były dla moich bohaterek wyczerpujące. Wymagały zazwyczaj wielu spotkań. Ich wiek i stan zdrowia często uniemożliwiały mi kolejne wizyty. Niektóre osoby zmarły podczas powstawania tego materiału, niektórym zdrowie nie pozwoliło kontynuować pracy.

Moje rozmówczynie łączyło podobne doświadczenie: wojna przyszła nagle, zastała je czasem pod koniec dzieciństwa, czasem na początku młodości. Zależało mi na tym, by gwałtownemu dojrzewaniu dziewcząt w Polsce przyjrzeć się z kilku możliwych perspektyw: dużego miasta i wsi, początku i końca wojny, okupacji niemieckiej i sowieckiej. Z punktu widzenia absolwentki szkoły powszechnej na Podlasiu i uprzywilejowanego dziecka prominentnej rodziny.

Ostatecznie w tekście znalazły się historie opowiedziane przez 11 kobiet. Ta liczba może wydać się dziwna, przyzwyczailiśmy się do „siedmiu", „dziesięciu", „dwunastu". Zamiast dwunastej historii chciałbym wspomnieć kilka osób, z którymi z różnych przyczyn nie udało mi się dokończyć rozmowy.

*

Zofia Dąb-Biernacka, „Jagienka". Córka prominentnego generała z „rozdania legionowego", inspektora armii, fanatycznego piłsudczyka. Chodzi do szkoły Rodziny Wojskowej w Belwederze, potem do Gimnazjum im. ks. Adama Czartoryskiego w Wilnie. Maturę zdaje w 1937 roku. Studiuje medycynę na Uniwersytecie Stefana Batorego. Po wybuchu wojny i zajęciu Wilna przez Sowietów pracuje w hotelu George jako pokojówka. W 1940 roku zaprzysiężona w ZWZ-AK. Rok później zostaje przeniesiona do Wydziału V, czyli łączności AK na Litwie. Jako kurierka jeździ do Warszawy, by odbudować łączność z Komendą Główną. Poszukiwana, wielokrotnie zatrzymywana, ranna, cudem unika śmierci. Przewozi materiały wybuchowe, meldunki i kieruje akowską łącznością na Wileńszczyźnie. W 1945 roku przedostaje się do Włoch, do 2. Korpusu, z meldunkami. Wraca jednak do Warszawy po matkę. Obydwu udaje się opuścić Polskę w 1946 roku. Z Włoch docierają do Anglii, dokąd „Jagienka" ściąga ojca (wyrzucony z wojska w 1940 roku i internowany generał mieszkał w Irlandii) i siostrę. Pracuje w restauracji polskiej w Londynie. Opiekuje się rodzicami do ich śmierci.

Dwukrotnie odznaczona Krzyżem Walecznych major Zofia Dąb-Biernacka zmarła w Londynie, w styczniu 2011 roku.

Zofia Dygdała, z domu Komperda. W chwili wybuchu wojny ma 17 lat. Mieszka z rodzicami w Przemyślu. Zaprzyjaźniona z rodzicami żydowską rodzina Majsterów ma w 1942 roku zostać przesiedlona do getta. Zofia ratuje najmłodszą córkę Majsterów Łucję, z którą chodziła do szkoły. Umieszcza ją w domu ciotki na wsi. Przypadkiem lub cudem zdobywa (a właściwie znajduje) aryjskie dokumenty dla jej brata Tolka i zatrudnia go w firmie ojca. Zofia ratuje również piętnastoletnią pielęgniarkę z likwidowanego żydowskiego szpitala. Nie zna jej imienia.

W 1993 roku Zofia Dygała otrzymała tytuł Sprawiedliwej wśród Narodów Świata, w 2007 roku została odznaczona Orderem Odrodzenia Polski. Zmarła w Lublinie w 2008 roku.

Halina Sawicka z domu Komorowska, „Jerychonka". W chwili wybuchu wojny ma 17 lat. Wstępuje do łomżyńskiego AK już podczas pierwszej sowieckiej okupacji, jest łączniczką, pracuje w szkole. Wychodzi za mąż za konspiracyjnego dowódcę. W 1945 roku stanowi kontakt Narodowego Zjednoczenia Wojskowego i jest dystrybutorką prasy podziemnej. Pracuje jako wiejska nauczycielka. Aresztowana przez UB w 1946 roku była torturowana i przesłuchiwana. UB chce się dowiedzieć o miejscu pobytu jej męża. Halina ma wybite zęby, jest bita w pięty. W inscenizowanym procesie zostaje skazana na śmierć i wyprowadzona na rozstrzelanie. Nie wydaje męża. Wraca do celi. Zostaje zwolniona, ale w 1949 roku ponownie aresztowana. UB zatrzymuje jej męża, który trafia do kopalni. Po trzech latach wychodzi bez prawa pracy.

Halina Sawicka zmarła w 2008 roku.

Zofia Zawacka, „Zelma", „Zo", urodziła się w Toruniu, jeszcze w zaborze pruskim, ale do szkół chodziła już w wolnej Polsce. Kończy matematykę na Uniwersytecie Poznańskim i obejmuje stanowisko komendantki Rejonu Śląskiego Przysposobienia Wojskowego Kobiet. We wrześniu 1939 roku jako żołnierz PWK walczy w obronie Lwowa. Miesiąc później jest już w Służbie Zwycięstwu Polski. Organizuje jej śląską strukturę. Od końca 1940 roku pracuje w Warszawie, w Wydziale Łączności Zagranicznej KG AK. Od 1941 roku regularnie jeździ między Warszawą a Berlinem, przewożąc meldunki. W przebraniu, ze zmienioną tożsamością, często podając się za osobę innej narodowości, nie rozstając się z trucizną, odbywa ponad setkę podróży kurierskich. W lutym 1943 roku jako emisariuszka komendanta głównego AK wyrusza do sztabu Naczelnego Wodza w Londynie. Granicę między Francją okupowaną a terytorium Vichy przekracza ukryta w tendrze lokomotywy premiera rządu francuskiego. Przez Andorę, Hiszpanię i Portugalię dociera do Londynu. Wraca we wrześniu. Na spadochronie, po przeszkoleniu, jako jedyna kobieta wśród cichociemnych. Uczestniczy w powstaniu warszawskim, później koordynuje trasy kurierskie na Zachód. Awansowana do stopnia majora angażuje się w podziemie antykomunistyczne. Aresztowana w 1951 roku, skazana na 10 lat więzienia. Wychodzi w 1955 roku. Uczy w szkołach, uzyskuje doktorat i habilitację, pracuje w Instytucie Pedagogiki Uniwersytetu Mikołaja Kopernika. Gromadzi materiały historyczne dotyczące AK. W 1995 roku mianowana profesorem nauk humanistycznych.

Zofia Zawacka została dwukrotnie odznaczona Orderem Virtuti Militari, pięciokrotnie Krzyżem Walecznych, dwukrotnie Orderem Odrodzenia Polski oraz Orderem Orła Białego. W 2006 roku awansowana do stopnia generała brygady. Zmarła w Toruniu w 2009 roku.

Wiele historii innych moich rozmówczyń doskonale nadawałoby się do tego, by znaleźć się w tej książce. Dzięki nim dowiedziałem się więcej o ich koleżankach, środowiskach i czasach, w jakich żyły.

Teresa Bojarska, „Klamerka", która nie mogła się pogodzić z sytuacją cywilów w powstaniu warszawskim.

Alina Janowska, Wacława Jurczakowska i Zofia Łazor, które jak nikt potrafiły opowiedzieć o nieheroicznej codzienności powstania i o zaskakujących postawach walczących w nim kobiet.

Hanna Olechnowicz i Irena Szajowska, które kreśląc portrety konspiracyjnych koleżanek, umożliwiły mi napisanie o nich tego, czego moim bohaterkom nie wypadało o sobie powiedzieć.

Leokadia Łazar i Monika Żywno, których opowieści pomogły mi zrozumieć charakter działalności podziemia na Białostocczyźnie.

W końcu chciałbym podziękować grupie ludzi, bez których książka ta pewnie by nie powstała. Gdyby nie pomoc jednych, nie udałoby mi się wpaść na trop moich rozmówczyń, nawiązać z nimi kontaktu, przeprowadzić rozmów. Innym zawdzięczam krytyczną lekturę i wsparcie.